COLEÇÃO
ABERTURA
CULTURAL

Copyright © 2010 by Kenneth Minogue c/o Writers Representatives LLC, New York. First published in the U.S. in English by Encounter Books. Todos os direitos reservados.
Copyright da edição brasileira © 2019 É Realizações
Título original: *The Servile Mind: How Democracy Erodes the Moral Life*

Editor
Edson Manoel de Oliveira Filho

Produção editorial e projeto gráfico
É Realizações Editora

Capa
Daniel Justi

Diagramação
Nine Design | Mauricio Nisi Gonçalves

Preparação de texto
Fernanda Simões Lopes

Revisão
Nestor Turano Jr.

Reservados todos os direitos desta obra. Proibida toda e qualquer reprodução desta edição por qualquer meio ou forma, seja ela eletrônica ou mecânica, fotocópia, gravação ou qualquer outro meio de reprodução, sem permissão expressa do editor.

CIP-BRASIL. CATALOGAÇÃO NA PUBLICAÇÃO
SINDICATO NACIONAL DOS EDITORES DE LIVROS, RJ

M625m

Minogue, Kenneth, 1930-2013
 A mente servil : como a democracia solapa a vida moral / Kenneth Minogue ; tradução Pedro Sette-Câmara. - 1. ed. - São Paulo : É Realizações, 2019.
 448 p. ; 23 cm. (Abertura cultural)

 Tradução de: The servile mind: how democracy erodes the moral life
 Inclui índice
 ISBN 978-85-8033-388-6

 1. Democracia - Aspectos morais e éticos. 2. Ética política. 3. Ética social. I. Sette-Câmara, Pedro. II. Título. III. Série.

19-60078
CDD: 172
CDU: 172.1

Leandra Felix da Cruz - Bibliotecária - CRB-7/6135
23/09/2019 26/09/2019

É Realizações Editora, Livraria e Distribuidora Ltda.
Rua França Pinto, 498 · São Paulo SP · 04016-002
Telefone: (5511) 5572 5363
atendimento@erealizacoes.com.br · www.erealizacoes.com.br

Este livro foi impresso pela Gráfica HRosa em dezembro de 2019. Os tipos são da família Sabon Light Std e Frutiger Light. O papel do miolo é o off Lux Cream 70 g, e o da capa, cartão Ningbo C2 300 g.

A MENTE SERVIL

Como a democracia solapa a vida moral

Kenneth Minogue

TRADUÇÃO DE PEDRO SETTE-CÂMARA

SUMÁRIO

Prefácio
  Até Que Ponto Um Estado Justo Pode Ser Livre? 7

Introdução 21

Capítulo 1 | Ambiguidades Democráticas 39

Capítulo 2 | O Projeto de Equalização do Mundo 79

Capítulo 3 | A Vida Moral e Suas Condições 159

Capítulo 4 | O Mundo Político-Moral 253

Capítulo 5 | A Ambivalência e a Civilização Ocidental 339

Índice Analítico 429

Prefácio

ATÉ QUE PONTO UM ESTADO JUSTO PODE SER LIVRE?

A Mente Servil buscava acima de tudo explorar a natureza da ilusão na política – ou ao menos na democracia contemporânea. Todos os projetos humanos são guiados por aquilo que consideramos desejável. Dado que aquilo que desejamos muito raramente proporciona as satisfações com que sonhamos, a ilusão nunca pode estar muito atrás. Assim, todos os projetos políticos, como as carreiras políticas, acabam fracassando. Eles promovem mais esperanças do que poderiam satisfazer. A sabedoria, portanto, exige um estado constante de alerta para a fragilidade das esperanças que, frequentemente, nos escravizam. E, nesta introdução de *A Mente Servil*, o melhor que posso fazer é observar um conflito específico da nossa cultura, que condena praticamente todos os nossos projetos à frustração. Esse conflito surge da nossa ambivalência básica em relação ao mundo moderno.

A questão essencial é que os europeus criaram, de maneira única, uma civilização baseada na prática da liberdade. A liberdade comercial, por exemplo, fez de nós a cultura mais rica e mais inventiva da história. Nosso sucesso industrial certamente resulta dessa liberdade, mas, na verdade, a liberdade vai muito além do comércio e invade todas as esferas de nossas vidas. Ela deu origem a um conhecimento impressionante do que são os seres humanos, e de seu destino no tempo e no espaço. Nesse ponto, imediatamente pensamos na ciência, mas isso é o mesmo que ignorar a arqueologia, a antropologia, a história crítica e muitos outros mundos especializados de pesquisa. Nossa liberdade criou formas de arte, de música e de letras de tipos nunca vistos antes. Ela também deu origem a algo bastante distinto, que identificarei como a vida moral. E nossas formas políticas foram imitadas no mundo inteiro, com sucesso variado. Culturas cujos povos têm inclinações bem diversas veem-se precisando aprender práticas nada familiares, como eleições e partidos políticos. Afinal, hoje não existe um modo de nenhuma sociedade ou cultura ter uma posição no mundo moderno sem ser a coisa chamada "Estado" e, portanto, abraçar a "modernidade".

Todas essas realizações surgiram dos embates na Europa causados por nossa paixão pela liberdade, prática cujo surgimento pode ser assinalado no fim da Idade Média com o aparecimento de um novo tipo muito específico de personalidade humana: o individualista. Como individualistas, as pessoas ficam em algum grau dissociadas de posição e de status porque se dedicam a explorar sua subjetividade. Com frequência, elas têm projetos individuais próprios. Confiantes em sua independência intelectual e moral, os individualistas julgam essencial viver numa sociedade em que os outros têm a mesma natureza. Viver numa sociedade livre envolve a repulsa pelo servilismo, e é por isso que o mundo moderno considera a escravidão intolerável, e levou nossos antepassados, ao contrário de outras culturas, a abolir aquela instituição. Com o crescimento do individualista, a liberdade tornou-se a marca de uma forma de vida social, moral e política peculiar, que se cristalizou no século XVI no Estado soberano. É notável que os Estados europeus livres resistiram por muito tempo a tentativas de moldá-los como um único império, como uma cultura ou como uma unidade confessional. A variedade resultante de culturas nacionais podia ser altamente irascível, mas as culturas também estimulavam umas às outras como elementos de um mundo compartilhado.

À medida que o tempo foi passando, essas sociedades livres ficaram cada vez mais diferentes de suas formas anteriores de civilização. Quais foram seus frutos? Pode-se mencionar resumidamente a riqueza, a tolerância, a tecnologia, todas como sustentáculos de um tipo específico de civilidade nas relações sociais. O sucesso tecnológico não podia ser ignorado pelos outros estados, nem que fosse pelo fato de ter rapidamente transformado a vida militar. Porém, é possível também mencionar os estilos de arte, de música e de literatura inéditos até então. A arte do Renascimento italiano, o ceticismo de Montaigne, a criação de tipos de personagens em Shakespeare e muitas outras coisas constituíram aspectos desse novo mundo que levaria aos romances que exploravam novas variedades inteiras da subjetividade humana.

Há, porém, uma segunda visão muito diferente da experiência europeia moderna, que avançou dentro do próprio ocidente. Ela não se volta para as realizações, mas sim para as imperfeições do mundo moderno. Nessa visão, a modernidade se chama "capitalismo". As potências ocidentais modernas são apresentadas como se agissem no mundo como uma criança inteligente e valentona no recreio da escola, abusando de sua força e provocando tristeza em todas as direções. A força política europeia era imperialista, e pode-se dizer que a riqueza do ocidente veio em parte do "oriente", em parte do "sul". Já se afirmou que nossa atitude consumista em relação à riqueza estava destruindo o ambiente em que todos nós, do mundo animal e humano, temos de viver. Acima de tudo, pelo critério da igualdade, as sociedades livres constituem um fracasso dramático. Em vez de criarem sociedades justas nas quais as necessidades humanas são amplamente satisfeitas para todos, são marcadas por imensas diferenças quanto a riquezas e recursos disponíveis para alguns e "negados" a outros. Esse contraste entre ricos e pobres em estados modernos é ainda mais dramaticamente verdadeiro quando se pensa no mundo em geral. Milhões de pessoas estão à beira da fome. Será que as práticas das sociedades livres não são talvez responsáveis por essa condição terrível? E, em certo sentido, sim, nossa liberdade obviamente está envolvida, desde que o súbito vasto aumento no tamanho das populações em países não ocidentais, a precondição do "bilhão de baixo", resultou, ironicamente, dos benefícios das técnicas médicas ocidentais.

Aqui temos, portanto, um choque formidável de juízos. De um lado, a modernidade é uma civilização que amplia a prosperidade, preserva a vida e aumenta a liberdade. De outro, o capitalismo é uma máquina fora de controle que, apesar de suas notáveis capacidades criativas, corrompeu alguns e levou miséria a outros. A rejeição do capitalismo foi formulada, é claro, pelos marxistas, mas uma antipatia vaga e sem foco pelo mundo moderno vai muito além de qualquer tipo de teoria socialista. E essa rejeição da modernidade como "capitalismo" precisa ser vaga e sem foco porque é essencialmente utópica. A única alternativa ao "capitalismo" só existe nos sonhos, nos ideais. Porém, a vida humana não se conforma tão facilmente aos ideais.

Nosso problema, então, é descobrir qual entendimento conceitual do mundo está no cerne desse conflito, essa notável decepção com nosso mundo moderno, que merece o crédito por tantas realizações impressionantes, embora um ou dois traços do conflito possam ser notados imediatamente. Um deles refere-se ao fato de que a rejeição da modernidade por ser capitalista não vem de críticos de fora da cultura ocidental, mas de dentro do próprio ocidente. As outras culturas nunca se preocupavam com a desigualdade; elas a achavam normal. Pode seguir-se disso que os críticos responderiam emigrando para outras culturas, mas o que acontece é o contrário. Não apenas os críticos do capitalismo aferram-se com toda a força a seus confortos ocidentais, como também milhões de pessoas de outras partes do mundo migram a toda velocidade para nosso vil mundo capitalista. Há, portanto, uma diferença notável entre, de um lado, a teoria crítica, e, de outro, as ações das pessoas cujas vidas e felicidade reais dependem das decisões que tomam.

Para tentar entender o conflito básico que promove nossa ambivalência, talvez possamos considerar que é precisamente a própria liberdade que causa as imperfeições do capitalismo. Afinal, não há dúvida de que uma das coisas que as pessoas fazem com mais entusiasmo com sua liberdade é competir entre si. Isso pode levar a resultados pouco bacanas. Às vezes, a competição significa que uns vencem e outros perdem. É preciso dizer "às vezes" porque podem surgir absurdos quando se impõe a ideia de competição em situações nas quais não cabe. Um encanador médio, por exemplo, não está competindo com um empreendedor médio – eles estão simplesmente empenhados em atividades distintas. Os críticos sociais, porém, interpretam que todos estão empenhados na tarefa única de ganhar dinheiro, caso em que a riqueza equivale a vencer e a pobreza (ou mesmo uma prosperidade modesta) pode ser vista como um fracasso que ilustra a injustiça da competição. O termo complexo "competição" foi, portanto, usado de maneira corrompida. Porém, deixando de lado confusões desse tipo, aqueles que efetivamente entram em competição podem enfrentar a perspectiva de fracassar. Recentemente, surgiu uma opinião forte (especialmente em círculos pedagógicos) de que perder em alguma competição é ruim para a autoestima dos jovens e vulneráveis, e que, portanto, o arranjo institucional ideal seria evitar qualquer atividade que possa parecer competitiva. As escolas, às vezes, proíbem jogos competitivos apenas por causa desse princípio. A mesma tentativa de mitigar a infelicidade imaginada opera no projeto "politicamente correto" de proteger pessoas supostamente vulneráveis do "discurso de ódio". O respeito coletivo, nesse caso, vira uma nova espécie de direito, a ser garantido pela sociedade.

Considerações similares surgem na demanda de que a economia, por uma questão de política pública, deva *refletir* a sociedade, sendo um exemplo disso a exigência de algo chamado "justiça de gênero". As sociedades livres foram consideradas defeituosas na medida em que as mulheres ocupam menos posições de gerência que os homens e seu ganho médio é inferior. Essa política presume – e propõe forçar aos empregadores – o juízo de que homens e mulheres são unidades iguais de produção econômica. Sem dúvida, elas são menos adequadas para o combate militar e para a remoção de móveis, mas presume-se que não sejam menos talentosas que os homens em papéis gerenciais mais bem pagos, que é o que interessa basicamente a quem faz lobby por justiça de gênero. Algumas mulheres, claro, são extremamente capazes, outras não, mas a proposta é abandonar o teste da capacidade nas sociedades livres em prol de um teste de "refletividade social", que seria supostamente mais justo. O critério invocado aqui, e amplamente, contra a liberdade é, portanto, a justiça. E é precisamente o conflito entre esses critérios de valor social que está no cerne do conflito que estamos discutindo.

O termo "justiça" dá a pista do que está basicamente em jogo no conflito entre as opiniões correntes sobre nosso mundo moderno. Porque, como veremos, em outras culturas que não a do ocidente, a justiça é o princípio normativo que estrutura a sociedade, sustentada em parte pelo costume e em parte pela religião. O costume e a religião também são influentes nos Estados europeus, mas aqui surgiu uma forma distinta de raciocínio sobre questões normativas. A "ética protestante" de Max Weber é uma celebrada exploração desse desenvolvimento, que descende de maneira distante da preocupação socrática com a boa vida como algo racional e independente tanto do costume quanto dos deuses. Os secularistas apelam a esse aspecto das nossas vidas ao afirmarem que a religião não é uma sanção necessária para a bondade e para a decência em nossas vidas.

O mundo europeu moderno pode ser livre, então, mas será que também é justo? A justiça, como enfatizaram John Rawls e outros, é tão básica para a sociedade quanto a verdade para a explicação, e toda uma especialidade filosófica desenvolveu-se para elaborar os detalhes de como seria constituída uma sociedade justa em termos abstratos. O valor de resgate da justiça, como amplamente entendido nos países europeus, é a igualdade. Um dos juízos mais insistentes sobre a imperfeição em nossas sociedades assume a forma da sensibilidade a uma multidão de "diferenças" na vida moderna – a diferença entre ricos e pobres, na longevidade de classes diferentes, ou na inclinação a gostar da alta cultura e daí por diante, e até mesmo (a discussão existe) quanto aos recursos para tirar férias no exterior. Cada diferença é mais um exemplo de injustiça na condição variável das classes de pessoas nos estados ocidentais. Deve-se, assim, reconhecer que a liberdade, ao criar essas diferenças, está criando sua própria nêmese.

Aqui, então, parece estar o conflito básico que explica as notáveis variações em como o mundo de hoje pensa a modernidade que, no entanto, vem abraçando com grande entusiasmo. Um mundo livre, em alguns aspectos, revela-se um mundo injusto. Nossos Estados ocidentais têm uma justiça, claro, na forma do estado de direito, que oferece certa previsibilidade dentro da qual o individualista empreendedor pode viver, mas a liberdade permite resultados diversos, julgando condenar muitas pessoas a vidas não realizadas. Esse contraste é um enigma que vem assombrando as sociedades europeias desde o evento que foi chamado de "Iluminismo" no século XVIII, mas ele certamente não assombra o resto do mundo enquanto as outras culturas tentam "alcançá-lo". Porém, muito depende desse conflito. É inevitável se lembrar dos Estados comunistas do século XX, em que o domínio de uma forma abrangente de justiça social hipnotizou tantas pessoas com suas promessas, mas mostrou-se despótica, corrupta e assassina. Contudo, podemos levar a questão mais longe. Sugeri que os Estados europeus são únicos por terem criado culturas baseadas na liberdade. E o que eles têm de único deriva do fato de que todas as demais civilizações no mundo começaram na direção oposta. Essas culturas criaram estados em que o valor básico era, de fato, a justiça.

O essencial do sistema de castas hindu, da sharia muçulmana, daqueles que vivem sob o Mandado do Céu e de outras variantes daquilo que se costuma chamar de "sociedades tradicionais", é o fato de que exemplificam uma forma de vida específica, por muito tempo considerada não apenas justa, mas também a única maneira realmente justa para qualquer ser humano viver. O mesmo vale para as sociedades tribais. Nelas, a justiça atribui a cada papel social necessário um status definido como contribuinte para o bem da comunidade. Essa não é a civilidade limitada do estado de direito ocidental. É, antes, um valor abrangente que, em teoria, abrange toda a possibilidade humana. A justiça desse tipo abrangente ao máximo satisfaz a profunda necessidade humana de saber onde se está e o que é exigido pela própria condição. Esses sistemas são validados tanto pelo costume quanto pelos tipos de crenças que normalmente são chamamos de "religiosos". Nesses sistemas hierárquicos, um governante tem poderes distintos e quase ilimitados, e outros papéis aparecem no exercício do devido poder enquanto guerreiros, camponeses, maridos, esposas, irmãs ou irmãos mais velhos, sacerdotes e todas as outras funções reconhecidas pela sociedade específica. De dentro desses sistemas, acredita-se que cada qual é o exemplo perfeito da justiça. De fora, é claro, serão feitos julgamentos bem distintos.

Não é preciso dizer que a realidade desses sistemas ideais de justiça abrangente difere de modo dramático do ideal. Para começar, eles são todos governados despoticamente, porque não existe estado de direito no sentido técnico reconhecido nas sociedades ocidentais. Nenhum juiz independente limita a vontade do governante. Além disso, apesar de os "direitos" e os "deveres" de cada posição social serem minuciosamente especificados, há inevitavelmente uma área indeterminada em que a posição superior pode tiranizar a inferior. Com efeito, esse fato é vital para o sucesso dessas sociedades: ele oferece um procedimento decisório em casos de disputa que podem levar àquilo que esses sistemas mais receiam – nomeadamente, a desarmonia. Nas disputas, a posição superior decide. E é pelo fato de essas sociedades carecerem do tipo de direito e de agência moral que os europeus postularem que elas são sistematicamente corruptas – e não eventualmente corruptas, como as sociedades europeias. A maneira mais confiável de obter o que se quer é agradando os superiores.

Assim, faz uma diferença enorme na vida das pessoas se os superiores (em todos os níveis) são "esclarecidos" ou não. O que eu chamei de "servilismo" é, portanto, nessa estrutura social, não um vício, mas o único modo sensato de relacionar-se com os outros.

O que acontece nessas sociedades com liberdade e independência? Alguma independência de juízo acontecerá, porque a independência (ao menos na forma do voluntarismo) é não menos básica na vida humana do que a acomodação e o servilismo. Porém, a liberdade nesse tipo de justiça não pode ser nada além de uma licença para entregar-se a impulsos que provavelmente subverterão o modo justo e comunitário de fazer as coisas. Por esse motivo, as ideias ocidentais da liberdade são quase universalmente objeto de desconfiança nessas sociedades.

A liberdade, como vimos, envolve a competição, na qual uns são melhores que outros. Nas sociedades tradicionais, porém, essa competição não pode em princípio acontecer entre os papéis sociais do sistema, porque cada posição tem sua esfera exclusiva e distinta. Na prática, sem dúvida, a competição encontra muitos canais mesmo nesse mundo, mas o autoentendimento dominante dessas sociedades é que elas constituem, em princípio, comunidades perfeitamente cooperativas. Estabelecer exatamente essa comunidade perfeita era, é claro, o objetivo da revolução comunista e de outras revoluções ideológicas do século XX, projeto que ainda parece ser o entendimento dominante da justiça no nosso tempo. Nesse ideal de justiça social, cada indivíduo não se concentraria em suas próprias empreitadas, mas no bem da própria comunidade. Tornar nossas sociedades justas, portanto, exigiria que os individualistas deixassem de ser individualistas e se tornassem como "camaradas" trabalhando juntos pela perfeição da própria comunidade. É chocante, por exemplo, a quão longe esse princípio pode ser levado. A União Soviética, em seus primeiros dias, aboliu até mesmo a caridade privada, porque, como tudo mais, esta era responsabilidade da comunidade como um todo. Um paradoxo correspondente está no fato de que são as sociedades capitalistas supostamente egoístas do ocidente que foram imensamente altruístas e criativas em seus esforços caritativos para ajudar os vulneráveis ao redor do mundo.

Evidentemente, toda a relação entre liberdade e justiça é um complexo de paradoxos. Como se pode construir uma comunidade justa cuja essência seja que a competição abre caminho para a cooperação? Esse era em grande parte o objetivo daqueles que criaram Estados de bem-estar social depois de 1945, ideias estas resumidas vividamente por Tony Blair: "Quero que as pessoas se importem com a sociedade porque a sociedade se importa com elas". Essa observação postula uma relação de gratidão que associa as pessoas ao governo, que redistribui riqueza a fim de beneficiá-las. Mas os beneficiários do Estado de bem-estar social são gratos pelo que recebem? Sem dúvida isso varia, mas a principal resposta parece não ser muito mais do que um estado mais aguçado de alerta para a política da vulnerabilidade e a esperança de obter mais benefícios. Com frequência, o individualismo capitalista é criticado por ser consumista, mas há também um consumismo do bem-estar social, muito mais atomizador socialmente que o consumismo luxuoso das sociedades comerciais. Essa dependência dos benefícios é particularmente destrutiva da coesão familiar.

Um aspecto desse problema é que os governantes, no passado, por várias razões, entre as quais a esperança de aumentar a justiça, mudaram o caráter da política, mas não conseguiram calar o descontentamento de que a política é basicamente constituída. A supremacia parlamentar, as extensões democráticas do direito ao voto, o sufrágio feminino, doses maiores de seguridade social, foram todos projetados em escala grandiosa para agradar os eleitores e promover a justiça, mas, repetidas vezes, não conseguem produzir uma satisfação generalizada entre as pessoas que governam. Um cínico poderia concluir nesse momento que o descontentamento é nossa posição-padrão nas sociedades ocidentais modernas. Sem injustiças às quais responder, e sem embates nos quais entrar, muitos de nós acharíamos a vida bastante tediosa. Será que é a injustiça, e não a justiça, o segredo oculto do mundo? Certamente, ela promove certas satisfações notáveis.

O conflito entre liberdade e justiça está no cerne da nossa política, e, como tudo o que é político, trata-se de um conflito que não pode ser isolado das várias dimensões das preocupações políticas. Uma conhecida tensão contrapõe políticas supostamente justas às efetivas inclinações do povo. Somente profundas mudanças na natureza humana tornariam possíveis muitas versões da justiça. O individualista deve, como vimos, ceder o lugar ao camarada. Ele terá de encontrar satisfação não em empreendimentos pessoais, mas no pertencimento a uma comunidade real. A política, porém, nunca se empenha na consecução de apenas um objetivo, ou mesmo de apenas um tipo de objetivo. Estar preocupado com o ideal necessariamente levanta a questão do poder, dos estilos de vida, dos interesses concorrentes, da luz que se lançará sobre um problema ao considerar suas causas, e muito mais. Além disso, nem mesmo o ideal, na política ou em qualquer outra coisa, é um único objeto indiviso de admiração universal. É precisamente o foco normativo apenas no ideal que significa que ele tem pouco a dizer sobre a realidade política que de interesse direto.

A liberdade entra em conflito com a justiça não apenas porque as duas têm valores diferentes, mas porque valorizam *tipos* diferentes de situação. A liberdade valoriza um processo que deixa os indivíduos desimpedidos na busca de suas próprias empreitadas dentro da lei, e deve, portanto, levar a resultados imprevisíveis a cada geração, ao passo que a justiça se preocupa com aquilo que os idealistas julgam ser o único resultado desejável. O processo da liberdade não produz o resultado justo. Mas o que constituiria a desejabilidade de qualquer resultado? A felicidade humana de fato depende da maneira como a sociedade é constituída? Porque o fato é que o absoluto dos ideais é ilusório no sentido de que não existe um jeito válido de escolher entre sistemas sociais inteiros. Vidas felizes e realizadas podem, ao que parece, ser vividas em qualquer sociedade, ao mesmo tempo que outras serão tristes na utopia. Tudo o que se pode fazer ao recomendar uma forma de vida, e não outra, é apontar aspectos abstratos daquilo que é desejado. Nós, europeus modernos, preferimos a tolerância à intolerância, mas outros exigem a dominância universal daquilo que julgam ser o único conjunto correto de crenças e de práticas. Nossos juízos podem não ser relativos, mas certamente são contextuais.

E nosso contexto é o embate de valores, conceito não exatamente novo. Em 1861, ele foi formulado de maneira influente por *Sir* Henry Maine como a evolução do status para o contrato, e algumas das questões envolvidas aparecem na política contemporânea como o conflito entre o Estado e o livre mercado como arenas em que emergem resultados preferíveis. Porém, fundamentalmente, a questão é se liberdade e justiça são compatíveis.

Sabemos que a liberdade é compatível com o tipo de justiça – a civilidade e o Estado de direito – há muito tempo estabelecida nos Estados europeus. E a questão aqui é que esse tipo de justiça – aquilo que Michael Oakeshott descreveu como "qualificações adverbiais" da ação – exige meramente que se adote um conjunto de regras.[1] Essa é a sociedade entendida como uma associação de indivíduos independentes, e sem se preocupar com resultados. Hoje, porém, muitos concebem uma sociedade moderna como uma associação de pessoas vulneráveis que tentam criar uma comunidade baseada em cooperação, e não em competição. Pessoas vulneráveis precisam de proteção, a qual cabe aos Estados, e não aos mercados. O critério moral são os supostos benefícios recebidos pelas pessoas vulneráveis. Pessoas serem ajudadas, porém, é apenas um lado da situação em que esses ajudadores exercem poder. E, como vimos, não existe um limite óbvio para a natureza e para o número de coisas que, numa teoria de pobreza

---

[1] Michael Oakeshott, *On Human Conduct*. Clarendon Press, Oxford, 1975, p. 113.

relativa e não absoluta, serão exigidas em nome dos vulneráveis. A essência dos benefícios de seguridade social é que são incondicionais, porque torná-los condicionais provavelmente reativará as deficiências que originalmente constituíam a vulnerabilidade.

A disseminação da vulnerabilidade, e o crescimento resultante dos direitos em nome da justiça, está ameaçando falir as economias ocidentais. Essa é uma das dimensões práticas da política que devem relativizar até mesmo um ideal tão encantador. Porém, a questão básica é que a liberdade, não a justiça, é o segredo do dinamismo ocidental. Pode o entusiasmo atual pela "justiça social" realmente ser distinto daqueles sistemas reacionários de "justiça" representativa que dominavam as sociedades tradicionais? Se não, o futuro da nossa liberdade – e do que temos de único – é nitidamente sombrio.

Introdução

Tenho, assim como todo mundo, sentimentos ambíguos em relação à democracia. Todos concordamos que ela é o grande remédio para a corrupção, a tirania, a guerra e a pobreza no Terceiro Mundo. Certamente, não toleraríamos um sistema diferente em nossos próprios estados. Porém, a maioria das pessoas está desencantada com o modo como ela funciona.

Um motivo é que nossos governantes hoje administram tantos aspectos das nossas vidas que se tornou inevitável que eles façam isso mal. Eles foram além do que deviam. Seguem-se os erros, e passamos a vê-los com o mesmo escárnio daqueles que os entrevistam no rádio e na televisão. Adoramos que nossos governantes sejam – até certo ponto – nossos agentes. Eles precisam prestar contas para nós daquilo que fazem. E nós certamente não vivemos com medo, porque a democracia inclui o Estado de direito. Internacionalmente, as democracias são, em sua grande maioria, um grupo pacífico. Não gostam de guerra e tentam agir como "cidadãos globais". Há muito para apreciar.

Porém, é difícil entender o que está efetivamente acontecendo em nossa vida pública debaixo da superfície da discussão pública. A sobrecarga informacional dificulta para qualquer pessoa, exceto os entusiastas, distinguir o importante do trivial. A mera abundância da política – de democracia, talvez se possa dizer – obscurece tanto quanto ilumina. Como podemos entender essas confusões? O primeiro passo esclarecedor deve ser reconhecer que "democracia" em abstrato é um termo enganoso. Viver numa democracia – e o nosso tema deve ser a experiência vivida – torna-se algo diferente a cada geração. Algo que nos beneficia em uma geração pode não sê-lo mais na próxima. Vivenciar a democracia no século XXI é radicalmente diverso daquilo que nossos antepassados conheciam em 1901. Os níveis crescentes de prosperidade, por exemplo, alteram muitas respostas. Afinal, como notou Platão, as constituições são feitas de seres humanos: quando as pessoas mudam, o sistema não pode permanecer o mesmo.

Minha preocupação com a democracia é muito específica. Ela começa com a observação do fato notável de que, enquanto a democracia significa um governo responsável perante o eleitorado, nossos governantes hoje fazem com que *nós* sejamos responsáveis perante *eles*. A maior parte dos governos ocidentais odeia que eu fume, ou que eu coma o tipo errado de comida, ou que cace raposas, ou que beba demais, e essas são apenas as desaprovações superficiais, aquelas que provocam legislações ou campanhas públicas. Fazemos empréstimos demais para nossos prazeres pessoais, e muitos de nós somos péssimos pais. Já vimos ministros de Estado nos instruindo em questões elementares, como ler histórias para nossos filhos. Outra vez, muitos de nós temos visões equivocadas sobre pessoas de outras raças, culturas ou religiões, e a distribuição de nossos amigos nem sempre corresponde, como os governos acham que deveria, à diversidade cultural da nossa sociedade. Precisamos encarar o triste fato de que os governantes que elegemos estão perdendo a paciência conosco.

Nenhum filósofo pode contemplar essa interessante situação sem começar a refletir sobre o que ela pode significar. A lacuna entre realidades políticas e suas relações públicas é tão grande que o termo "paradoxo" parece brotar a cada frase. Nossos governantes teoricamente são "nossos" representantes, mas vivem transformando-nos em instrumentos dos projetos que *eles* sonham. O negócio do governo, poder-se-ia pensar, é prover o arcabouço jurídico dentro do qual podemos buscar a felicidade por conta própria. Em vez disso, somos o tempo todo convocados a nos reformarmos. Dívidas, descontrole e incompetência na criação de filhos são, sem dúvida, lamentáveis, mas são vícios e, caso tenham a liberdade de provocar suas próprias consequências, os vícios logo levam à dor que corrigem. A vida é uma professora de virtudes melhor que os políticos, e a maior parte dos governos sensatos do passado deixou em paz as faltas morais. No lugar disso, a cidadania democrática do século XXI significa receber uma torrente de "mensagens" de aprimoramento da autoridade. Uns podem perdoar essas intrusões porque elas são muito bem-intencionadas. Quem defenderia o preconceito, a dívida ou a bebida em excesso? A questão, porém, é que não cabe a nossos governantes nos dizer como viver. Eles já são cansativos o bastante em seu exercício de autoridade. São intoleráveis quando sobem ao púlpito. Nunca deveríamos duvidar de que a nacionalização da vida moral é o primeiro passo para o totalitarismo.

Podemos talvez ser mais tolerantes com governantes que viram pregadores se eles fossem gigantes morais. Mas qual cidadão hoje olha o governo e pensa em como ele é sábio e virtuoso? O respeito público pelos políticos há muito vem diminuindo, ao mesmo tempo que a população em geral foi seduzida a responder a cada novo problema exigindo que o governo entre em ação. O fato de estarmos pedindo constantemente que uma instituição que realmente desprezamos resolva grandes problemas demonstra uma notável falta de lógica no *demos* (na nação). Os estadistas do passado foram trocados por um conjunto de assistentes sociais quase incompetentes e ansiosos para ajudar "pessoas comuns" a resolver problemas diários em suas vidas. Essa estranha aspiração é uma mudança muito grande na vida pública. Os eleitorados de antigamente teriam respondido com escárnio a políticos que buscam poder para resolver nossos problemas. Hoje, o *demos* vota neles.

Nossos governantes, portanto, deliberam cada vez mais por nós, decidindo por nós a coisa certa a fazer. Sócrates afirmava que a atividade mais importante de um ser humano era refletir sobre o modo de viver. A maior parte das pessoas, claro, não é filósofa, mas não pode evitar deparar-se com questões morais. O problema evidente com a democracia hoje é que o Estado está tendo uma atitude preemptiva em relação a nossos juízos morais – ou, como dizem os economistas, está causando um *crowding out* ("efeito de deslocação"). Os governantes estão acrescentando os juízos morais ao programa cada vez maior de poderes que exercem. O Estado, também, não lida meramente com princípios. Ele está efetivamente dizendo a seus súditos para fazer coisas muito específicas. Porém, decisões sobre como vivemos representam aquilo a que nos referimos quando dizemos "liberdade", e esta é incompatível com um estado moralizador. É por isso que sou provocado a perguntar: a vida moral pode sobreviver à democracia?

Por "vida moral", simplesmente me refiro àquela dimensão da nossa experiência interior na qual deliberamos a respeito de nossas obrigações como pais, filhos, empregadores, estranhos, caridades, associações esportivas e outros elementos do nosso mundo. Pode ser que nem sempre pensemos muito nessas questões, mas esses envolvimentos compõem a essência das nossas vidas e também constituem as condições da nossa felicidade. Ao deliberarmos, e ao agirmos segundo nossas decisões, descobrimos quem somos e nos revelamos ao mundo. Esse tipo de autoadministração emerge da vida interior, compreendendo o fluxo de pensamentos e decisões que nos torna humanos. O ocidente moderno distingue-se pela prática de indivíduos que exibem exatamente essa autonomia moral. Somos diminuídos na medida em que esse elemento da nossa humanidade é apropriado pela autoridade, e nossa civilização perde o caráter especial que fez dela o animador dinâmico de tanta esperança e felicidade em tempos modernos.

É esse elemento de desumanização que estou chamando de "a mente servil". A acusação de servilismo ou de disposição de escravo é séria. Ela vem da visão grega clássica de que os escravos não tinham a capacidade de realizar movimentos próprios, necessitando ser animados pela classe superior dos senhores. Aristóteles achava que algumas pessoas eram "escravas por natureza"; em nosso mundo democrático, contudo, reconhecemos ao menos algum elemento do "senhor" em todo mundo. De fato, em nosso ódio inteiramente justificado pela escravidão, às vezes achamos que a paixão pela liberdade é um motor constitutivo de todos os seres humanos. Esse juízo dificilmente sobrevive ao mais elementar exame histórico. Tanto as sociedades tradicionais quanto os Estados totalitários no século XX sugeriram que muitas pessoas, na maioria das circunstâncias, contentam-se em se afundar em alguma empreitada coletiva que guia suas vidas e lhes garante segurança – é o surgimento da liberdade, e não a extensão do servilismo, que precisa ser explicado.

Ao invocar a ideia de servilismo, estou, aliás, homenageando Hilaire Belloc, cujo curioso livro *The Servile State* [*O Estado Servil*], que já tem mais de cem anos. O livro de Belloc é excêntrico sob vários aspectos, como o fato de identificar o capitalismo como algo que dirige a cultura britânica moderna para o servilismo. A liberdade não seria derivada dos gregos, mas da transformação cristã da Europa durante a Idade Média, e a estrutura social pressuposta em seu livro ecoa as disputas socialistas e capitalistas de sua época. Porém, dentro de um raciocínio que tinha algo de excêntrico mesmo em sua época, espreita um entendimento da deriva contemporânea para o servilismo como nova condição moral. Sua ideia-chave é a tendência da legislação a recompensar a aceitação de um estado servil pela oferta de segurança futura. O proletariado estava sendo subornado, e poder ser subornado é um importante elemento do servilismo. Um dos exemplos básicos de Belloc é o salário-mínimo, sendo a estrutura que lhe interessa a estratificação em desenvolvimento do país em capitalistas e um proletariado ao qual são oferecidos benefícios para encaixar-se num sistema que tira a liberdade de decidir por si mesmos daqueles que entregam de seu trabalho e seus recursos.

O servilismo não é uma ideia fácil para se operar, devendo estar claro que o mundo em que vivemos, assim como qualquer outro mundo, não pode ser plenamente capturado por estruturas ideais. Toda a vida humana se caracteriza por ideias e sinais conflitantes, mas nosso tempo parece uma cacofonia especialmente surreal dessas influências. De algum modo, conseguimos lidar com ela, ou a maior parte de nós consegue, sem sucumbir a reclamações falsas, como "estresse". Mas é importante aqui especificar o que é o servilismo e como ele se encaixa em nosso entendimento das situações sociais e morais. Ele é dependência mental, como quando se permite que as crenças ou as paixões alheias determinem as próprias crenças e paixões. Ele não exclui necessariamente certa cautela situacional. O assistente de Lorde Copper em *Scoop*, de Evelyn Waugh, que respondia a todas as observações imbecis de seu empregador, um barão da imprensa, com as palavras "Senhor Copper, até certo ponto", não estava sendo necessariamente servil – mas apenas cioso de manter seu emprego num ambiente complicado. Um problema com o servilismo é que seu contrário pode parecer uma exibição arrogante de independência própria, mas que provavelmente representa a máscara de um espírito servil. Uma preocupação com não ser mal-entendido pelos outros – algo que ninguém pode evitar – com frequência leva as pessoas a fanfarronices a respeito de compromissos que não podem sustentar seriamente. Esses problemas de entendimento significam que estamos numa área em que casuísmos e hipocrisias são difíceis de evitar.

O verdadeiro oposto do servilismo é a individualidade, algo que o pensamento europeu compreende há muito tempo. Porém, com frequência se confunde a própria palavra "individualidade" com o interesse egoísta e com a busca de meras paixões. É preciso ter cuidado ao usar qualquer uma das palavras comuns dessa área. Em nossa época, as severidades estruturais que surgiram das ideias básicas de justiça e vulnerabilidade sociais na sociedade contemporânea constituem um novo mundo de servilismo que ninguém, na época de Belloc, poderia ter imaginado. Porém, seu reconhecimento da estrutura geral do que estava acontecendo permanece agudo ainda hoje: "Reconhece-se que a sociedade não consiste mais de homens livres que barganham livremente seu trabalho ou qualquer outro bem em sua posse, mas em duas posições contrastantes, proprietários e não proprietários".[1] Hoje, o contraste se dá entre as muitas versões das vítimas protegidas e o governo protetor, mas a estrutura, em sua rigidez, é em grande escala exatamente aquilo que Belloc descreveu em seu sentido micro. Porém, no nosso novo mundo, o servilismo, da maneira como surge no espírito com que conduzimos nossas vidas, é muito mais difícil de especificar. Ele só pode resultar de uma inferência incerta feita a respeito dos indivíduos a partir do que dizem ou do que fazem.

As condições estruturais da mente servil, na maneira como ela se expressa na conduta, são muito mais fugidias que as pessoais. Consistem claramente na dependência da seguridade social já amplamente reconhecida, considerada hoje intolerável até mesmo pelos governos. Porém, elas também são evidentes nas estruturas jurídicas e regulatórias projetadas para proteger uma ou outra categoria abstrata da comunidade de ser assediada, ofendida, prejudicada em sua autoestima ou obrigada a sofrer muitas outras coisas oficialmente entendidas como opressivas. Elas serão encontradas nas estruturas que protegem as pessoas de serem vitimadas, as quais são, ao mesmo tempo, um estudo sobre como ser vítima. E uma das corrupções colaterais dessa situação é que o controle com frequência deve ser exercido não contra aqueles que cometem a ofensa, qualquer que seja, que esteja em questão, mas contra aqueles que talvez possam ser convenientemente responsabilizados. Um empregador, por exemplo, pode tornar-se responsável pelo assédio sexual cometido por um empregado porque não proveu aquilo que é conhecido como "um ambiente seguro" para

---

[1] Hilaire Belloc, *The Servile State*. Indianapolis, Liberty Press, 1977 (1913), p. 184.

mulheres. Trata-se claramente de uma transposição da ideia da "carteira gorda" encontrada em muitos litígios contemporâneos. Outra vez, Belloc estava à nossa frente. Num exemplo hipotético, a respeito de um empregado que acidentalmente feriu outro, em que o empregador "A" é responsável, ele escreve: "... é claro que 'A' tem deveres peculiares não por ser cidadão, mas por ser algo mais, *um empregador*; e 'B' e 'D' têm direitos especiais sobre 'A' não por serem cidadãos, mas por serem algo menos, a saber, *empregados*".[2] Mais em geral, o dever de não ofender as classes vulneráveis hoje na linguagem foi codificado como a coisa amorfa chamada "correção política", o que faz dos codificadores nossos senhores, a quem devemos obedecer não porque seja lei, mas porque eles são nossos senhores. Esta é uma relação servil. A codificação desse tipo retira a liberdade situacional com que os cidadãos naquilo que se pode reconhecer como relação civil devem ter a liberdade de responder um ao outro.

Aqui, portanto, temos uma erosão em grande escala das sociedades livres criadas em tempos modernos, as quais eram certamente arriscadas, mas também criativas. Ao responder à tempestade de regulamentações a que somos submetidos, às vezes somos suavemente levados a pensar que todos os seres humanos por natureza buscam a liberdade, e que nosso liberalismo é apenas uma expressão dessa paixão natural humana que enfim foi libertada dos opressores. Não há nem um vislumbre da história, e especialmente da história do último século, que possa sustentar essa ideia. Mesmo onde foram derrubadas as opressões reais do comunismo, muitos ainda anseiam pela segurança que se perde quando vem a liberdade. Sem dúvida, existe um tipo de liberdade que todos desejam: a liberdade de fazer o que se quer sem nenhuma interferência. Porém, isso não passa do sonho do escravo de fugir do senhor; ele é bem diferente da liberdade a partir da qual foi construída a grandeza das sociedades europeias.

---

[2] Belloc, p. 178 (itálicos do original).

A liberdade como condição moral só é possível quando combinada com a responsabilidade. Ser livre, nesse sentido, consiste, é claro, em viver segundo os termos do Estado de direito, mas, mais importante, no fato de cada qual ser guiado por seu próprio sentido de virtudes e de compromissos. Numa sociedade livre, não são apenas os indivíduos, mas também as profissões e as associações que se autorregulam dentro da lei. Responder a sentimentos morais de uma forma ou de outra é algo inseparável de ser humano, mas o ocidente moderno gerou uma forma autoadministrada de agência moral que constitui a base da liberdade. Trata-se de uma agência moral que assume a forma não da concordância com outras pessoas quanto à maneira correta de viver, mas de um firme respeito civil pela independência e pela autonomia alheias.

E, caso pareça excessivamente dramático mencionar falar do servilismo como característica de parte da conduta dos europeus modernos, permita-me observar que temos efetivamente um vocabulário que reconhece o servilismo na vida cotidiana das nossas sociedades. Ele aparece, por exemplo, quando chamamos alguém de bajulador, puxa-saco, banana, carreirista, ou qualquer outro nome difamador semelhante. De fato, nosso vocabulário revela várias maneiras como reconhecemos tendências muito precisamente servis. Não executar um dever público a menos que se receba um benefício privado, por exemplo, é um exercício de corrupção, a qual é indicativa da vida moral característica do escravo. Outra vez, nossa desaprovação moral comum da "ganância" caracteriza aqueles que vão além da motivação capitalista pelo melhor negócio a fim de ganhar algo a que não têm direito. Esse juízo implicitamente invoca a acusação de ser escravizado pelas paixões. Mas, é claro, o servilismo tem características muito mais evidentes. Vamos realçá-las por meio de um contraste.

As sociedades europeias que se tornaram democracias ao longo dos dois últimos séculos entendiam-se como associações de indivíduos que moviam a si próprios. Ricos e pobres faziam seus arranjos particulares dentro de uma sociedade civil que continha uma gama cada vez maior de associações – sociais, de caridade, religiosas, de apoio mútuo, sindicalizadas e daí por diante. Essas associações expressavam aquela capacidade de criatividade institucional espontânea que tanto impressionou aqueles que visitavam a Europa, e especialmente os países anglófonos. A marca crucial da independência era a capacidade de gerar os recursos necessários para a vida sem depender de subsídios governamentais, constituindo a "respeitabilidade". Pode ter sido mais fácil para os ricos obterem respeitabilidade, mas o ponto crucial era o caráter moral. Formas servis de lisonja podiam ser encontradas em todos os níveis da sociedade. Os pobres respeitáveis, porém, caracterizavam-se por um orgulhoso senso de independência. Essa atitude veio dos tempos medievais na Inglaterra e baseava-se num senso de dignidade pessoal dentro de qualquer "posição" que se tivesse, um senso desenvolvido pela *common law* ("direito comum"). A sociedade inglesa como conjunto de indivíduos independentes surgiu lentamente durante os séculos XVIII e XIX com a mudança do meio rural para as cidades, saindo das relíquias de uma dependência semifeudal. Classes novas inteiras de pessoas foram absorvidas pelas tradições políticas existentes na Europa.

A grande mudança do fim do século XIX e do começo do século XX reside no fato, portanto, de que nossa concepção da sociedade em si mudou – ela não é mais uma associação de indivíduos independentes que movem a si mesmos, e sim uma associação de pessoas vulneráveis cujas necessidades e sofrimentos devem ser remediados pelo poder do Estado. A ideia de "vulnerabilidade" tornou-se tão canibal que hoje cobre não apenas as vítimas de infortúnios e delinquências, mas até mesmo os próprios delinquentes. Não são apenas as vítimas de facadas, por exemplo, que são "vulneráveis", mas também os que matam a facadas. A implicação desse notável desenvolvimento semântico é que "a sociedade mesma" não cumpriu seu dever de instilar decência e integridade nessas pessoas. Aqui, temos o desafio mais direto à ideia básica de agência moral.

A agência moral é solapada quando os governos assumem as tarefas que os indivíduos costumavam executar para si mesmos. Tirar problemas das vidas das pessoas certamente aumenta sua conveniência, mas essa ajuda é geralmente apresentada em termos mais amplos, como se expressa justiça social ou compaixão. Porém, nunca devemos confundir justiça e conveniência. A longo prazo, a conveniência tem custos, mesmo que na forma de um declínio constante de nossa desenvoltura. A conveniência de supermercados que nunca fecham diminui a necessidade e, com frequência, até mesmo a capacidade de fazer planejamentos domésticos. Os avanços tecnológicos na guerra nos tornam muito bons, mas com frequência diminuem a necessidade de coragem. Telefones móveis são úteis para combinar encontros, mas enfraquecem o respeito pela pontualidade, outrora considerada a virtude dos reis. A assistência médica gratuita no ponto de necessidade pode ser um grande benefício, mas erode qualquer urgência que possamos sentir de exercer a virtude da poupança, que em outros tempos nos ensinava a guardar para tempos difíceis. A prudência, a sabedoria e a nossa solidariedade com amigos e familiares passam a ser menos necessárias. Assim, torna-se nosso hábito e nosso interesse – e nosso hábito *porque* é nosso interesse – fazer o que o governo exige. Afinal, quem somos nós para ficar contra a democracia? O Estado, é claro, só pode oferecer esses benefícios tirando cada vez mais do nosso dinheiro na forma de impostos, e o resultado é que, num considerável espectro de faixas de renda, o indivíduo é cada vez mais capaz de dedicar seu dinheiro – o que quer que sobre dele – à satisfação de impulsos, e não à administração da autonomia. Parte do declínio para a servidão também pode ser observado na trivialização de grande parte da vida moderna.

Considerações desse tipo me levaram a comparar a condição dos europeus modernos em algum grau à dos escravos do mundo antigo.

Hoje, como cidadãos, devemos aceitar uma regulamentação e uma dependência da autoridade cada vez maiores, até nos alinharmos às opiniões corretas. O mundo moral do individualista clássico surgiu da coerência dos compromissos que ele escolhia por si próprio. Seu dever básico se direcionava à sua própria autoconcepção. A vida moral contemporânea, por contraste, é marcada pela obediência a regras impostas externamente, uma estrutura de respostas pessoais ao mundo que o sociólogo David Riesman certa vez denominou "dirigidas por outros". Essa obediência não poderá existir se o Estado não puder acessar muito mais informações a respeito de cada um de nós, incluindo onde estamos fisicamente situados neste ou naquele momento. Hoje, vivemos numa "sociedade de vigilância".

Mudanças na vida social e moral são difíceis de reconhecer porque guardamos antigas admirações muito depois de termos perdido as disciplinas que as sustentavam. Ainda admiramos a liberdade e as virtudes associadas a ela – coragem, orgulho, autonomia, etc. –, ainda que outras admirações possam ser invocadas para encobrir uma ou outra traição da nossa independência. O mundo que permitimos que surgisse das restrições muito austeras de tempos mais antigos é notavelmente agradável e permissivo na maior parte do tempo para a maioria das pessoas. Temos a forte sensação de que alguns de seus traços – democracia, liberdade, tolerância, direitos, etc. – são um padrão que deveria ser adotado no mundo inteiro. Além disso, hoje somos imensamente mais ricos que as gerações pregressas. É só em parte por causa da nossa riqueza que somos um ímã para imigrantes de todas as partes do mundo. Vistos desde as sociedades tradicionais em outras partes do mundo, parecemos admiravelmente livres. A atenção a esses traços de nossa condição atual certamente fará com que pareça improvável que estamos escorregando para aquilo que chamo de "a mente servil".

Certamente, a sociedade contemporânea nos libertou de muitas das austeridades e convenções de épocas anteriores. Ela permitiu o florescimento da impulsividade, e gozamos de "liberdade negativa" em relação a diversas atividades previamente restritas. O outro lado desse admirável estado de coisas é, porém, o aumento no crime, no uso de drogas, no comportamento antissocial, além do colapso da vida familiar. O mundo moderno, sendo democrático, responde muito bem ao que queremos, e o que queremos nem sempre é bom para nós.

"Democracia" hoje abrange toda uma gama de mudanças que, se espera, melhorarão as vidas de todos. Ao afirmar que a democracia solapa a vida moral, não estou sugerindo que ela *causa* o servilismo que estou diagnosticando. O que causa o que na vida social é tão complicado que dificilmente podemos ter certeza de qualquer conexão particular; somente captamos algumas partes. A tecnologia e os empreendimentos econômicos, a secularização da vida, as mudanças de opiniões, novas preferências morais – muitas dessas coisas estão implicadas nessas mudanças. Porém, a democracia é central porque cedo ou tarde ela será usada para explicar, justificar e tornar coerente o modo como as coisas vão, ao menos na medida em que aprovamos o modo como estão indo.

Esse papel justificativo pode ser visto no fato de que poucas atividades são imunes a propostas de que devem ser democratizadas. A democracia doméstica consiste em homens e mulheres compartilhando igualmente os ônus de manter uma casa. A democracia educacional consiste em transferir recursos para os alunos atualmente menos capazes de obter bons resultados. Nenhum resquício de constituições hereditárias está a salvo desse rolo compressor homogeneizador: a Câmara dos Lordes está passando pelo processo de tornar-se algo como uma câmara federal democratizada. A democratização é a mais dramática de todas as corrupções da modernidade, em que a prática herdada do equilíbrio será substituída por um único ideal que, segundo se crê, resolverá todos os problemas. A vida moral não pode ficar mais isolada desse impulso do que outras coisas. Também ela precisa ser democratizada.

É claro que é preciso examinar o que há de tão desejável nessa ambiciosíssima versão da democracia. Teoricamente, ela representa a vontade do povo e a equalização universal como conteúdo dessa vontade. Essa é uma combinação de duas considerações logicamente distintas. O projeto democrático em si é a crença de que os benefícios de uma vida civilizada ocidental devem ser, de maneira mais ou menos incondicional, disponibilizados para todo mundo, sem excluir, no limite, a população do planeta inteiro. A base democrática desse projeto é que o *demos* efetivamente quer esse projeto. A conjunção do projeto com sua base teórica cria um imperativo moral que se julga sobrepujar as deliberações morais dos indivíduos.

A Mente Servil, portanto, apresenta um argumento que explora essa evolução das sensibilidades morais na vida ocidental desde 1900. A vida "ocidental" aqui se refere às culturas da Europa, da América do Norte, da Austrália e muito mais. Às vezes, uso "europeu" como sinônimo porque foi na Europa que essa cultura se desenvolveu. Elementos dessa vida hoje serão encontrados por toda parte, porque poucos povos não foram em algum grau influenciados por nossas práticas. Existem, é claro, muitas versões nacionais diferentes da vida europeia moderna, mas elas não afetam muito meu argumento. No coração da vida ocidental tal como a herdamos até onde podemos nos lembrar, estão indivíduos autoconscientes que guiam seus destinos seguindo quaisquer sentimentos morais que tenham. Esses sentimentos morais certamente variam, mas não são meras questões de gosto.

Meu argumento é que esse idioma moral está sendo questionado por outro, em que os indivíduos encontram sua essência identificadora no apoio a políticas públicas tanto moralmente obrigatórias quanto politicamente imperativas. Essas políticas são, como sugiro, "político-morais". Essa atitude moraliza dramaticamente a política, e politiza a vida moral. Ela se alimenta de nosso apoio instintivo às boas causas. As sociedades modernas europeias ou ocidentais são, é claro, imensamente variadas em suas sensibilidades morais, e a maior esperança que tenho é ter rastreado ao menos algumas mudanças interessantes. Elas revelam muito sobre o modo como nossa civilização está se movendo.

Quero entender o mundo, e não o mudar, por isso o que aprovo ou desaprovo é irrelevante. Caso minha atitude ocasionalmente salte aos olhos, peço a bondade do leitor. A moralidade em parte tem a ver com "fazer a coisa certa", mas mal chega a ser novidade que as pessoas discordam quanto ao que é a coisa certa. As mudanças na sensibilidade moral sempre têm alguns bons motivos por trás de si: igualmente, muito poucas mudanças são bênçãos puras e simples. O modo como esses sentimentos evoluem – vale dizer: como vivemos – é de suma importância para nosso destino. O mundo é um lugar perigoso, e nossas capacidades morais são o equipamento básico de que depende não apenas nossa integridade, mas nossa própria sobrevivência.

Para aqueles que podem objetar que essa conversa sobre moralidade tem pouca importância porque na verdade todo mundo vai inventando seus valores pelo caminho, eu meramente observaria que essa é uma confusão que resulta da moda do fundamentalismo sociológico. O mundo moral é atualmente descrito em termos de "regras sociais" ou de "atitudes culturais", e não de compromissos morais, mas ninguém duvida que a competência moral tem valor, ainda que hoje algumas pessoas chamem-na (ou parte dela) de "capital social". Os juízos morais hoje parecem essencialmente contestáveis, e mesmo na retórica da política os ativistas acham que condenar algo como "ilegal" é um golpe muito mais poderoso que condenar algo como "imoral".

A popularidade dessa fuga do moral para o social (e para o legal) incentivou a ilusão de que nossos vícios podem ser reformados caso os governos transmitam as "mensagens" corretas. As atitudes, é claro, mudam o tempo inteiro, e os governos são parte do motivo de elas mudarem: parte do motivo, mas apenas parte. Eu, por exemplo, não fico perplexo porque as atitudes têm vida própria, e porque o *demos* do século XXI não é um material inteiramente plástico que os governantes podem esculpir. Os governantes podem ficar empolgados com "mudar a cultura", mas os povos modernos normalmente são brutos o bastante para resistir a serem aprimorados. Estar atento à semântica com que a moral foi transposta para o manipulável é uma proteção contra uma crédula aquiescência aos projetos dos governos. Essa semântica inevitavelmente atrai o interesse filosófico. E o filósofo precisa começar observando que aquilo que reconhecemos como nossa "cultura" não passa de superfícies, dos detritos deixados pelas nossas respostas morais de tempos passados, obsoletos no momento mesmo em que são reconhecidos. Nunca nos banhamos na mesma cultura.

Ao fim de um período de conflito civil, como Tácito nos conta, César Augusto estabeleceu a paz e a segurança em Roma durante o longo período em que governou, terminando em 14 d.C. Augusto preservou cuidadosamente as estruturas constitucionais herdadas do período republicano. Roma ainda estava, em certo sentido, no ápice do seu poder. Quando Augusto morreu, porém, os romanos descobriram que um novo sistema tinha silenciosamente passado a existir: eles tinham adquirido um senhor. E o que eles também descobriram foi que, quase sem que se percebesse, durante o longo reino de Augusto, tinham aprendido as práticas morais necessárias para uma submissão delatora àquela figura. O destino dos romanos sob Tibério, que veio após Augusto, foi mais alarmante do que qualquer coisa que se possa imaginar em nossa época. Porém, não devemos esquecer a lição maior de que, em longos períodos, as mudanças morais que acontecem só se tornam evidentes à luz de alguma crise inesperada. Trata-se de uma lição que deveria nos deixar cautelosos quanto a nossa conduta relaxada e liberada. Nosso mundo é infinitamente benigno, e não corremos nenhum risco imediato de cair nas distrações e perfídias que afligiram os primeiros dias de Roma sob o principado. Mas nunca devemos esquecer que a mudança moral acontece abaixo, e com frequência muito abaixo, da superfície de uma cultura.

A Mente Servil: Como a Democracia Solapa a Vida Moral é um argumento: pressupõe certo grau de sofisticação em teoria política e em história intelectual. Não tenho dúvidas de que entendi de modo errôneo algumas coisas, mas ter oferecido o aparato de erudição que justificaria em detalhes os juízos certamente discutíveis que faço teria tornado o livro uma empreitada muito distinta. Simplesmente anotei algumas referências que podem ser úteis a quem queira seguir essa ou aquela trilha. Também não quero apresentar uma lista do vasto número de pessoas com quem tenho uma dívida por uma ideia aqui, uma formulação ali. O teste para saber se acertei alguma coisa ou se vivo nas nuvens deve ficar com o leitor, pois qualquer análise desse tipo da experiência vivida "não admite nenhuma outra demonstração".

Kenneth Minogue
Junho de 2010

Capítulo 1 | Ambiguidades Democráticas

1. A DEMOCRACIA COMO PROCESSO DE MUDANÇA CONTÍNUA

Minha pergunta é a seguinte: a vida moral é compatível com a democracia? Como tanto a democracia quanto a vida moral referem-se a entidades dinâmicas, sua compatibilidade é claramente uma questão tanto histórica quanto de interesse filosófico por ideias. À medida que a democracia foi dominando cada vez mais os procedimentos constitucionais britânicos no século posterior à Primeira Lei de Reforma de 1832, pôde-se discernir poucos indícios de incompatibilidade. Política e moral eram esferas distintas da vida, ainda que entre elas houvesse uma intersecção. Os vários partidos políticos na Grã-Bretanha, e em outros países à medida que se democratizavam, de modo geral sabiam que seus entusiasmos políticos se distinguiam de suas responsabilidades morais. Mesmo assim, algumas formas de liberalismo social já tendiam a propor argumentos morais a favor de projetos redistribucionistas,[1] e, na periferia da política, era possível encontrar doutrinas ideológicas, entre as quais se destaca o marxismo, que efetivamente explicavam a vida moral inteira (como então concebida) como um conjunto de condições comportamentais exigido das

---
[1] Por exemplo, na obra de T.H. Green, de L.T. Hobhouse e de Bernard Bosanquet. Também não devemos esquecer o princípio de Bentham, da maior felicidade como critério político para a conduta moral.

pessoas a fim de sustentar um sistema opressor chamado "sociedade burguesa", posteriormente se tornando o "capitalismo".

É preciso, portanto, reconhecer que as ideias morais evoluem ao longo do tempo. Há aqui certo elemento paradoxal, no sentido de que certo e errado são, em princípio, os mesmos em todos os tempos e lugares, mas isso só é plausível num nível abstrato; as convicções morais dependem de crenças e de contextos, os quais têm características únicas.

A pergunta óbvia a ser feita é se as características variáveis da civilização europeia exibem algum padrão ou se são meramente aleatórias – "só uma coisa após a outra", como dizem às vezes. A resposta é que não apenas podemos descobrir uma grande variedade de padrões ou de tendências no desenvolvimento da moderna civilização europeia, mas também que usamos os padrões que achamos ter encontrado para nos orientarmos. Nossas admirações e desprezos estão alinhados de perto com aquilo que achamos que aconteceu no passado, tanto com cada um de nós individualmente quanto com a nação cuja identidade compartilhamos. Alguns pensadores recorreram a padrões da natureza humana para descobrir a ubiquidade de coisas como o desejo por liberdade ou a tentação de buscar dominar os outros. Às vezes, filos de progresso não apenas tecnológico, mas também moral, são detectados na história da humanidade, e alguns creem que, em declarações de direitos humanos, nossa época descobriu – enfim! – as verdadeiras fundações da felicidade humana. Ideólogos como Marx traçam um padrão em que a dinâmica de um sistema maligno se resolve por si, às vezes levando a uma bem-vinda síntese como forma de comunidade verdadeira. Alguns filósofos descobrem na história o desdobramento do ímpeto humano de liberdade. Os historiadores com frequência concebem o mundo moderno como uma sequência de capítulos sumarizados em seus livros – o Renascimento leva à Reforma, ao Iluminismo, ao Romantismo, e daí por diante. Os pessimistas acham que nossa civilização está decaindo, ao passo que os mais velhos com frequência lamentam a perda da elegância de que se lembram de sua juventude. O que isso tudo revela, porém, é que o ocidente moderno entende a si mesmo nos termos da ideia básica de mudança. Às vezes, podemos nos congratular por nosso progresso, ou, alternativamente, podemos reconhecer nossa condição pelas coisas que lamentamos que desapareçam – a crença na vida após a morte, talvez, ou "empregos para a vida toda".

Esse senso de estar imerso num processo de mudança é o que distingue a moderna civilização europeia das culturas de outros povos. Aprendemos a receber bem a mudança; tudo conosco tem suas modas, mas outras culturas em geral se caracterizam pela resistência à mudança, com base na crença de que participam, mesmo que imperfeitamente, de um modo correto de viver. Esse "modo correto de viver" no passado se restringia a um modo de vida religioso ou ao menos dominantemente ético. E presumo que esse traço da maneira como as pessoas sempre viveram vale tanto para as civilizações notáveis, como a hindu ou a islâmica, ou mesmo a confuciana, quanto para grupos tribais menores. Uma das grandes divisões do mundo humano é entre as pessoas que acham que conhecem o único modo correto de viver e aquelas (majoritariamente nos Estados europeus) cujas respostas morais se originam no reconhecimento de que a mudança é inevitável, e, aliás, inescapável.

A palavra "civilização" pode criar dificuldades particulares, porque algumas pessoas acham que ela afirma gratuitamente que algumas culturas são superiores a outras. Certamente, quero afirmar que as civilizações são *diferentes* de culturas, ainda que toda civilização seja, é claro, ela própria uma rede de diferentes culturas. A superioridade é uma questão totalmente distinta, e, se é possível dizer algo sensato a esse respeito, a afirmação precisa estar muito bem focada no aspecto abstrato para o qual se afirma um valor especial. Como decidir se um executivo de terno é superior a um caçador intrépido com um profundo conhecimento de onde vive e encontra comida? De fato, nos períodos românticos, os europeus identificaram o caçador intrépido como um selvagem nobre, exsudando autenticidade, e muito superior às ambivalências nervosas das nossas próprias vidas. Esses julgamentos são eles próprios questões de moda. A maioria das questões de superioridade é não apenas irresolvível, mas também tediosa. As civilizações certamente são culturas, mas nem todas as culturas são civilizações, ainda que essa distinção esteja longe de ser nítida.

Eu sugeriria, porém, que os povos que desenvolveram escrita própria adquiriram a capacidade de administrar o pensamento abstrato, o que representa uma marca da civilização. O domínio de ideias abstratas, algo que pode ser encontrado nas culturas literárias, possibilita capacidades adaptativas muitas vezes ausentes naquelas culturas que desenvolveram uma relação íntima com seu próprio mundo local. Certamente, há muitas maneiras de as abstrações nos enganarem, mas elas também têm o poder de libertar as culturas dos ambientes específicos que as nutriram. Qualquer indivíduo de qualquer cultura pode, é claro, responder de maneiras imprevisíveis a novas situações, mas as culturas demoram a mudar. Considero isso um elemento na situação dos povos ditos "indígenas" do mundo, que consideram que a vida moderna lhes apresenta problemas que afligem as civilizações em menor escala. A Declaração das Nações Unidas dos Direitos dos Povos Indígenas,[2] por exemplo, reconhece que os traços específicos das culturas tribais são distintivos.

Assim, vamos nos equivocar quanto ao caráter do mundo contemporâneo a menos que reconheçamos que as civilizações são tipos distintos de culturas, mas também devemos reconhecer que somos todos o que quer que somos porque participamos de alguma cultura. Todos falamos uma língua e vivemos segundo os hábitos e valores diferentes dos de outros povos. Ao propor o argumento deste livro, estou evidentemente julgando as coisas desde um ponto histórico

---

[2] Adotada pela ONU em setembro de 2007.

específico. Mas também estou propondo um entendimento universal das questões humanas, de modo que pessoas de qualquer cultura, entendendo os termos que eu definir, possa em princípio concordar, ou então contestar, a verdade daquilo que afirmo. Escrevo no começo do século XXI num dos centros do mundo anglófono, mas o que descreverei (se eu o fizer bem) também poderá ser encontrado onde quer que modos europeus modernos de pensamento e de vida tenham se estabelecido, ou tenham sido de algum modo influentes. O ocidente moderno, como vou chamá-lo por conveniência, deixou alguma marca em praticamente todo mundo, exceto em algumas poucas tribos remotas na selva amazônica. Os indícios que reuni virão amplamente do que acontece na Europa, nos Estados Unidos e naquelas áreas do mundo em que os usos da modernidade firmaram raízes mais fortes.

Permita-me agora afastar um mal-entendido possível, ainda que um tanto grosseiro, do meu projeto. As pessoas que falam de moralidade e da vida moral com frequência têm uma forma de conduta específica que desejam recomendar. Eu certamente tenho opiniões sobre condutas melhores e piores, mas minha visão da vida moral, como elaborada posteriormente, é quase inteiramente descritiva. O mesmo vale para a minha visão da democracia, ainda que meu argumento em parte seja projetado para afastar algumas ilusões a respeito dela. E, agora, dediquemo-nos a essa tarefa.

2. COMO ANALISAR A DEMOCRACIA

Assim como no caso de qualquer prática social complexa, podemos fazer muitos *tipos* de perguntas sobre a democracia, e, por consequência, descrevê-la de várias maneiras. Trata-se, em primeira instância, de uma mudança constitucional nos arranjos eleitorais de países que já eram governados constitucionalmente. Em sua longa história de desenvolvimento civil, as práticas democráticas de muitos

Estados europeus podiam fundir-se de modo mais ou menos coerente com as atitudes e as práticas já existentes. Assim, a democracia é parte do direito constitucional.

A maioria das pessoas, porém, pensaria que se trata de um tema estudado de maneira central na ciência política, embora algumas delas talvez fiquem desconfortáveis com o uso do termo "ciência" para o estudo de questões humanas. Nos departamentos de ciência política das universidades, a democracia é estudada dando-se atenção particular à maneira como as mudanças de estruturas de poder encaixam-se nas regras e convenções que dominam o processo político nacional em dado momento. O modo como a democracia funciona pode ser estudado comparativamente, e, às vezes, aprendem-se lições sobre como os sucessos de uma tradição nacional podem ser seguidos em outra.

Os sociólogos abordam a política da democracia ao analisarem a relação entre poder, apoio político e estruturas sociais. Teóricos políticos investigam a relação entre a democracia como ideal e o modo como o ideal se relaciona com as realidades da política contemporânea. Os historiadores, ainda, estudam os acontecimentos da vida política e sua relação com o tempo e o contexto. E, talvez, acima de tudo, esteja o interesse prático daqueles que vivem numa democracia, um dia após o outro, em seu funcionamento.

É como parte da resposta prática a viver numa democracia que começamos a tratar de seus traços psicológicos e morais. Aqui, encontramos o que talvez possa ser generalizado como a experiência da democracia, em contraste ao modo como se vivia naqueles Estados e culturas, muitos governados despoticamente, em que alguma ideia dominante de um modo correto de viver é a base tanto das ações dos governantes quanto da vida social do povo. O contraste aqui se dá particularmente entre o que as pessoas acham normal ao viver em estados democráticos, o que significa no Estado de direito, e o que se acha normal em Estados cuja vida coletiva se fundamenta em outros pressupostos. Um traço notável das democracias ocidentais é o fato de exibirem pouca corrupção nos níveis mais baixos do governo (por exemplo, na emissão de passaportes ou no pagamento de benefícios previdenciários) que em outras formas da vida coletiva.

Não há dúvida de que os franceses se destacam no estudo dessa área da vida social e política, e que Montesquieu e Alexis de Tocqueville são suas figuras mais notáveis. Esse foco na vida política provoca uma preocupação com o que poderia, de modo um pouco pretensioso, ser chamado de *fenomenologia* da democracia. Nos tempos modernos, aqueles que se preocupam com o lugar da "mídia" nas democracias modernas – por exemplo, Jürgen Habermas em sua obra sobre a "ação comunicativa" – exibem esse foco de atenção. Tocqueville, perspicaz, entendia a democracia como um modo de vida completo, que contrastava com as experiências de um país aristocrático como a França. Ele não a achava inteiramente admirável, mas certamente achava que tinha visto o futuro, e que, sob alguns aspectos, ele funcionava muito bem. Sua preocupação era com *les moeurs*, e não pode haver dúvida de que a viabilidade das constituições democráticas tem uma relação crucial com a consonância entre essas atitudes e pressupostos, de um lado, e as práticas (especialmente as inibições) que respondem a eles, de outro. Aqui, a incoerência entre ideal e realidade é o motivo pelo qual é tão difícil estabelecer a democracia em Estados não ocidentais.

Ao nos voltarmos para a democracia, porém, precisamos distinguir entre "democracia" e sua denotação de ideal moral, social e político. O fato mais notável a respeito do desenvolvimento político ocidental nos dois últimos séculos refere-se a como uma mudança relativamente pequena nas práticas eleitores, a saber, uma extensão do direito de voto, transformou-se numa crítica abrangente e, em muitos casos, uma rejeição, dos costumes herdados dos Estados europeus. Na Grã-Bretanha, por exemplo, a Primeira Lei de Reforma adicionou um número bem pequeno de eleitores, e a política permaneceu um esporte aristocrático pelo restante do século. Foi só ao fim do século que um partido dedicado especificamente a melhorar a condição dos pobres estabeleceu-se como um ator sério da política britânica. Porém, no momento em que o Partido Trabalhista de Clement Attlee chegou ao poder em 1945, essa pequena mudança técnica na constituição tinha florescido na forma de uma ideia notável da democracia como crítica de uma civilização inteira. Posições sociais, classes, formalidades, formas de respeito, modos de vestir e muitos outros aspectos foram varridos para longe naquilo que, em retrospecto, pode ser chamado de "orgia de informalidade", e as eleições se tornaram maneiras de seduzir os eleitores, durante as quais se prometiam a classes específicas de eleitores benefícios concretos, resultantes do uso do poder político para redistribuir a riqueza daquelas que a tinham adquirido na economia. Em 1832, teria sido absurdo sugerir que a concepção de Platão da democracia nos Livros VII e IX da *República* tem qualquer relevância para a vida política moderna. Na segunda metade do século XX, a caracterização platônica estava bem avançada. A democracia é a forma de governo que responde àquilo que seus súditos aprovam, ou que podem ser convencidos a aprovar.

É esse desenvolvimento da democracia, de uma mudança constitucional relativamente menor na política nacional para um ideal ou sonho abrangente de sociedade em que todos gozariam de felicidade ao pertencer a uma verdadeira comunidade, que estou chamando de "revolução democrática". Revolução é um pouco uma hipérbole explicativa que costumamos usar ao tratar da mudança moderna, podendo se referir a um conjunto de eventos que ocorre num período muito breve (como a França após 1789 ou a Rússia após 1917) ou a um acúmulo de mudanças em nossa forma de vida que leva à sua completa transformação, quase sem que as pessoas percebam o que aconteceu.

Assim, a democracia revelou-se ao longo do tempo não uma condição, mas sim um processo, e, em algumas versões, um processo sem fim, excetuando um modo de vida perfeito. Os democratas de um tipo ou de outro cada vez mais julgavam que os arranjos sociais, políticos e econômicos dos Estados em que viviam eram incompatíveis com o pleno florescimento da democracia. Alguns democratas objetavam contra a monarquia, outros contra a desigualdade econômica, a maioria contra as aristocracias, e quase todos contra as "lacunas" detectadas nas vantagens (ou benefícios, privilégios) gozadas por alguns membros da sociedade, mas não por outros. Um Estado pode por si só ser democrático, mas suas economias, livres de regulamentação política, eram grandes promotoras de desigualdades, ao mesmo tempo em que se criticavam as sociedades com frequência por serem marcadas por formas intoleráveis de distinções sociais divisivas. No século anterior, um retumbante programa de reformas, muitas vezes proposto como "democratização", trouxe-nos a provisão de seguridade social em muitos lugares, a república em outro, e direitos humanos por toda parte. Uma gama cada vez maior de legislação projetada para garantir aceitação social plena a grupos sociais (denominados "minorias") tornou-se parte de um programa para transformar a sociedade naquilo que se considerava uma verdadeira comunidade.

Como explicar essa notável situação nova? Uma mudança relativamente simples nos arranjos políticos (a ampliação do direito ao voto) revela-se um projeto para a completa reconstrução da sociedade. É esse o sentido em que a democracia "preside" uma espécie de revolução na experiência ocidental. Além disso, novos projetos de reconstrução parecem surgir a cada nova geração, respondendo sem dúvida à riqueza cada vez maior dos estados modernos e a novos gostos e sensibilidades das pessoas que os habitam. Assim, não existe a "democracia" considerada em abstrato, porque o sentido do termo muda significativamente a cada geração. Walter Bagehot, no século XIX, afirmava que a sabedoria de nenhuma reforma poderia ser julgada na geração que a promovia, porque as pessoas ainda guardavam os hábitos das condições anteriores, e só o tempo revela a verdade sobre como elas responderão. A cada geração, o progresso da reforma parece produzir projetos de mudança social que teriam deixado a geração anterior perplexa. A forma da política na Grã-Bretanha do século XX resultou em parte da aprovação de três Leis de Reforma no século XIX (e também, claro, da concessão do direito de voto às mulheres em 1918 e em 1928), ao passo que a forma da Grã-Bretanha no século XXI foi vigorosamente afetada pelo Estado de bem-estar social, cujos traços essenciais foram estabelecidos por Attlee entre 1945 e 1951. A cada geração, as respostas a mudanças pregressas evoluem, e novas paixões surgem. Essas coisas não podem ser previstas com seriedade, em grau nenhum, antes que aconteçam. As gerações, assim como os indivíduos, sempre encontrarão maneiras de nos surpreender. O futuro é amplamente inescrutável; de fato, podemos nos considerar excepcionalmente afortunados caso adquiramos qualquer entendimento do passado.

Ao tomar minhas primeiras orientações da democracia, então, estou, sem dúvida, com muito menos verve, fazendo algo parecido com o que fez Tocqueville ao explorar o caráter dos Estados Unidos em 1831 a 1832. Ele começou observando as experiências sociais e políticas dos norte-americanos e terminou com uma análise de um modo de conduta e de sensibilidade que reconheceu como democracia. Porém, aquilo não era de todo a democracia tal como descrita pelo cientista político; antes, era um modo de viver, uma forma de experiência, um conjunto de hábitos, de sensibilidades e de expectativas de um tipo difícil de aproximar das questões características do cientista político. De fato, Tocqueville reconhecia a democracia como um novo sistema político, mas seu maior interesse nela residia nas atitudes e nas sensibilidades (por exemplo, sua curiosa subserviência à opinião da maioria) que estavam transformando as respostas humanas à vida em conjunto e ao mundo em geral. Meu interesse, assim como o dele, está basicamente na moral e nos modos da democracia contemporânea.

Porém, ao dar centralidade à democracia, ao menos agora, estou (não mais que o próprio Tocqueville) cometendo o erro de achar que tudo pode ser atribuído à democracia. Na vida moderna, todos participamos de atividades econômicas, religiosas, legais, cívicas e nacionais, e o modo como essas atividades se afetam é imensamente complexo. A relação entre tecnologia e vida moral, por exemplo, dificilmente pode ser evitada por qualquer pessoa que dedique a mínima atenção a essas questões. Acima de tudo, muitas pessoas acham que a força causal mais significativa em nossas vidas é o conjunto de mudanças que se costuma discutir com o nome de "capitalismo". O espírito do comércio é detectado na explicação de tudo. Porém, além disso, o estudante das questões humanas deve lembrar-se de que séculos inteiros podem ser varridos por doutrinas influentes – como as de progresso, de raça ou de evolução – e por paixões, como aquela pela ausência de uma mancha moral coletiva que induziu muitos ocidentais a pedir desculpas por aquilo que julgam, correta ou incorretamente, injustiças históricas. A democracia, portanto, é um ideal transformador da vida humana. Como a entenderemos?

3. ALGUMAS CONDIÇÕES BÁSICAS DA DEMOCRACIA

O princípio é mais fácil de entender que seu funcionamento. A democracia é uma constituição em que as políticas públicas refletem a vontade do povo – o governo, na fórmula admiravelmente vívida de Lincoln, "do povo, pelo povo, para o povo". O problema começa quando você tenta enunciar o que se entende por "o povo".

Podemos, é claro, saltar audaciosamente da essência para a atualidade e apontar Estados democráticos reais, como França, Suécia, Austrália e Grã-Bretanha, e não vejo problema nenhum em fazê-lo. O mundo contém democracias, é possível reconhecê-las com bastante clareza, e gostamos do que vemos. Qualquer que sejam os problemas teóricos, as democracias liberais de sucesso parecem demonstrar que a democracia funciona, aliás, de fato, muito melhor que as alternativas. Os teóricos podem disputar como a opinião pública se traduz, ou deixa de se traduzir, em políticas públicas, mas a realidade sempre trata os conceitos com dureza. Sem dúvida, a política nesses países pode ser às vezes menos democrática do que se poderia confiar, mas práticas manchadas são inseparáveis de atos humanos. Essa gama de exemplos, porém, já sugere que é mais seguro dar exemplos de democracia se ficarmos com as culturas europeias. Sem dúvida, existem muitos Estados e constituições admiráveis em outros lugares (o Japão, talvez, ou o México, ou, em certas fases, Gana), que parecem razoavelmente baseados em apoio popular, ainda que não possam com confiança ser identificados como democracias. O teste básico, suponho, é se os indivíduos podem levar vidas toleráveis nesses estados. A Grã-Bretanha, antes das extensões oitocentistas do direito ao voto, era um Estado liberal admirável sob muitos aspectos, mas certamente não era democrática.

Podemos basear a desejabilidade da democracia nas paixões do "povo"? Afinal, se olharmos a história recente, encontraremos casos em que "o povo" fez alguns juízos realmente excêntricos. Eles vão da República de Weimar colocando o Partido Nazista perto do poder constitucional ao povo norte-americano julgando que o problema da embriaguez poderia ser resolvido com a proibição do álcool. Governar Estados exige sabedoria, e não se deve confiar no povo mais do que em nenhum outro grupo governante; em certos aspectos, menos ainda. Porém, explorar esse juízo nos leva de volta a uma questão mais fundamental, tanto na teoria quanto na prática: quem conta como parte do "povo"?

A maioria dos democratas do século XIX não tinha dificuldades em identificar "o povo" como homens adultos, ou homens livres adultos, caso se queira remeter essa ideia a suas origens etimológicas na Grécia clássica. Em alguns países, demorou um século para que "o povo" (como ideia política) incluísse mulheres adultas. Em seguida, "adulto" tornou-se o problema. Os jovens tradicionalmente tornavam-se adultos ao completar 21 anos, mas rapazes de 18 podiam ser convocados a arriscar a vida em combate. Não seria injusto negar-lhes voz nas políticas que os levavam a essa situação? Alguns reformadores hoje querem reduzir a idade do voto de 18 para 16. Mas aí problemas mais complexos surgem. É preciso reconhecer que algumas pessoas têm problemas mentais, e algumas delas vivem vidas pouco independentes. Elas devem, portanto, ter o direito de voto negado? Alguns entusiastas desse tipo de inclusão no passado organizaram transportes até as urnas para pessoas com síndrome de Down.

Nesse e em outros casos, a democracia foi além de suas funções constitucionais para servir outros propósitos – como simbolizar a inclusão social. Aqui, temos a função política maior da sabedoria no governo sendo subordinada a outra desejabilidade presumida. O voto mesmo, cujo valor em todo caso diminui à medida que cada vez mais classes de pessoas recebem o direito a ele, agora é ainda mais desvalorizado, por precisar desempenhar uma função em conflito com sua significância constitucional. Alguns reformadores sociais, por exemplo, preocupam-se com a reabilitação das pessoas condenadas por crimes. Não devemos, então, estender o direito ao voto àqueles condenados por crimes menos graves? Não seria uma negação de direitos humanos excluí-las do direito ao voto? Alguns democratas preocupam-se com a representação das crianças, cujos interesses estão amarrados aos dos pais. Será que os pais deveriam ter dois votos, a fim de representar os interesses dos filhos? Essas perguntas efetivamente levaram a um burilamento sem fim do direito ao voto, levando a reformas que, às vezes, o estenderam – e assim, claro, diminuíram o valor de cada voto individual. Tanto na teoria quanto na prática, a questão de como representar perfeitamente a vontade do povo mostra-se um problema contínuo e insolúvel da democracia. Cada solução para ele dá origem a novos problemas.

Por que, podemos perguntar, alguém deveria ficar se preocupando com inclusões inteiramente marginais e numericamente insignificantes no direito ao voto? Não é provável que os tolos compensem uns pelos outros? A resposta pode ser encontrada transferindo nossa atenção daquilo que a essência da democracia afira para aquilo que ela nega.

Democraticamente falando, qualquer versão do "povo" menor do que a população inteira é um caso em que a parte domina o todo e, portanto, uma forma de opressão. Nenhuma oligarquia baseada num voto limitado pode ser tolerada: todos devem poder votar. Até mesmo os reis, que, em princípio, simbolizam o Estado inteiro, e não um único interesse dentro dele, tiveram problemas com esse critério. Assim, Immanuel Kant, no século XVIII, razoavelmente argumentava que o fato de os reis permanecerem isolados das consequências da guerra explicava por que os Estados com tanta frequência se empenhavam nela. Independentemente dos sofrimentos do povo em áreas arrasadas por exércitos, o rei permanecia seguro em seu palácio. Livremo-nos dos reis, troquemo-los por repúblicas, afirmava Kant, e o resultado seria a paz, porque os povos não tinham interesse em matar-se. Muitas democracias contemporâneas efetivamente têm um monarca, claro, mas, nos termos de Kant, elas são essencialmente repúblicas. O argumento do filósofo não é persuasivo, mas não é refutado pelo exemplo das monarquias democráticas.

A democracia, então, compreende regras que refletem os interesses da sociedade, e não de apenas alguma parte dele. Mas aqui, como em tantas vezes em que se explora a ideia de democracia, resolvemos um problema apenas para enfrentar outro. Será que as pessoas sempre concordam entre si quanto à coisa certa a fazer? Como elas com frequência não concordam, é preciso uma regra para agregar seus juízos os casos (quase universais) de discordância, e, falando em abstrato, os filósofos concordam que a regra deve reconhecer os direitos da maioria. Pareceria então o único procedimento racional a adotar, porque defender o poder da minoria escancararia a questão irresolvível de qual superioridade de sabedoria teria alguma chance de justificar esse poder da minoria. Na prática, essas questões são mediadas por partidos políticos, por eleições periódicas e pela busca de políticas capazes de promover uma sintonia fina entre as discordâncias de maiorias e minorias. Nenhum governo competente num Estado moderno real ficará tentado com frequência a promulgar leis que serão integralmente rejeitadas quando o partido da oposição chegar ao poder. O governo da maioria não pode ser mera dominação. Uma entidade política que careça dessa sabedoria não permanecerá uma democracia por muito tempo. Porém, não se deve supor que essa sabedoria simplesmente exista, porque ela depende em grande parte de uma homogeneidade cultural que não se costuma encontrar fora dos Estados ocidentais, e, mesmo assim, nem sempre se encontra neles.

O princípio, então, é que nenhum Estado deve ser governado por nenhuma minoria dentro dele, e que coisas ruins acontecerão caso o seja. A acusação mais letal que se pode fazer contra esse estado é que ele é, na verdade, governado pelos ricos, pelas Grandes Corporações, pelos judeus, pela elite de sempre, pelos *Enarques*, pelo Establishment Oriental ou por qualquer outro interesse parcial e sinistro. Numa democracia, o povo governa, e as políticas públicas refletem seus interesses.

Ou ao menos deveria. Há um sentido, é claro, em que toda essa visão da democracia parece pensamento positivo. Uma crença persistente de realismo no estudo da democracia sugere, de maneira muito plausível, que toda democracia é, na verdade, uma oligarquia em que as autoridades e os políticos, que controlam os temas e a retórica da discussão pública, efetivamente determinam o que acontece. A democracia, em outras palavras, é apenas um verniz superficial sobre as realidades da oligarquia. Esse realismo certamente aponta para maneiras em que o ideal da democracia é defeituoso, ainda que também se deva reconhecer que uma oligarquia mais ou menos democratizada é diferente de outras oligarquias, e de jeito nenhum deve ser condenada de imediato.

De todo modo, o ideal da democracia não tem grande plausibilidade a menos que "todo o povo" seja um conjunto relativamente homogêneo de pessoas que "falam a mesma língua" (mesmo que apenas em sentido metafórico, como em Estados como a Espanha, a Suíça ou a Bélgica). Os Estados Unidos estabeleceram sua homogeneidade cultural praticamente como condição de admissão em seu território. Um *pays politique* dificilmente pode existir sem que os indivíduos compartilhem fontes similares de informação e se comuniquem em termos mutuamente compreensíveis.

O passado recente dos Estados europeus é estranho sob esse aspecto. Eles todos criaram uma cultura compartilhada marginalizando deliberadamente os dialetos locais e difundindo uma língua comum a fim de criar as condições para um Estado moderno. Boa parte dessa homogeneização respondeu a pressões democráticas, e se deu até o século XIX. A condição resultante de compreensibilidade mútua revelou-se precária e temporária. Mal foi obtida e esses Estados se tornaram um ímã para migrantes da Ásia e da África. Vindos de culturas amplamente alheias às da Europa, esses migrantes logo se tornaram numerosos o bastante para resistir a exigências de que fossem assimilados à cultura anfitriã, e com frequência receberam um status coletivo e direitos específicos distintos daqueles dos habitantes estabelecidos do Estado. A doutrina do multiculturalismo rejeitou a política de assimilação de que toda a população deveria ter uma cultura comum. Nesse sentido, os Estados homogêneos da Europa voltaram a ser estruturas muito mais parecidas com impérios que Estados tradicionais.[3]

A ideia de democracia e a ideia de diversidade cultural (como promovida pela doutrina multicultural) são, portanto, contraditórias. Os exemplos clássicos de fracassos democráticos são Estados compostos de tribos radicalmente diferentes ou de conjuntos de pessoas em que

---

[3] Para uma visão crítica das acomodações culturais resultantes, ver Brian Barry, *Culture & Equality: An Egalitarian Critique of Multiculturalism*. Polity, 2001.

a possibilidade de acomodação sob um Estado de direito não funcionará porque um grupo só consegue entender o governo do outro como uma forma de opressão. Os Estados africanos foram marcados por guerras civis sem fim como resultado das dissensões tribais. O Líbano é outro caso interessante em que falta essa condição. E, na Europa, os bascos na Espanha e o conflito entre republicanos católicos e protestantes unionistas na Irlanda do Norte representam outra ilustração do problema. Em outras palavras, não é possível ter democracia sem ter um *povo*, e ele deve ser uma população em que as pessoas se tratam mutuamente como indivíduos, e não como inimigos e rivais coletivos.

A heterogeneidade cultural, portanto, tende a tornar a democracia difícil ou impossível. Porém, há outra condição que também se contrapõe à ideia mesma de democracia. É o caso de uma sociedade tradicional em que se julga que o papel do governo é sustentar uma forma de vida imemorialmente correta para todos os seres humanos. Esses governos tradicionais foram exatamente, ao longo dos séculos, a maneira como a maioria das pessoas de fato foi governada, e os governantes costumavam ser alguma classe estabelecida de nobres ou de sacerdotes que, julgava-se, tinham um entendimento superior daquela forma de vida. Nessas condições, é fácil reconhecer o mal como desvio do costume. Por muito tempo, foi essa a situação da China, de vários impérios na Índia e do mundo islâmico. Pode-se pensar que essa crença universal ao menos garantiria longos períodos de estabilidade, mas (como na consideração de qualquer modelo ideal de constituição) não devemos ser tão facilmente enganados por aspirações e aparências. Crises internas ou conquistas por estrangeiros raramente ficavam muito tempo sem acontecer, ainda que, em sociedades predominantemente agrícolas, a circulação de governantes com frequência fazia pouca diferença para os detalhes da vida. Para nós, porém, a questão é que nessas sociedades a democracia estaria excluída não porque algum interesse parcial tinha tomado o controle do Estado, mas porque simplesmente sequer cabia ao povo expressar sua vontade. Esse arranjo submeteria o propósito superior do Estado à ignorância das ordens inferiores, possibilidade explorada e rejeitada em teoria por Platão na *República*. Numa sociedade tradicional, o que cabe a todos os indivíduos é cultivar virtudes na forma em que são corporificadas pela estrutura local de autoridade. Os regimes tradicionais deveriam ser modelos de estabilidade num mundo em mutação. Na verdade, eles com frequência chamam a atenção pela instabilidade, como pode ser ilustrado pela história dos Estados islâmicos contemporâneos.

A democracia como regime político, portanto, postula uma população relativamente homogênea com a capacidade de expressar suas demandas e com a tradição de expressá-las. A "legitimidade" desse regime teoricamente resulta do fato de que as políticas públicas respondem àquilo que o povo como um todo quer, e é por isso que as leis de um governo democrático têm autoridade. No passado, a autoridade dos governos costumava basear-se na afirmação de uma autorização de Deus, e normalmente, além dela, a afirmação de uma espécie de sabedoria específica para suas ações. Os governos democráticos não afirmam ter nada dos *arcana imperii*. À primeira vista, a democracia parece um sistema de governo em que a questão da sabedoria política foi posta de lado porque se pressupõe a sabedoria do povo, que sabe o que quer. Veremos, é claro, que existem outras afirmações de superioridade nesse sistema, mas podemos observar que um axioma básico da democracia refere-se ao fato de que, em princípio, o que o povo quer é o que deve ser feito.

4. ILUSÃO E PARADOXO

A democracia, então, é um conjunto de desejos em busca de coerência. Isso mal chega a distingui-la da busca da felicidade, de apaixonar-se ou de qualquer outra coisa que os seres humanos fazem.

E, quando os seres humanos julgam as coisas desejáveis, a ilusão não há de estar muito atrás. Aqui, por "ilusão", refiro-me a uma crença falsa a respeito do mundo em parte sustentada pelo fato de que desejamos (ou talvez receemos) que seja verdadeira. Todas as atividades práticas envolvem alguns elementos de irrealidade, e, com frequência, olhando-as, percebemos em retrospecto as ilusões envolvidas, especialmente aquelas que nos convenceram a achar importantes certas coisas a que hoje somos indiferentes. Melhor ainda que a sabedoria retrospectiva, porém, é certo distanciamento desses sinais enganosos no momento em que agimos. Por isso, é importante, ao entender a política, considerar se podemos detectar ilusões específicas que pairam sobre nossas admirações e práticas políticas. Todas as constituições de fato promovem ilusões características que ajudam a sustentá-las, e um ceticismo amplamente disseminado pode ser um sinal de encrencas por vir. As monarquias, por exemplo, baseiam-se em crenças a respeito da sabedoria e da benevolência do regente (que, com frequência, se julga estar cercado de maus conselheiros), e as aristocracias geram crenças a respeito da sabedoria natural da elite. Quais seriam as ilusões características da democracia que poderíamos apontar?

A primeira ilusão deve ser que aqueles que se proclamam democratas efetivamente acreditam nisso. Não estou aqui pensando em gente sinistra que pode querer estabelecer uma ditadura de algum tipo, nem naqueles realistas que acham que a democracia é apenas a menos pior das constituições. A maior parte das pessoas hoje curva-se diante da democracia, e os pensadores e políticos ocidentais aconselham todos os povos a adotá-la, mas o que eles efetivamente apoiam é um pacote de práticas liberais e democráticas em que "o que o povo realmente quer" é visto com certa suspeita. Os intelectuais liberal-democratas ficam perplexos porque o público em geral com frequência tem ideias "equivocadas" ou "reacionárias" a respeito da punição dos criminosos, especialmente depois que algum crime excepcionalmente vil foi reportado nos jornais. Os liberais, assim, pretendem firmar todo um aparato de direitos projeto para limitar não apenas aquilo que os governos poderiam fazer, mas também aquilo que uma opinião popular enérgica poderia querer que eles fizessem. Existe até mesmo um vocabulário para distinguir a boa opinião democrática da má, sendo a última difamada como "populista". Seria realmente tolice achar que o *demos* tem sempre razão, nem que seja porque as pesquisas mostram o quanto suas opiniões costumam ser instáveis. Seria não menos tolo, claro, pensar que aqueles que desconfiam da opinião popular têm uma espécie superior de sabedoria. Um dos mais básicos princípios da vida deve ser de que a tolice humana vem em todas as cores e tamanhos. Aqueles que se acham mais sábios que os outros provavelmente são os mais perigosos.

Os críticos realistas da democracia – e o realismo é uma doutrina que tira seu nome de proclamar-se superior às ilusões – muitas vezes adotam a linha, como vimos, de que todas as democracias são fundamentalmente oligarquias ocultas. É famosa a sugestão de Robert Michels, que postulou uma "lei de ferro da oligarquia", ao passo que teóricos como Pareto e Schumpeter enfatizaram o elemento inescapável de elitismo em qualquer atividade. Eleitorados modernos, que consistem de milhões de eleitores, claramente não podem bolar políticas, e projetos visionários que poderiam permitir que isso acontecesse (como botões disponíveis em cada casa, a ser pressionados regularmente sobre as questões do dia) apenas revelam que não tem fundo, entre os eleitores, a profundidade da ignorância e da incompreensão a respeito do ofício de governar. A atividade do governo exige muita experiência do mundo, combinada com conhecimento especializado em economia e em outras áreas. O resultado é que ela é conduzida por políticos profissionais e por especialistas. Considerações desse tipo sugerem que aquilo que consideramos democracia é, na verdade, uma espécie de oligarquia que precisa prestar contas e da qual o povo pode se livrar com alguma frequência. Isso, porém, é muito menos satisfatório que a promessa da democracia, que era libertar-nos de *todos* os determinantes parciais das políticas públicas.

Aqui, outra vez, esbarramos na questão de como a vontade popular poderia, de maneira realista, resultar em políticas públicas. Trata-se de um problema tão amplamente reconhecido que existe toda uma literatura a respeito das tentativas de lidar com ele. Às vezes, os filósofos sonham com uma situação ideal de discurso na qual o fato de que as opiniões dos barões da imprensa são infinitamente mais influentes que as de outras pessoas não mais distorcerá o debate democrático. O sonho é uma "democracia deliberativa". Aqui e alhures, como veremos na próxima seção, o problema, se é que é um problema, é construído como se fosse de desigualdade, e as desigualdades se apresentam de muitas formas – financeiras, educativas, etc. Que cada membro da sociedade deva contar por um, e nenhum por mais de um, é um critério defensável da democracia se estamos pensando apenas em direitos de voto. Os absurdos, as fantasias e as incompreensões das muitas pessoas no Estado em cuja sabedoria ninguém poderia confiar provavelmente se compensariam mutuamente – embora a história do século XX possa ser um bom alerta contra confiar demais nessa presunção otimista. Alternativamente, o problema pode ser visto como a questão de conectar o apoio popular à representação na legislatura. Esse problema inclina muitos democratas a abraçar a ideia de representação proporcional como um sistema mais democrático que as excentricidades do "escrutínio uninominal majoritário". A representação proporcional pode resolver uma versão do problema da representação, mas só ao custo de criar uma política de concessões sem fim. Ela é excelente em algumas circunstâncias, mas não em outras. Como em todos os projetos de perfeição constitucional, a solução para um problema apenas cria outro problema em outro lugar.

Um modo atual de formular as ilusões associadas a uma prática complexa é construindo paradoxos ou contradições a partir dos princípios implícitos nela. O filósofo Richard Wollheim certa vez defendeu um paradoxo democrático sugerindo que, ao votar, o democrata quer qualquer política que apoia, mas, como democrata, também quer a política apoiada pela maioria. Será isso incoerente? É uma situação comum na vida preferir A a B, mas B e C, e daí por diante. Há, porém, um paradoxo que me parece promover problemas profundos não para a própria democracia, mas para a democracia como atualmente praticada nos Estados ocidentais. Vamos chamá-lo de "paradoxo da sabedoria".

A atividade de governar um Estado trata de questões de vida ou morte, de justiça e de paz interna. Elas exigem sabedoria. O argumento em favor de um eleitorado muito limitado é que ele deve ser composto daqueles que têm experiência em direito e em outras atividades práticas, e, portanto, seria uma fonte de prudência e de sabedoria em questões cívicas. A sabedoria reclamada no passado às vezes era difícil de encontrar, mas nenhuma atividade prática pode ser isenta de maus juízos, e os europeus foram levando com arranjos desse tipo geral por muito tempo. Porém, com a chegada da democracia, surge a pergunta sobre se podemos esperar algo melhor – ou mesmo igualmente bom – de um eleitorado que consiste de todo mundo. A afirmação democrática básica, afinal, é que o sufrágio universal expressa todos os interesses; ela deixa de lado a questão de este poder expressar esses interesses *com sabedoria e prudência*. Podemos imaginar que ele seja um repositório de sabedoria e de bom senso? Parece improvável: afinal, quem é "o povo"? Os políticos podem perfeitamente dizer que o povo é sensato e que devemos confiar nele, mas seu ofício os envolve na lisonja de seus benfeitores. Com frequência, os psiquiatras nos dizem que cerca de um quarto da população sofre de alguma espécie de perturbação mental em algum momento. Como em todas as estatísticas desse tipo, você pode criar seus próprios números como quiser, mas a experiência comum certamente sustenta o argumento geral. Outra vez, como diz a velha piada, metade da população tem a inteligência abaixo da média. E os especialistas em educação de tempos em tempos gelam nosso sangue com relatórios da alta proporção de pessoas que não conseguem reconhecer seu país num mapa, ou que acham que Winston Churchill ou George Washington viveram na Idade Média. Essas, então, são as pessoas que escolhem a equipe de políticos que nos governa periodicamente. Aqui, então, temos um problema notável da democracia, mas ainda não um paradoxo.

O paradoxo surge na hora em que os governos democráticos começam a envolver-se nos detalhes da vida social. Os membros da sociedade costumam ver-se afligidos por infortúnios como maternidade solo, dívidas, analfabetismo adulto, obesidade e vários vícios, e costumam ter atitudes em relação a outras pessoas que as colocarão em apuros com a lei caso não tomem cuidado. Muita gente, parece, não tem os sentimentos certos em relação a mulheres, homossexuais e membros de outras raças. O governo, assim, passa a reconhecer cada vez mais a ausência de sabedoria nas vidas comuns de seus súditos. Muitos membros do eleitorado parecem incapazes de fazer juízos racionais; analogamente, números significativos de pessoas não conseguem assumir a responsabilidade por muitos aspectos de suas vidas. A política tributária de muitos governos transmite o mesmo juízo. Entre 30% e 50% da riqueza dos modernos Estados democráticos é taxada e dirigida para políticas que o governo julga necessárias. Algumas dessas políticas fornecem bens coletivos, como defesa e justiça, coisas que qualquer governo deve prover. Boa parte desses tributos, contudo, redistribui riqueza para os necessitados e para os incompetentes, algo que, antigamente, os ricos faziam (intermitentemente) por si sós. Os governos acham que serão mais bem-sucedidos em ajudar os pobres se tomarem para si o poder de prover caridade àqueles que dela precisam.

A conclusão inescapável é de que os governantes dos Estados democráticos julgam as populações dos Estados democráticos incompetentes numa vasta gama de questões importantes – porém, essas são as mesmas pessoas encarregadas pela constituição de decidir quem terá o poder de governar quem. O paradoxo surge porque os tolos estão decidindo quem são os sábios. As pessoas com frequência julgadas legislativamente tolas podem determinar quais serão nossos governantes e deter o vasto poder de decidir as condições sob as quais vivemos hoje. E poderíamos dizer que esse é um problema cuja saliência aumenta com o tempo, porque os governos democráticos revelaram um ímpeto quase contínuo de assumir um controle cada vez maior dos detalhes da sociedade e, particularmente, de julgar cada vez mais gente incapaz de viver as próprias vidas.

De fato, o problema hoje parece ainda pior. Quanto mais poder e recursos tem um governo, mais extensiva é a área que ele busca controlar, e mais importante é que os governos tenham um alto nível de sabedoria e de competência. Porém, qual pessoa racional, contemplando seus governantes nos atuais estados democráticos, poderia dizer para si: "Essas pessoas são bastante racionais, e é bom que elas tenham tirado das minhas mãos tantos recursos e uma gama tão ampla de deveres que de outro modo caberiam a mim". As pessoas nos Estados democráticos são, portanto, constitucionalmente declaradas sábias, e administrativamente declaradas venais e burras. Trata-se de uma situação notável.

5. A DEMOCRACIA COMO PROCESSO E IDEAL

A democracia, como constituição, almeja eliminar a opressão. Notavelmente, é difícil definir o que conta aqui como opressão, pois as liberdades gozadas por aqueles que vivem nas sociedades ocidentais superam muito aquilo que outras culturas podem sequer chegar a sonhar. Para alguns entusiastas, porém, praticamente qualquer tipo de desigualdade conta como opressão, termos nos quais é difícil até mesmo conceber o que seria uma sociedade completamente não opressiva. Porém, como quer que seja definida, a opressão é aquilo que se elimina pela democracia como ideal. Não se trata de uma ambição pequena, e ela parece sugerir que a sociedade plenamente democrática é aquela que disponibiliza para cada um de seus membros a plena panóplia dos benefícios possíveis numa sociedade moderna e apropriados a ela. Eles vão de coisas materiais, de um lado, a respeito e atenção, de outro. Realmente – e isso mal chega a ser metade. O verdadeiro objetivo é fazer não apenas nossos Estados ocidentais, mas o mundo inteiro conformar-se com a atual imagem burguesa do consumo em nossa época. De fato, é verdade que uma austeridade subjacente comum a nossos programas radicais viria à tona como rejeição daquilo que é chamado de "consumismo" em nosso mundo. Julga-se que salvar o planeta exige cortar o uso dos muitos tipos de recursos atualmente utilizados pelas populações ocidentais. Isso significa que os benefícios projetados para as sociedades não ocidentais seriam significativamente menores que aqueles desfrutados pelos ricos de hoje. Porém, ainda seriam consideráveis.

Este é um programa de ambições tão espantosas que somente o exagero satírico pode começar a dar conta de seu escopo. Como, por exemplo, se pode equalizar os prazeres sexuais disponíveis para pessoas atraentes e menos atraentes? Porém, a sátira aqui beira a realidade, porque, a cada nova geração, novas e engenhosas maneiras de tornar vantagens ou benefícios disponíveis para todos, maneiras que ninguém tinha concebido anteriormente, podem subitamente se transformar em questões políticas reais. Exemplos disso seriam tratamentos de fertilidade para casais lésbicos, direitos de adoção gay ou o direito dos ateus de ensinar em escolas religiosas.

"Democracia", nesse papel, tornou-se um termo que designa diversos programas, e alguns componentes do projeto têm a chance de ser promovidos segundo outros nomes – provavelmente o mais comum seria justiça social, e outro responsabilidade social corporativa. Em seu papel político e constitucional, a democracia refere-se a um *processo* pelo qual se julga que o ideal é promovido, mas, em seu papel como ideia social ou moral, designa um *resultado*, um critério do que é moralmente desejável, diante do qual nosso mundo parece dramaticamente deficiente. De fato, o ideal moral aqui abrange o espectro inteiro de toda felicidade humana que se julgue que uma vida humana é capaz, e o contraste entre como efetivamente vivemos e como poderíamos (nos termos deste programa) viver é dramático a ponto de fazer muita gente nos Estados ocidentais experimentar uma espécie de náusea ou de histeria moral ao contemplar a indiferença disseminada que outras pessoas têm por essa ambição. A náusea é particularmente aguda porque a inventividade tecnológica e a riqueza das sociedades ocidentais transmitem a ideia de que essas possibilidades de felicidade humana universal seriam perfeitamente agarradas por nós, não fosse por nossa cegueira e por nossa venalidade, que nos impedem disso. É um fato estranho que o sucesso em si das sociedades ocidentais em obter uma difusão tão ampla de benefícios com que nenhuma outra civilização sonhou provoque um ódio tão apaixonado por essa mesma sociedade. Não é que simplesmente gozemos desses benefícios; é que *tenhamos, para começar, os inventado como concepções de benefícios*. Eles não eram de jeito nenhum os sonhos preestabelecidos de culturas empobrecidas.

Igualdade e inclusão são os *slogans* sob os quais o programa democrático e seus muitos análogos se promovem. Na verdade, as sociedades modernas são bastante inclusivas, e hoje está disponível para todos uma imensa variedade de atividades possíveis, limitadas no passado a poucas pessoas. Porém, isso é deixar de lado o principal. Hoje, somos muito mais abertos do que os Estados eram antigamente, mas o escândalo está em contrastar os fatos presentes com as visões daquilo que seria possível se apenas tivéssemos vontade. Um crítico realista sem dúvida perguntaria se essa ideia de possibilidade se distinguiria da fantasia.

Nas sociedades contemporâneas, qualquer pessoa pode fazer mais ou menos qualquer coisa, desde que tenha a habilidade ou a dedicação necessária. O acesso, assim, é condicionado pela capacidade. O projeto da democracia como *telos*, isto é, como ideal que abrange toda a humanidade, consiste em remover essas condicionalidades. A orgulhosa formiga não pode ter mais "vantagens" que a indolente cigarra. As pessoas que ficam ricas na maior parte dos casos investiram muito esforço e inteligência em suas empreitadas; aqueles que entram nas universidades precisam passar por exames, e a própria palavra "indústria" refere-se ao trabalho e ao empreendedorismo sem os quais a riqueza não pode ser criada. Essas considerações são postas de lado em parte apontando-se para o forte elemento de acaso na dotação genética, e em parte enfatizando os elementos intergeracionais na distribuição de bens. A ideia básica de que algumas pessoas merecem mais que outras é rejeitada porque implica que outras pessoas merecem menos. Considera-se que somente a ausência de entendimento do papel desempenhado pelas condições sociais na distribuição de vantagens e desvantagens em nossa sociedade pode sustentar a moralidade do merecimento.

As condições sociais, então, ao mesmo tempo revelam e explicam as injustiças que caracterizam as sociedades modernas. A discussão contemporânea encontra os indícios acima de tudo numa variedade de "lacunas" estatísticas entre aquilo que um grupo de pessoas (geralmente os ricos, a classe média) goza e aquilo que outro grupo não goza. Há uma "lacuna", por exemplo, na expectativa de vida entre ricos e pobres, uma lacuna em admissões universitárias entre classes sociais, uma lacuna na disponibilidade de tratamentos médicos, sem falar das imensas "lacunas" em bens disponíveis entre nações e culturas. As lacunas ficam cada vez maiores e mais amplas quando se lança a rede empírica – lacuna entre os pobres nos países subdesenvolvidos e o resto, por exemplo. O espectro do ideal democrático certamente não se limita aos Estados contemporâneos. A ambição do ideal é vasta: hoje nossa própria sociedade, amanhã o mundo.

Assim, a questão se torna: por que existem essas lacunas? A resposta pode ser que os ricos ou, ao menos, boa parte deles trabalham mais duro e são mais cuidadosos quanto às consequências de suas ações. Maquiavel achava que o sucesso político (e, em certa medida, a vida humana) dependia de duas coisas: *virtu* (ou inteligência e excelência) e *fortuna* (a deusa da imprevisibilidade aleatória), com a última determinando aproximadamente a metade, ou talvez um pouco mais, dos resultados. O liberal clássico tende a considerar que o mérito determina a distribuição atual dos bens na sociedade moderna, ao passo que o democrata dedicado enxerga apenas *fortuna*. Afinal, segundo o ideal democrático emergente, os benefícios são uma função daquilo que se chama *condições sociais*. É hora de considerá-las um pouco mais de perto.

F. A. Hayek certa vez afirmou que o adjetivo "social" podia reduzir qualquer expressão ao vácuo, e em grande parte ele tinha razão. Tudo é social sob algum aspecto, por isso devemos nos concentrar no termo "condições". Na doutrina radical que consideramos, uma "condição" tem dois sentidos distintos. O primeiro refere os benefícios, as vantagens e os recursos de que dispõem qualquer pessoa ou grupo em particular. Nesse sentido, a "condição social" dos ricos difere da dos pobres; aqueles dispõem de muito mais "vantagens". Coloquei aspas em "vantagens" porque um traço característico do raciocínio democrático é que termos como "vantagens", "privilégios" e "benefícios" são considerados absolutos, e absolutamente desejáveis. Na verdade, é claro, a importância de qualquer condição social depende da resposta humana a ela. Porém, nessa maneira de pensar bastante limitada, a condição social dos bem-sucedidos é radicalmente distinta daquela de pessoas com deficiência ou dos desempregados. Nesses termos, toda sociedade é composta de uma variedade de locais sociais que podem ser especificados abstratamente nos termos das vantagens ou desvantagens a eles associadas. Qualquer sociedade, assim, é composta de uma variedade de condições sociais, e algumas são – injustamente – mais atraentes que as outras.

O segundo sentido de uma "condição social" é causal, supostamente determinando aquilo que acontece na sociedade. É mais provável que os pobres cometam crimes que os ricos, e a explicação preferencial para essa distribuição por média dos crimes é que os pobres agem assim em resposta direta a suas condições sociais. Um dos modos de explicar isso reside no fato de que os crimes são cometidos para obter benefícios, e os ricos que dispõem deles não precisam cometê-los, mas os pobres, por carecerem de benefícios, tendem ao crime. Outra vez, algumas pessoas são, é claro, naturalmente mais inteligentes, mais empenhadas, mais energéticas que outras, mas elas nada fizeram para merecer essas qualidades, e é injusto que, além de gozarem dessas vantagens, gozem de mais prestígio e mais dinheiro.

Aqui, então, temos uma forma inteiramente coerente não só de determinismo, mas praticamente de fatalismo. Tudo se segue da distribuição de condições sociais, e até mesmo as qualidades morais que poderiam levar uma pessoa a desafiar e a superar essa distribuição de *fortuna* são elas próprias condições sociais. Pode-se reconhecer estruturas de incentivo (elas próprias condições sociais), mas não a autonomia moral. Há, é claro, uma dificuldade lógica nessa doutrina, porque o crítico democrático está ele também agindo moralmente muito além do que sua condição social pareceria obrigar. Como o crítico social se liberta dos pesados grilhões das condições sociais? De onde vem uma pessoa assim? Parece que o projeto de usar o poder do Estado para reformar a condição humana e redimir a humanidade de um sistema social injusto é a única coisa que se move livre dos grilhões das condições sociais. Aqui, esbarramos nos riscos de autorrefutação inerentes às muitas formas de radicalismo ideal: tudo é determinado, mas eu sou livre! Esse problema foi resolvido por Marx tirando o ímpeto moralizador dos indivíduos e entrincheirando-o na dialética inteira da história. A ideia de que uma sociedade plenamente democrática, ou comunista, ou socialmente justa está sendo incubada no útero da história é notavelmente improvável, mas ao menos ela resolve o problema lógico levantado.

A democracia como ideal contrasta dramaticamente com as concepções morais e religiosas que dominaram o pensamento europeu até recentemente. De modo clássico, os seres humanos eram suscetíveis a uma forma desmedida chamada *hybris*, que levava ao risco de resultar em nêmese. Em termos cristãos, a vida é essencialmente imperfeita, porque os seres humanos são criaturas pecaminosas. Foram sugeridas muitas maneiras de conceber essa imperfeição. Tradicionalmente, o pecado original vinha da desobediência que destruiu a perfeição do Jardim do Éden. O orgulho e a obstinação ficavam irrompendo nos assuntos humanos. No mundo moderno, alguns filósofos consideraram as práticas individualistas potencialmente perturbadoras da harmonia social, ao passo que outros (como Adam Smith) afirmaram que o individualismo era uma dinâmica da qual dependiam as economias vibrantes.

De fato, podemos diagnosticar duas visões conflitantes dos Estados ocidentais modernos. Na primeira, projetos e aspirações humanas divergentes inevitavelmente se chocariam entre si, mas esses conflitos podiam ser mantidos dentro de certos limites pelo Estado de direito. Na segunda, as perturbações individualistas da harmonia resultam de falhas morais como egoísmo e obstinação. Na conhecida retórica da política contemporânea, os liberais clássicos são vistos expondo a visão de conflito dos Estados modernos, ao passo que os social-democratas e outros radicais concentram-se na esperança da harmonia definitiva. A esperança é que a sociedade plural em que vivemos possa ser transformada numa verdadeira comunidade. A ideia de democracia é claramente uma versão da segunda visão, assim como a filosofia de Karl Marx, na qual o capitalismo recebe o diagnóstico de origem fértil de todos os males.

A democracia como ideal representa, portanto, uma versão da esperança de que uma transformação radical dos Estados modernos possa colocá-los em conformidade com esse ideal. O ideal é o de uma forma cooperativa de vida humana em ajuda mútua supere a competição em que se baseiam as sociedades modernas. A luta de classes, o imperialismo, a ignorância, o preconceito e muitos outros males foram sugeridos como explicações das imperfeições terrenas, e o que todos têm em comum é a visão de que o uso resoluto da racionalidade e do poder civil poderia sobrepujar essas barreiras (frequentemente sinistras) para um mundo melhor, o qual deveria ser o imperativo moral e político máximo da vida moderna. Pouco há de novo nesse ideal; boa parte deriva de visões cristãs anteriores de virtudes como amor e caridade. O novo é a ideia de que o ideal pode ser realizado na Terra pela ação moral, social e política. Como vimos, essa é uma grande ambição: trata-se nada menos que um projeto de transformar a condição humana, o homem tirando o destino humano das mãos de Deus e colocando-o em suas próprias mãos. São os titãs invadindo o Céu. Historicamente falando, trata-se de uma modificação dos esforços ideológicos de séculos recentes, em que os homens lutaram contra males essenciais do mundo, como capitalismo, imperialismo, nacionalismo e outras formas da dita falsa consciência. Porém, é compreensível que experimentos ideológicos grandiosos tenham ficado menos atraentes desde a queda do comunismo, e o que temos agora é uma série de pequeninas revisões que, espera-se, nos guiarão pela estrada correta.

6. A DEMOCRACIA COMO SALVAÇÃO SOCIAL COLETIVA

A política ocidental – isto é, toda a tradição política, já que a política como maneira de ordenar uma sociedade é essencialmente um desenvolvimento europeu – é marcada pelo sinal de doutrinas teológicas.

Um modo seguro de entender erroneamente a política é ignorar essa conexão. A ideia básica do cristianismo é a salvação, uma vida vivida nos termos de ordens divinas que poderiam (ou não) influenciar o destino individual na vida após a morte. Uma resposta quase instintiva à doutrina cristã é pensar (como Pelágio) que se pode conquistar o caminho para o céu sendo bom, mas, nas versões mais musculosas da doutrina, a salvação dependeria da vontade inescrutável de Deus, e quem seria ou não salvo já estava prefigurado desde muito antes de nossas vidas terrenas. O modo como vivíamos nossas vidas de fato poderia refletir esse destino divino, mas certamente não poderia influenciá-lo. O importante para o cristão piedoso era viver de acordo com a vontade divina, e na esperança. O resto não era da conta dele.

No começo da modernidade, o surgimento do individualismo como parte de uma preocupação muito maior com a vida secular desenvolveu um vocabulário moral que distinguia entre o interesse próprio e o interesse alheio, entre egoísmo e altruísmo. Nesses termos, uma preocupação com a salvação pessoal poderia ser concebida como uma aspiração meramente egoísta, e uma tradição política, que incluiu Rousseau e Marx entre seus expoentes, adotou essa linha. Ao fazer isso, claro, eles também estavam rejeitando toda a ideia de salvação numa vida após a morte. No mundo moderno, as ideias a respeito de sobrevivência após a morte perderam boa parte da força. Essas são algumas das mudanças a partir das quais surgiu uma ideia modificada de salvação como apenas um estado de coisas além das frustrações de nossa condição atual.

Partindo desse ponto de vista, era a ideia em si de indivíduos que buscavam a salvação agradando a Deus que colocou homem contra homem e que por si constituía, em parte, a opressão de sociedades imperfeitas. Uma nova crença na salvação como bem coletivo assumiu, portanto, um caráter moralmente superior porque era uma aspiração não egoísta. Aquilo que em tempos pregressos fora a vida humana entendida como drama que envolvia o céu e a terra agora passara a ser um drama apenas com preocupações terrenas. De fato, uma crítica comum, ainda que muito simples, dos utopistas radicais, era sugerir que a crença no céu tinha apenas sido transposta para a terra. Como a maioria dos desenvolvimentos na opinião moral, essa mudança afirmava ser moralmente superior àquilo que tinha sobrepujado: ateus e socialistas julgavam exibir tanto a preocupação altruísta com os outros quanto uma coragem realista não encontrada em gerações anteriores, perpetuamente de joelhos diante de Deus. O orgulho de aderir a ideias coletivas de salvação de fato era um traço recorrente de grande parte do pensamento moderno. A queda do comunismo foi acompanhada por uma comédia em que aqueles para quem esse sonho social em particular tinha desabado mesmo assim se orgulhavam do fato de que, ao contrário da maior parte das pessoas, perdidas na busca infinda de satisfações meramente pessoais na vida, eles se preocupavam o bastante para tentar melhorar a condição humana. Sem dúvida, eles tinham apostado no cavalo errado, mas ao menos tinham enfrentado as grandes questões.

A ideia de que o ofício de viver consiste em trabalhar para a criação de uma sociedade nova e melhor é, desde um ponto de vista, uma versão política da doutrina ocultista imemorial de que o mundo se divide entre uma elite esclarecida e uma maioria adormecida. A maior parte dos seres humanos é vítima desatenta da sucessão de apetites e aversões, mas alguns poucos – os santos, os filósofos, os sufis, o guru, os que, talvez, têm o verdadeiro entendimento do mundo – foram os únicos a reconhecer as realidades da condição humana. A doutrina às vezes é identificada com a heresia gnóstica do cristianismo primitivo, dividindo com ela a convicção básica de que a sociedade ou o mundo em que efetivamente vivemos é essencialmente mau e que a salvação está por toda parte. Nas versões modernas dessa ideia poderosa, as condições da salvação mostram-se coletivas, e aquilo que constitui o esclarecimento é naturalmente bem diverso das ideias religiosas de tempos muito anteriores.

Em versões mais antigas da ideia moderna de salvação social, essa nova crença radical era considerada uma ciência revelada que sobrepujava as superstições do passado. As elites que julgavam guiar-nos em meio aos males da sociedade moderna a fim de nos levar a um lugar melhor tinham analisado os males do momento – a divisão de classes, o imperialismo, os estereótipos de gênero, a confusão racial, e muitos outros – e ansiaram por uma forma de salvação que quase invariavelmente dependia do fato de os esclarecidos obterem o poder (na verdade, normalmente uma plenitude de poder) de implementar o novo sistema. Em versões mais sofisticadas desse esforço, como o marxismo, a ciência também poderia revelar-se parte da ordem maligna, e o esclarecimento assim se tornava uma forma superior de sabedoria. Tudo parecia intelectualmente sofisticado, mas, nos casos em que elites desse tipo efetivamente chegaram ao poder, sua conduta consistiu amplamente no vício tecnológico mais brutalmente simples em efetivamente *fazer* a nova sociedade acontecer. Um novo conjunto de governantes dizendo aos súditos como eles devem se comportar foi o máximo de sofisticação que essas elites atingiram, o que normalmente envolveu uma violência significativa. Eles entendiam a tecnologia como mágica, porque tudo o que realmente entendiam era o poder. Todos revelaram-se uma gangue de aprendizes de feiticeiro.

As febres ideológicas do século XX em grande parte desapareceram, exceto nas universidades, mas o impulso básico na nossa civilização no sentido de uma salvação coletiva permanece. Uma elite de iluminados continua a orquestrar esforços que almejam melhorar-nos, mas felizmente de maneiras menos violentas e melodramáticas que as dos comunistas e nazistas. Hoje, o problema é com frequência diagnosticado como nossa propensão a gratificar nossa paixão individualista por satisfações consumistas, e a solução agora não está na mudança de condições políticas defendida pelos ideólogos dos séculos XIX e XX, mas numa mudança nos corações e nas mentes dos seres humanos. O termo ideológico para as massas perdidas em seu sono ideológico era "falsa consciência", algo explicado, é claro, em termos de condições sociais. A nova versão apontava para preconceitos inveterados e antipatias de muitos tipos. Boa parte dela deveria ser enfrentada nos níveis jurídico e retórico com a aplicação de atitudes "politicamente corretas". Na versão anterior, a falsa consciência era um conjunto de equívocos a respeito da sociedade, nos quais a elite da humanidade não caía. Os novos equívocos eram antipatias a classes abstratas de seres humanos, como outras raças, mulheres, homossexuais, entre outros. A falsa consciência podia ser reconhecida nos termos da verdadeira teoria da sociedade entendida por marxistas, nacionalistas, feministas, fascistas ou outros crentes ideológicos. A incorreção política – termo raramente usado nessa forma negativa – dependia de uma convicção moral compartilhada a respeito do mal absoluto do racismo, do sexismo, da homofobia, etc.

Uma sociedade perfeita precisaria ser inteiramente inclusiva. Todas as formas de racismo foram reprovadas nesse teste, além de irremediavelmente refutadas pela experiência nazista. Até mesmo o comunismo, que ansiava por uma união definitiva de toda a humanidade, era inegavelmente discriminatório em sua luta contra a burguesia. A nova versão da salvação era, como veremos, menos sistemática que gradual. Ela envolvia uma corrente de projetos separados, como a desaceleração de muitos empreendimentos capitalistas a fim de salvar o planeta, a difusão da responsabilidade moral corporativa para tapar as lacunas entre ricos e pobres, a ajuda governamental para ampliar a equalização de condições entre o ocidente e o resto, e a transferência da soberania dos Estados nacionais para organismos internacionais. E isso incluía, claro, o uso do poder legislativo para produzir essas coisas. A educação, nesse caso, adquiria cada vez mais elementos da propaganda.

Duas questões aqui se tornam importantes. A primeira é perguntar como esse projeto de perfeição social deve conectar-se com aquilo que as pessoas querem. Ele pode ser um ideal, mas é algo que o *demos* quer? É, em outras palavras, democrático no sentido básico do termo? O problema óbvio é que os preconceitos divisivos que impedem a salvação coletiva estão localizados precisamente nos corações e nas mentes das próprias pessoas. Em outras palavras, a democracia como ideal de felicidade universal talvez pareça colidir com os julgamentos das próprias pessoas. São as próprias pessoas, afinal, que querem excluir as mulheres de clubes e os estrangeiros dos melhores empregos, e que podem ser hostis aos membros de outras raças e religiões, etc. Se as pessoas quisessem agir de outro modo, nada num sistema democrático as impediria. Aqui, temos mais uma versão da velha falácia – ou talvez pretensão – da elite de que aquilo que é racional (ou que ao menos se pode dizer que seja) também deve ser democraticamente irresistível.

As versões ideológicas desse problema foram resolvidas com dogmatismos brutais, como a rejeição à "falsa consciência". Os iluminados tinham de controlar a maneira como as massas pensavam e trazer alguma realidade para suas confusas vidas. Relativamente pouco mudou. Uma solução comum para a versão atual do problema chama-se "educação". Talvez o povo seja apenas vítima de gente ruim com ideias ruins. Ele precisa ser reeducado. Às vezes, pensa-se que ele é atiçado por forças malignas, como demagogos e tabloides. Uns mencionam o argumento rawlsiano de que pessoas que fazem escolhas racionais, caso carecessem da certeza de que receberiam direitos numa futura estrutura social, devem racionalmente favorecer uma distribuição igualitária de bens. A visão esclarecida é que vivemos numa sociedade corrupta e materialista, e o povo é compreensivelmente corrompido por ela, embora, em momentos de clareza, ele possa superar esses defeitos. E, como a salvação é coletiva, o mal básico pode ser reconhecido como o individualismo, entendido (contra sua história efetiva) como consumismo e autocomplacência.

A segunda pergunta a ser feita é: qual é o princípio desse novo projeto de perfeição social? Como ele será realizado? A resposta, evidentemente, é que a crença correta leva à conduta correta. Pode-se achar isso tão óbvio que mal chegaria a ser notícia, mas seria equivocado. Em séculos anteriores, ninguém acreditava que ser bom era o resultado direto de ter as crenças corretas. Pelo contrário: a vida moral era reconhecida como uma arena em que os seres humanos não podiam evitar lutar contra a tentação, e as regras da boa conduta eram guias para ajudá-los nessa luta. Essas regras de conduta precisavam ser aplicadas a circunstâncias em constante mutação, exigindo a capacidade de julgar. A confiança na eficácia de um programa padrão de crenças – preferir o bem da comunidade acima de tudo, tratar outros tipos de pessoas sempre do mesmo jeito, valorizar a diversidade – seria considerada uma excentricidade. A ideia de que um agente moral, programado com todas as crenças corretas, só poderia ser uma boa pessoa teria parecido fantástica. O ponto crucial, claro, é que o agente moral só tem crenças corretas. A doutrina é de salvação pela crença avassaladoramente correta.

O ideal democrático depende, portanto, da ideia de que as causas definitivas do mal estão trancadas no coração dos homens. Com frequência, as condições sociais efetivamente determinam o pensamento, mas a "educação", a mudança de atitudes, a conscientização e outras operações diretas em corações e mentes devem ser parte da transição para uma sociedade melhor. Como diziam os antigos, a opinião governa o mundo. A solução básica para os problemas do mundo é mudar o modo como os seres humanos pensam um a respeito do outro. O problema é constituído pelo modo como pensamos a respeito de outras raças, de homens e mulheres, da homossexualidade, de quem merece ser recompensado e de que maneira. Esses problemas encontram uma formulação popular como um conjunto de "-ismos" a ser removido, talvez por meio da criminalização – racismo, sexismo, etc.

A salvação coletiva, então, consiste na aspiração a uma harmonia mundial em que o conflito humano terá sido superado pela cooperação e por sentimentos compassivos em relação a todos. "Poderia algo ser mais desejável?", perguntaria alguém. Como observou Agostinho, o objetivo de todo conflito é a paz, e aqui está: se não a paz que elude o entendimento, ao menos a versão mais terrena dele se pode conseguir. Porém, antes de aderirmos a essa charmosa utopia, precisamos olhar muito mais de perto a natureza dessa revolução nas questões humanas. A pergunta é: vamos considerá-la uma transformação moral ou social da vida humana?

A questão é que, se fosse uma transformação moral, ela não poderia garantir a paz que é seu objetivo explícito. A conduta moral é essencialmente indeterminada; é o juízo de agentes livres respondendo a ideias do que é certo e a tentações de vantagens pessoais que podem fazer naufragar a intenção de fazer o que é certo. De fato, a conclusão a que somos levados por essa linha de pensamento é que a salvação humana terá de ser um estado de coisas pós-moral. Afinal, se os seres humanos invariavelmente acreditassem nas coisas corretas, e agissem em função delas, então seria possível ao menos imaginar uma harmonia perfeita. Se, contudo, eles apenas se esforçassem para seguir as regras da boa conduta, esse resultado nem seria possível. Aqueles que estão meramente tentando ser bons às vezes não conseguem.

Aqui, então, está uma das dimensões do problema da democracia e da vida moral, que pode ser focalizado nos termos da distinção entre o social e a moral. Como vimos, "social" é uma palavrinha muito interessante – ou talvez profundamente desinteressante. Porém, ela é com certeza um predicado cujo alcance nunca para de expandir-se. Assim, hoje se diz que os jovens criados para agir moralmente exibem algo chamado de "capital social", que dissolve a moral tanto no social quanto no econômico. Diz-se que as empresas que fazem aquilo que algumas pessoas ao menos acham que elas deveriam (moralmente) estar fazendo exibem "responsabilidade social corporativa". Em outras palavras, existe um tipo claramente definível de comportamento na relação com outras pessoas que pode ser mecanisticamente entendido como componente determinado de conduta. A moral está sendo subsumida ao social. O problema com "a moral" é que ela é sempre uma arena de discussão e de contestação. "O social" é discutido como conjunto de imperativos que não convida à controvérsia nem à contestação. Isso é muito estranho, pois um de seus termos técnicos-chave é "inaceitabilidade", o que pareceria escancarar seu caráter contestável. O que temos diante de nós é, portanto, inequivocamente uma doutrina, a qual pode vir recomendada de muitas maneiras. Com frequência, os clérigos cristãos a afirmam a partir de bases teológicas, e os políticos usam sua linguagem ao ampliar seu poder para implementar algum de seus elementos. Trata-se com certeza da suprema piedade da nossa época.

E permitam que eu antecipe brevemente, agora, o argumento a ser desenvolvido. A suprema piedade desta época é que um conjunto de princípios corretos disponíveis nos guiará para um mundo melhor. E esses princípios são sempre um termo de uma dualidade que até o momento dominou as respostas humanas a problemas. Guerra e paz devem ser substituídas pela paz; competição e cooperação devem dar lugar à cooperação; a punição deve ser abandonada em prol de seus parceiros, o perdão e a reabilitação; e o altruísmo universal deve substituir o interesse, sua sombra imemorial. A pergunta pode ser formulada da seguinte maneira: esse compromisso com essas virtudes *soft* aponta o caminho para um mundo melhor? Ou será que ela apenas faz da nossa civilização um pássaro de uma asa só, batendo-a desesperadamente, sem parar, tentando nos manter em voo num mundo altamente perigoso?

Capítulo 2 | O Projeto de Equalização do Mundo

1. DEMOCRACIA *VERSUS* MUNDO DA DEFERÊNCIA

"Democracia", portanto, é o nome de um conjunto de dispositivos políticos cujo objetivo consiste em fazer as políticas públicas corresponderem ao que o povo quer. Todavia, é também o nome de algo muito mais grandioso e significativo: a saber, de uma sociedade ideal ou *telos*, que, às vezes, se considera ser implícito nessa estrutura política. Porém, mesmo esse sentido estendido mal arranha a superfície de seu sentido. O termo "democrático" também se refere, claramente, à visão que mais comumente assumimos a respeito daquilo que é "certo e apropriado" na vida social e também, portanto, na vida moral. Para entender esses *usos*, precisamos também entender os costumes (além de abordar a vida moral) de uma época anterior. A democracia surgiu como crítica daquele mundo e, como costuma acontecer com os críticos, deixou sua marca em parte exagerando suas próprias virtudes contrastantes.

A Europa que surgiu da Idade Média nos séculos XV e XVI era ordenada em termos de posição, ordem e hierarquia. Os indivíduos efetivamente se relacionavam entre si em termos de preferências e repulsas individuais, mas também o faziam dentro de um arcabouço de regras associativas que tendia a manter cada pessoa em sua esfera de vida. Na Inglaterra tudoriana, as cidades tornaram-se as arenas de oportunidade social e econômica que hoje conhecemos. A individualidade ficava mais proeminente. Exatamente por esse motivo, as ideias de posição e de ordem estavam na cabeça de todos. Foi esse senso de hierarquia que Ulisses discutiu na famosa fala de *Troilo e Cressida*:

> Tirai a jerarquia; dissonante
> deixai só essa corda; e vede a grande
> discórdia que se segue! As coisas todas
> cairão logo em conflito.[1]

Sem a hierarquia, dizia Ulisses numa longa fala, o homem se torna o lobo do homem. Era esse estado de coisas que Hobbes depois chamaria de "estado de natureza", em que homem nenhum podia ter certeza de qual mão não estaria contra ele, uma "guerra de todos contra todos". A importância da posição e da hierarquia residia no fato de que as pessoas sabiam o que eram. A posição gerava autoridade e exigia deferência. A deferência era a chave dos costumes daquela época porque requeria respeito mais ou menos automático. De fato, a deferência propriamente entendida poderia perfeitamente ser tomada como a essência dos costumes em qualquer tempo. Nesse começo do período moderno, porém, todos entendiam as gradações de posição, e as respeitavam. Encontrar uma pessoa, sem dúvida, era encontrar um indivíduo, mas este sempre deveria ser captado pelo modo de responder aos sinais que revelavam sua presença na sociedade.

Nesses aspectos, as primeiras sociedades europeias se assemelhavam às civilizações do oriente, nas quais, de maneira similar, as relações sociais exigiam uma grande atenção a nuances. O entendimento dessas questões era uma forma de educação que inculcava uma sutileza considerável nas relações humanas, a qual pode ser contrastada à complacência descontraída dos encontros modernos

---

[1] William Shakespeare, *Troilo e Cressida*, Ato III, cena I. Trad. Carlos Alberto Nunes. In: *Tragédias*. Rio de Janeiro, Agir, 2008, p. 240.

entre indivíduos. O mundo da deferência exigia que se estivesse em guarda o tempo todo; seus sinais eram revelações de poder. O modo como uma pessoa agia em relação às demais, como se dirigia a elas, e até mesmo o linguajar que se poderia usar ao falar com elas, dependia da posição numa ordem hierárquica. Na Inglaterra, a deferência era menos um elemento formulaico dos costumes que em alguns outros lugares da Europa, mas era devida a qualquer pessoa que pudesse ser entendida como um *governor*, uma classe de pessoa que incluía não apenas os aristocratas e os proprietários de terras, mas também os empregadores, os senhores de servos, professores de escolas e de universidades, damas, sacerdotes, juízes, mulheres de certa idade e muitos outros. Como observou *Sir* Thomas Elyot ao aconselhar essa classe relativamente nova de pessoa, "onde há qualquer falta de ordem, necessariamente há conflito perpétuo...".[2] Aqui, estava o complexo sistema de gradações sociais que em séculos posteriores amadureceria até tornar-se aquilo que é enganosamente descrito como "sistema inglês de classes" e "obsessão inglesa com classe". Tratava-se de um sistema completo de relações sociais em que os jovens eram deferentes com os velhos e os homens, de modo cavalheiresco, com as mulheres. A presunção feudal de que todos deveriam ter alguém acima de si tornou-se a visão moderna de que quem age deve agir sob os constrangimentos de algum sistema ou autoridade. Homem nenhum, como se dizia, podia estar acima da lei. Foi assim que aquilo que admiramos como império da lei surgiu dos costumes medievais. Como o ápice desse sistema era o rei, o rei mesmo, claro, estaria abaixo de Deus. Nós, democratas, talvez achássemos restritivos alguns, ou, na verdade, muitos elementos dessa forma de vida, mas foi esse o mundo, e talvez o único mundo, do qual nossa própria concepção de liberdade pôde surgir.

---

[2] *Sir* Thomas Elyot, *The Book Named The Governor*. Londres, Dent, 1962 (1531), p. 2.

O inferior era deferente com o superior, em todas as esferas da vida. Nesse sentido puramente formal, alguns dos "superiores" sem dúvida não chegavam a merecer essa forma de respeito, mas a questão não era essa, porque havia uma direção inversa de respeito, correspondente a *noblesse oblige*, ou aquilo que era devido ao inferior pelo superior. O desprezo pelas ordens inferiores era, no costume da época, uma forma deplorável de arrogância. A deferência, assim, dava o padrão pelo qual a impudência ou a insolência, a recusa da devida deferência, seria julgada. Trata-se de um sistema difícil de reconstruir, porque grande parte dele dependia de traços evanescentes da vida, como o tom da voz, a carruagem e a aparência. E, como Lorde Melbourne veio a observar sobre a Ordem da Jarreteira, não havia "mérito nenhum". A posição era em grande parte algo herdado. Era o total oposto da meritocracia.

A ausência de qualquer correlação definida entre posição e capacidade poderia ser considerada seu defeito – ou, sob outro aspecto, seu traço redentor. Como defeito, ela poderia exemplificar aquilo que os pensadores consideravam o pior dos males – "um tolo em posição elevada" – ou poderia ser considerada algo relaxante, no sentido de que uma posição baixa não necessariamente significava baixa autoestima. Porém, de qualquer modo, não se deve insistir demais nessa crítica, porque, quando essa ordem de coisas correspondia de maneira mais próxima ao ideal, aqueles que chegavam ao topo não eram de jeito nenhum geralmente incompetentes. Aliás, mesmo em épocas posteriores, tornou-se evidente que, se uma carreira aberta ao talento em áreas como o serviço público ou o exército significava a ascensão de carreiristas que conseguiam ser aprovados em exames, o desempenho nem sempre foi notavelmente superior aos níveis anteriores. A deferência, portanto, era um princípio de ordem que permitia que as sociedades europeias funcionassem de maneira muito eficiente e desenvolvessem uma cultura bastante notável.

É sempre importante lembrar que nenhuma forma ideal de ordem jamais corresponde à sua realidade. Sinais de posição eram apoios à orientação do comportamento neste mundo, mas jamais poderiam ser adequados a todas as ocasiões; no mais, estamos lidando com uma sociedade dinâmica, que ficava mudando. Um evidente solecismo poderia, assim, ser apenas o sinal de uma modificação dos costumes. Além disso, a beneficência formal desse ordenamento da sociedade poderia acomodar, e certamente acomodava, a indelicadeza, a arrogância e o desprezo. Ainda assim, ela podia também acomodar muito mecenato, amizade e esforços de caridade pelas linhas divisórias. O motivo de ela poder fazer isso era que, em paralelo a essa estrutura de deferência, havia uma forma de costumes completamente diferente: uma ordem igualitária baseada na visão cristã de que todos os seres humanos são iguais aos olhos de Deus, reforçada na Inglaterra por grande parte da *common law*.

Nesse aspecto crucial, os costumes no começo da Europa moderna contrastavam vivamente com muito do que se crê hoje em dia, quando um único conjunto de costumes democráticos é considerado o ideal. Esse ideal, também, está longe de corresponder à nossa realidade, mas ele ilustra um dos fatos centrais da vida contemporânea: que, com frequência, estamos convencidos de que existe um único princípio correto de vida social e ética, o qual é igualitário. Na origem da Europa moderna, a realidade era um equilíbrio – ficamos tentados a dizer um equilíbrio dialético – entre dois modos concorrentes de entender os seres humanos: em gradações, ou basicamente iguais. Esse pluralismo complexo de costumes correspondia à ideia política dominante da época: a de que a essência de uma boa constituição compreendia um equilíbrio entre os interesses concorrentes do Estado; na Inglaterra, um equilíbrio entre as instituições de rei, lordes e os indivíduos comuns.

A deferência exigia a formalidade de tratamento, cujo objetivo consistia em manter a distância entre as pessoas. A intuição por trás dessa formalidade era que a distância compreendia uma condição necessária do respeito. Uma grande realização da possibilidade pela formalidade foi, paradoxalmente, uma intensificação da possibilidade de intimidade, porque a intimidade era um privilégio, e jamais um direito. Como todas as formas de inclusão, a intimidade deixava a pessoa vulnerável. Estamos falando aqui das relações entre indivíduos que se encontram mutuamente no mundo mais amplo, e isso era diferente das intimidades da vida familiar, que sustentavam as vidas emocionais da maioria das pessoas. Uma distância regulamentar entre indivíduos era não apenas a condição da intimidade real, como também facilitava a independência de opinião e de juízo. Tratava-se de uma prática em que classes, famílias, localidades e até mesmo profissões poderiam cultivar certa individualidade coletiva em áreas como gosto, maneiras e até mesmo moralidade. Era um mundo de segredos e de iniciações, tendo sido (na minha opinião) um prelúdio necessário para o Estado moderno. Desenvolveram-se tópicos inteiros de conversas – como o clima – que permitiam às pessoas exibir uma afabilidade limitada sem comprometer suas vidas interiores.

O compartilhamento de vidas interiores fez da intimidade uma das artes da época. Ao contrário de outros povos, os ingleses permitiram que a barreira gramática do *you* íntimo caísse em desuso social, algo que poderia sugerir que a vida inglesa sempre tendeu a ser menos formal do que no Continente. A intimidade podia ser revelada de muitas maneiras, mas era um privilégio; a formalidade poderia ser encontrada até mesmo no modo como maridos e esposas dirigiam-se entre si no círculo mais amplo da família. A democracia tinha se colocado, acima de tudo, como crítica dessa formalidade e contra a distância que ela protege. Em nosso mundo atual, democrático, os indivíduos são com frequência conhecidos até mesmo por estranhos por seus primeiros nomes, o que fez com que uma espécie de amizade estivesse imediatamente disponível a todos. Um primeiro-ministro recente do reino chegou ao ponto de insistir publicamente para ser chamado de "Tony". No mundo da deferência, por contraste, os amigos existiam em menor número (como também nas sociedades totalitárias), mas havia mais em jogo nas intimidades da amizade. Um grande segredo da vida sempre foi a arte de saber em qual, entre os amigos, você pode confiar.

Por que, perguntaríamos, a democracia revelou-se tão destrutiva desse modo de vida, tão hostil às elites, e acima de tudo, a qualquer coisa que pudesse ser entendida como "hierarquia"? Parte da resposta é que ela entendeu mal a deferência, vendo-a como servilismo. Afinal, não existe algo aviltante, ou servil, em ser deferente com outro ser humano? Não somos todos basicamente iguais uns aos outros? E, com frequência, não acontece de muitas pessoas de alta posição estarem longe de serem nossos superiores em sabedoria, em conhecimento ou em capacidade? A deferência poderia ser expandida para a noção de "conhecer o seu lugar", a qual se tornou um problema à medida que a sociedade passou a ser cada vez menos um complexo de "lugares". "Puxar a franja"[3] como sinal de respeito ao fidalgo era uma forma de respeito, mesmo tendo virado grande objeto de zombaria, sobrevivendo em alguns lugares até o século XX. À medida que o mundo da deferência se generaliza em seu declínio, as distinções de classe, o modo de falar e de portar-se podem às vezes pedir deferência, mas também poderiam perfeitamente gerar hostilidade, especialmente se sinais de classe superior estiverem combinados com qualquer sinal de arrogância. O status tendia a vir com a riqueza, mas, por meio de todas essas mudanças, a Grã-Bretanha manteve-se uma sociedade com grande mobilidade. Nos Estados Unidos, as formas tradicionais de respeito rapidamente desgastaram-se, pois o mundo do pioneiro só podia funcionar se as superioridades fossem meramente operativas e temporárias.

---

[3] No original, *pulling one's forelock*, literalmente "puxar a franja". A expressão também podia indicar um movimento com o chapéu. Hoje, é mais conhecida como *tugging one's forelock*, em geral usada pejorativamente. (N.T.)

O ataque ao mundo da deferência se deu em várias frentes. Um ataque desenvolveu-se quando os cientistas políticos adotaram a ideia de que a deferência era um rescaldo irracional do feudalismo, e, portanto, uma derrogação da democracia. Eles comumente presumiam que eleitores racionais seguiam seus interesses, e que o interesse da classe operária exigiria mais socialismo. Assim, ficavam perplexos porque a maior parte dos trabalhadores votava nos conservadores. Como era possível? Sua solução foi postular algo chamado de "voto de deferência" como forma específica de ilusão política. O eleitor deferencial apoiava os ricaços por ter uma crença equivocada de que a classe superior entendia melhor de coisas difíceis como a política.

Pode-se perfeitamente julgar bastante problemática essa teoria de como a democracia deveria funcionar. Pior ainda, ao postular um antagonismo mecânico entre os interesses dos ricos e da classe operária, ela supostamente dividia a sociedade naqueles tipos de coletividades automaticamente antagônicas que tornam a democracia um princípio inviável. Com frequência, as doutrinas socialistas presumiam esse tipo de antagonismo político básico ao negar toda complementaridade aos grupos sociais. O conflito de classes e a distinção entre opressor e oprimido eram considerados uma forma de guerra entre elementos do Estado. O objetivo do marxismo era precisamente persuadir a classe operária de que ela constituía uma classe de pessoas totalmente distinta, oprimida pela burguesia, que, portanto, reproduzia nos estados ocidentais as condições que posteriormente inviabilizaram a democracia nos estados africanos, nos quais o antagonismo coletivo era tribal. O marxismo era uma teoria mobilizadora, projetada para destruir a democracia e preparar o caminho para que uma elite esclarecida chegasse ao poder. Naquelas que podem ser consideradas democracias "maduras", uma variedade de eleitores faz juízos diversos não inteiramente a respeito de seus interesses, mas, mais amplamente, a respeito daquilo que é exigido pelo bem do país.

Essa indiferença a qualquer ideia mecânica de interesse de classe era o tipo juízo de julgamento pelo qual Montesquieu admirava os plebeus romanos. Nos grandes dias da República, eles obtiveram o direito de participar da eleição das magistraturas patrícias. O filósofo observou que seria natural pensar que bajuladores convenceriam os plebeus a eleger gente como eles para essas magistraturas, mas eles continuavam a eleger patrícios, e acrescenta:

> Como o povo era virtuoso, era magnânimo; como era livre, desdenhava do poder. Porém, quando perderam seus princípios, quanto mais poder tinham, menos cuidadosamente o administravam, até que enfim, tendo-se tornado seu próprio tirano e seu próprio escravo, perderam a força da liberdade e caíram na fraqueza da licenciosidade.[4]

Ao julgar o passado, o ponto de partida sempre deve ser: "O passado é um país estrangeiro. Lá eles fazem as coisas de um jeito diferente". E, ao olharmos o mundo da deferência do passado, precisamos evitar a presunção comum, mas tola, de que hoje enfim chegamos ao conjunto básico correto de regras normativas que deveriam governar as relações entre os seres humanos. Será que abandonamos inteiramente os sentimentos de tempos pregressos? Será que "saber o seu lugar" é hoje um sentimento tão alheio que não pode mais se manifestar? A resposta é que nossa concepção de "lugar" é de fato com frequência diferente, mas a máxima geral permanece o começo da sabedoria. O presunçoso falastrão que não se cala é alguém que não sabe seu lugar. Ser convidado, ou anfitrião, ou presidente de uma reunião, ou um novo conhecido, aliás, assumir qualquer papel reconhecido em qualquer situação social exige, como questão de etiqueta, que se "saiba o seu lugar". Essa deferência funcional, como talvez possamos chamá-la,

---

[4] Montesquieu, *The Spirit of the Laws*. Tradução e edição de Anne M. Cohler, Basia Carolyn Miller e Harold Samuel Stone. Cambridge University Press, 1989, Livro 8, Cap. 12, p. 121-22.

não é exatamente igual à deferência da etiqueta, mas ambas com frequência se sobrepõem.

Às vezes, nos orgulhamos por pensar que nosso costume de contato direto entre indivíduos retira a tentação servil de agradar os outros deferindo a eles, mas isso seria um equívoco. Os códigos estritos de tempos passados mais limitavam que facilitavam os obsequiosos caminhos do carreirista, e a lisonja é uma criadora tão engenhosa de modos de agradar que o servilismo, hoje, não é menos um traço da nossa vida e dos nossos costumes do que já foi. Aliás, os cientistas sociais estudam as várias maneiras como tentamos insinuar-nos com outras pessoas.[5]

Aquilo que efetivamente limita em algum grau a tentação servil de agradar um superior é algo muito mais profundamente alojado na psique ocidental do que costumes igualitários: a saber, nosso gosto por lidar de maneira sincera e direta com os outros. A força dessa tendência pode ser medida pelo vocabulário de desdém por aqueles que buscam obter preferências – puxa-saco, lambe-botas, bajulador, etc. O gozo de relações livres compreende uma tendência essencial para a condução dos negócios na sociedade europeia, por obrigar a juízos sobre quem tem a capacidade de fazer o serviço e quem tem capacidade de agradar. Reconhecer um subordinado como alguém eternamente tentando dizer o que imagina que agradará é algo considerado amplamente intolerável. A loucura do momento fatal do rei Lear, ao fazer as filhas articularem seu suposto amor por ele, é uma eloquente parábola sobre esse ponto, mostrando que nossa preferência pelo sincero e direto remonta perfeitamente ao mundo da deferência. Henrique V, príncipe exemplar de Shakespeare, faz pouco de toda tentação de explorar o medo que sua ascensão ao poder real poderia causar naqueles que o conheceram apenas como o arruaceiro Hal:

---

[5] Ver Timur Kuran, *Private Truths, Public Lies: The Social Consequences of Preference Falsification.* Harvard University Press, 1995.

> Esse novo vestuário, majestade,
> não me assenta tão bem como o jugais.
> Irmãos, revelais medo em vosso luto;
> isso é terra de ingleses, não de turcos.
> Amurat não sucede a outro Amurat,
> Mas Henrique a outro Henrique...[6]

E ele prossegue, provocando e tranquilizando o lorde juiz, que punia o príncipe Hal por suas delinquências. Trata-se de uma versão modelar de um dos papéis ou "lugares" num mundo de deferência.

2. FORMAS DE INSTRUMENTALISMO NA DEMOCRACIA

Eis então o mundo da deferência, que, num sentido bastante amplo, a democracia destruiu e sobrepujou. Nossa próxima questão deve ser considerar o caráter da nova forma de vida democrática que sobrepujou o mundo da deferência. Porém, ao levar adiante essa investigação, precisamos ter em mente algumas ressalvas.

A primeira e mais básica delas é que a vida moral de qualquer sociedade moderna é um palimpsesto – camadas e camadas de modos de vida acontecendo lado a lado e com frequência em conflito mútuo. A última moda moral, ao assentar-se, sempre será modificada pela sobrevivência de crenças anteriores, e certas moralidades bastante notáveis ainda podem ser encontradas, ecoando a séculos muito distantes, especialmente onde são sustentadas por crenças religiosas que serão amplamente consideradas excêntricas nas circunstâncias modernas. As comunidades amish nos Estados Unidos representam um vívido exemplo disso, embora formas menos distintivas de austeridade espiritual sejam encontradas em todos os países europeus. No bufê comportamental da vida ocidental, religiões distantes como

---

[6] William Shakespeare, *Henrique IV*, Parte 2, Ato 5, Cena 2. Trad. Carlos Alberto Nunes. In: *Dramas Históricos*. Rio de Janeiro, Agir, 2008, p. 205.

o budismo combatem junto a grupos de aprimoramento pessoal que cultivam segredos ocultistas, ao mesmo tempo que paganismos há muito abandonados são revividos e druidas andam por aí. Famílias e regiões têm tradições próprias que modificam o funcionamento da última moralidade que se recomenda a si mesma a uma população inquieta. Ao longo do último século ou mais, a maioria dessas novas moralidades apresentou-se a esse público como "liberações", algo que esconde muitas continuidades subjacentes. "Liberação" é uma dessas interessantes negativas da vida democrática que servem para esconder seu conteúdo positivo. Do que, exatamente, estamos sendo liberados? É sempre de tabus velhos e antiquados? E estamos sendo liberados *para quê*? No mundo moral, as coisas nunca são exatamente o que parecem, e há poucas liberações sem alguma corrente subjacente de uma nova servidão.

A voga de vestir a "mudança" como liberação (e até mesmo, de modo mais comum, como algo chamado de "reforma") nos leva a uma segunda qualificação dos limites da democracia como um esquema abrangente de moralidade e de costumes. Em nossa época, a retórica da mudança excede vastamente o fato. Ela exagera enormemente o quanto efetivamente mudou, em contraste ao quanto foi apenas um reembaralhamento de elementos antigos, uma fanfarronice da moda moral. Christopher Booker certa vez caracterizou nossa civilização como neófila, ou sequiosa do novo,[7] paradoxo brilhantemente resumido no cartum da *New Yorker* sobre o magnata que diz a seu publicitário: "Novo é uma palavra velha. Eu quero uma palavra nova!".

A paixão pela liberação foi geralmente acompanhada por correntes subjacentes que puxam na direção oposta: falando sexualmente, por exemplo, qualquer coisa pode ser considerada uma admirável expressão de si, mas a pedofilia tornou-se cada vez mais detestada.

---

[7] Christopher Booker, *The Neophiliacs: A Study of the Revolution in English Life in the Fifties and Sixties*. Londres, Collins, 1969.

A punição corporal dos jovens saiu de moda, mas todo um novo aparato de ordens sociais punitivas precisou ser construído em seu lugar. As autocaracterizações como "dama" e "cavalheiro" chamam a atenção por conseguirem sobreviver às liberações atuais em rincões imprevisíveis da vida anglófona, e pessoas que se levam a sério neste papel com frequência resistem orgulhosamente a todos os convites para deixar fora suas inibições e viver. A decência não tem muito lugar na litania de virtudes atual (é abafada pela compaixão, pelo sacrifício caridoso de si, pela caridade, etc.), mas permanece um critério, por mais difícil que seja de definir, da prática moral do começo do século XX. Até mesmo versões recessivas da respeitabilidade espreitam atrás das cenas e domesticam a si mesmas dentro das famílias.

Basta, então, de ressalvas. Se hoje considerarmos o caráter geral deste novo mundo, o traço mais chamativo é o quanto é instrumentalista. Nossos contemporâneos estão preocupados acima de tudo com resultados, com custo-benefício, com conseguirem o que querem. O cidadão democrático moderno é um utilitarista vulgar. Normalmente, o objetivo de qualquer enunciação ou ato consiste em atingir algum fim específico da maneira mais direta possível, embora o fim nem sempre seja alguma contribuição à felicidade do próprio agente. Técnicas para dominar a si mesmo e o mundo são o feijão com arroz de livros sem fim de autoajuda que tratam de "subir na vida". Com frequência, as técnicas são gerenciais, no sentido de que se baseiam em alguma generalização a respeito do conhecimento humano que funciona melhor se a pessoa a ser influenciada não está plenamente consciente do que está acontecendo.

O crítico talvez diga: com certeza isso não é mais que a natureza humana. Por que outro motivo agimos se não para produzir algum efeito desejado? Porém, há uma diferença. No mundo da deferência, os indivíduos com frequência agiam a fim de sustentar e declarar uma identidade valorizada que tinham, o que, com frequência, conflitava com a vantagem pessoal. Existe uma grande diferença entre fazer X para obter Y, e fazer X (ou até mesmo, de maneira mais comum, não fazer X) para sustentar uma identidade ou um papel por causa do dever. A maneira mais provável de sustentar a própria identidade como dama ou cavalheiro, ou simplesmente como pessoa honesta, é evitar fazer algo que sob outros aspectos seria vantajoso.

Naquilo que estamos chamando de "mundo da deferência", as vantagens com frequência são jogadas fora da maneira mais despreocupada. Os romances de Jane Austen, por exemplo, estão cheios de moças virtuosas que fazem o que é certo apesar daquilo que pareceria seu interesse imediato em satisfazer sua paixão daquele momento. Nesses romances, de fato, a conduta virtuosa é reconhecida como um valor em si mesmo, distinto da vantagem, e, em reviravoltas felizes na trama (não inteiramente desconhecidas na vida real), a virtude pode vir a trazer vantagens próprias. Porém, o objetivo desses atos, ou dessas recusas em agir, é precisamente não obter uma vantagem. Esses atos são realizados contrariando as vantagens evidentes porque representam as coisas certas a se fazer. Essa é uma questão que reaparecerá quando discutirmos a vida moral. Nesse aspecto, o mundo da deferência estava tão distante dos nossos casuísmos que um sentido geral de virtude podia ser indicado por uma expressão como "isso não se faz", sem maiores especificações. E as coisas que "não se faziam" eram quase sempre vantajosas, mas aviltantes.

O finalismo do mundo democrático pode ser visto não apenas no nível da conduta pessoal, mas também, supremamente, em suas políticas públicas. Uma assembleia democrática tende a entender a legislação como uma ordem dirigida ao povo. Isso sem dúvida está de acordo com o que costumamos falar sobre "obedecer a lei". Dizemos que as leis "proíbem" certos tipos de condutas e "incentivam" outros. De fato, às vezes as leis são consideradas um sistema de sinalização, entes que "transmitem uma mensagem". Estritamente falando, porém, esses modos de pensar constituem um mal-entendido simplório do império da lei. Uma ordem *significa* um imperativo dirigido diretamente de um comandante a um destinatário, e o objetivo da ordem extingue-se com essa situação ou com aquele tipo de situação. Um senhor de escravos dá ordens aos seus escravos. Um empregador pode dar ordens a um empregado, mas somente, é claro, dentro dos limites de uma relação acordada de emprego; essas ordens são condicionais. Aliás, nas sociedades modernas, a ordem costuma ter uma forma entre uma ordem e um pedido, e é perfeitamente possível que haja casos em que o funcionário se recusa a ela, talvez por ter decidido que quer outro emprego.

Uma lei é algo muito diferente. Trata-se de um imperativo hipotético que especifica uma forma de conduta que atrai certas sanções, caso alguma instância particular dessa conduta seja definida como ofensa pelo tribunal. A lei não "proíbe" o assassinato, mas simplesmente especifica diversas penas para diversos tipos de assassinato. Essa visão da lei oferece o sentido formal em que viver sob a lei é aquilo que, no ocidente, entendemos como liberdade, e esse ponto, portanto, está muito longe de ser um pedantismo jurídico. A criatividade das sociedades ocidentais resulta em parte da busca dos interesses próprios encontrando-se linhas de comportamento que não trazem as sanções da lei. Desde um ponto de vista hostil, a liberdade consiste na busca de "lacunas".

O caso mais espetacular de um *demos* interessadíssimo numa prática que tentava proibir foi a Lei Seca aprovada nos Estados Unidos depois da Primeira Guerra Mundial. Seu objetivo popular consistia em impedir que as pessoas bebessem. Ela ficou famosa como um desastre e foi anulada pela Vigésima-Primeira Emenda em 1933. Essa lei fracassou por um motivo que podemos generalizar. A legislação como ordem presume que uma população obediente aceitará a ordem, mas também continuará fazendo tudo o mais igual a antes. Claro que é uma ilusão, como veremos depois, imaginar que um governo pode alterar um componente da vida social sem afetar a estrutura de incentivos a que as populações respondem, mas trata-se de uma ilusão com uma resistência notável à experiência. A proibição de venda de bebida criou uma enorme indústria de bebida ilícita, e o resultado foi a proliferação de oportunidades para o gangsterismo nos Estados Unidos da década de 1920. Ainda que a emenda tenha sido invalidada, muitas de suas más consequências permanecem conosco ainda hoje.

A tributação redistributiva nas democracias ocidentais compreende outro exemplo do modo como alguns governos presumem que uma sociedade representa um aparato mecânico que pode ser manipulado para produzir qualquer resultado desejado. À medida que a tributação aumenta para financiar cada vez mais benefícios sociais a serem redistribuídos aos pobres, as partes produtivas da economia ajustam-se à nova situação, às vezes evitando a lei, às vezes diminuindo o empreendedorismo porque as recompensas são menos satisfatórias e às vezes transferindo recursos para economias com menor tributação. Aqui estamos no território da famosa curva de Laffer, que formaliza a área da tributação em que a autoridade tributadora (ao contrário do que pareceria à primeira vista) obtém uma porção líquida maior quando corta a demanda tributária, e não quando a aumenta. A pior consequência do uso imprudente das políticas tributárias governamentais é seu incentivo à evasão fiscal. Essa consequência corrói o próprio tecido de uma sociedade civil, porque não apenas promove o desprezo à lei, como também solapa os hábitos de cumprimento de que depende a ordem civil. Com frequência, a tributação redistributiva é defendida como algo socialmente justo, e, portanto, como obrigação moral e cívica, mas ninguém que observe a incompetência dos governos ao primeiro obter grandes somas por meio da tributação e depois desperdiçar tanto dinheiro dificilmente se deixará impressionar por essa invocação da moralidade. Desde a crise do estado de bem-estar social perto do fim do século XX, a opinião cada vez mais reconhece a força da descoberta empírica de que menos impostos têm uma forte correlação com economias prósperas.

Em nossa época, porém, resta algo que parece irredutivelmente dirigista naquilo que poderíamos chamar de "psique do *demos*". O equilíbrio tradicional entre males que podemos mudar e males que precisamos tolerar desapareceu do imaginário público. Na visão popular, *qualquer coisa* que os governos se decidam a fazer pode ser realizada. Nosso sentido da realidade foi seriamente perturbado pelo vasto aumento do poder disponível aos governos ocidentais. Uma consequência desse desenvolvimento foi a propensão dos políticos a obter o favor do eleitorado prometendo resolver problemas cotidianos. É preciso distinguir entre os dois tipos de poder que geram esse sonho de onipotência governamental. Um tipo de poder é tecnológico, e outro vem daquilo que os Estados aprenderam a respeito dos usos da autoridade durante as guerras mundiais do século XX. As populações ocidentais pensam, então, em termos de "abusos" que ocorrem na sociedade, e no poder e na responsabilidade dos governos com autoridade popular para acabar com eles. Esse poder foi usado em vários países para "proibir" o fumo, a caça com cães, as palmadas em crianças e várias outras atividades anteriormente deixadas a critério dos indivíduos.

Desde então, essa disposição dos governos democráticos de exercer sua autoridade por meio de ordens expandiu enormemente o tamanho dos códigos jurídicos dos Estados ocidentais. A situação, porém, é ainda pior do que isso poderia sugerir. As democracias agora assumiram aquilo que outrora era um celebrado recurso do despotismo. O recurso consiste em sugerir que algum grupo na sociedade deveria limitar voluntariamente suas atividades sob algum aspecto, com a ameaça adicional de que, caso o grupo não aja de maneira satisfatória, o governo exercerá seu poder de legislar. Esse recurso faz parte daqueles que hoje começam a ser conhecidos como "totalitarismo brando".

A instrumentalização da legislação pode então ser contada entre as corrupções da vida cívica. E a pergunta que devemos fazer é: onde nasce essa corrupção? A resposta é que, no mundo democrático, considera-se que apenas um princípio contém o segredo da coisa certa a se fazer – a própria democracia. E esse princípio em si só faz sentido a partir de pressupostos democráticos – isto é, que existe uma vontade democrática que está de acordo quanto à desejabilidade da única política correta. Segue-se que o teste da autoridade democrática é a desejabilidade democrática. Uma lei é legítima na medida em que foi validada pela decisão democrática. Aqui, temos claramente um problema, no sentido de que, se a desejabilidade é o teste da legitimidade, pode-se considerar que aqueles que contestam a desejabilidade de uma política podem estar justificados ao rejeitar sua autoridade. Trata-se de um problema notável nas atitudes dos migrantes que vêm de países em que o funcionamento pleno da democracia é um mal-entendido.

A confusão a respeito da ilegitimidade da democracia e de seus limites resultou da rejeição do princípio a partir do qual os Estados ocidentais eram outrora governados: a saber, o princípio de um equilíbrio entre desejos sustentados por uma lei. Esse princípio herdado sustentou tradicionalmente a constituição britânica ao combinar a unidade de um governante tomador de decisões, o sábio conselho de uma assembleia aristocrática e uma câmara representativa encarregada de expressar a vontade do povo. E a vantagem de um sistema de freios e contrapesos, em contraste a um sistema democrático, é que ele pode reconhecer o conflito entre modos de vida como traço-padrão dos Estados modernos, e não como defeito que precisa de remédio. O conflito é criativo: as partes e ideias conflitantes provocam faíscas entre si. A unanimidade, caso fosse um dia obtida na prática, é apenas debilitante. E a pretensão de que se pode encontrar um acordo sem controvérsias sobre qualquer questão geral num Estado moderno apenas finca a ilusão no coração da autoridade.

3. OS DIREITOS E AS FONTES DA LEGITIMIDADE DEMOCRÁTICA

A moda de declarações grandiosas de direitos no século XX representa a versão mais influente da crença de que existe um mundo simples de correção moral a que todos os seres humanos "em última instância" deveriam manifestar sua adesão. A importância dos direitos é um tema extenso, mas não podemos evitá-lo porque se tornou parte inseparável do pacote chamado "democracia". E a primeira coisa a notar é o quanto isso é estranho. Codificar a vida moral e política em termos de direitos consiste em retirar julgamentos da competência do *demos* e transferi-los para as mãos de governos, juízes e advogados. Em outras palavras, a legitimidade pressuposta dos direitos tem uma origem diferente da origem da democracia e pode, com frequência, entrar em conflito direto com a vontade popular. O objetivo inicial das declarações de direitos era estabelecer um âmbito moral independente, isto é, independente da política, e também, claro, da ortodoxia religiosa. Os direitos tornaram-se parte central do projeto, da qual a democracia também fazia parte, de criar uma sociedade boa, aliás potencialmente perfeita, a partir apenas da razão, sendo esta considerada (em contraste à religião) capaz de transcender disputas meramente partidárias ou sectárias.

O que efetivamente é um direito? "Eu tenho um direito a X" faz com que um direito pareça um objeto que cada indivíduo pode ter. Basta apresentar as questões mais elementares sobre direitos para reconhecer como eles são coisas estranhas, e, se lembrarmos como, ao longo século passado, indivíduos foram mortos, despossuídos e oprimidos das maneiras mais imaginativas, poderemos pensar que toda a ideia de que *temos* direitos é uma piada sinistra. A maioria das declarações atuais de direitos nasce em algum órgão internacional grandioso como a ONU, e seu escopo, somente nessa base, é considerado universal. Elas são obrigatórias para a humanidade. Porém, o único lugar em que os direitos correspondem mais ou menos à realidade, é claro, são os países ocidentais. Não há dúvida de que o motivo pelo qual outras culturas com frequência repudiam os direitos como forma de imperialismo moral, em que valores ocidentais são exportados para outras culturas e civilizações e impostos a elas. Essa acusação é feita particularmente no caso dos direitos da mulher, porque são os direitos em conflito mais dramático com os costumes de outras culturas.

Repetindo: o que é um direito? Gramaticalmente, parece algo de que dispomos, no mesmo nível de pele, olhos, pés, etc. Isso é confuso, porque um direito, evidentemente, caso entendido nesses termos empíricos, é um mero fantasma. Não se pode cheirá-lo, tocá-lo, senti-lo, etc. O que está claro é que um direito compreende uma relação complexa entre o possuidor individual do direito, a autoridade que o declara e também talvez o aplica e quaisquer terceiros que possam querer violá-lo. Meu direito à vida é afirmado e protegido pelo Estado, que aplica sanções a qualquer pessoa que possa me matar. A propriedade é um direito de tipo similar. É notório que posso ter um direito à propriedade sem efetivamente ter propriedade nenhuma, algo que os socialistas por muito tempo julgaram um grande defeito na ideia toda de direitos. Porém, é precisamente essa disjunção entre o direito abstrato e sua instanciação que representa a essência do problema: somente o mais simples instrumentalista acha que um direito à propriedade só tem valor caso você efetivamente tenha alguma propriedade. No entanto, é praticamente impossível encontrar qualquer pessoa que tenha absolutamente nada; o Sr. Gandhi tinha a sua tanga, e sem dúvida valorizaria a proteção contra qualquer pessoa tentada a tirá-la dele pela força. Todavia, como observavam seus críticos na época, era preciso muito dinheiro para manter o Sr. Gandhi na devida pobreza.

Outros direitos são bem diferentes: eles envolvem receber benefícios, como comida, dinheiro ou cuidados médicos, em circunstâncias definidas. Na década de 1940, a ONU entrou em descrédito por estabelecer o direito a férias remuneradas como direito humano universal, algo que a maioria dos trabalhadores fora do ocidente mal podia conceber e de que podia muito menos gozar. Aqui, então, temos um conjunto de direitos que opera de duas maneiras: eles satisfazem uma necessidade em casos em que o portador do direito não pode satisfazer a necessidade com seus próprios recursos, mas também estabelecem um status. O elemento de status está presente, por exemplo, quando um funcionário só pode ser demitido por um empregador se um tribunal puder ser convencido de que sua demissão tem justa causa. Eis aqui um desenvolvimento notável da ideia de um direito, porque os custos de sua implementação são transferidos pelos governos aos empregadores. Aqui está a autoridade do Estado para coagir sendo usada de maneira nova. O direito, nesse caso, impõe um dever, e também um custo, a uma parte distinta, isto é, o empregador. E essa mudança é importante, porque transforma aquilo que em um sentido é uma relação contratual entre empregador e funcionário numa espécie de status. Lembrar-se-á que *Sir* Henry Maine, no século XIX, tinha interpretado a evolução dos Estados europeus desde a Idade Média como uma mudança de status para contrato. O que parecemos ter em direitos desse tipo, então, é uma volta a uma sociedade que consiste em "lugares" nos quais se gozam de modo não muito incondicional, mas com certeza independente dos julgamentos de uma das partes da relação. E esse é um traço muito significativo da maneira como as democracias estão evoluindo.

Na verdade, quanto mais se olha a ideia de direitos, mais eles parecem revelar pressupostos contemporâneos sobre a vida humana que sob outros aspectos pareceriam obscuros. As primeiras formulações de direitos foram brinquedos de filósofos cujo objetivo era apenas formular um núcleo de racionalidade subjacente às práticas morais dos europeus. Locke achou plausível fazer isso nos termos de direito à vida, à liberdade e à propriedade, e é claro que benefício nenhum vem associado a essa fórmula, e que os únicos deveres dos outros nada têm de específico. O mesmo vale para a fórmula jeffersoniana sobre vida, liberdade e busca da felicidade, ainda que, no caso norte-americano, os direitos estivessem como que fazendo o seu movimento fatal para fora do laboratório do filósofo e entrando na algazarra de políticos, lobistas e juízes.

Digo "seu movimento fatal" porque a verdade é que passei a maior parte da minha vida sem qualquer espécie de direito. Cresci nas Antípodas[8] e passei grande parte da vida na Inglaterra, e foi apenas com a Lei dos Direitos Humanos de 1997 que adquiri um conjunto de direitos. Sem dúvida, isso é formular o problema de maneira enganosa. Eu não tinha direitos, mas tinha liberdade sob a *common law*, uma forma de liberdade que poderia ser racionalizada como a posse de um único direito básico: a saber, o direito de fazer o que quer que eu quisesse, a menos que houvesse uma lei que restringisse isso. Era isso que, naquelas partes, era corretamente entendido como liberdade. Pode-se pensar que as declarações de direitos ampliariam minha liberdade porque codificariam os detalhes da liberdade de que gozei por tanto tempo. A dificuldade, porém, é que, se especificar um ou dois direitos básicos, como fizeram Locke e outros, pode ser perfeitamente inofensivo, especificar muitos direitos imediatamente cria o problema de como esses direitos se relacionam entre si. O quanto meu direito à privacidade deve limitar a liberdade de imprensa? Quanto mais os direitos se multiplicam, mais indefeso fico nas mãos da autoridade. Meu gozo espontâneo da liberdade antes de cairmos num mundo de direitos raramente levantava essas questões.

Declarar direitos tem outros efeitos negativos, que foram amplamente observados. No passado, a vida moral era entendida basicamente nos termos de deveres bastante severos. Isso, entre outros, era uma opinião relaxante, no sentido de que, uma vez o dever cumprido,

---

[8] *The Antipodes*: termo que, na Inglaterra, costuma designar a Austrália e a Nova Zelândia. Minogue era australiano. (N.T.)

você podia se divertir. Os direitos, que correspondem a deveres relativos a grande parte do terreno da moral, mas não a todo o terreno, carecem desse benefício. Gozar de direitos não diz de jeito nenhum a ninguém que outras coisas esse alguém deveria fazer. No mais, os direitos têm efeitos psicológicos. Com frequência, tornam as pessoas agressivas e briguentas. Os direitos podem ser os veículos de uma forma cansativa de egoísmo e de carreirismo. O resultado é que os moralistas hoje constantemente reclamam que precisamos restabelecer nosso senso de dever.

Há problemas mais sérios. Um é que, como todas as codificações, as declarações de direitos travam uma batalha sem esperanças contra costumes, gostos e circunstâncias. Muitos governos assinaram a Convenção Europeia de Refugiados em 1951 e agora veem que ela lhes traz obrigações que se tornaram inapropriadas para sua vida política atual. O entusiasmo que os políticos têm por viajar para lugares distantes e assinar virtuosos compromissos cujos impactos recairão sobre seus infelizes sucessores representa uma fraqueza importante das constituições modernas. Esses compromissos não apenas circunscrevem o poder dos governantes em questão, mas também o de seus constituintes. É uma estranha ilusão acreditar que em nossa geração finalmente chegamos à moralidade que servirá para todos os seres humanos em todo tempo futuro. Sem dúvida, nos termos das realidades da política mundial, afirmações do direito à vida, de não ser torturado, etc. são benéficas e, às vezes, têm efeito. Certamente, tiveram efeito no enfraquecimento da tirania soviética, na forma dos acordos de Helsinki. Porém, logo elas parecerão tão restritivas quanto um paletó mal-ajustado.

Costuma-se pensar que os direitos codificam e firmam a liberdade, mas a liberdade não pode ser capturada numa regra. Entre muitos outros, ela depende da imaginação. Goza-se da liberdade ao usá-la para fazer coisas em que não se tinha pensado anteriormente. A liberdade, como notamos, consiste essencialmente em fazer qualquer uma das infinitas coisas que não são sancionadas pela lei. Os direitos ameaçam esse entendimento, porque, após cerca de uma geração, povos que vivem sob um programa de direitos tendem a pensar que só têm a liberdade de fazer aquilo que lhes foi concedido como direito. Em outras palavras, os direitos tendem a passar a ser entendidos como permissões, e isso é um molde de pensamento adequado ao servilismo, não à liberdade.

Esses pontos são importantes, mas não chegam exatamente ao cerne da questão. Se considerarmos os direitos de Locke – à vida, à liberdade e à propriedade –, notamos que eles não conferem benefícios. "De que servem, então?", poderia perguntar o radical ansioso. A resposta é que representam regras do jogo da vida. Eles expressam uma concepção lúdica de como as pessoas vivem: certamente não todas as pessoas, mas aquelas que vivem em liberdade e que valorizam viver assim. E isso pode ser ilustrado pela história inglesa. A Magna Carta não concedeu benefícios a ninguém, mas apenas reformulou as regras que determinavam como os barões relacionavam-se entre si, conjunto de regras que tinha sido perturbado por um bandido chamado John que ocupava o cargo de rei. Essas declarações tendem a formular a questão em termos abstratos que ultrapassam os interesses imediatos dos envolvidos, e é por isso que todos os ingleses enxergam a Magna Carta como a fundação de certas liberdades. O que, de novo, é a Lei do *Habeas Corpus* de 1671? Ela certamente não confere benefícios substantivos a ninguém. Talvez se possa transpô-la para um direito a não ser submetido a uma prisão arbitrária. Porém, ela é mais bem entendida como a afirmação clara de uma regra longeva da relação entre cidadãos e governantes. Permitam-me repetir o ponto básico, porque ele é central para o meu raciocínio: a vida dos europeus nos tempos modernos foi fortemente marcada por seu vício em entender os seres humanos menos como criaturas que têm necessidades do que como participantes naquilo que poderíamos chamar de jogo da vida. E isso, como veremos em seções posteriores, é central para sua ideia da vida moral.

Essa concepção lúdica da condição humana perpassa a vida europeia, mas talvez possa ser vista de maneira mais pura entre os ingleses. A religião cristã foi desenvolvida e elaborada por críticos, com frequência filósofos, cujas ideias frequentemente perdiam o rumo e ameaçavam aquilo que qualquer religião de crença precisa ter – uma ortodoxia resolvida. O cristianismo, em outras palavras, surgiu de visões conflitantes de sua verdade, e, em certa medida, continua mudando nesse sentido. Nossa visão da ciência é como uma competição de hipóteses. Aquilo que respeitamos como "ciência" é o conjunto de hipóteses que, talvez apenas por ora, resistiu ao teste da crítica. A economia, outra vez, emergiu dos esforços competitivos de indivíduos e de corporações para obter lucro satisfazendo carências. E foram os ingleses que, no século XIX, codificaram o modo de jogar vários jogos diferentes nos termos de um conjunto de regras autorizadas. Acima de tudo, talvez, a justiça na *common law* não é o resultado de um Inquérito ou de uma Inquisição conduzida por especialistas, mas o resultado de um jogo competitivo em que advogados discutem.[9]

O problema com jogos, é claro, é que eles normalmente têm vencedores e perdedores. Os jogos podem ser inclusivos, mas os resultados certamente não o são. Os vencedores dos jogos econômicos têm muito mais prestígio que os perdedores, e, em geral, são mais ricos. É verdade que a civilização ocidental engenhosamente criou uma variedade tão grande de posições vencedoras que perder num sentido vira vencer em outro. Costuma-se pensar que os pobres estão mais perto de Deus, e hoje em dia eles são considerados mais autênticos que os ricos, mas não se tem em conta que esses benefícios espirituais, caso levados a sério, pesam muito nas balanças dominadas por

---

[9] Claudio Veliz, *The New World of the Gothic Fox*. Berkeley, University of California Press, 1994.

preocupações materialistas e igualitárias. De qualquer modo, mesmo o mais lúdico personagem agirá de outras maneiras ao lidar com sua família, com seus amigos – e também com "os necessitados". Em outras palavras, os esforços de caridade terão, e sempre tiveram, um papel proeminente na vida europeia. Porém, aquilo que encontramos em programas de direitos é que as regras que formariam o mundo lúdico foram associadas aos desejos por amor e por caridade, de modo que regras formais transformam-se em prerrogativas substanciais, e ambas são confusamente chamadas de "direitos". Um direito processual à propriedade não é de jeito nenhum a mesma coisa que um direito substantivo a certa quantidade de dinheiro caso você fique desempregado. E é essa confusão entre as necessidades e o jogo – ocultada pela descrição de todas essas relações como "direitos" – que abre a porta para o avanço sem fim da ingerência governamental do modo como vivemos.

A ideia mesma de democracia, deve-se dizer, está na raiz da ilusão de que todos os direitos são benefícios concedidos por governos. Pode-se defender que um benefício de seguridade social pago por um governo seja efetivamente conferido pelo Estado, ainda que os recursos para pagá-lo devam ter primeiro vindo do próprio povo, por meio da tributação. Todas as propinas políticas são financiadas com nosso próprio dinheiro. Porém, onde estamos preocupados com os direitos à vida, à liberdade, à liberdade de expressão, à liberdade de associação e outros pressupostos similares de uma sociedade livre, vemos que, em primeiro lugar, estamos lidando com regras, e não com benefícios, e, em segundo, que se trata de regras que respondem a disposições que prevalecem em sociedades livres. O problema com a universalização de direitos é, portanto, que outras culturas com frequência carecem da disposição lúdica básica da qual depende o sucesso do mundo dos direitos. Elas não consideram que a vida é um jogo, assim como Marx e os demais socialistas, que pensavam que o ofício dos governos era satisfazer necessidades, e não aplicar as regras do jogo. Sem a disposição lúdica dos ocidentais, os direitos nunca se encaixarão em outras culturas.

Nesse mundo abstrato, coisas que parecem ter uma função ou significado podem vir a ter um efeito bastante oposto. A democracia é a ideia de que o Estado responde àquilo que as pessoas querem. Porém, à medida que o *demos* se acostuma a receber benefícios substanciais do Estado, os súditos começam a conceber o Estado não como instrumento de sua própria vontade, mas como fonte independente de benefícios. A abstração dos direitos é uma ideia poderosa e, às vezes, útil, mas, como todas as abstrações, pode virar a realidade do avesso. E, à medida que um direito vai além de significar uma liberdade e passa a significar uma prerrogativa de um benefício substancial – passando, isto é, da vida concebida como jogo para a vida concebida como esforço coletivo de satisfazer as necessidades dos seres humanos –, ela começa a se transformar no plano de um Estado estático.

4. A CULTURA E O MUNDO DEMOCRÁTICO: AS MULHERES E A POLÍTICA

O argumento de venda dos direitos, se é que se pode falar assim, refere-se ao fato de que eles beneficiam os fracos e vulneráveis. Os fortes, por contraste, podem parecer não precisar de direitos porque detêm o poder. Se os direitos efetivamente assinalam uma transferência de poder dos fortes para os fracos, então a centralidade dos direitos no mundo democrático efetivamente assinala uma mudança na condição humana. Nietzsche mal chega a exagerar ao falar de uma "transvaloração de todos os valores". Devemos, porém, reconhecer que essas transvalorações são coisas escorregadias. É necessário manter certa dúvida.

Que os fracos tenham ocupado o lugar dos fortes como centro avaliador das democracias liberais contemporâneas pareceria o triunfo definitivo do ódio democrático pela hierarquia. Aqueles que estão embaixo hoje são aparentemente iguais aos que estão em cima. Porém, um dos dados da teoria radical é que não basta uma reforma para reduzir o poder dos fortes, os quais, nas circunstâncias contemporâneas, costumam ser identificados com as classes médias. Somente uma revolução realizaria isso, porque, como diz o *slogan* radical, se a democracia mudasse alguma coisa, "eles" não teriam deixado que ela existisse. Aristocratas, proprietários de terras, guerreiros, capitalistas e padres sempre dominaram a lei e os costumes, formulando crenças e religiões oficiais e se apropriando de uma grande fatia do excedente de produção como algo necessário para ajudá-los a sustentar essas onerosas responsabilidades. Será provável que essa condição humana básica tenha realmente mudado?

Os democratas no século XXI distanciam-se desse ceticismo radical básico que exige a completa derrubada dos poderes democráticos liberais. Essa ideia foi excessivamente identificada com regimes totalitários implacáveis do século XX. Os democratas são muito mais pacientes, e muito mais dispostos a operar usando a infiltração constante de ideias de perfeição social como instrumentos de transformação social. Antes, eles identificam seu ideal político com o programa contínuo de desenvolvimento normativo que reconhecemos como o *telos* democrático. E o Estado de bem-estar social é reconhecido como um passo no caminho dessa jornada. Porém, ao aceitarmos sem questionamentos essa autocaracterização dos Estados democráticos como empenhados num processo de empoderamento dos mais fracos, estamos também tocando numa das mais básicas objeções à democracia, isto é, de que ela toma seus padrões e orientações do inferior, e não do superior.

Essa crítica pode parecer bastante abstrata, porque ela faz pouco sentido sem uma especificação cuidadosa do que se quer dizer com "superior" e "inferior", mas essa especificação logo virá. Uma versão dela pode ser encontrada em Platão, cujo Estado devidamente ordenado dependia da sabedoria dos filósofos e para quem a desordem e a tirania seriam o único resultado de permitir que os elementos inferiores do Estado participassem do processo de governo. Na *República*, qualquer deslocamento de sabedoria, das faculdades superiores, da sede do poder, tornava-se um declínio que levava primeiro à anarquia e, depois, ao despotismo – o triunfo definitivo do inferior sobre o superior. Outra versão do mesmo movimento será, é claro, encontrada no islã, no qual se considera que a democracia viria do avesso à ordem correta da vida segundo as fontes divinas. Esses exemplos deixam claro a probabilidade de que a democracia seja rejeitada por qualquer grupo que julgue ter acesso a uma sabedoria superior àquela da massa das pessoas. Diferentes entusiastas julgaram que essa sabedoria será encontrada na filosofia (ou em alguma versão dela), ou na verdadeira religião, ou do coquetel que contém elementos tanto da religião quanto da filosofia e se chama "ideologia".[10] E todas essas reivindicações de superioridade estão em conflito com a democracia porque a legitimidade democrática não depende de uma reivindicação de sabedoria, mas da correspondência pressuposta entre as políticas democráticas e a vontade popular.

Os democratas, é claro, imediatamente farejarão elitismo na acusação de que a democracia e a extensão dos direitos equivalem a entregar o Estado para o "inferior", e não para o "superior", e de fato é necessário certo ceticismo quanto às supostas qualidades de inferiores e de superiores. Algum ceticismo, talvez, mas não tanto. Afinal, o risco de que o Estado cairá nas mãos dos moralmente inferiores – de pessoas ruins – não é de jeito nenhum um medo imaginário para assustar democratas. O movimento nazista foi certamente um movimento dos "inferiores", que conseguiram dominar um Estado europeu mais ou menos respeitável. Com frequência, os movimentos comunistas

---

[10] Analisei a estrutura da ideologia em Kenneth Minogue, *Alien Powers: The Pure Theory of Ideology*, 1985, nova edição pela ISI Books, Wilmington, Delaware, 2008.

levaram ao entrincheiramento de uma megalomania desenfreada no topo do Estado. Marx foi um dos teóricos dessa análise da política moderna, ao falar do bonapartismo francês depois de 1848 como um "lumpemproletariado" renascendo no topo da sociedade francesa.[11] Marx, é claro, não é um democrata segundo nenhum critério, mas seu argumento tinha uma longa história na tradição do pensamento político, em que não se questiona que uma revolução que levasse os escravos ao poder não produziria nada além de uma nova versão de um Estado despótico. A explicação é que a única concepção de liberdade que tem o escravo é aquilo que na vida moderna se chama de "liberação" – isto é, a remoção das restrições que anteriormente freavam os impulsos. Assim, os "inferiores" são identificados nos termos mais abstratos como aqueles que buscam os impulsos humanos mais vis para a pornografia, a obscenidade, a blasfêmia, etc. – o reino da indulgência sobre a continência. Mesmo aqueles que consideram a democracia um princípio sagrado deveriam levar a sério essa questão.

E, ao fazê-lo, basta que reparem em opiniões comuns até um século atrás, as quais permanecem consideravelmente vivas ainda hoje, mesmo que algumas mal cheguem a ser sustentadas em nossa época, e outras que agora foram consignadas ao reino do impensável. Nessa firme tradição, os homens, como seres racionais, tinham autoridade sobre as mulheres, os pais sobre os filhos e os professores sobre os alunos (incluindo alunos universitários, cujos professores estavam explicitamente *in loco parentis*). Esses eram os pressupostos respeitáveis do mundo em que cada um tinha um "lugar", de modo que agora

---

[11] "A burguesia francesa [...] levou o lumpemproletariado ao poder [...]"; "The Eighteenth Brumaire of Louis Bonaparte" ["O 18 de Brumário de Luís Bonaparte"], em Karl Marx e Friedrich Engels: *Collected Works*, vol. 11, 1851-1853. Ao final desse panfleto brilhante (p. 195-96), Marx sugere que Luís Napoleão gostaria de tomar a riqueza inteira do país como "benfeitor patriarcal", devolvê-la aos franceses e convertê-la numa obrigação pessoal em relação a ele. Trata-se de uma fórmula brilhante, que revela a paixão corrupta que os políticos democráticos usaram para trocar a ideia de autoridade pela de governo com base na gratidão dos governados.

estamos olhando o outro lado do nosso próprio mundo democrático. Aqui, de fato, havia uma hierarquia em conflito com o igualitarismo democrático, mas ela se baseava numa visão plausível de uma divisão de trabalho que respondia a diferenças evidentes entre os sexos. Os homens eram caçadores e guerreiros, as mulheres, as cuidadoras das gerações em crescimento, e o sistema era essencialmente complementar. Uma vaga noção de respeitabilidade geral mantinha esse conjunto de hierarquias no lugar, todo ele sustentado e limitado pelo império da lei.

É tão forte a repulsa contemporânea por essa concepção – aliás, com frequência escarnecida – da autoridade social que é preciso enfatizar vários de seus traços cruciais. Tratava-se de uma concepção que alocava ao homem e à mulher uma esfera da vida em que cada qual era, em princípio, dominante. No gerenciamento de uma família, um procedimento decisório que dava a precedência aos pais era incorporado em casos de discórdia, e seu efeito consistia em promover em homens e em mulheres modos distintos de influenciar decisões. O conceito de os homens serem os ganha-pão e as mulheres as donas de casa certamente dava o poder em última instância aos homens, mas idealmente (e com frequência na prática) essa era uma forma de autoridade que se limitava a si mesma. As relações entre Wotan e Fricka no Ciclo do Anel de Wagner são uma imagem brilhante dessa ideia. Como isso funcionava na prática variava muito, claro, o que indica a relativização mais básica que deve ser aplicada a seu entendimento e também ao entendimento de qualquer princípio sucessor, isto é, que as relações humanas são tão complicadas que não existe concepção de autoridade social e individual que não produzirá consequências boas e más.

A ruptura crucial nessa formidável visão da sociedade (afinal, ela tinha durado na maioria das sociedades até onde vão os registros) foi dada pelas feministas, com suas respostas às novas condições da vida moderna. À medida que as sociedades ficaram mais ricas, a necessidade de as mulheres dedicarem suas vidas inteiras ao cuidado dos mais novos tornou-se menos urgente. A tecnologia do controle de natalidade facilitou essa mudança. As mulheres agora buscavam participar mais da educação e começaram a frequentar universidades. A força física ficou menos necessária em grandes áreas da indústria (para nem falar da vida doméstica) porque a tecnologia criou a força que depende do apertar de um botão. Anteriormente, podia-se pensar que um eleitorado de cidadãos homens abrangeria os interesses das mulheres dentro da família, mas as feministas afirmavam que as mulheres tinham interesses diferentes daqueles dos homens, e que elas também deveriam poder votar. Considerando a visão de Voltaire de que a História era a história de crimes e de loucuras, talvez a contribuição do juízo feminino nos desse um mundo mais pacífico: aqui estava uma versão moderna do argumento de Kant de que certas classes de pessoas tinham um interesse preponderante na paz. Nada disso, assim como outras considerações similares, teria grande efeito caso as mulheres não estivessem desempenhando em algum grau um papel independente na vida das sociedades ocidentais. "Muitas vezes, fiquei surpreso e quase assustado com a destreza singular, com a feliz ousadia com que as moças dos Estados Unidos conseguem expressar seus pensamentos e sua linguagem", escreveu Tocqueville, "[...] um filósofo teria tropeçado a cada passo do estreito caminho que elas cruzavam sem acidente e sem esforço".[12] Por isso, novas preferências, além de um sentido cambiante de justiça, foram fatores importantes desse desenvolvimento altamente complexo.

Um crítico das ambições feministas, adotando a linha de que as mulheres tendem a ser menos racionais do que os homens, consideraria esses desenvolvimentos um movimento real no sentido de colocar o inferior acima do superior, mesmo que ninguém jamais tenha imaginado que *todos* os homens eram mais racionais que *todas* as mulheres. Porém, mesmo aqueles que pensavam que não havia

---

[12] Alexis de Tocqueville, *Democracy in America* [*A Democracia na América*]. Introdução de Alan Ryan. Nova York, Everyman Library, 1994, vol. 2, p. 199.

diferença nas capacidades racionais dos sexos tiveram de enfrentar o fato de que a nova versão feminista da igualdade entre mulheres estava produzindo, como sempre o fazem as mudanças, consequências imprevistas. O procedimento decisório que sustentava o dito casamento patriarcal, em que a decisão do homem tinha precedência sobre a da esposa, não podia continuar, uma vez que as mulheres tinham recebido direitos plenamente iguais de voto e de propriedade. Na falta de um processo decisório formal, marido e mulher precisaram negociar um acordo sobre seus desacordos. A negociação talvez tenha muitas vantagens, mas algo que ela certamente não fez foi fortalecer o laço matrimonial. Não apenas o divórcio ficou mais fácil e mais comum, mas um grande número de pessoas simplesmente deixou de se casar. Um importante risco para quem se casava era terminar num tribunal de família com um juiz determinando quem fica com o quê. Os juízes não estavam realmente equipados para fazer juízos sensatos a respeito dessas questões. Provavelmente, ninguém está. É difícil colocar gênios de volta nas garrafas.

O impulso para a equalização democrática, portanto, resultou de muitas coisas: tecnologias sexuais e outras novas tecnologias, liberdades de mercado e a evolução das implicações da ideia central de igualdade. Cada vez mais, isso assumiu a forma de um ataque a algo chamado de "discriminação" em toda uma variedade de formas. A discriminação levava as ideias de inferiores e superiores com profunda seriedade, e o objetivo da antidiscriminação era destruir totalmente todas essas distinções. Os inferiores seriam elevados ao nível dos superiores, e todos os ecos do mundo da deferência deveriam ser varridos do mapa. Esse desenvolvimento ofereceu ideias muito importantes para a ideia de pessoa, à qual voltaremos depois. O que encontramos é um novo ataque às desigualdades sob *slogans* como antidiscriminação e afins. Esse novo desenvolvimento tem aspectos tanto lógicos quanto práticos, e, na medida em que podemos distingui-los, trataremos deles individualmente.

5. A LÓGICA DA ANTIDISCRIMINAÇÃO

O *telos* democrático identifica a desigualdade como a fonte de todas as imperfeições de uma sociedade moderna, e, se a desigualdade de riqueza permanece uma preocupação central, o impulso básico desde o fim do século XX tem sido contra algo chamado de "discriminação".

Em termos amplos, o *telos* democrático herdou a longeva preocupação dos pensadores modernos com "os pobres". Esses pobres eram os europeus que tinham sido tirados do campo e se mudaram para a cidade, em que a sobrevivência dependia de encontrar emprego, na qual a fome e a falta de moradia eram sempre possibilidades em tempos difíceis. Na Inglaterra, uma rede de segurança mínima chamada *the workhouse* existia há muito tempo, e era vista com pavor por aqueles que tinham chance de ir parar nela. O Estado de bem-estar social em todas as suas formas foi a resposta de sociedades cada vez mais prósperas a esse estado de coisas. Esses eram os conjuntos de pessoas definidos nos termos de suas necessidades, sendo apropriado observar que elas também votavam (embora, na verdade, contrariando a seus interesses, elas nunca votassem em grandes números). A chegada de imigrantes de outras culturas claramente se encaixava nesse quadro, mas os imigrantes constituíam um problema ligeiramente diferente, que podemos caracterizar nos termos de *exclusão da sociedade*. O impulso da revolução democrática era focalizar a atenção nessas duas classes de pessoas – *os pobres* e *os excluídos* – e promover políticas que respondessem a elas. As duas classes claramente se sobrepunham de várias maneiras e, às vezes, eram aglutinadas com vários outros grupos (por exemplo, as crianças) como *os vulneráveis*. É nesse contexto que o movimento antidiscriminação pode ser visto como gerador de políticas voltadas para a inclusão social.

O destino do termo "discriminação" é um exemplo notável de como novas condições, e novas teorias que respondem a elas, podem embaralhar a semântica inglesa. Discriminação costumava ser aquilo que alunos de literatura inglesa aprendiam a fazer. Discriminar costumava ser o ato de um *connaisseur* cultural; em aproximadamente uma geração, a palavra foi virada do avesso. Somente os xenófobos tacanhos discriminavam, ameaçando a paz social ao fazer isso. Aqui, então, temos um movimento complexo e imensamente poderoso na sociedade, na política, no direito e na cultura, tão rapidamente domesticado entre nós que vale a pena descrevê-lo e vê-lo de modo integral. Esse é meu interesse com aquilo que chamei de "lógica da antidiscriminação".

A. DISCRIMINAÇÃO COMO UMA CATEGORIA

Discriminar outro ser humano segundo o critério de pertencimento a um grupo é causado por uma deformação psicológica chamada "preconceito", ou, em alguns casos, "intolerância". O ato da discriminação deixa em desvantagem outras pessoas em uma de muitas áreas, dirigindo-se a grupos específicos nas sociedades modernas. Os grupos às vezes são chamados, em sentido técnico, de "minorias", embora alguns membros dessa categoria sejam na verdade a maioria da população. A discriminação é um ato tipicamente realizado pelos empregadores, mas pode ser feito em qualquer situação da vida por qualquer pessoa. Em casos extremos, a discriminação torna-se elemento de crimes de "ódio por categorias", como o ódio racial ou a homofobia. As mulheres podem sofrer desvantagens por seu sexo, os negros por sua raça. Os deficientes são vistos por aqueles que os discriminam como muito menos do que "membros plenamente remunerados da raça humana". Cada direção de discriminação é estigmatizada como uma atitude específica, como sexismo, como homofobia, etc., mas talvez seja o racismo que contenha a carga mais básica de paixão, porque a experiência judia do holocausto na Alemanha nazista vale como o caso paradigmático de racismo. O racismo, assim, está intimamente relacionado a crimes internacionais como o genocídio.

Os judeus, como vítimas do nazismo, são, portanto, as vítimas fundadoras do racismo (embora se diga a mesma coisa dos armênios). Contudo, não é amplamente considerado que os judeus sejam vítimas de discriminação contemporânea (embora possam sofrer especificamente o antissemitismo, que tem um lugar um pouco excêntrico na teoria da discriminação quando entendido como patologia social). Essa visão do racismo fundiu-se com a rejeição, por parte do movimento de direitos civis, das atitudes racistas em relação aos negros nos Estados Unidos, provocando uma forte carga de sentimento.

A acusação de racismo é, portanto, o trunfo do credo antidiscriminatório, mas é notável a pouca atenção que se deu ao que ela efetivamente significa. Seria uma ideia, como aquela proposta pelos nazistas ou pela Igreja Holandesa Reformada em sua visão (há muito repudiada), de que os negros seriam descendentes de Cam? Seria um sentimento, uma sensação de repulsa por algum grupo particular de pessoas? Seria talvez uma preferência por outros no trabalho ou na amizade? Essa falta de precisão em como especificar o racismo pode parecer um defeito, mas, na verdade, torna o termo "racismo" ainda mais útil como instrumento de ataque cirúrgico, e é preciso muito cuidado para evitar essa acusação. Ela pode levar a demissões e expulsões, e, em certas circunstâncias, a uma pena de privação de liberdade. As piadas são um risco peculiar, mas também é tudo o mais – como descobriu em Washington um administrador alguns anos atrás, que usou a palavra *niggardly*[13] e viu-se acusado de difamar os negros.

Talvez o que haja de mais básico a esclarecer na exploração da ideia de discriminação seja que é impossível evitá-la. Que somos todos culpados é uma profunda convicção ocidental, talvez por causa de uma equiparação entre a conduta discriminatória e a ideia cristã

---

[13] *Niggardly*, apesar de parecer um advérbio, é um adjetivo que, em inglês, significa "sovina, mesquinho". O problema está em sua semelhança com o substantivo *nigger*, um termo altamente pejorativo usado para designar os negros nos Estados Unidos. (N.T.)

de pecado original. Há um sentido em que isso pode ser verdade. Uma inferência altamente plausível a partir do que sabemos do passado é que *os povos não gostam de outros povos*. Aqui, a ênfase deve estar no plural; estamos falando de grupos, raças ou seitas discerníveis. A história do mundo está cheia de exemplos dramáticos de repulsa étnica mútua, a qual pode ser encontrada em todas as regiões e em todos os níveis da cultura. Mesmo povos relativamente similares – os escoceses e os ingleses, por exemplo, ou os quebecois e os canadenses ingleses – demonstram repulsa mútua. O mesmo é geralmente verdadeiro para religiões diferentes, e mesmo para seitas e movimentos dentro do que pode, desde fora, ser considerado a mesma religião. As sociedades ocidentais, é claro, são individualistas; portanto, a relação entre os indivíduos não é de jeito nenhum igual àquela entre os povos. Os Montéquio têm uma tendência notável a apaixonar-se pelos Capuleto. Os indivíduos dos dois lados de qualquer uma dessas divisórias podem gostar uns dos outros, e gostam, casam-se, associam-se profissionalmente, dão-se bem no ambiente universitário, e daí por diante. Esse fato talvez sugerisse que o movimento antidiscriminação deveria ser visto como algo que tenta compelir todos os povos a agir da maneira como costumam agir os europeus – isto é, respondendo aos outros nos termos de sua personalidade e de suas capacidades individuais. O paradoxo da antidiscriminação, porém, é que, sob muitos aspectos, ele vai na direção oposta. Os indivíduos só podem ser vítimas por pertencimento a uma classe, e ser uma vítima dentro do contexto da antidiscriminação não é um benefício de se jogar fora. O movimento antidiscriminação, portanto, tem o curioso efeito de trancar cada pessoa em sua categoria específica. A linguagem da antidiscriminação é um processo de aprendizado de que o sucesso em algum campo de um membro da sua própria categoria é algo que a categoria inteira pode celebrar e usar para sentir-se bem – a primeira mulher, o primeiro negro, etc., a se tornar isso ou aquilo. O reconhecimento como membro de uma categoria vitimizada inclui aprender a sentir infelicidade coletiva com exclusões, e uma alegria correspondente em ocasiões de sucesso noticiável. E todos aqueles que afirmam sofrer discriminação podem ser mobilizados numa "luta" contra ela.

A antidiscriminação representa, portanto, uma tentativa coletiva de alterar a natureza dos seres humanos, comparável a fazer a água correr para cima. Talvez pareça que uma doutrina, ramificando-se no conjunto de patologias conhecido como "correção política", e equivalendo ao projeto de girar a natureza humana em 180 graus, não teria chance de ter sucesso. Como podem as pessoas se convencerem de qualquer doutrina que vá tão obviamente contra o modo como a maioria delas mal consegue evitar pensar e sentir?

Essa objeção subestima a curiosa capacidade moral da mente ocidental para descobrir ideais que exigem contorções da mente não apenas extraordinárias, como também quase impossíveis. "Somos todos racistas, sexistas, etc." aponta para um sentimento universal, ainda que intermitente, nos seres humanos: quando combinado com a convicção de que não devemos ser, ele se torna um poderoso dispositivo que instila um salutar senso de culpa em cada peito humano – salutar, isto é, se os promotores dessas doutrinas estão interessados (como certamente estão alguns deles) em exercer poder sobre as pessoas. E há muito pouca possibilidade de fuga. O racismo, por exemplo, se é que significa alguma coisa, precisa ser uma ideia na mente do racista, mas a ideia de "racismo institucional" evoluiu a ponto de abranger casos em que ainda se pensa que a desigualdade existe mesmo que não seja intenção de ninguém. Ele é como que uma falta que pode ser cometida, ou que talvez possa meramente acontecer, sem *mens rea*. Aqui, a discriminação se torna uma espécie de acontecimento "objetivo", somente podendo ser superada se a autoridade assumir o poder para corrigi-la.

A raça humana está distribuída na superfície da terra em termos de diferentes culturas, e as minorias por toda parte encontram alguma espécie de *modus vivendi*, muitas vezes precário, dentro de uma maioria que domina um Estado. Separar os povos diferentes em unidades políticas dependentes ajuda (dir-se-ia) a manter ao menos algumas pessoas sem incomodar outras. Misturar os povos não costuma aumentar sua felicidade. Essa generalização é só marginalmente menos verdadeira quanto aos Estados europeus individualistas, e podemos perfeitamente nos perguntar qual é o mecanismo que impele todo mundo, em algum grau, a atitudes sexistas, racistas, etc. Somos todos efetivamente racistas? Ou sexistas? É esse o pecado original a que estamos inevitavelmente suscetíveis? Penso que a resposta deve ser que essas atitudes surgem porque os seres humanos, ou talvez meramente os europeus, não conseguem deixar de fazer generalizações a respeito de qualquer experiência que tenham. Eles são indutivistas naturais. Bastam apenas algumas experiências boas e más para promover uma resposta positiva ou negativa a alguma das categorias. A diferença logo se transforma em gostar e em não gostar. Onde frequentemente entramos em contato com algum grupo de pessoas, como os britânicos com os franceses, comumente temos imagens complementares do bom francês e do mau francês, cada uma delas disponível como resposta ao que quer que aconteça.

Aqui, então, está a base do movimento antidiscriminação: a observação de que a diferença logo leva ao desdém, e com frequência ao juízo de que alguns membros da sociedade são menos iguais (talvez em algum aspecto particular) do que os outros dependendo do pertencimento a alguma categoria. O objetivo explícito da antidiscriminação é tornar a expressão "membro da sociedade" a categoria básica nos termos da qual cada indivíduo será não apenas reconhecido, mas também *incluído* (num sentido a ser considerado) em toda a gama de atividades de uma sociedade. Todos aqueles que têm um passaporte nacional devem agora ser entendidos como componentes da identidade nacional.

A diferença deveria ser entendida como "diversidade" e promovida como algo a ser bem-vindo (ou "celebrado", na terminologia do movimento). A sociedade deve ser um clube em que todos somos membros iguais. Essa concepção teria sido quase impossível de atualizar mesmo no século XIX ou no começo do século XX, quando os Estados europeus eram relativamente homogêneos, mas, na segunda metade do século XX, quando esse ideal de igualdade estava desenvolvendo dentes jurídicos e morais, representou uma esperança que logo seria ridicularizada pela rápida chegada a todos os países europeus de grandes números de migrantes, vindos de culturas realmente muito diversas. As diferenças estavam explodindo no mesmo momento em que os europeus estavam sendo ensinados a olhá-las como coisas sem importância. O multiculturalismo era a versão da doutrina liberal que tinha evoluído para oferecer um entendimento normativo das tolerâncias agora necessárias a fim de assimilar esse novo influxo de estrangeiros nos Estados ocidentais. Essa doutrina tornou-se a base teórica que exigia um senso mais aguçado de correção política e leis contra a discriminação.

O mundo ocidental adquiriu uma nova forma de *piedade* derivada daquilo que poderíamos chamar de "religião da igualdade". O cristianismo não se beneficia mais de uma condenação da impiedade religiosa, até mesmo por uma questão de etiqueta, mas hoje um fluxo constante de infelizes é forçado a demitir-se, ou é demitido, por causa das infrações mais estonteantemente casuais dessa piedade, ao mesmo tempo que as maciças fileiras de incompetentes que trabalham na Grã-Bretanha tornaram-se praticamente intocáveis.

B. QUEM SÃO AS "MINORIAS"?

Consideremos agora as categorias básicas, por vezes chamadas de "minorias", que reivindicaram e receberam o status de vítimas da discriminação. Como observamos, os judeus podem ter sido o paradigma fundador da discriminação, mas, por várias razões interessantes, não seriam eles os beneficiários de uma nova equalização dos direitos. Tendo sido mais do que bem-sucedidos em conseguir viver nas sociedades ocidentais sem ter recebido nenhum status especial, eles foram banidos das fileiras dos "vulneráveis", embora o antissemitismo permaneça um problema, embora de tipo diferente.

A categoria básica de vítima hoje, penso, são as mulheres, embora muitas delas fossem repudiar esse papel, considerando que ele as diminui. O status feminino de vítima, porém, está firmado pela promoção de um ponto terminal – conhecido tecnicamente nas Organizações de Oportunidades Iguais como "justiça para as mulheres" –, em que as mulheres detêm 50% de todas as "posições de poder" da sociedade. Até chegarmos a esse momento feliz, as mulheres poderão dizer-se vítimas.

Está claro que as mulheres não levantam nenhuma questão de assimilação cultural. Em contraste às mulheres de qualquer outra civilização, as ocidentais já gozam de extensiva liberdade para construir suas próprias identidades e desempenhar qualquer papel que queiram nas atividades do mundo moderno. Já no século XIX, elas participavam de escolas e universidades. Algumas mulheres, porém, sentiam-se marginalizadas num papel doméstico, e outras eram vítimas da brutalidade de homens mais fortes. A discriminação é, em medida considerável, uma questão de imagem, voltada mais para abusos que para costumes.

O movimento feminista sempre se dividiu entre afirmar que as mulheres, de um lado, podiam fazer qualquer coisa que os homens faziam, e, de outro, eram diferentes, trazendo um entendimento distinto e superior das questões humanas (às vezes chamado de "letramento emocional"). Essas duas afirmações tinham certa validade limitada, e levavam à exigência de que as mulheres fossem incorporadas à economia nos mesmos termos que os homens. De um lado, as mulheres eram diferentes, e seu envolvimento com as crianças e com a vida familiar claramente resultava em dificuldades para os empregadores.

Discriminar contra moças que podiam ficar grávidas era obviamente uma opção racional para um empregador, ainda mais diante do crescimento de legislações onerosas que garantiam direitos femininos custosos e inconvenientes para as empresas. Elas receberam a garantia de licença-maternidade e, também, de poder voltar a seus antigos trabalhos – muitas vezes, até mesmo de beneficiar-se de procedimentos de promoção segundo os mesmos critérios aplicados aos homens que permaneceram no trabalho em questão. As mulheres, no mundo ocidental, com pequenas variações, receberam um status econômico que tem as características tanto de um direito quanto de um privilégio. O status é sempre descrito em termos de direitos, mas receber uma vantagem jurídica indisponível aos homens constitui uma forma de privilégio. E, assim como no caso de muitos outros direitos concedidos pela autoridade do governo, este impõe sérios custos a terceiros, no caso os empregadores. Aqueles que falam pelas mulheres também desejam minimizar esse aspecto de privilégio defendendo a "licença-paternidade".[14] É compreensível que os empregadores tenham pouco entusiasmo por esse arranjo.

As dificuldades de empregar mulheres também incluíram a exigência de que os empregadores se responsabilizassem por impedir o assédio sexual de seus empregados, e, assim, manter aquilo que curiosamente é chamado de "ambiente seguro". Um empregador racional, diante desses ônus, claramente preferiria não empregar mulheres, exceto em circunstâncias muito limitadas. Ninguém duvida, é claro, de que as mulheres terem filhos (e também cuidarem deles em seus primeiros anos) seja inequivocamente uma coisa boa. Essas leis, porém, levantam a questão da distribuição dos custos, que costumavam

---

[14] O movimento antidiscriminação tem, é claro, uma dimensão metafísica. As essências podem ser remexidas. Em 2007, noticiou-se que, na Grã-Bretanha, uma professora lésbica tinha recebido 20 mil libras como compensação por não ter recebido "licença-paternidade" da escola católica romana em que dava aulas. Sua "parceira" estava grávida.

recair sobre a família sustentada por uma só pessoa, mas que agora têm sido atribuídos a outros pelo Estado; isso, sem dúvida, é um modo de obter votos. No que diz respeito às mulheres, esses benefícios são um "bem gratuito". Qualquer governo que os ameaçasse sofreria uma hemorragia de votos.

Mulheres como vítimas oprimidas levantam muitas questões que espreitam abaixo da superfície da discussão pública. Acima de tudo, está a questão de se as mulheres deveriam servir no exército, na polícia ou em outros empregos que demandam a agressividade e a força física que não se costuma encontrar nas mulheres. O problema seria menos urgente se houvesse batalhões femininos separados, com suas próprias tradições, mas as mulheres sempre querem servir junto aos homens, o que cria problemas de cavalheirismo e de espírito de equipe. Algumas mulheres, claro, são mais fortes e, aliás, mais agressivas que muitos homens. Além disso, grande parte dessas ocupações é hoje burocrática, e, de todo modo, a tecnologia fez com que grande parte delas se resuma a apertar os botões certos. Também, acima dos níveis de serviço em que é necessária a força, existem "posições de poder" gerenciais daquele exato tipo que gera cobiça nas feministas. As mulheres dificilmente poderiam ser promovidas para essas posições sem ter ao menos alguma exposição ao trabalho pesado feito pelos "peões". Os problemas reais, porém, são mais profundos. A questão, quanto a ser um soldado ou um policial em patrulha, com frequência é que os homens, em determinados ânimos, olham as mulheres como se elas fossem fracas e emotivas. A autoimagem e até mesmo o respeito próprio que há em ser soldado ou em participar em outros ofícios violentos esbarram no fato de que precisamente, portanto, as mulheres não podem executá-los. Somente os homens podem executá-los. Se as mulheres forem trazidas para dentro deles, necessariamente com as concessões inseparáveis da fraqueza física feminina, então todo o "ethos" desses serviços é transformado. Eles decaem para o nível de outros serviços. Tudo isso faz parte da domesticação mais ampla dos homens democráticos, que devem aprender a nunca se entregar a essas curiosas disposições de superioridade sexual. (Claro que, às vezes, elas também são encontradas nas mulheres.)

Uma segunda grande categoria de vítimas são as minorias étnicas, às vezes distinguidas na literatura de antidiscriminação como "visivelmente distintas". A maioria delas migrou para o Ocidente originada de países disfuncionais do Terceiro Mundo para viver vidas menos pobres. Algumas sofreram as atenções de autoridades repressoras e "buscam asilo". A categoria paradigmática das vítimas étnicas é a dos negros, os quais, no caso norte-americano, claro, são majoritariamente descendentes de escravos. Nos Estados Unidos, o movimento dos direitos civis da década de 1960 levou à "ação afirmativa" como suposto corretivo de séculos de discriminação contra os negros. Depois, discutiremos as questões levantadas por essa resposta à discriminação étnica, mas sua importância agora para meu argumento é de que a resposta à discriminação contra os negros nos Estados Unidos tornou-se o modelo para a resposta à discriminação contra outros grupos. Na Grã-Bretanha, por exemplo, grupos étnicos e grupos religiosos sem raízes profundas na cultura ocidental (como os muçulmanos) tenderam a congregar-se nas mesmas partes das cidades, a apresentar-se como "comunidades" distintas e a dotar-se de porta-vozes para representar seus interesses e permitir que usassem as oportunidades de fazer lobby e "política" nos Estados ocidentais.

A emergência de novas vítimas étnicas da discriminação é em parte uma função de como a população étnica em questão convive com a sociedade. Já observamos que os judeus em grande parte saíram dessa classe porque têm pouca dificuldade para arrumar emprego, e as crianças judias vão bem na escola, em parte sem dúvida porque, como observou o economista negro Thomas Sowell, elas chegam para a aula com um respeito profundamente enraizado pelos livros. Sowell observa que esse não costuma ser o caso das crianças negras. Outra vez, os imigrantes chineses raramente foram objeto de ajuda específica porque eles e os filhos vão bem na economia, e sua "representação" nas prisões é baixa. Por sua vez, os hispânicos nos Estados Unidos com frequência foram beneficiários de apoio federal por meio de leis.

Uma terceira categoria importante de vitimização é a de "povos indígenas", que foram reconhecidos por organizações internacionais como a ONU como uma classe distinta de pessoas, cujos números, no começo do século XXI, às vezes foram estimados em 250 milhões de pessoas. Números tão redondinhos claramente precisam ser tratados com certa suspeita. A categoria inclui os inuit canadenses, os maoris neozelandeses, os americanos nativos anteriormente chamados de "índios" e os aborígenes da Austrália. Muitos membros individuais dessa classe desapareceram silenciosamente na população branca, mas ainda há muitos membros de populações indígenas vivendo em culturas não facilmente assimiladas pelo mundo moderno. Por isso, dependem fortemente de financiamento externo.

Uma quarta categoria de vítima é muito mais heterogênea. O grupo dominante certamente seriam os homossexuais. Outrora difamados como patologia pela profissão psiquiátrica norte-americana, eles tiveram seu perfil psiquiátrico virado do avesso, e a nova patologia da "homofobia" tomou seu lugar. Na exuberância do "orgulho gay", os homossexuais tornaram-se uma presença importante nos Estados ocidentais. Às vezes, a legislação os classifica, com os transexuais, como vítimas de preconceito. Porém, ficará claro que o status de vítima é um alvo móvel, podendo criar um número quase indefinido de novas categorias. Existe, por exemplo, uma "minoria" articulada chamada de "Surdos", que consiste nos surdos congênitos. Eles se comunicam usando língua de sinais, e seus expoentes são hostis ao uso de tecnologias médicas para oferecer audição aos que não a têm. Melhorar a audição dos surdos é considerado uma forma de opressão cultural, e alguns expoentes extremos da doutrina identificam-na com o genocídio. Outra classe grande e influente reconhecida como vítima de discriminação são os "deficientes", grupo altamente heterogêneo de pessoas que inclui cadeirantes, cegos, doentes mentais, pessoas com dificuldades de aprendizado e um número indefinido de outros casos. Seus números na Inglaterra foram estimados por aqueles que fazem lobby em nome deles em 10 milhões numa população de 60 milhões.

Aqui está uma lista formidável de quanto sofrimento acontece nas sociedades modernas, o qual supostamente poderia ser impedido por políticas de inclusão. É importante deixar claro que lista nenhuma, como aquela que dei, poderia ser exaustiva. E, por exemplo, a classe dos presidiários, muitos dos quais, diz-se, não deveriam estar na cadeia porque foram vítimas de abuso infantil, de analfabetismo e de "dificuldades de aprendizado"? Depois, ainda temos as vítimas da cultura de drogas.

O movimento antidiscriminação é, portanto, nada menos que uma teoria completa das sociedades modernas; uma teoria notável. Alguns indícios de seu escopo podem ser dados pelo fato de que o número dos oprimidos, segundo certos critérios, excede em muito toda a população dos Estados ocidentais. Isso acontece, é claro, por causa da contagem múltipla dos sintomas de vulnerabilidade – a famosa mulher negra sem uma perna conta como três. Porém, mesmo que deixemos para trás essas frivolidades estatísticas, o número de pessoas que contam como vítimas de discriminação por algum motivo ou outro é grande – segundo uma contagem, cerca de 73% da população da Grã-Bretanha.[15] As mulheres, sendo, é claro, 51%, fazem os números começarem bem. E todas essas pessoas são vítimas de algum tipo de opressão. A pergunta óbvia a ser feita é: quem está oprimindo?

Nós, homens brancos caucasianos, dificilmente conseguiremos fugir de sermos levados ao banco dos réus, mas alguns de nós podem obter permissão para sair porque somos pobres, ou talvez deficientes,

---

[15] David G. Green, *We're (Nearly) All Victims Now! How Political Correctness is Undermining Our Liberal Culture*. Civitas, Institute for the Study of Civil Society, 2006.

ou mentalmente perturbados. Os ricos, sem dúvida, estão sob acusação, tornando a posição das mulheres abastadas altamente equívoca: são elas opressoras, ou oprimidas, ou será que são, provavelmente como a maioria de nós, um pouco de cada? Essa visão da opressão e da luta de classes necessariamente dá um tom melodramático a uma concepção de sociedade em termos de inclusão e de exclusão. O que seria mais natural do que odiar seu opressor? Há, portanto, uma visão (ligeiramente) mais sofisticada segundo a qual somos *todos* vítimas de uma sociedade estruturada do jeito errado. Trata-se da ideia que está por trás da confusão em torno do "racismo institucional". Com frequência, os marxistas de classe média do passado adotaram a visão de que a alienação dos ricos capitalistas era, por si só, uma distorção moral que a revolução corrigiria, e, portanto, que a revolução fazia parte do interesse básico de todos numa sociedade capitalista. O teórico social francês Michel Foucault propunha uma visão das sociedades modernas em que elas eram tão opressoras "estruturalmente" que qualquer opressor concreto desaparece, como o sorriso do gato de Alice. Até mesmo a mera sugestão de uma opressão real, porém, já basta para um pouco de melodrama e de indignação.

C. O VOCABULÁRIO DA ANTIDISCRIMINAÇÃO

Examinemos agora um pouco mais a terminologia em que essa visão dos Estados ocidentais é explorada. Como vimos, ela inclui dois ramos, o que responde aos pobres e o que responde aos excluídos (na medida em que podem ser discernidos). O ramo de bem-estar interessado nos pobres costuma preocupar-se com aspectos de desigualdade. O segundo, que responde aos excluídos, geralmente é formulado em termos da ideia de direitos.

No passado, os pobres eram especificados nos termos de diversas negações: eram "as pessoas com menos vantagens", "as pessoas que passavam privações" e os "menos privilegiados". Às vezes, eram "os menos afortunados", como se a sociedade fosse um cassino gigante, que despejasse ouro aleatoriamente sobre alguns e deixasse outros só com algumas moedinhas. "Os menos privilegiados" não é uma fórmula feliz porque o "privilégio" não pode ser equalizado: o que a palavra mesma significa é ter um benefício que os outros não têm. "Pessoas com menos vantagens" talvez seja a fórmula-padrão em uso, presumindo que existe um conjunto-padrão de condições sempre vantajosas para a vida humana, das quais os pobres não dispõem.

É nos termos dessa descrição que o caráter abstrato das atitudes de bem-estar social para com os pobres fica mais evidente. As vidas que as pessoas levam são respostas complicadas a circunstâncias extremamente variáveis, e, assim como não se pode inferir que a riqueza traz felicidade, não se pode dizer que a pobreza traz tristeza. A questão lógica essencial é que a presunção de qualquer condição de vida constitui em algum sentido absoluto uma vantagem ou uma desvantagem é falsa. É a infinita adaptabilidade, dir-se-ia quase a criatividade, com que as pessoas respondem a suas condições que distingue como dinâmica uma sociedade europeia, de um modo como não se distinguem outras sociedades. A ideia de pessoas absolutamente "sem vantagens" compreende, portanto, um entendimento do mundo notavelmente estático, sem imaginação e efetivamente reacionário, porque presume que as vidas dessas pessoas certamente serão melhoradas se forem providas as coisas ausentes consideradas vantajosas. Muitos críticos afirmaram, de modo plausível, que políticas de bem-estar social deixam intocada a felicidade dos pobres, mas certamente conseguem criar uma "cultura de dependência". Os beneficiários tendem a perder a autonomia e se tornam, pode-se dizer, "viciados" nos benefícios oferecidos.

Nada, então, é inequivocamente vantajoso. A tecnologia moderna produz constantemente novas formas de vantagens – de computadores a progressos médicos – e definir os pobres nos termos de um conjunto de "vantagens" em perpétua mudança permitiu que a ideia em si de pobreza mudasse de sentido. Os pobres costumavam ser subnutridos e morar em favelas. Na sociedade moderna, porém, eles vivem em conjuntos habitacionais públicos, e a única subnutrição que sofrem vem de escolher uma dieta ruim. O resultado paradoxal é que os pobres não são mais os magricelas abandonados do passado, mas os obesos. A ameaça do desaparecimento do problema social da pobreza (do qual depende toda uma indústria de serviço social) – como que diante dos nossos próprios olhos – mobilizou os teóricos e eles produziram um novo conceito dela, cujo resultado foi a "privação relativa", que, ao "definir" a pobreza a partir do aumento geral dos padrões de vida, garantiu seu longo avanço para o futuro. Não foi bem o que Jesus quis dizer quando observou que os pobres sempre estariam conosco. Na verdade, a única solução para a pobreza como privação relativa seria a igualdade absoluta, se é que se pode imaginar esse estado de coisas. (Haveria problemas impossíveis, por exemplo, com "bens posicionais".) "Sem vantagens" é, portanto, um termo técnico para apontar um dos elementos essenciais daquilo que chamamos de "*telos* democrático".

"Privados", porém, pode-se dizer o mais interessante desses termos abstratos, porque acima dele paira a questão de ele referir-se a um mero estado de coisas (o de não ter algo) ou a um acontecimento em que alguma pessoa ou grupo efetivamente privou as vítimas de algo a que tinham direito. Se o status de vítima fosse apenas um estado de coisas, seria um problema social. Se, contudo, resultasse de algum ato de exclusão por parte dos poderosos, voltaríamos ao melodrama da luta de classes. Seria um tema adequado para a indignação, um incentivo ao ativismo político.

Aqueles que sofreram discriminação poderiam ser, e com frequência eram, enquadrados nessas categorias básicas de desigualdade, mas o movimento antidiscriminação criou novos sinais de desvantagem presumida. A ideia mais eloquente foi a de "representação". Membros étnicos da sociedade devem ser "representados" no espectro de ocupações na proporção de seu perfil demográfico. Isso foi claramente um recurso lobista, porque ninguém estava interessado nas proporções étnicas de indústrias como coleta de lixo ou mudanças, embora um ministro britânico certa vez tenha lamentado o número de meninas que seriam cabeleireiras. Mais meninas deveriam ter estudado encanamento – era essa a mensagem lá de cima. Também não houve nenhuma preocupação com a "representação excessiva" dos negros em times de futebol regiamente pagos ou em outras disputas atléticas. A ideia de representação étnica constituía uma preocupação com oportunidades para tornar-se diretor-executivo, professor, apresentador de mídia, bispo, etc. E, de fato, a mídia respondeu a esse lobby tornando as pessoas que apresentam seus programas tão representativas das "minorias" quanto as tripulações das naves espaciais dos filmes de Hollywood. Até agora, a mídia hesita em ceder à exigência das mulheres muçulmanas de que uma senhora muçulmana leia o noticiário de hijab ou mesmo de burca, mas devemos aguardar o resultado da exigência: o pessoal da mídia responde muito à pressão; eles gostam de sensações. Isso certamente causaria sensação.

A lógica da ideia de representação (nesse sentido vil) depende do pressuposto de que cada grupo humano gera toda a gama de capacidades encontrada nas sociedades modernas e que é necessária para ela. Essa presunção é tão forte que ninguém nunca parece negar que categorias são de fato iguais como coletivos de capacidades. As evidências empíricas, porém, sugerem que, com exceções individuais, as categorias tendem a especializar-se – os judeus em xadrez, os africanos do leste em corrida a distância, os negros em futebol e em outros esportes, e daí por diante. Ninguém comanda uma máfia como os italianos do sul. O problema da suposta discriminação é que se considera amplamente que as diferentes ocupações rendem quantidades diferentes de prestígio categórico. O futebol e os outros esportes para negros não se comparam ao xadrez e à ciência entre os judeus, assim como o cuidado e o embelezamento que as mulheres trazem à vida moderna carecem do prestígio de interesses mais intelectuais. Para o movimento antidiscriminação, porém, o objetivo dessas categorias é o aumento da autoestima, como veremos.

Essas distribuições de "posições de poder" em qualquer sociedade são, é claro, meramente empíricas. Em cerca de uma geração, podem perfeitamente mudar. Elas também levantam a questão sobre essas diferenças resultarem de causas culturais e ambientais ou de algumas delas "fazerem parte" de certos grupos de pessoas. Os psicólogos podem ter muito a dizer sobre essa questão, mas tudo o que consigo fazer é registrar certo ceticismo a respeito de tudo o que eles possam dizer. Simplesmente não sabemos. Quando os empregadores tendem a favorecer constantemente alguns grupos étnicos, e não outros, podem perfeitamente ter suas razões, embora talvez não consigam formulá-las. As preferências frequentemente têm sentido, mesmo quando as pessoas não conseguem explicar o motivo. Muitas pessoas, por exemplo, certamente podem beneficiar-se de estudos jurídicos e passar em provas, mas nem sempre se segue que esses testes garantam um entendimento real de todas as situações jurídicas. Alguns lobistas étnicos por direitos e liberdade, por exemplo, podem dar a impressão de que estão promovendo os interesses de algum produto industrial, e não o entendimento do sutil equilíbrio entre liberdade e interesse nacional na tradição britânica. É interferindo com julgamentos desse tipo que um governo moderno se torna opressor e rebaixa os padrões da vida contemporânea. Eles fazem isso, sem dúvida, ao seguir a ideia de que os imperativos da política social sobrepujam essas considerações. E, outra vez, os custos de lidar com essas incertezas são descarregados nos empregadores, porque se presume que eles têm carteiras gordas.

Podemos perfeitamente sugerir que existem dois problemas de discriminação distintos. O primeiro responde a uma dificuldade genuína que os imigrantes têm para conseguir emprego, diante da preferência comum dos empregadores de escolher os trabalhadores que eles já conhecem. O segundo é uma operação de lobby projetada para beneficiar pessoas razoavelmente boas, mas não boas o bastante para obter sucesso por conta própria. Os extraordinários raramente têm problemas para se virar; são aqueles que estão nas margens da mediocridade que constituem o problema. É aqui que vemos que a lógica da antidiscriminação é oportunista no mais alto grau. As mulheres, no passado, davam muita importância à ideia de "pagamento igual para trabalhos iguais", pois isso afetava pessoas como professoras e profissionais de escritório. Depois, elas ficaram mais ambiciosas e quiseram pagamento igual para trabalhos de valor igual. Mas como determinar o "valor igual"? Vários especialistas foram convocados para defender o argumento de que tantas horas de carpintaria eram equivalentes a tantas horas tomando ditados. As feministas, em épocas mais recentes, exigiram que seu prêmio em dinheiro em torneios de tênis fosse igual ao dos homens. Pode haver um argumento em favor disso (talvez em termos de interesse da audiência), mas certamente não se pode dizer que se trata de um caso de pagamento igual por um trabalho igual. As mulheres jogam partidas de três sets, os homens suam em partidas de cinco. As mulheres em ocupações perigosas levantam o mesmo problema.

A antidiscriminação certamente mira um problema perfeitamente real das sociedades modernas, o qual surgiu em grande parte por causa da imigração em grande escala de culturas não europeias e dos imperativos da democracia liberal. Como forma de engenharia social, isso cria uma mistura industrial de etnias que, sem dúvida, facilita a paz e a ordem sociais, e algumas das pessoas empregadas encontrarão em si capacidades anteriormente latentes. Ao forçar os empregadores a aceitar pessoas que talvez achassem não empregáveis em função de deficiências, por exemplo, os governos estão, em certa medida, forçando os empregadores a pensar o que significa a empregabilidade em suas próprias circunstâncias particulares. O problema é que outras pressões – as de sindicatos, da despreocupação governamental com aumentar os custos dos outros, de regulações extensivas, e daí por diante – militam contra um resultado puramente benéfico. As sociedades ocidentais talvez fossem menos perturbadas e difíceis caso tivessem podido evitar o influxo massivo de asiáticos e africanos desesperados vindos de sociedades disfuncionais, mas, considerando que acham isso impossível, é difícil evitar medidas ativas para incorporar os recém-chegados à força de trabalho.

O custo geral, porém, foi uma diminuição geral da competência na sociedade. Limitar o poder dos empregadores para empregar e demitir livremente segundo seus próprios julgamentos certamente não aumentou a eficiência da maioria das empreitadas. Outros fatores, como o Estado assumir muitas coisas que costumavam ser responsabilidade da prudência individual, levaram a sociedade ainda mais na mesma direção. Em gerações anteriores, imigrantes como os judeus e os poloneses conseguiram ter sucesso na vida britânica sem o benefício de um aparato antidiscriminação. O mesmo aconteceu com uma mistura étnica muito maior nos Estados Unidos. Esses primeiros imigrantes sem dúvida depararam-se com muitos problemas que talvez pudessem ser entendidos como preconceito e injustiça, mas também tiveram o benefício de uma forte estrutura de incentivos que os levou a superar muitos obstáculos difíceis. Pode ter sido injusto – ou pode ter sido uma clara vantagem – que eles tenham precisado aprender a correr mais rápido, a trabalhar mais duro, a ser mais divertidos, para enfrentar o mundo. Seus sucessores no mundo antidiscriminatório de hoje carecem dessa interessante estrutura de incentivos, e têm muito mais chances de sucumbir a lamuriosos descontentamentos caso não tenham sucesso. "Alegar racismo" e outras formas de abuso da antidiscriminação são respostas bem conhecidas a essa nova situação. Há um preço a pagar por toda reforma, especialmente quando esta estende o poder de coerção do Estado. Além disso, muitos desses imigrantes vêm de culturas tão distantes das da Europa que eles testam, até o limite da destruição, a paixão liberal por encontrar um lugar para toda cultura dentro das privacidades de uma sociedade liberal democrática.

D. SENTIMENTALISMO E ANTIDISCRIMINAÇÃO

Até agora, tratamos a antidiscriminação principalmente no contexto de oportunidades de emprego. Isso é ignorar o fato de que ela vai além disso: na verdade, é uma grande empreitada de engenharia social e psicológica. Considera-se que os sentimentos das pessoas sem vantagens sejam afrontados, e que a autoestima prejudicada tende (diz-se) a fazer com que o problema se prolongue gerações afora. "Nós", ao tratar "eles" como diferentes, e, portanto, como menos do que plenamente competentes e humanos, os ensinamos a internalizar esses sentimentos, e, assim, a desprezar a si próprios. Já foram apresentados muitos abracadabras intelectuais desse tipo nas universidades, e já se sugeriu que nosso sentido de identidade depende de como constituímos "o outro". Livros inteiros foram escritos a respeito do modo como os teóricos ocidentais não consideraram plenamente humanas as culturas de outras civilizações (especialmente as orientais).

Em outras palavras, o movimento antidiscriminação interessa-se não apenas pela criação de oportunidades de progresso social, mas também por questões de sentimento. A estrutura das sociedades ocidentais equivale a um ataque sistemático aos sentimentos dos excluídos; de fato, a civilização europeia como um todo encontrou-se numa armadilha de crueldade mental. O remédio para esse lamentável estado de coisas foi logo codificado em termos de evitar os pecados da insensibilidade, codificação conhecida como "correção política". Algumas dessas insensibilidades eram, pode-se dizer, velhas conhecidas, como o racismo e o sexismo; outras foram acréscimos a um índice sempre crescente de pecados, e deixaram de ser "-ismos" deploráveis para ser promovidas ao status mais grave de patologias, como a homofobia e a islamofobia.

Aqui nos vemos lidando com um movimento novo e poderoso na civilização ocidental. Podemos chamá-lo de "sentimentalismo social", cujo alcance se estende muito além das questões de antidiscriminação que são aqui nosso interesse principal. Já é evidente que até agora falamos de formas admiráveis de benevolência para com outros seres humanos, de um tipo com frequência apresentado como a virtude da compaixão. Ao chamar essa nova forma de compaixão de "sentimentalismo", aponto o caráter abstrato dos sentimentos costumeiramente envolvidos. Trata-se de sentimentos que se relacionam não a casos específicos, mas a categorias abstratas, e as circunstâncias efetivas daqueles que se encontram nessas categorias serão realmente muito diversas. Vivenciar emoções a partir de imagens e descrições de categorias abstratas é uma forma de irrealidade, devidamente chamada de sentimental porque com frequência envolve uma autoindulgência considerável, em vez de sentimentos reais. Ela pode não ser menos virtuosa por isso e promover atos reais de filantropia, mas é também uma base para posturas superficiais.

Claramente, o sentimentalismo deriva do movimento romântico, cujo começo inclino-me a enxergar na propensão de Jean-Jacques Rousseau a derramar lágrimas pelos males do mundo. Em um de seus muitos aspectos, o sentimentalismo é o sonho de um mundo mais afável, sem a brutalidade e as coisas desagradáveis de que uma parte tão grande da história se compõe. Uma versão comum de seu pressuposto fundador é dizer que se trata da crença de que os seres humanos são naturalmente bons e que seus atos maus resultam da miséria e do desespero induzidos por uma sociedade desordenada. Isso, porém, seria uma metafísica arriscada, e o efetivo substrato de sentimentalismo na política refere-se à doutrina menos ambiciosa de que os seres humanos são criaturas de suas circunstâncias. Eles são como as matérias-primas da sociedade, e sua qualidade moral depende do caráter dessa sociedade. Em boas condições sociais, eles serão bons; do contrário, podem não o ser. O que, então, pensar dos males que parecem vir dos seres humanos em condições sociais perfeitamente boas? Nem todos os vilões tiveram infâncias abusivas e perversas. A causa deve estar (segundo se crê) em alguma perturbação interior, algum vício, algum transtorno mental que deveria ser tratado profissionalmente. Essa, então, é a linha de pensamento que leva a tratar todos os males humanos em termos terapêuticos e crimes e pecados como distúrbios que demandam reabilitação, e não como atos morais que merecem ser punidos.

Uma versão corrente dessa doutrina afirma que os elementos punitivos que herdamos da sociedade são eles mesmos a causa dos próprios males que pretendem erradicar. Eles não provocam remorso, mas alienação da sociedade. A pena capital foi abolida, e os castigos corporais na escola, rejeitados a partir do argumento de que "transmitem a mensagem errada" às crianças submetidas a eles. A mensagem supostamente transmitida pelo uso de castigos corporais seria que a violência compensa, mas a ideia de que os seres humanos entendem uma "mensagem" fixa a partir de qualquer ato humano é maravilhosamente absurda. Como no caso de outros conceitos da área, as respostas às circunstâncias foram absolutizadas sob a ilusão de que podem ser controladas. A doutrina de que as pessoas aprendem mensagens certas ou erradas trata o direito e a vida moral como um vasto sistema de sinalização, sendo os problemas sociais considerados problemas de comunicação. Voltaremos a isso.

O sentimentalismo teve um impacto sério na linguagem. Hoje, a ideia em si de punição, por exemplo, significa uma dor não merecida que afeta uma vítima inocente. A amiga de uma prostituta que foi assassinada enquanto trabalhava para financiar seu vício em drogas disse a respeito do destino da amiga: "Ela começou a andar com gente errada, mas não devia ter sido punida por isso". No mundo sentimentalista ideal, os problemas são enfrentados com conversas e negociações, e coisas ruins não deveriam acontecer.

Elas não aconteceriam, prossegue a doutrina, se nossa sociedade fosse organizada de outro modo. Devemos abandonar o pressuposto imemorial de que os seres humanos têm uma propensão para atos maus e devem ser freados pela autoridade. A autoridade só pode funcionar se for sustentada por certo elemento de medo. A essência do sentimentalismo é a aspiração a retirar o medo e outras emoções desconfortáveis da vida humana. A combinação de vara e cenoura do passado deve ser substituída por uma dieta composta exclusivamente de cenouras. Um modo mais brutal de caracterizar essa doutrina, que representa uma enorme revolução nas coisas humanas, seria dizer que a disciplina foi substituída pelo suborno.

Essa doutrina elementar certamente teve efeitos dramáticos em áreas improváveis. No ensino, por exemplo, ela rejeita não apenas qualquer tipo de disciplina física, mas até mesmo qualquer ideia de que o professor, por ter mais conhecimento, está numa posição superior à do aluno. A igualdade toma o lugar da hierarquia, e as crianças, assim, devem ser convencidas, e não coagidas, a enfrentar as partes mais tediosas do estudo – os verbos irregulares franceses, as fórmulas químicas, sequências de datas, e daí por diante. O resultado foi que a educação virou popularização; toda lição é amarrada a um ponto inicial, fatalmente limitado pelos interesses dos próprios alunos e por qualquer sentido de relevância que eles tenham captado. Essa não é uma forma ideal de transmitir a importância de aspectos formais do estudo, como a ortografia, e aparece nos níveis de letramento dos alunos que saem dos sistemas públicos de ensino. Uma população de estudantes que só pode ser convencida a se interessar por qualquer coisa caso seja convencida de que ela será útil para eles está à mercê de suas próprias limitações. O objetivo da doutrina consiste em basear a educação naquilo que as crianças efetivamente querem aprender; o efeito é atrofiar sua capacidade de mover-se a si mesmas.

O princípio do igualitarismo democrático como constituinte do *telos* democrático remove, portanto, o respeito que os alunos têm, ou costumavam ter, por alguém que fosse mais sábio e mais culto que eles. Numa formulação extrema, o professor se torna uma "pessoa de recurso", isto é, uma mera *função* no *processo* de transmitir conhecimento. Professor e aluno deixam de ter um tipo específico de relação pessoal, e o professor perde seu papel especial, tornando-se apenas alguém sem autoridade e sem qualquer direito a qualquer respeito particular em nosso mundo informal. Nos piores casos, o professor tenta tornar-se um "camarada". De fato, todo o desenvolvimento do *telos* consiste em padronizar todas as relações como as de um "camarada". A criança foi, portanto, libertada das autoridades, e a razão geral disso é que autoridade compreende uma relação hierárquica. E o que, podemos perguntar, segue-se quanto ao respeito que o aluno idealmente sente pelo professor? Esse tipo específico de respeito deve, é claro, ser distinguido do respeito mútuo que a etiqueta impõe a ambos como seres humanos. O respeito devido ao professor pelo aluno é distinto desse e depende do fato de que o professor apresenta conhecimento e experiência muito mais vastos que os do aluno. Mais ainda, porém, o respeito incorpora, como observamos, certo elemento de medo. O aluno teme a desaprovação do professor, e busca, com seu bom trabalho, agradá-lo, o que significa também evitar as dores da censura. Nem todo respeito envolve o medo, mas a maioria envolve, e essa é precisamente a emoção que o sentimentalismo busca eliminar.

No caso paralelo da enfermeira-chefe num hospital britânico, muito temida pelas enfermeiras subordinadas, o medo era um elemento importante para a manutenção da limpeza e da disciplina. E as enfermeiras-chefes foram, de fato, abolidas, porque as enfermeiras acharam que a vida melhoraria sem aquele velho dragão soltando fogo atrás delas. Considerando crises recentes e nacionais de infecções nos hospitais da Grã-Bretanha, veio o grito: tragam de volta a enfermeira-chefe! Não é possível. A extensiva autoridade confiada às enfermeiras-chefes – e aqui a confiança é o conceito crucial – não pode ser restaurada porque a legislação trabalhista faz com que toda mudança no status de um subordinado seja um risco jurídico exaustivo. Esse processo por meio do qual a autoridade como que ficou "sem dentes", graças à remoção de todo elemento de medo que a sustentava, corre pelo *telos* democrático. Um movimento forte, já estabelecido em alguns Estados europeus, quer que o Estado aprove leis que punam os pais que deem palmadas nos filhos. A autoridade, é claro, não desaparece – ela apenas se transfere dos pais para o Estado.

O ataque sentimentalista ao respeito vem transformando a sociedade há ao menos duas gerações; ele começou antes mesmo do grande ataque à autoridade na década de 1960, e as sociedades modernas hoje são, com o benefício da experiência, capazes de julgar suas consequências. Uma grande consequência foi o desaparecimento do respeito por "chefes" em todos os níveis da sociedade. O respeito, em certa medida, ainda está vivo e passa bem nas famílias de "classe média", constituindo uma parte crucial daquilo que hoje é chamado de "capital social". Sem ele, as condutas deterioram por toda parte, e a educação entra num declínio constante. Os Estados reconhecem esses problemas e tentam usar o prestígio do Estado para remediá-lo. Um primeiro-ministro britânico – Tony Blair – tinha até mesmo um programa de "respeito" para devolver esse bastião essencial da ordem civil a seu lugar anterior. Sem medo, porém, o respeito é vazio. Não é fácil trazê-lo de volta. A sociedade começa a reverberar com o bater de portas de estábulos fechando-se muito depois de os cavalos terem fugido.

Em termos de *telos* democrático, os jovens foram "libertados" das ordens às vezes opressoras dessas figuras de autoridade. Porém, uma regra quase universal da vida estabelece que a obsolescência de um princípio ordenador da sociedade necessariamente chama um princípio compensador para fazer o mesmo trabalho. E nem sempre essa mudança é desejável. No caso do declínio do respeito por "chefes", não há dúvida quanto à procedência desse novo princípio ordenador: nomeadamente, o Estado. Professores, pais e todas as figuras semelhantes hoje veem-se cada vez mais submetidas à regulamentação burocrática.

E. AS CONSEQUÊNCIAS POSITIVAS DE NEGAÇÕES ANTIDISCRIMINAÇÃO

Nossa análise do movimento antidiscriminação até agora limitou-se a negações de vários tipos. Os pobres estão em desvantagem, os vulneráveis sofrem preconceitos, e esses fatos promovem a base moral da correção política, que, como uma espécie de teoria moral, apresenta-se como um dever de evitar coisas ruins, e não como oportunidade de fazer coisas boas. Ninguém, em geral, estaria inclinado a difamar as mulheres porque são mulheres ou pessoas de outras etnias porque pertencem a uma cultura diferente. As sensibilidades codificadas na correção política são amplamente aceitas porque têm intersecção com as boas maneiras, mas sua própria codificação lhes dá um caráter bem diferente. A codificação, impossível enfatizar demais, atende a uma população menos sofisticada que carece do sentido interior necessário para guiar a conduta e a moral, transformando o agente moral num casuísta. Os códigos são grosseiramente indiferentes a tom e circunstância.

Esse pode ser perfeitamente o motivo pelo qual a correção política em grande parte vem empacotada como conjunto de proibições. Desvantagem e exclusão são ideias que nos dizem aquilo que os vulneráveis e os oprimidos *não* têm – vantagens e pertencimento. Elas fazem com que o caráter dessas vítimas e da própria sociedade seja misterioso. Aqueles que guiam o movimento têm uma curiosa falta de interesse em como são de fato os beneficiários de suas preocupações. Suas características positivas representam um vazio total. Porém, os seres humanos não são vazios. Eles têm opiniões, atitudes, práticas, sentimentos, motivos e tudo o mais que preenche uma mente humana.

Uma concepção de sociedade como conjunto de pessoas que se relacionam entre si apenas como agentes ativos e passivos da atividade de excluir, de tirar vantagens e privilégios, etc. uns dos outros não é uma base para entender as sociedades europeias. E esse é o modo como o Estado – em função de sua legislação e de seus projetos "educativos" concebidos para mudar atitudes – nos apresenta a nós mesmos. O Estado, em outras palavras, estatizou os pobres e os vulneráveis, ao passo que estes tomaram a moralidade ao fornecer os termos morais em que os Estados modernos devem operar. O que é sugerido pela ubiquidade de caracterizações negativas é que o Estado se interessa pelos vulneráveis – a vasta maioria da população – apenas como *materiais a serem transformados*. Trata-se de uma concepção de um mundo inteiramente servil – e, no entanto, como veremos, os governos democráticos ficam cada vez mais pasmos com o caráter dos povos que governam, e sequiosos por mudá-los. O que precisamos entender agora, porém, é o que, segundo a moralidade (se, por cortesia, podemos chamá-la assim) da correção política, deveria ser nossa relação *positiva* com os pobres e excluídos.

No que diz respeito aos pobres, nossos deveres positivos consistem em ajudá-los com dinheiro e com uma gama de esforços caridosos como clubes juvenis e treinamento esportivo, para manter seus membros mais jovens fora da rua. Quanto aos excluídos, nosso dever é, primeiro, ter *tolerância*. Eles podem parecer esquisitos, agir de um jeito esquisito, para falar de um jeito popular, mas nós precisamos apreciá-los mesmo assim. Com frequência, a tolerância é apresentada como a virtude arquetípica dos Estados modernos, a qual deve ser ensinada como parte de uma iniciação à cidadania, particularmente a grupos étnicos como os muçulmanos, que têm ideias muito entorpecidas sobre questões como a homossexualidade, o status das mulheres e o devido lugar da religião na sociedade. O que isso significa, claramente, é que a população étnica às vezes não é meramente vítima da discriminação, mas, em muitas áreas, é ela própria uma entusiasmada discriminadora dos outros.

Acontece, porém, que, para algumas vítimas da discriminação, a tolerância não basta. Elas querem uma coisa muito mais séria chamada "aceitação". Essa é a posição dos gays, que querem, aliás muitas vezes exigem, que sua preferência sexual seja julgada não menos admirável que a heterossexualidade que se costuma tomar como norma. Essa demanda os coloca em conflito direto com os cristãos que acreditam que Deus julga que a homossexualidade é pecado. O problema surge quando, por exemplo, o proprietário de algum hotel recusa um quarto de casal para um casal do mesmo sexo e descobre que, com esse ato, violou alguma lei. Novamente, a legislação antidiscriminação na Grã-Bretanha está exigindo que agências cristãs de adoção aceitem como pais adotivos casais do mesmo sexo.

Porém, mesmo a aceitação pode não bastar. Como vimos, a lógica da antidiscriminação está intimamente associada ao nexo de inclusão/exclusão. Meramente tolerar (afinal, que atitudes essa política não esconderia?) ou mesmo aceitar (o que ainda permite certa distância) pode não ser o bastante. O ponto definitivo da antidiscriminação, portanto, seria, aparentemente, a *inclusão*.

Qual é o modelo moral invocado nesse ciclo de tolerância em que as sociedades ocidentais embarcaram desde a chegada dos migrantes étnicos? Ele presume, creio, que a sociedade em si é uma festa, ou um clube, ou talvez até mesmo um lar doméstico, e nosso dever é acomodar hospitaleiramente aqueles que vêm morar aqui. Não se trata de uma exigência pequena.

Há duas observações importantes a ser feitas a respeito. A primeira é que a superfície insípida da antidiscriminação na verdade nos impõe algumas responsabilidades individuais bastante onerosas, que até mesmo ameaçam a liberdade. Pode-se perfeitamente simpatizar com a ideia de que temos um dever de aceitar e de incluir todos os que vivem em nossa sociedade, mas até onde vai essa inclusão? Na Grã-Bretanha, a Comissão de Igualdade Racial reclamou que a integração das comunidades étnicas não está avançando rápido o suficiente, pelo fato de um número insuficiente de nós ter amigos étnicos, além do nível de casamentos entre a população indígena e alguns dos étnicos ser baixo. A comissão fala pelo Estado, do qual, é claro, é uma agência. Daqui a pouco, o dever de ser amigo dos étnicos pode se tornar um dever moral.

A segunda observação é reconhecer uma notável irrealidade dessa área: é que a população étnica é considerada parte da população que ainda não adotou normas liberais. Trata-se de um problema entendido de maneira abstrata e a-histórica. A irrealidade aqui é que essa população chegou muito recentemente às praias norte-americanas e europeias, e continua a fazê-lo em grandes números. Ela adentra os Estados europeus em busca de seus próprios interesses, não porque algum número significativo de europeus indígenas realmente ache que precisa desse aumento em suas populações. A questão refere-se a números. Dar auxílio a indivíduos ameaçados de tortura ou morte é uma coisa; outra coisa é aceitar comunidades inteiras dentro de nossa sociedade. Que uma leve à outra é uma obviedade obscurecida, às vezes deliberadamente, tanto pelo Estado quanto por aqueles que visam a incentivar essa migração. As falácias envolvidas nesse entendimento da migração serão discutidas depois. Porém, trata-se de um erro sentimental pensar que pessoas perseguidas por governos ruins serão elas próprias apenas vítimas que não desejam nada além de viver em paz. Algumas são terroristas e ativistas políticos, e a Grã-Bretanha há muito tempo se vê com problemas internacionais por ter dado refúgio a pessoas com ambições terroristas, sem conseguir, com frequência, achar um modo legal de mandá-los embora.

6. A IMPORTÂNCIA CIVILIZACIONAL DO *TELOS* DEMOCRÁTICO

Consideremos agora a importância maior do movimento antidiscriminação como componente central do *telos* democrático. O que ele tem de mais notável é a derrubada de crenças imemoriais de que há na sociedade uma hierarquia natural na qual a ordem deve se basear. Os detalhes variavam, claro, de cultura para cultura, mas as mulheres e os trabalhadores agrícolas quase invariavelmente ocuparam uma posição baixa nesse totem universal, ao passo que guerreiros, sacerdotes e estudiosos tenderam a dominá-lo. A base dessa hierarquia é, imagino, producionista: trata-se de um juízo do quão importantes são na sociedade as atividades combinadas juntas. A defesa e as boas relações com os deuses sempre são importantes, a vida familiar e a continuação da sociedade de uma geração para outra sempre foram colocadas no pano de fundo. O novo igualitarismo democrático rejeita qualquer perspectiva da suposta importância natural de algumas atividades em comparação a outras. A sociedade, guiada pelo governo, pode lidar com o que quer que precise ser feito, e a decisão sobre essa questão depende do que o *demos* quer. O critério básico para o que deve ser feito consiste na satisfação de necessidades humanas. Assim, parecemos ter passado para uma visão da sociedade "consumista" em vez de "producionista", e a nova ordem é (entre nós) em grande parte uma decorrência de nosso poder e de nossa prosperidade. Mais ou menos segundo o gosto, podemos ver isso como um triunfo catastrófico do "inferior" sobre o "superior", ou como um triunfo final da justiça social após milênios de opressão. De maneira muito grosseira, os nazistas ofereceram uma caricatura da reação contra a primeira ideia, e os comunistas, um plano bem grosseiro da visão da justiça social. Esses dois exemplos grotescos deveriam alertar-nos para o fato de que as coisas podem nem sempre ser o que parecem.

Um componente importante desse ceticismo a respeito do que os próprios governos democráticos declaram ser é que eles estão longe de ser agências receptivas da vontade popular. Na verdade, podemos apontá-la como uma das grandes ilusões do nosso tempo, se não a principal. Por razões bem conhecidas, algumas das quais discutimos anteriormente, "a vontade popular" é em grande parte ficcional, e qualquer sociedade moderna constitui um vasto complexo de opiniões, ideias e interesses. Essas coisas mudam o tempo inteiro, e seria logicamente impossível que todas fossem atualizadas. No processo de discussão, formulação e representação, as políticas que emergem dos governos modernos contêm um grande componente de ideais distantes das vidas do *demos*, e às vezes diretamente contrário a elas. Os Estados modernos, por exemplo, costumam assinar tratados internacionais que prometem atos para lidar com algum mal corrente, e, nas consequências desses compromissos, na declaração de direitos que com frequência surge deles, e nas decisões judiciais e na implementação burocrática dessas políticas altamente abstratas, a vontade popular com frequência fica de lado. De fato, os governos com frequência embarcam em campanhas de persuasão para que o povo possa aderir aos compromissos nacionais que passaram a existir para limitar a soberania democrática. No nível explícito dos ideais, essas questões são sinais abstratos de justiça e de benevolência. Suas consequências reais só serão descobertas lá longe na cadeia de implementação, num momento em que um novo governo explicará que não tem opção além de implementar aquilo que foi decidido há muito tempo. Que dar asilo a pessoas que correm risco de tortura e morte passe a envolver um dever geral de cidadania de incluir como amigos uma proporção da população étnica, por exemplo, é um caso de aspirações abstratas tendo "implicações" altamente específicas. Em áreas muito menos discutidas, todo o aparato da antidiscriminação é caro de financiar e oneroso de regular.

Essas considerações são suficientes para sugerir, ainda que a experiência política elementar não o faça, que o aparentemente desaparecimento de uma elite no topo das hierarquias sociais e políticas europeias talvez não seja bem o que parece. Foi uma notável contribuição do século XVIII ao pensamento político que o caminho para uma sociedade melhor estivesse na educação, e os governos modernos não são mais que tutoriais. Eles anseiam por nos incentivar a responder ao que quer que nos seja apresentado como formação ou instrução; a educação deveria ser, como eles dizem tantas vezes, um processo da vida toda. No passado, nos instruíamos na escola, e alguns obtinham um pensamento mais reflexivo na universidade, e isso bastava, porque agora podíamos elaborar nossos próprios juízos, e fazíamos isso. Porém, nessa nova fase de igualitarismo democrático, deveríamos nos submeter todos os anos a cursos sem fim de instrução e formação. Em alguns países, os juízes foram submetidos a algo denominado treinamento da "sensibilidade" caso tenham sido considerados deletérios em questões de raça ou de estupro. O elemento funesto desse excesso tutorial é, entre outros, a reemergência da hierarquia natural do passado, no topo da qual encontraremos políticos que nos governam, especialistas que nos instruem e agências altamente burocráticas, todos em concerto para amenizar nosso entendimento deficiente das exigências de uma sociedade moderna. Alguns de nós, por exemplo, fumam, outros comem demais e não se exercitam, e muitos são incapazes de fazer os filhos irem à escola. E tudo isso sem nem falar de sexismo, racismo, homofobia, além de outras patologias que infectam a sociedade, muitas das quais tornaram-se o território de agências cheias de funcionários, montadas para aplicar a lei relevante. Em princípio, o *demos* governa a sociedade, mas na verdade ele parece ter recebido um currículo multigeracional de aprimoramento, e qualquer poder de verdade para o *telos* deve ser adiado até aprendermos as lições. Só então a democracia entrará em convergência com a sabedoria. Deve-se lembrar que já critiquei o *demos* no quesito da sabedoria e apontei o paradoxo da legitimidade democrática intrínseco a essa situação, o que deixa claro que não considero os governos modernos necessariamente superiores em sabedoria a seus povos.

É notável, portanto, que as sociedades ocidentais modernas estejam evoluindo para o mesmo tipo de padrão rígido de sociedade, baseado no suposto ordenamento correto da vida, antes encontrado apenas em sociedades tradicionais. A imposição do igualitarismo democrático à sociedade é um suposto "ordenamento correto da vida" que hoje encontra paralelo no domínio do confucionismo na China, no sistema de castas hindu, ou nos vários tipos de sharia, segundo o desenvolvimento das coisas em séculos pregressos. A única diferença é que trocamos a hierarquia natural pela igualdade como essência do correto.

O período que vai do começo dos tempos modernos até a última parte do século XX foi um novo tipo de sociedade, dinâmico porque respondia à criatividade dos europeus, liberada pelo individualismo e pelo estado de direito. O futuro nunca podia ser previsto. Teóricos de segunda categoria como Marx, que achavam que tinham matado a charada do desenvolvimento histórico, eram perfeitas demonstrações de inutilidade. As rígidas divisões de classe que Marx erroneamente julgava caracterizarem as sociedades capitalistas foram então impostas às sociedades que tiveram o azar de sucumbir ao governo comunista. E, hoje, uma meritocracia bastante parecida (mas sem o mérito!) desenvolveu-se no meio de nós, como se estivéssemos cansados demais hoje em dia para sustentar o dinamismo e a criatividade que levaram à nossa grandeza, a qual varreu o mundo dramaticamente. O *telos* da democracia revela-se uma perfeição estática de pessoas felizes com necessidades satisfeitas.

Em bases gerais, claro, sabemos que o pesadelo do correto não acontecerá. A condição humana não é assim. Uma razão mais geral, porém, é que o caráter das populações ocidentais é diretamente contrário à proposta de que deveríamos nos dedicar integralmente à satisfação de necessidades. Sem dúvida, a ideia de uma harmonia de hedonistas felizes representa uma fantasia atraente na vida europeia há muitos séculos, mas o caráter real dos europeus é o de jogadores competitivos. Além disso, há um problema significativo com a concepção da vida moral envolvida. Nosso terceiro capítulo será dedicado a ele, mas podemos indicar aqui uma forma do problema básico.

A correção política não é meramente a imposição de regras de sensibilidade a nós; é também a demanda de que pensamentos incorretos, que expressam as atitudes proibidas, sejam estigmatizados e abolidos. Por motivos que dei antes, isso parece praticamente impossível, mas a impossibilidade nunca demoveu os reformadores morais. E o pressuposto básico do reformador moral politicamente correto é que a vida moral é essencialmente imitativa. Isso parte da razão por que o movimento antidiscriminação preocupa-se tanto com criaturas chamadas de "modelos de papel". O pressuposto é de que os jovens (em particular) imitarão aqueles que admiram, por isso o Estado tenta, antes de tudo, controlar as pessoas chamadas de "celebridades" impondo-lhes as responsabilidades de "modelos-capuz". Ele se baseia na psicologia da imitação para controlar o modo como as pessoas agem.

Um modo de entender esse estranho projeto é dizer que se trata de uma versão da história da queda do homem, de trás para a frente, de modo que o homem caído volta à sua condição perfeita de bondade moral. A queda do homem, lembramos, é um mito a respeito do surgimento da autoconsciência na vida humana, mudança que os autores modernos muitas vezes acharam admirável e descreveram como "queda feliz". Eva foi convencida pela serpente a comer da árvore do conhecimento, e, depois, Adão e Eva conheceram que havia alternativas à maneira como eles viviam. A nudez, por exemplo, poderia ser o modo correto de viver, ou talvez fosse vergonhosa. A questão do pecado original é que, apesar de os seres humanos às vezes fazerem o que é certo, eles não conseguem também deixar de imaginar várias coisas erradas atraentes, as quais às vezes fazem. Essa autoconsciência é precisamente aquilo que levanta as questões que promoveram a ordem moral em que inescapavelmente vivemos. Porém, se pertencêssemos a um mundo em que nossos sentimentos espelhassem precisamente os da sociedade como um todo, e se nossos pensamentos fossem tão circunscritos pela correção que mal conseguíssemos conceber qualquer outra forma de conduta que não fosse fazer o que a sociedade prescreve, então estaríamos de volta ao jardim, antes da queda, fazendo naturalmente só aquilo que deveríamos estar fazendo. Seria, num sentido, uma condição humana perfeita, porque todo mundo sempre faria a coisa certa, e não haveria distinção entre bom e mau. Porém, também seria um triunfo da mente servil.

7. DESCONTENTAMENTOS DEMOCRÁTICOS

A democracia, portanto, é uma transvaloração dos valores em que o domínio imemorial dos fortes sobre os fracos parece ter sido rompido. Finalmente, os seres humanos são animados pela satisfação da necessidade, e não pela busca do poder. Certamente, esse deve ser um momento de *aleluia!* na história mundial. Os radicais apenas sonhavam, mas aqui estamos, ainda imperfeitos, sem dúvida, mas a caminho de um mundo melhor. Uma democracia que enfim coloca o governo a serviço de resolver os problemas das "pessoas comuns" há, você ficaria tentado a pensar, de ser abençoada todos os dias por seus beneficiários. Você estaria equivocado. O triste fato é que grande parte do *demos* tornou-se uma massa ingrata propensa a resmungar. A popularidade da democracia parece variar inversamente em relação a seu sucesso.

Contraste, por exemplo, a condição da Grã-Bretanha em 1897 com sua condição no começo do século XXI. O Jubileu de Diamante da rainha Vitória foi marcado por uma explosão de orgulho nacional. Essas explosões podem, claro, ser casos de exuberância superficial, mas a realidade dessa devoção à Grã-Bretanha foi triunfantemente confirmada pelo espírito voluntário despertado pela Guerra dos Boêres e pela crise de 1914. Em 1897, a Grã-Bretanha até tinha o voto universal masculino, mas dificilmente poderia ser considerada uma propaganda da democracia. Seus governantes eram inequivocamente um bando de janotas, mas que também nunca estavam sem um contingente de pessoas talentosas em ascensão social. O Estado não provia basicamente nada para os pobres, embora as pensões para os idosos estivessem no horizonte. Em nossa época, pouco mais de um século depois, a situação se tornou irreconhecível. Vastas quantidades da riqueza nacional (bem acima de 40%) estão hoje nas mãos do governo nacional, grande parte distribuída na forma de previdência, serviços médicos ou educação compulsória para o povo. Cerca de um terço da população é sustentada pelo dinheiro público, e não por seus próprios esforços. Os ministros da Coroa entendem a popularidade desse estado de coisas e gabam-se dele, competindo, aliás, para gastar ainda mais da bolsa pública no financiamento de atividades desejáveis. Em declarações públicas, eles afirmam, em tom de lamúria, sua paixão por ajudar "pessoas comuns" a lidar com os problemas de suas vidas. Toda essa liberalidade pública certamente é valorizada por seus recipientes. Uma rosnada de fúria pode ser detectada de longe caso haja qualquer proposta de descontinuá-la. Porém, os comentários políticos e a conversa pública são dominados por um forte desprezo por toda a classe política em seu papel de nossos benfeitores.

Um custo de exercer poder político em nosso tempo, por exemplo, é o desprezo dos entrevistadores no rádio e na televisão, que com frequência fazem perguntas vagas e agressivas, mal escondendo que acham seus interrogados fracos e evasivos. O Estado despeja benefícios em seus súditos e espalha direitos novos e mais arcanos com mão livre. Ele nunca está sem a mão no coração quando declara o quanto se importa com "os mais vulneráveis da nossa sociedade" – classe de pessoas que, como vimos, expandiu-se de maneira notável desde 1897. "E onde está a gratidão?", podem perfeitamente perguntar esses governantes. Por que o *demos* está agindo como uma dondoca, viciado em lisonjas e em benefícios, e nunca, em seus caprichos, satisfeito?

O *demos*, assim, não está muito contente com a democracia. Porém, a questão que se segue de nosso raciocínio é: qual dos elementos que constituem a "democracia" provocou essa reação hostil? Certamente não a democracia de modos informais e de comportamento casual. Essa, por ora, ainda tem bastante energia. Assim como os chapéus masculinos (e, em grande parte, femininos) desapareceram décadas atrás (levando consigo a possibilidade de certos sinais antiquados de cortesia), o colarinho e a gravata hoje caem num triste desuso.[16] Também não é essa a democracia do *telos* ideal. Toda expressão de descontentamento com o presente visa a uma sociedade em que garantimos que essa ou aquela coisa ruim que acabamos de sofrer nunca mais acontecerá de novo. Onde estaríamos sem nossos sonhos? O *telos* ideal promete cada vez mais desses benefícios de que aparentemente gostamos, por mais que nos desprezemos por aceitá-los. Não, o desprezo é inequivocamente dirigido para a democracia básica das eleições e dos políticos. E talvez possamos ter esperanças de explicá-la um pouquinho melhor se olharmos um ou dois fatores que parecem envolvidos.

Certamente, seria necessário reconhecer uma variedade de fatores que contribuem para esse resultado. Um deles é semântico. Uma tradição cristã como a que foi herdada pelos europeus baseia-se na gratidão pelas muitas bênçãos que Deus supostamente verteu sobre nós. A prática quase abandonada de agradecer na hora da refeição compreende um treinamento em ficar grato pelas muitas coisas que hoje achamos normais. Os direitos são diferentes. Ninguém precisa ter gratidão por um direito. Os direitos não são resultado da caridade; não são dons, mas coisas a respeito das quais você pode socar a mesa caso haja algum problema em sua implementação. Os direitos exigem ser considerados normais. Aliás, uma das consequências do declínio do cristianismo e da ascensão do secularismo é o desaparecimento da atitude-padrão de gratidão por aquilo de que se desfruta. Em vez disso, a postura comum diante da vida é de certa birra exigente. Os políticos certamente não criaram este mundo, embora

---

[16] Tenho uma fotografia de uma grande plateia de alunos da graduação numa palestra dada na Universidade de Sydney, em 1949. Todos os rapazes estão de paletó e gravata. Naquela época, se você ia à "facul", você "se montava".

tenham contribuído para ele, e não surpreende que também tenham se tornado vítimas dele.

Outra parte da explicação para a alienação em relação à política – na verdade, em relação à democracia – é que o governo britânico transferiu grande parte do seu poder sobre a vida nacional para organizações internacionais, especialmente para a União Europeia, cujas paixões regulatórias (afinal, de que outro modo eles conseguem fazer o tempo passar, exceto sonhando novas maneiras como a regulamentação pode melhorar nossas vidas?) constantemente perturbam a vida britânica. Uma das curiosidades da política contemporânea é que uma classe política ansiosa por transferir seu poder a burocratas não eleitos de um corpo supranacional também tem vergonha de admitir a verdadeira origem das medidas que precisa implementar, as quais frequentemente exigem leis altamente impopulares. Os políticos britânicos, assim, veem-se atuando numa farsa política. Eles seguem os passos do debate na Câmara dos Comuns e da implementação da legislação por Whitehall, mas grande parte do tempo precisam obedecer a seus senhores em Bruxelas. O governo de eunucos políticos nunca é uma condição inspiradora, e pode explicar a estranha paixão dos políticos nacionais por gerenciar em detalhes aquelas áreas da vida britânica sobre as quais seu poder já não foi efetivamente cedido.

Aqui, assim como em muito daquilo que descobrirmos se pensamos seriamente sobre a democracia, há uma tendência que parece ser "contra a natureza". Todos sabemos que os políticos estão no ramo do poder, e nunca estão satisfeitos com o poder que têm. Aqui, no entanto, vemos esses políticos transferindo nada menos do que a preponderância de seu poder para outros corpos e ficando sem, como se diz, "mando". Como isso pode acontecer? O problema é mesmo genuíno, e a resposta só pode ser especulativa. Uma parte muito pequena da resposta está no fato de que os políticos são efetivamente humanos, assim como nós, e ocasionalmente acalentam algum ideal.

Uns acreditam que a "governança global", novo termo que significa ser controlado por regras e por leis que vêm de corpos internacionais aparentemente intocados pelas sórdidas concessões da política nacional, representa o caminho para um mundo melhor. A União Europeia, para nem falar da ONU e de outros corpos internacionais, pareceria ser o agente desse progresso na felicidade mundial.

Uma segunda parte, talvez maior, da resposta reside no fato de que os políticos que transferem elementos da soberania democrática para esse domínio alheio estão postando-se diante da régua da História, e imaginam-se, crentes que são no ideal global, participantes de um momento histórico ao subscrever mais um estágio na diluição do poder soberano, ao qual são atribuídas as guerras de tempos pregressos. Os políticos têm um fraco por deixar um legado histórico. Porém, uma terceira parte da explicação, ainda maior, é que eles mesmos estão evoluindo e se tornando uma nova classe de governantes mundiais históricos. A passagem do poder nacional para o poder internacional seria, portanto, um caso de *reculer pour mieux sauter*.[17]

Muitos políticos modernos pertencem a uma nova classe, que John Fonte chamou de "progressistas transnacionais" ou, numa forma abreviada, *"tranzies"*. Em outro texto, chamei-os de "olímpicos",[18] a fim de honrar seu desprezo pela voz democrática. Os advogados destacam-se em suas fileiras, porque acham que uma nova ordem jurídica conseguirá resolver os problemas da violência, da guerra, do genocídio e de outras formas de opressão. A nova classe também inclui grandes números de acadêmicos, intelectuais e jornalistas de todos os países ocidentais, que se dissociaram de qualquer lealdade patriótica séria e consideram-se cidadãos críticos do mundo, mentes abertas sem o peso de compromissos locais, sejam

---

[17] "Recuar para saltar mais longe" (N.T.).

[18] Kenneth Minogue, "Olympianism and the Denigration of Nationality". In: Claudio Veliz (ed.), *The Worth of Nations*. Boston University, The University Professors, 1993, p. 71-81.

religiosos ou políticos. E a opinião pública, amplamente falando, foi seduzida pela perspectiva de uma nova ordem que resolverá os problemas do mundo contemporâneo e (talvez) levar a uma nova era de paz. Essas pessoas todas podem louvar a democracia (desde que ela se mova na direção aprovada por elas), mas sua lealdade real passou da efetiva democracia em que vivemos para o ideal de democracia como *telos*. Afinal, a democracia como *telos* é um componente essencial de uma ordem mundial mais perfeita.

Todos esses fatores são importantes, mas outro, sem dúvida, está presente. A essência de um Estado é que ele compreende o exercício da autoridade, o que exige dois traços intimamente relacionados. O primeiro é a distância entre os que têm autoridade e os que estão sujeitos a ela. Pode parecer um triunfo da informalidade democrática que reconheçamos que nossos líderes são pessoas exatamente como nós, as quais elegemos para agir em nosso nome. Isso também significa, porém, que não atribuímos mais a eles uma categoria superior de entendimento político. Não atribuímos a eles coisas como *arcana imperii*. Pode-se perfeitamente pensar que a crença num tipo misterioso de entendimento seja inteiramente uma ilusão, e talvez o seja. Ser político, porém, é ter em algum grau uma capacidade cujo fim frequentemente não é notado por quem está de fora. É difícil exercitá-la quando a diferença entre o motivo para uma decisão e a justificativa para essa decisão são constantemente confundidas na discussão pública. Não é possível duvidar de que o impacto da atenção midiática constante seja a superficialidade. E, se os políticos fossem com menos frequência encurralados num canto do qual só se pode fugir por evasivas, talvez seja até mesmo possível que seus eleitores venham a ser um pouco menos obstinados em suas opiniões.

O segundo traço da autoridade está relacionado ao primeiro: trata-se de certo mistério. A mim, parece que a formalidade e a teatralidade dos juízes no tribunal e dos advogados usando perucas constituem elementos valiosos e independentes na tradição da justiça.

Debaixo daquelas perucas, os juízes, sem a menor dúvida, são seres humanos comuns, exatamente como nós. Porém, quando usam essas perucas, ficam ligeiramente diferentes, ainda que de modo importante, e essa diferença é um elemento de autoridade tanto no direito quanto na política. Sem dúvida, um monarca é apenas um ser humano como nós, como notava energicamente Montaigne, e o encontro com um monarca não produz grandes prodígios de espírito ou de sabedoria. Porém, um monarca é também (como notou certa vez F. Scott Fitzgerald em outro contexto) diferente de nós. Uma sociedade homogeneamente humana e democrática, que careça desses dispositivos, é algo realmente envilecido. Os democratas, claro, desaprovam esse teatro, e de tempos em tempos voltam às propostas para abolir todos os sinais de diferença,[19] mas isso porque não acreditam que a autoridade represente uma parte necessária da ordem social. Acham que ela é uma irracionalidade que sobrevive de um passado menos esclarecido.

Como os professores que querem livrar-se da palmatória (e, portanto, do medo), muitos democratas liberais querem que a ordem social e a boa conduta resultem da discussão e da negociação. Eles acreditam que uma discussão verdadeira e crítica das questões públicas a longo prazo revelará aquele tipo de vontade geral que Rousseau achava que seria gerada por um Estado justo. Espera-se que a racionalidade que se supõe superior à autoridade levará, num nível abstrato, a virtudes liberais como liberdade e tolerância. Ela incorporaria a justiça social (segundo o critério rawlsiano de que, se você não tem como ter certeza de que não estará na base da pilha no futuro, é melhor optar pela condição mais igual). Ela incorpora também a responsabilidade social, área comumente subsumida debaixo da "ética" em nossa época. A racionalidade, presume-se, só seria contestada por alguns sobreviventes dos preconceituosos e fanáticos.

---

[19] Em 2009, John Bercow foi eleito Presidente da Câmara dos Comuns e abandonou os trajes e as parafernálias que os presidentes até então exibiam.

Ninguém realmente imagina um mundo em que essas virtudes permaneçam incontestes, mas o democrata teleológico recua para um nível superior, em que esses princípios liberais básicos são metavirtudes que permitem crenças de nível inferior na medida em que sejam coerentes com aquilo que é "ético".

A democracia, portanto, é cheia de lamentos. Com frequência, os eleitores acham que não governam mais realmente a si mesmos, o que provavelmente vem do fato de os governos cada vez mais parecerem um voraz polvo que não para de estender seus tentáculos sobre a sociedade civil, e falam de "parcerias" quando a realidade é inequivocamente a dominação. A receptividade do governo foi perdida na criação de incontáveis agências (conhecidas na Grã-Bretanha como *quangos*, ou *quasi-autonomous governmental organizations*),[20] que exercem um poder inimputável com incumbência sobre vastas áreas da vida pública. A autoridade dos governos nacionais, que os eleitores ao menos podem influenciar, foi transferida para corpos internacionais, que eles não podem influenciar. As flexibilidades da liberdade nos países anglófonos estão cedendo lugar à judicialização dos direitos e ao poder cada vez maior de advogados e de juízes. Costumávamos respeitar o império da lei, mas hoje tantas coisas valem como "lei" que a autoridade guardou pouco respeito. A faixa do governo hoje é tão vasta que um cidadão mal consegue entender um assunto antes que outro exija sua atenção. O declínio da homogeneidade cultural nos Estados europeus faz com que muitas pessoas reclamem que o país em que vivem não é o mesmo em que cresceram. E o fluxo de informações e de discussões é tão ininterrupto que as pessoas empregadas pelo governo como *spin doctors* conseguem fazer girar o noticiário de tal jeito que fica difícil saber o que está acontecendo no mundo político. Esse pode ser o motivo pelo qual o pertencimento a partidos políticos e o comparecimento às urnas vêm decaindo.

---

[20] "Organizações governamentais quase autônomas." (N.T.)

Um século, portanto, causou uma vasta diferença na civilização ocidental. Em 1897, a principal noção moral era o dever, e nosso autoentendimento era de que defendíamos o progresso. No começo do século XXI, a principal ideia moral, ou melhor, político-moral (conceito que proporemos) são os direitos, e nos ocupamos de pedir desculpas por nossa civilização. Em meio a todas as tensões, os paradoxos ou talvez apenas contrastes que possamos discernir, a realidade é difícil de captar, mas há um contraste que não pode deixar de chamar a atenção de observador nenhum. Em círculos intelectuais e entre as elites, uma lealdade cosmopolita a um mundo ideal tomou o lugar do amor e da lealdade necessariamente ambíguos a Estados ocidentais reais.

As pessoas com estudo identificam sua integridade com a crítica, e a crítica está mais interessada em difamar nossas supostas falhas que em analisar nossas virtudes. Porém, esse é apenas um tipo de juízo sobre a nossa civilização. Outro será encontrado no Terceiro Mundo, onde milhões de pessoas pobres e oprimidas não têm a menor dúvida sobre quais sociedades serão preferidas. O rastro da imigração vai da Ásia e da África para a civilização europeia – ele nunca vai no outro sentido. E o entusiasmo por ele é tão avassalador que o processo de migração (que não tem como deixar de ser também uma migração de culturas) ameaça a especificidade mesma que fez com que nosso estilo de vida, apesar de todos os seus defeitos, fosse tão popular.

É preciso repetir: onde está a realidade? Está nos juízos de pessoas teatrais que desejam dramatizar todas aquelas faltas que o movimento antidiscriminação desnudou tão incansavelmente? Está nas feministas que se afirmam oprimidas quando sua condição é a inveja de suas irmãs de outros lugares? Pode ele ser mesmo encontrado nos refugiados muçulmanos de sociedades disfuncionais, que se zangam com nosso modo de ser tolerante e satírico, mas que nunca se zangam o bastante para voltar para onde vieram? Ou está no juízo das pessoas que, ao migrarem na nossa direção, apostam suas vidas e seus futuros inteiros?

Há, é claro, um precedente para esse contraste entre as crenças das elites e o movimento de refugiados. Ele será encontrado nas reações ao comunismo no século XX. Enquanto as elites em grandes números admiraram bastante as sociedades comunistas porque elas afirmavam serem superiores ao consumismo vulgar do ocidente, as criaturas miseráveis efetivamente submetidas a esse sistema superior não tinham a menor dúvida sobre para onde queriam ir.

Onde está a realidade? Essa, é claro, é sempre a questão fundamental. Deixando de lado as abstrações vaporosas que flutuam pelas mentes de boa parte da elite, abstrações que mudam a cada geração com a chegada de novas modas, o que é que aqueles que querem sair de seus lugares infernais e viver entre nós efetivamente valorizam? Por que é que eles querem viver entre nós e, em certo sentido, viver como vivemos? Essa é uma questão importante não apenas para eles, mas também para nós. É a democracia? É a liberdade? É apenas nossa riqueza? É talvez o individualismo que pode libertá-los do jogo do costume? É talvez até mesmo o cristianismo, que moldou absolutamente a cultura da vida ocidental, e que agora, com suas amplas tolerâncias ecumênicas, quase começou a fundir-se com a vida ocidental? O ocidente é tudo isso e muito mais. A modernidade, no mínimo dos mínimos, é um momento histórico que exibe um padrão de vida ao qual muito pouca gente no mundo não deseja se juntar, e que muito pouca gente no mundo não deseja emular. Nossa popularidade mesma com milhões de pessoas que não compreendem a liberdade pode condenar nosso tempo a ser um mero momento histórico que não conseguiremos sustentar. A ironia é que, se nos livramos da maioria das opressões imemoriais da história, somos retidos por vozes estridentes que reclamam que nosso mundo moderno é ele próprio baseado na opressão.

Trata-se, como digo, de um momento. A história humana é em grandíssima parte a história de elites despóticas, e a condição humana tem sempre a chance de retornar à tolice. A questão importante é: o que foi que nos permitiu atingir o estado de coisas que os de fora acham tão avassaladoramente atraente? Não podemos, é claro, jamais ter certeza de que temos a resposta a essa pergunta. É igualmente vital que a mantenhamos diante dos nossos olhos.

Espero que o leitor perdoe essa indulgência em polêmicas grandiosas. Minha preocupação básica realmente não é essa, mas todo autor às vezes precisa se soltar um pouco. O tema deste capítulo foi o surgimento de um novo entendimento de sociedade, promovido entre nós por vários aspectos da ideia de democracia. Gostamos de sua informalidade, e até aqui ela não conseguiu prejudicar nossa prosperidade, mas essas coisas mudam. Retornarei a esse ponto. Porém, no próximo capítulo, quero caracterizar a vida moral, que, como proporei, está sendo transformada por esses desenvolvimentos.

Capítulo 3 | A Vida Moral e Suas Condições

1. A MORAL E A POLÍTICA

A democracia é um dos atores de um diálogo intelectual – com frequência uma discussão histérica – chamada "moral e política", mas, como vimos, ela pode, para confundir, adotar a voz moral ou a voz política. O problema maquiavélico apresentado por esse diálogo universal resulta da afirmação de que as decisões políticas nunca podem ser puramente virtuosas e devem, com frequência, envolver "não ser bom".[1]

Em geral, encontramos os democratas com um pé de cada lado da questão: ser democrático na política ao menos sugere um direito de estar defendendo um status moral superior do que seria possível para qualquer outra espécie de regime. Como poderia "aquilo que o povo quer" entrar em choque com a moralidade? Essa questão aparentemente retórica serve de base para muitas afirmações correntes a respeito da superioridade da democracia, como o fato de as democracias nunca entrarem em guerra entre si. O mundo real é evidentemente mais complicado do que sugeririam essas abstrações. A virtude e a prudência civil costumam apontar em direções distintas. Mesmo quando parecem estar alinhadas de perto – como se julga que é o caso, por exemplo, em políticas de redistribuição de riqueza aos

---

[1] Maquiavel, op. cit., cap. 15.

pobres –, elas também envolvem pisotear os direitos de propriedade, e, quanto mais perto chegamos dos detalhes de políticas supostamente virtuosas, menos virtuosos parecem os efetivos mecanismos burocráticos da operação. Uma das discussões mais notáveis da questão maior deriva de Aristóteles: o bom cidadão pode ser também um bom homem? A resposta de Aristóteles[2] explora de maneira brilhante essa questão nos termos dos muitos traços sutis (e associados à época) da cidadania de uma *polis* grega, e não precisamos acompanhá-lo nesse ponto, mas sua resposta básica é igual àquela que provavelmente daremos: depende do regime.

Ser um bom cidadão comunista na União Soviética da década de 1920, por exemplo, significava reportar críticas ao regime, mesmo que fossem feitas por seus próprios pais, fato que tornou Pavel Morozov uma figura de fama breve. Ele denunciou os pais (que foram "executados"), tornou-se um herói soviético e foi morto pelo tio enfurecido. Tirou nota alta em cidadania, mas certamente foi reprovado em bondade. Exemplos similares podem ser extraídos de outros Estados totalitários do século XX, especialmente da Alemanha nazista, o modelo mesmo de Estado em que a bondade foi inteiramente dissociada das políticas do regime. Assim, Philippa Foot, discutindo a racionalidade da ação moral, cita o caso de um jovem rapaz, chamado apenas de "um menino da fazenda", que, preso com um amigo na Alemanha nazista em 1944, escreveu aos pais: "Fui condenado à morte. [...] Nós [ele e o amigo] não nos inscrevemos na SS, por isso fomos condenados à morte. Nós dois preferimos morrer a macular nossas consciências com esses atos de horror. Eu sei o que a SS precisa fazer".[3] Mal precisamos desses exemplos horripilantes para que fique claro que o bom homem só poderia ser o bom cidadão sob certas constituições particulares, se é que mesmo nesse caso ele conseguiria.

---

[2] Aristóteles, *Política*, Livro III, Seção 4.

[3] Philippa Foot, "Rationality and Goodness". In: Anthony O'Hear (ed.), *Modern Moral Philosophy*. Cambridge University Press, 2004.

Como observa Aristóteles, "o bom homem é assim chamado por causa de uma única excelência absoluta". Essa excelência com frequência não corresponderia àquilo que o Estado pede, especialmente considerando as demandas altamente específicas feitas pelas associações civis em que Aristóteles escrevia. As antigas cidades gregas exigiam investimentos particulares de espírito público de seus membros, e a probabilidade de colisão entre os juízos moral e político era por isso mesmo alta, como descobriu Sócrates de maneira fatal.

Sócrates foi executado porque suas investigações filosóficas eram consideradas incompatíveis com as exigências de um regime democrático, sugerindo que o problema moral básico da política é o choque entre o juízo pessoal e as políticas públicas. Não importando o que mais seja o juízo moral, ele é também irredutivelmente pessoal, e um conceito da vida moral que discutiremos na próxima seção. A vida moral, como veremos, diz respeito ao cuidado da alma, do eu ou de qualquer elemento de identidade que se considere que constitui um indivíduo; a política tem a responsabilidade distinta de cuidar do Estado e de seus interesses, sustentando a paz, a ordem e a segurança. Os dois domínios podem ser, talvez, distintos – não podem ser separados. Seguir a consciência na vida pessoal pode não ser compatível com aquilo que o regime exige de seus súditos. Na origem da Europa moderna, era comum que os governantes acreditassem que a ordem civil exigia unanimidade a respeito do modo como Deus deveria ser cultuado. João Calvino e Luís XIV exigiam a variante correta de cristianismo. Foram necessários mais ou menos dois séculos para que esse princípio de governo evoluísse para a ideia de John Stuart Mill de sociedade liberal, e, no começo, só em certas áreas restritas da Europa ocidental.

Porém, ela evoluiu, e o resultado foi que os europeus ocidentais modernos puderam viver em democracias liberais em que a liberdade de falar e de agir segundo as próprias luzes (dentro do estado de direito) foi exercido numa medida nunca antes desfrutada. Não importando o que mais possa estar errado com as democracias liberais, elas são evidentemente um triunfo da liberdade pessoal, e representa um triunfo que resulta em parte da doutrina (especialmente do autoentendimento europeu do que significa ser livre) e em parte de observar os infortúnios que surgiram de tentar fazer todo mundo acreditar na mesma coisa. A questão interessante é se essa evolução da liberdade reflete a apreensão de uma profunda verdade sobre a racionalidade da liberdade (como afirmava Hegel) ou se ela é um benefício contingente que resulta de uma grande variedade de circunstâncias sociais complicadas, as quais ainda precisam se desenvolver muito mais e que podem perfeitamente produzir algumas surpresas, talvez desagradáveis.

Um argumento não implausível a respeito dos Estados europeus no século XXI, por exemplo, é que suas liberdades foram longe demais. Eles se caracterizam pela preponderância do individualismo. Predominam impulsos egoístas, atitude que alguns chamaram de "hiper-individualismo". Pensamos demais em direitos, e não em deveres. Nossa paixão dominante é consumir, levando-nos a buscar a vantagem de curto prazo, e descuidamos do amanhã nos endividando hoje. Esse diagnóstico da nossa condição atual assume um tom moral elevado e identifica a bondade e a conduta correta com atividades filantrópicas e "socialmente responsáveis".

Esse diagnóstico descende claramente de atitudes críticas em relação a uma economia de livre mercado, e uma cura "fincou pé" como resultado de gerações de discussão pública. A melhoria depende dos jovens, que devem aprender como é errado viver assim. A solução para os problemas sociais será encontrada em algo a que se chama "educação". Educar os jovens é a chave do aperfeiçoamento do futuro. Esse nome é enganoso, porque não se trata, como talvez imagine o leitor inocente, de um chamado a uma imersão mais profunda na gramática latina ou nas equações quadráticas. Trata-se, antes, da inculcação de crenças aprimoradas, inicialmente voltadas para os jovens na escola, mas também cada vez mais direcionadas para a população adulta de maneira geral. Trata-se da tentativa de mudar atitudes consideradas indesejáveis; ela pretende, como dizem hoje em dia, "mudar a cultura". Trata-se de propaganda, sem dúvida benigna, mas ainda assim propaganda. O termo "educação" está sendo perdido para o conhecido processo de envilecimento político.

O ponto realmente importante nesse diagnóstico comum – e, deve-se dizer, plausível – dos nossos problemas morais atuais é que ele passa totalmente ao largo do diálogo entre a moral e a política. Passamos a uma nova área chamada de "crítica social". Acho isso importante porque ilustra uma disposição bastante comum de ignorar a questão de como os indivíduos devem agir em favor de frases um tanto grandiosas a respeito da suposta condição da sociedade como um todo. O motivo dessa mudança de retórica é, penso, que o crítico moral convencional se tornou uma figura absurda, já que "todo mundo sabe" que os juízos morais não passam de questões de opinião. Eles são "valores", e as pessoas valorizam muitas coisas diferentes. Essa é, de fato, uma visão bem grosseira do assunto, mas tornou-se tão corrente que transformou por completo os termos em que respondemos a essas questões importantes, e, nessa crença comum, temos uma formulação daquilo que me diz respeito ao perguntar se a democracia é compatível com a vida moral. A questão moral, que nessa área é a única questão que nos leva a sério como agentes morais, foi transposta para uma ambição notável de legislar o tipo de sociedade que queremos, ou que achamos que queremos. Essa ambição um tanto divinal pertence inequivocamente ao âmbito político, aliás da política democrática. O pressuposto é que o povo precisa receber aquilo que o povo quer. Outra vez estamos obviamente envolvidos num mundo de ilusão, mas que é notavelmente influente.

Ao responder perguntas sobre o caráter da sociedade em que "nós" vivemos, a democracia é o único tipo de política possivelmente relevante. Não acreditamos mais em reis-filósofos nem que alguma classe de pessoas dispõe de um entendimento político superior. Considera-se desejável mais democracia, e talvez uma democracia melhor. Os problemas da democracia podem ser muitos, mas não se considera que sejam em geral problemas que afetam aquilo que estou chamando de "a vida moral".

A democracia liberal é quase universalmente considerada moralmente benigna, e por ótimas razões. Se consideramos a variedade de regimes que floresceram nos modernos Estados europeus a partir mais ou menos do século XVI, certamente ficaremos impressionados com a gama de demandas oficiais que eles fizeram quanto ao modo de viver de seus súditos. Alguns governantes eram assombrados pelo medo de que Estado nenhum seria governável a menos que prevalecesse alguma confissão cristã uniforme. Governantes autoritários exigiam que seus súditos adorassem a Deus segundo as convicções desses governantes, e alguns temiam que o Senhor punisse populações faltosas sob algum desses aspectos. A alta traição e a sedição podiam resultar de minorias dissidentes, e eram brutalmente reprimidas. Depois, o entusiasmo dominante que se julgava sustentar o Estado, passou a ser político, e não religioso, às vezes levando a demandas aos europeus muito mais onerosas que as paixões religiosas do passado. A emergência, enfim, das democracias liberais dessa turbulenta passagem da vida moderna certamente sugere que as pessoas afinal escaparam da cansativa tutela de seus governos. Hoje acreditamos, com certa plausibilidade, que nos libertamos do padre e do comissário e de todas as variações intimidadoras desses funcionários de que a história consegue se lembrar. Se a história é a história da liberdade, como às vezes afirmaram os filósofos políticos, então chegamos lá! Podemos expressar nossos pensamentos, agir a partir de nossas escolhas morais, praticamente sem medo de que alguma autoridade fará qualquer tentativa séria de interferir.

Relativizações e dúvidas podem perfeitamente assomar-se para o leitor crítico, e chegaremos a elas. Apesar de tudo, porém, vale a pena enfatizar que as democracias liberais constituem um progresso imenso em relação às práticas mesmo do passado bastante recente. E vale a pena recapitular como chegamos a essa situação invejável. Os filósofos entenderam logo a questão, como é comum entre os filósofos. Pensadores como Montaigne e Hobbes reconheceram que um Estado moderno era um novo tipo de associação em que uma divergência considerável de visões a respeito da bondade (e particularmente a respeito de como Deus deveria ser cultuado) não eram um mero acidente infeliz do momento, mas um traço constitutivo da vida moderna.[4] Mal chegaria a ser um exagero dizer que a maior parte do poder e da criatividade exibidos pelos Estados europeus modernos resultou do reconhecimento desse fato absolutamente central. O conflito e a discórdia, mesmo religiosos, que foram inicialmente deplorados, considerados algo a ser aceito rangendo os dentes, acabaram sendo reconhecidos como essenciais à nossa liberdade.

É importante ter clareza quanto ao papel do cristianismo nessa história do crescimento da tolerância, porque grande parte das lendas atuais parece só enxergar os protestos contra as demandas por conformidade. As igrejas certamente desempenharam um papel altamente repressor ao tentar sustentar seu monopólio do cuidado das almas. Eles estavam, é claro, respondendo a um problema real. O cristianismo, como uma religião baseada na crença, não pode viver sem uma ortodoxia, pois está permanentemente ameaçado pela dissolução na incoerência por novos entendimentos, ou mal-entendidos, de suas doutrinas básicas. A tentação foi transformar a ortodoxia num punho de ferro. Com frequência, esse traço da vida espiritual europeia foi um desastre político e social, provocando guerra e repressão, mas também

---

[4] Em *Leviatã*, cap. 31, Hobbes trata daquilo que a razão natural nos diz sobre nossos deveres para com Deus (os quais, em grande parte, consistem em conformar-se às leis da natureza), e, no cap. 43, o que, em termos cristãos, é necessário para a salvação. Trata-se simplesmente da afirmação de que "JESUS É O CRISTO".

representou um maravilhoso estímulo à vida intelectual. Desde o começo, o cristianismo esteve intimamente envolvido com a filosofia.

Numa religião desse tipo, era difícil evitar uma tradição de dúvida e ceticismo, a qual também veio a desempenhar um papel central na ciência e na filosofia. Um traço inequívoco da vida europeia consistiu nessa corrente subterrânea de ceticismo e dissidência, mesmo nos Estados mais regulados. Ela nunca esteve ausente na Idade Média, que tendemos a considerar mais intelectualmente homogênea do que realmente foi. Na vida inglesa, o ceticismo é claramente um elemento das práticas do direito comum, exibido muito marcadamente na presunção de que um homem é inocente até que seja considerado culpado. A emergência tardia da distinção entre um governo e uma oposição foi outro caso em que o ceticismo solapou o monismo instintivo não apenas dos ocupantes do poder, mas também de um sentimento disseminado entre as pessoas governadas. Foi particularmente a necessidade do cristianismo de uma versão reconhecida de suas crenças que ficou muito tempo em conflito com a tendência cética na vida europeia.

Uma teoria poderosa dos Estados modernos que surgiu dos complexos domínios dos tempos feudais foi que eles consistiam de associações de indivíduos reunidos essencialmente pelo reconhecimento da autoridade soberana da lei. Foi claramente uma visão cética quanto a reivindicações mais ousadas de lealdade. E a ideia própria de "lei", nesse entendimento, era bem estrita, excluindo tudo o que fosse tão específico que pudesse parecer uma ordem fingindo ser lei. Uma lei era uma proposição hipotética que permitia que certos tipos de coisas fossem feitos (como testamentos ou contratos) ou que mencionava certas sanções, operando dentro de uma estrutura sustentada por tribunais e por outras instituições que trabalhavam de maneiras previsíveis. Essa visão é a mesma essência daquilo que queremos dizer com estado de direito. É a associação civil em sentido mais estrito. Porém, essa visão precisa ser relativizada pelo fato de que nenhum Estado real jamais foi exclusivamente "civil" dessa maneira. Na maior parte do tempo, seus membros também estiveram envolvidos em alguma empreitada grandiosa – vencer uma guerra, criar o establishment religioso correto, disseminar a revolução ou aumentar a prosperidade nacional, por exemplo. Mesmo assim, muitos dos súditos de qualquer Estado não se importarão muito com esses projetos nacionais grandiosos, ou podem até mesmo ser hostis a eles. A implicação, como Hobbes deixou claro em *Leviatã*, é que os Estados jamais poderiam unir-se em torno de um único projeto grandioso.

Hobbes, ao interpretar o caráter básico dos Estados modernos, certamente pensava que um impulso efetivamente unia os indivíduos em sua submissão ao poder civil, e esse impulso compreendia um reconhecimento universal de um mal superior a todos – a morte, especialmente a morte violenta. Uma sociedade civil (expressão que a maioria dos autores ingleses preferiu a "Estado" até épocas recentes) era uma forma de ordem governada pela lei que substituía as inseguranças daquilo que Hobbes denominava "o estado de natureza". O objetivo na verdade era chegar a um mundo em que o bom cidadão coincidisse com o bom homem, ideal atingido num grau impressionante. Não seria, claro, a bondade absoluta descrita por Aristóteles, porque nenhuma dessas ideias de bondade absoluta sobreviveu, nem aliás poderia sobreviver, ao ceticismo dominante da época moderna, nem também ela seria compatível com nossas práticas pluralistas. A solução negativa de Hobbes para o problema da base psicológica da sociedade civil foi em geral substituída por ideias de segurança e de necessidade mútua na teoria do contrato social. Porém, o medo da morte talvez seja considerado ainda mais persuasivo em nossa própria época, em que nossa sensibilidade ao mal da morte tornou-se francamente mórbida. Podemos até mesmo perguntar: "Que tipo de sociedade queremos?". Mas "nós" não concordamos em muitas coisas. A realização mais básica reconhecida pelos filósofos políticos hoje em dia é que "o direito" (as condições da ordem civil) deve ter prioridade sobre os vários bens conflitantes que serão buscados em qualquer sociedade moderna.

Tanto a teoria das nossas liberdades quanto sua prática são verdadeiramente impressionantes. Não vivemos mais com medo de ações arbitrárias do Estado, embora às vezes ocorram exceções desagradáveis a essas generalizações. Nenhum leitor atento deixará de reconhecer, claro, que as relativizações desse róseo quadro exigem atenção. Os Estados contemporâneos efetivamente impõem uniformidades a nós, mas elas não costumam ser terrivelmente onerosas. Porém, elas revelam uma tendência da nossa civilização que vai contra seus pressupostos liberais básicos. Todo o complexo de atitudes exigidas que se conhece popularmente pelo nome de "politicamente correto" é uma importante relativização da liberdade na democracia liberal. Essas atitudes são uma codificação (e, portanto, uma vulgarização) de convenções entendidas anteriormente como boas maneiras. Como demanda por conformidade semântica de atitudes, essa tentativa de homogeneizar a opinião exige de nós uma resposta antes servil do que considerada. É somente uma reserva de escárnio pelas devoções aplicadas por burocracias igualitárias que hoje sustenta a nossa independência.

Em um ou dois países, por exemplo na Áustria, a negação da realidade histórica do Holocausto foi criminalizada e houve propostas para que aqueles que negam a mudança climática sejam tratados da mesma maneira. Estes podem perfeitamente ser sinais de um forte movimento nos Estados ocidentais contemporâneos para tornar alguma doutrina a respeito da qual se concorde não menos compulsória do que certas versões do cristianismo já foram no passado. A persistência desse molde mental basicamente ideológico é inequivocamente uma revelação de um impulso muito poderoso dentro da nossa civilização. Num de seus sentidos, o slogan dos anos 1960 de que "o pessoal é político" expressa exatamente esse projeto. Ele sugere que existem certas desejabilidades pessoais (especialmente defendidas por feministas) que só podem ser obtidas pelo emprego da força legislativa. Ele convida o governo para o quarto e para a sala de estar, e a maré crescente de legislação que afeta a vida familiar sugere que foi levado muito a sério. As feministas, por exemplo, conseguiram transformar em lei medidas cujo objetivo é transferir mulheres da tutela de pais e de maridos para a tutela do Estado. Contudo, continua sendo tutela. Que o pessoal não é político é um corolário importante da doutrina mais geral de que cada arranjo social compreende algo basicamente político, no sentido de que praticamente nenhuma política pública deixa de ter implicações para os interesses de ao menos algumas pessoas.

Teria sido possível pensar que o objetivo de um mundo liberal livre seria resolver a maioria dos grandes problemas da ordem civil exatamente para que os cidadãos pudessem fazer seus próprios arranjos quanto à maneira como gostariam de viver. Esse resultado é mais fácil de atingir em Estados europeus homogêneos que muito amplamente "falam a mesma língua", tanto em sentido metafórico quanto literal, porque compartilham um acordo geral quanto às convenções básicas que governam a conduta. Os Estados europeus, em grande parte, chegaram a essa condição, não sem dificuldade, no século XX. Os britânicos a tinham atingido séculos antes; outros Estados ainda estavam unificando-se culturalmente no século XIX. A chegada à Europa de vastas populações culturalmente distintas, não habituadas aos costumes da liberdade, destruiu essa unidade civil, abrindo o caminho para concessões de costumes que relativizam nossa liberdade. Sustentar a ordem civil nos Estados que contêm uma variedade de culturas muito diversas exige o uso cada vez maior da regulamentação e do direcionamento dos governos.

Uma consequência chamativa dos envolvimentos ocidentais com outras civilizações é que o conhecido ceticismo dos europeus gerou, entre outros frutos, várias formas de relativismo, mais notavelmente talvez a doutrina pós-modernista, de que o conceito próprio de verdade torna implausíveis reivindicações de objetividade num mundo em que são encontradas apenas várias perspectivas concorrentes. Doutrinas filosóficas são coisas perigosas, com a capacidade de desparafusar os miolos, das quais um ceticismo irrefletido é um exemplo, já que ilustra como as abstrações podem sair do controle. Um dos usos excêntricos do ceticismo filosófico no passado foi como instrumento do dogmatismo. Assim, os fideístas do século XVII praticavam o ceticismo quanto à razão e à experiência a fim de concluir que era preciso viver apenas segundo os dogmas do catolicismo. O ceticismo pós-modernista também parece levar a uma forma similar de dogmatismo. Ele pode implicar que um Estado deve ser excluído do governo dos detalhes da vida social porque qualquer interferência desse tipo seria a opressão impositiva de uma perspectiva contra as pessoas envolvidas. O relativismo acadêmico moderno, porém, combina-se com um dogmatismo a respeito da vida social. Será a visão ocidental dos direitos das mulheres, por exemplo, apenas uma dessas perspectivas? Se é, então não temos direito nenhum de impô-la aos demais? Se não temos esse direito, então as diversas visões da posição das mulheres assumidas por migrantes orientais devem ser tão válidas quanto nossos usos livres e descontraídos. De fato, os Estados ocidentais esforçaram-se para proteger as mulheres migrantes de casamentos arranjados, de assassinatos por honra, da mutilação genital feminina e de outras coisas que nós, com nossa estreita perspectiva ocidental, não toleramos. Em outras palavras, o pós-modernismo parece ter promovido uma opção pré-pronta binária entre ceticismo e dogmatiscmo, disponível segundo a conveniência. Um dogmatismo na ética une-se ao ceticismo quanto a nossas próprias tradições europeias.

O fato notável, então, é que a liberdade de opinião pode perfeitamente revelar-se não o apogeu da liberdade após séculos de censura, mas apenas uma estação do caminho para uma ideia de perfeições mais amplas. E essas "perfeições mais amplas" (as quais discutiremos mais tarde) parecem incluir uma dimensão repressiva, que não tolera a discussão livre. A política sempre foi um cenário de alianças cambiantes. A lei e a liberdade sempre andaram juntas, mas o ativismo judicial hoje lança uma sombra sobre essa conexão. No passado, "direitos" eram uma formulação dos pontos essenciais da liberdade, mas os utopistas aprenderam a transformar uma ampla gama de direitos no projeto de uma suposta perfeição social maior. É por isso que a vigilância e o conhecimento aprofundado da política são necessários para sustentar as práticas do nosso mundo livre. Como observou certa vez o político inglês Chris Patten: "Na política, assim que você aprende um truque com ouros, você descobre que copas viraram trunfos". O realismo de Maquiavel ao afirmar que o político deve às vezes saber como não ser bom é rejeitado em prol de um fundamentalismo moral que exige que o Estado se alinhe plenamente com nosso entendimento novo e superior dos direitos e da justiça social. Porém, na vida política, não existe algo como um imperativo moral que não tenha fortes implicações para o poder. Quando a justiça social encontra o politicamente correto, a velha ideia liberal de que as relações entre indivíduos compreendem questões puramente pessoais é revogada. Existe uma coisa certa a fazer, e o Estado garantirá que ela seja feita. A democracia, hoje, está se tornando bastante intolerante em relação a discórdias morais e políticas. Uma perfeição servil tornou-se o modo como pensamos, ou talvez como devamos pensar, e a política parece resumir-se a questões técnicas sobre como atualizar a única política verdadeira de harmonia internacional e de justiça social.

Essas são algumas das considerações que fazem com que valha a pena perguntar se a vida moral é compatível com a democracia. Mas o que é de fato "a vida moral"?

2. O QUE É A VIDA MORAL?

A vida moral é aquele elemento da nossa experiência em que cultivamos os deveres que temos em relação a nós mesmos, o de sustentar um caráter que aprovamos e que não sofrerá censura justificada de outrem ou de nosso próprio senso interior. Um caráter de ladroagem ou de mentira é considerado repreensível, ao passo que um de coragem e de serviço é admirável. A vida moral, portanto, compreende nossa preocupação com fazer a coisa certa. Será que isso soa um pouco irreal? O motivo pelo qual talvez soe assim reside no fato de que estou interessado no caráter formal dessa vida. As pessoas com frequência não fazem a coisa certa. É também um fato elementar que as pessoas têm as ideias mais incrivelmente variadas daquilo que é efetivamente a coisa certa a fazer. É também verdadeiro que, se não é provável que ninguém aprove os ladrões e os mentirosos, o conteúdo desses termos representa uma questão de máxima ambiguidade. Serei eu um ladrão ao levar os sachês de xampu dos quartos de hotel ou mentiroso quando finjo ter gostado de algo para não ferir os sentimentos de alguém? Nesse nível, a vida moral é um pântano que percorremos com dificuldade. Porém, na vida cotidiana, normalmente conseguimos fazer a coisa certa, segundo nossas luzes, à medida que vamos vivendo. Com frequência, claro, fracassamos, mas o fracasso também faz parte de nossa experiência moral. E os dilemas morais que nos fazem coçar a cabeça felizmente são raros para a maioria de nós.

Uma visão bastante elevada da vida moral é que ela consiste em cuidar da alma, da nossa integridade como seres morais. Se seguirmos Sócrates, provavelmente pensaremos que esse é o elemento mais importante das vidas que levamos. Nesse sentido, ela é a atividade de importar-se com a bondade, com guardarmos aquele núcleo interior de continuidade em nossas vidas que tem muitos nomes: alma, eu, reputação, caráter, vontade, identidade, etc. Assim, outras coisas, como sucesso ou fracasso e até mesmo a felicidade, são amplamente triviais, o que é considerado válido por algumas pessoas para a própria vida. O sacrifício de si pode tornar-se o mais elevado cultivo do eu. Por sua vez, a própria palavra "moral" adquiriu associações bastante negativas na vida contemporânea. Com frequência, ela conota algum severo moralista invocando princípios que se interpõem entre nós e os prazeres de que gozamos, especialmente os sexuais. Como que contra isso, uma forte visão popular é que temos o direito de decidir por nós mesmos quais "valores" adotamos. Essas são questões relevantes sobre as quais, felizmente, não preciso me pronunciar. Meu objetivo limitado aqui é meramente esboçar a vida moral como elemento de nossa experiência.

E isso significa um breve passeio pelo perigoso território de dizer o que significa "moral". Em autodefesa, permita-me dizer que ninguém é muito claro a esse respeito. Se a vida moral consiste na tentativa de fazer a coisa certa, a coisa moral teria de ser uma resposta possível para a pergunta: qual a coisa certa a fazer? A "coisa moral" na nossa civilização responde aos sentimentos e às regras que adquirimos cedo na vida, variando de indivíduo para indivíduo. A existência de um princípio imperativo a respeito do qual todos deveriam concordar é uma questão altamente disputada. Essa situação, porém, é (eu sugeriria) quase exclusivamente ocidental. A questão "qual é a coisa certa a fazer?", em sociedades não ocidentais, tem várias respostas não necessariamente "morais" em nenhum sentido que possamos reconhecer. Uma possibilidade é que a coisa certa a fazer consiste em seguir o costume da tribo ou do país. Outra resposta é que ela consiste em fazer o que é agradável a Deus. Em ambos os casos, há, ao menos em princípio, uma coisa certa específica a fazer, e, consequentemente, não fazê-la é um tipo específico de ruindade. Essas respostas também não estão ausentes da vida ocidental, também marcada (mas não exclusivamente) tanto pelos costumes quanto por juízos religiosos. Convencionalmente, seguir os costumes é evitar a vergonha, ao passo que fazer o que é agradável a Deus é evitar o pecado. Em paralelo, poderíamos dizer que fazer a coisa moral (qualquer que seja) é evitar a culpa. Creio que esse esquema seria aceito de maneira bastante ampla, mas meu passo seguinte provavelmente não seria. Ele consiste em sugerir que a vida moral em sua forma mais pura é uma ideia quase inteiramente europeia.

A maioria dos seres humanos, ao fazer a coisa certa, é guiada pelo costume, pois há, na maioria das tribos, das culturas e das civilizações, uma concepção primordial de um ordenamento correto das coisas, normalmente em termos de juventude/idade, macho/fêmea e governante/governado. Nenhum sistema do ordenamento correto das pessoas pode, é claro, ser inteiramente transparente; todos vão em algum momento exigir interpretação. Em muitas culturas, ideias da coisa certa a fazer são determinadas por aquilo que se considera que são os mandamentos de Deus. O costume e a religião costumam reforçar-se mutuamente, mas devem ser distinguidos porque a mesma religião será como que "falada" em diversos idiomas distintos, levando a grandes variações nas ideias daquilo que é divinamente ordenado. Os europeus não são muito menos influenciados pelo costume (talvez provavelmente menos pela religião) que outros povos, mas, em nossa forma de vida, as ideias morais dissociaram-se num grau muito maior e começaram a levar uma vida própria.

Uma visão plausível seria de que essa dissociação do que é certo, tanto do costume quanto da religião, começou com Sócrates, que rejeitou os costumes e os deuses de Atenas para tornar o cuidado com a alma uma preocupação solta, cujo conteúdo seria elaborado pela crítica filosófica das ideias recebidas de seu meio. A filosofia era claramente um elemento necessário aqui, ao facilitar o projeto de dissociar a coisa certa a fazer de suas incrustações religiosas e de costumes, e certa capacidade de isolar a moral do costume e da religião vive desde então uma vida intermitente na experiência ocidental. Muita filosofia dos períodos helenístico e romano preocupava-se com a maneira de viver, e ideias estoicas, epicuristas e céticas raramente deixaram de influenciar o pensamento moderno.

No começo dos tempos modernos, desenvolveu-se uma nova terminologia que permitiu a evolução da vida moral. A mais celebrada dessas concepções foi, é claro, a consciência, termo relacional que conecta a vontade com a integridade do indivíduo. Uma visão da coisa certa a fazer é que ela deve ser sempre algo que a consciência aprova. O problema é que a consciência, quando é uma convicção puramente subjetiva desconectada de ideias morais mais públicas, tem tanta chance de ser o veículo da loucura e do fanatismo quanto da conduta correta e racional. Tendemos a admirar os dissidentes apenas por sua mente independente, mas algumas de suas ações estão longe de ser admiráveis. A admiração pela consciência não costuma ser compartilhada pelos filósofos, aliás nem pelos governos. Na vida moral, contudo, o direcionamento pela consciência como se fosse a convicção pessoal de alguém harmoniza-se com ideias modernas irrefletidas de hoje. Em épocas mais recentes, o projeto da moral sem religião foi uma versão popular da moralidade da consciência.

A vida moral tal como a entendemos certamente veio da religião, e, de maneira mais notável, dos reformadores protestantes do primeiro período moderno, que rejeitaram a ascese monástica e transferiram ao menos algo de seu abraço do valor espiritual para a conduta ordinária da vida. Max Weber adota a postura de que esse movimento retomou algumas das tendências do cristianismo medieval, mas "uma coisa era inquestionavelmente nova: a valorização do cumprimento do dever em questões mundanas como a forma mais elevada que a vida moral do indivíduo poderia assumir".[5] Cumprir as obrigações impostas ao indivíduo por sua posição era sua "vocação" e o único modo de vida aceitável para Deus. E, aqui, o termo crucial é "indivíduo", porque o correlato da vida moral tal como a entendemos é (como veremos) um indivíduo com seu próprio senso da coisa a certa a fazer. A coisa certa a fazer nesse contexto é individual, mas nunca *meramente* individual. Ela não pode evitar retomar alguns dos traços de uma complexa tradição moral.

---

[5] Max Weber, *The Protestant Ethic and the Spirit of Capitalism*. Trad. Talcott Parsons. Londres, Routledge, 1930/1992, p. 80.

O que é efetivamente a coisa certa a fazer? Essa é uma questão substancial a que não posso responder, e que, aliás, acho que nem preciso, já que estou interessado apenas nos aspectos formais da vida moral. Tudo o que eu preciso dizer é que os filósofos normalmente elaboraram três tipos de resposta à pergunta. A primeira é a resposta utilitária: a coisa certa a fazer compreende sempre aquela que maximiza de maneira mais eficaz a felicidade de todos os envolvidos. A segunda é o argumento kantiano no sentido de que uma série de valores absolutos ou de imperativos categóricos são objetivamente obrigatórios para nós caso queiramos exibir bondade da vontade. E o terceiro tipo de resposta, às vezes chamada ética da admiração, é que a coisa certa a fazer refere-se a uma expressão autêntica do caráter do agente moral em questão. Nenhuma dessas fórmulas protofilosóficas exaure as possibilidades, nem é provável que alguma delas ajude realmente uma pessoa num dilema. Quem, ao aprender com Aristóteles que a virtude é um ponto médio entre dois extremos, veria seu dilema moral resolvido? Um leitor que ouça de um cético ético que termos morais são apenas expressões de sentimentos estará numa situação ainda pior do que antes.

Meu argumento, assim, é que a ideia da vida moral é essencialmente parte do nosso mundo europeu, tendo emergido da filosofia clássica e da mundanidade protestante com outras fontes, incluindo as várias correntes de pensamento hoje com frequência empacotadas juntas como o "Iluminismo". O que chama a atenção nesse desenvolvimento é o modo como nossa vida moral dissociou-se dos costumes e tornou-se uma espécie de tradição independente de experiência moral em paralelo àquelas outras fontes mais universais de ordem humana. A condição dessa especificidade é o sentido ocidental de individualismo, que se distingue das concepções sociais do costume e da religião, as quais também continuam a operar na vida ocidental. Tenho certeza de que aqueles que conhecem muito mais de outras culturas e civilizações que eu acharão absurdo este juízo, mas acho que vale a pena propô-lo como hipótese capaz de lançar alguma luz sobre aquilo que torna nossa forma de vida diferente das de outras culturas.

Claro que não estou sugerindo que não há elemento moral na experiência dos não europeus, mas apenas que o elemento moral como algo distinto do costume e da religião está muitissimamente mais desenvolvido entre os europeus. Não há dúvida, por exemplo, de que a ética confuciana tem muitos dos traços da nossa vida moral, e certamente há de maneira ainda mais vibrante um sentido de honra em operação nas deliberações dos que estão em terras confucianas do que entre nós. Porém, suspeito que o senso de honra esteja muito mais ligado ao papel social (como samurai, mandarim, pai, etc.) do que a um indivíduo distinto. O lado oposto desse argumento será encontrado nos filósofos ocidentais que pensam que os juízos morais meramente expressam formas de aprovação ou desaprovação generalizadas e que, se os fenômenos morais não têm mais substância do que isso, então de fato seria plausível integrá-los sem resquícios a atitudes religiosas e costumeiras. Nesse raciocínio, porém, sempre que eu falar da vida moral sem relativizá-la, estarei presumindo que ela envolve necessariamente o individualismo. Afinal, é do indivíduo autoconsciente como agente moral que surge o respeito de si europeu.

O indivíduo em torno do qual gira a vida moral é, se posso usar o vil jargão do momento, uma "construção". Não chegamos a ele naturalmente. Quando chegamos, com frequência interpretamos a vida moral como uma sucessão de problemas em que respondemos a circunstâncias (tal como entendidas nos termos de nossos sentimentos morais) pelo uso de regras. Agentes morais racionais levam em conta suas circunstâncias e consideram questões práticas nos termos de regras e de sentimentos morais que parecem apropriados. Claro que essa conhecida versão do agente moral é altamente abstrata. Certamente, a deliberação é uma atividade que enfatiza a mente numa medida inabitual, porque nossa experiência consciente costuma ser um tanto difusa. As melhores descrições da nossa vida interior, em geral, são aquelas dadas por filósofos céticos. Assim, diz Thomas Hobbes:

> Creio que os homens mais sóbrios, quando andam sozinhos sem cuidar da mente nem a empregar, não gostariam que a vaidade e a extravagância de seus pensamentos daqueles momentos fossem vistas publicamente; o que é uma confissão de que as paixões, sem guiamento, são em sua maioria apenas loucura.[6]

David Hume adota uma linha similar ao buscar alguma referência para a ideia de alma ou de eu. Ele julga que a introspecção não consegue revelar algo assim. Deixando de lado alguns metafísicos, ele observa com desdém:

> Posso ousar afirmar sobre o resto da humanidade que eles não são nada além de um grupo ou coleção de percepções diferentes, as quais se sucedem com rapidez inconcebível e estão em perpétuo fluxo e movimento. Nossos olhos não conseguem girar em suas órbitas sem fazer variar nossas percepções. Nosso pensamento é ainda mais variável do que nossa visão. [...] A mente é uma espécie de teatro, no qual várias percepções aparecem sucessivamente: passam, repassam, deslizam para longe e misturam-se numa variedade infinita de posturas e de situações.[7]

Geralmente, apresentamos ao mundo um personagem coerente e, na maior parte do tempo, dizemos palavras sensatas, mas essas coisas são construções de materiais muito rudimentares, as quais respondem à nossa percepção de uma plateia e exibem o reconhecimento treinado do que é são, sensato e aceitável. A "plateia" não precisa ser uma presença efetiva, e, para os crentes, ela é com frequência Deus julgando seus pensamentos e suas ações. Para Hegel, as disciplinas educativas exigidas das crianças nas escolas "libertam-nas" das sensações

---

[6] Thomas Hobbes, *Leviatã*, Parte I, cap. 8.
[7] David Hume, *Tratado da Natureza Humana*, Livro I, Parte IV, Seção 6, "Sobre a identidade pessoal".

arbitrárias e aleatórias da mente infantil.⁸ A escola e os costumes dão à maioria de nós alguns elementos de direção racional da mente, e aqueles a quem falta por completo essa disciplina na juventude, como a criança feroz que extraordinariamente cresceu até a maturidade sem contato humano, podem jamais recuperá-la. Em outras palavras, a vida moral sob aspecto nenhum é "natural" – é algo que aprendemos, e nos parece que ou a aprendemos numa das primeiras fases da vida ou nunca a aprendemos.

A vida moral inevitavelmente se encontra revelada nas explorações de caráter que fazemos toda vez que lemos um romance, porque o romance é o correlato estético da vida moral individualista que se desenvolveu nas terras ocidentais. Essa vida consiste do fluxo diário de pensamentos e de sentimentos à medida que navegamos nosso caminho em meio àquilo que Hobbes chamava de "apetites e aversões". Ao fazer isso, estamos dando sentido ao que nos acontece com interpretações que podem ir do sutil ao louco. A vida moral é Dom Quixote convencido de que os moinhos com que se deparava eram cavaleiros malvados, os quais devem ser afugentados. É Emma sentindo vergonha da maneira como tratou a pobre Srta. Bates em *Emma*, e Jim em *Lord Jim* pulando do navio. É Merton Densher e Kate Croy em *The Wings of the Dove* [*As Asas da Pomba*] usando Milly Theale para seus próprios fins e descobrindo os efeitos destrutivos que pode ter essa corrupção moral. Os romancistas tratam de momentos dramáticos que aparecem com muito menos frequência na vida cotidiana, mas capturam o modo como a moralidade é um aspecto do fluxo contínuo das nossas experiências e ações. Com frequência, pensamos que a vida moral nos apresenta problemas para resolver,

---

⁸ "A necessidade da educação está presente nas crianças como sua própria sensação de insatisfação consigo mesmas tal como são, como o desejo de pertencer ao mundo adulto, cuja superioridade adivinham, como o anseio por crescer." *Hegel's Philosophy of Right*. T. M. Knox (ed. e trad.). Oxford, Clarendon Press, 1952, parágrafo 175.

mas, na verdade, na maior parte do tempo, fazemos a coisa certa (ou deixamos de fazer) segundo as luzes que recebemos de costumes e hábitos. É por isso que a vida moral às vezes foi entendida como uma "linguagem" de prática que a maioria fala fluentemente, embora às vezes surjam ocasiões em que não sabemos muito bem o que "dizer" ou fazer. Nesses momentos, temos um problema ao qual podemos responder deliberadamente, processo no qual aparece a "moralidade" como conjunto coerente de maneiras de resolver problemas morais.

A vida moral consiste, então, em fazer a coisa certa, naquela arena intermediária em que geralmente não se aplica nenhuma sanção jurídica e também na qual não está em questão a elegância dos modos. Trata-se, em uma formulação, de uma questão apenas de seguir as regras apropriadas, mas seguir regras morais é uma atividade complicada. Por que é tão difícil? O motivo é que as circunstâncias em geral nos tentam a fazer a coisa errada porque ela dá um prazer ou uma vantagem que as regras ou nossos sentimentos proíbem. Evadir essas regras ou sentimentos com frequência nos leva a interpretar o mundo segundo a conveniência, e não segundo o dever. Comumente se diz que todas as vidas políticas terminam em fracasso; analogamente, é difícil não pensar que as vidas morais não apenas são um desafio, mas também um desafio em que, a longo prazo, sempre fracassamos. Uma poderosa tradição psicanalítica adota a perspectiva de que a civilização nos impõe fardos quase intoleráveis. Mal chega a surpreender, portanto, que se abra uma lacuna entre o desejo interior e a exibição exterior, e que possamos fazer a coisa errada, mas esconder o fato de que a estamos fazendo ou ao menos esconder nossas verdadeiras motivações por trás de alguma fachada respeitável.

Um valor da conduta moral nas vidas que levamos é que ela ordena nossas vidas de modo que podemos confiar em outras pessoas, e outras pessoas em nós. Essa é uma base extremamente valiosa para esforços cooperativos na vida social. A expectativa confiante das respostas dos outros configura a base de grande parte do empreendedorismo que distingue nossas culturas. Independentemente de seus defeitos, o mundo moral pode ser considerado um sucesso na medida em que conseguimos levar vidas ordenadas e realizadas. Porém, com frequência estamos preocupados de modo excessivo com a medida em que as pessoas não conseguem estar à altura das nossas expectativas, sem entender o quanto outras sociedades não passam nesse teste de maneira tão dramática. O motivo pela qual elas não passam é, em parte, o fato de não terem a nossa ordem *civil*, a qual se baseia em fundamentos morais. A liberdade da nossa vida cívica nos permite um espaço em que ficamos amplamente abrigados de interferências despóticas arbitrárias e casuais, o que firma nossa prática de deliberação moral. Porém, como ela inevitavelmente tem suas falhas, é compreensível que muita gente sonhe com um jeito melhor – uma forma de vida social que evite as falhas da virtude que não conseguimos evitar. Essas falhas, porém, são o preço que pagamos pela liberdade, a qual, portanto, é logicamente incompatível com a perfeição.

Uma vida moral disciplinada não é obtida facilmente. A educação moral é um processo de evoluir de uma condição de egocentrismo, em que somos meras vítimas de impulsos, para uma condição em que reconhecemos traços objetivos da nossa situação. Como diz Adam Smith, o homem deseja não apenas ser elogiado, mas também ser digno de elogio, para o qual "devemos nos tornar espectadores imparciais de nosso próprio caráter e conduta".[9] Esse espectador tem o efeito de corrigir o empuxo constante para a autoparcialidade na vida humana. Num linguajar religioso, Deus pode ser para muitas pessoas o espectador em cujos termos elas interpretam sua experiência moral, mesmo quando fazer a coisa certa não é entendido como obedecer à lei divina. Platão diz a mesma coisa em sua história do homem invisível que, com sua conduta nefanda, mata um rei, seduz a rainha e

---

[9] Adam Smith, *The Theory of the Moral Sentiments*. Indianapolis, Liberty Classics, 1969, Parte III, cap. 2, p. 208-09.

toma um reino porque pode fazer essas coisas com a furtividade da invisibilidade.[10] Em outras palavras, a vida moral desenrola-se num palco que inclui espectadores tanto visíveis quanto invisíveis.

Na vida moral, portanto, somos desafiados a atingir o tipo de vida em que somos capazes de manter um personagem que seja tanto bom em si quanto possa ser digno da confiança dos nossos associados. Os seres humanos entendem-se como criaturas que podem e que muitas vezes devem resistir moralmente ao chamado da tentação, a qual pode ser entendida como uma débil propensão da vítima a algum estímulo externo. O dinheiro na caixa registradora aberta é roubado, a menina bonita que você encontra é bolinada, uma tarde de sol significa que o trabalhador foge para ver o jogo de futebol, e daí por diante. O mafioso que viola o código de silêncio ao ser preso espera o ganho de curto prazo de ser libertado do confinamento. Porém, exatamente esse mafioso ilustra o argumento de que a vida moral é praticamente universal entre nós. Um famoso capo siciliano preso em 2007 teria escrito um conjunto de mandamentos morais, como dizer a verdade aos associados, evitar seduzir as esposas dos outros e respeitar sua propriedade. Um mandamento, claro, não é a mesma coisa que uma regra, mas esse exemplo ilustra muito bem o argumento afirmado por Sócrates ao falar com Trasímaco, a saber, que até mesmo um bando de ladrões precisa agir moralmente.[11] O defeito das associações criminosas é a faixa sobre a qual a boa conduta opera.

Os gregos entendiam esse elemento da vida moral como a distinção entre a autonomia moral de um ser humano real (isto é, racional), de um lado, e um caráter de escravo, de outro. A essência do escravo era que ele só poderia cumprir seus deveres caso fosse observado e não trabalharia sem incentivos, ao passo que se poderia confiar que o

---

[10] *República*, Livro II, 359d.
[11] *República*, Livro I, 351.

cidadão livre cumpriria seu dever sem ser supervisionado. Como mera criatura de suas circunstâncias, o escravo, nesses termos, sequer chega a contar como agente moral. A corrupção (aceitar ou pedir suborno, por exemplo) é, portanto, uma expressão do caráter de escravo. Os autores antigos, como Políbio, não tinham dúvidas de que a força da Roma republicana resultava do fato de os romanos levarem muito a sério seus juramentos, inclusive os juramentos obtidos sob coação, como quando Cipião forçou os romanos, na ponta da espada, a jurar a continuar lutando após serem derrotados por Aníbal em Canas.[12] De modo análogo, os grandes heróis morais, como Thomas More e Martinho Lutero, são aqueles que permaneceram firmes, mesmo arriscando as próprias vidas. Porém, nesses exemplos, resvalamos no conhecido erro de identificar a vida moral com o rigor de certas versões dela amplamente admiradas.

Uma entre inúmeras complexidades da vida moral é que as regras, por serem abstratas, podem estar em conflito umas com as outras, e que exibir uma virtude pode nos impedir de exibir outra. Os filósofos reconhecem que identificar "a coisa certa" a fazer pode perfeitamente depender de como ela é descrita. É possível jogar muitos jogos divertidos imaginando se o seu dever cívico deve sobrepujar a lealdade à família ou aos amigos. Porém, explorar descrições concorrentes do mesmo tipo de ato é com frequência um modo de introduzir a realidade moral nas situações complexas a que devemos responder. Certamente, obedecer às regras pode levar a exibir um vício, e as exigências da virtude podem exigir que violemos alguma regra moral. Esses problemas surgem porque as motivações humanas e as situações sociais

---

[12] Questão essa de interesse central para Maquiavel. Ver *Discursos*, cap. IX. Políbio discute a religião romana no Livro VI de *The Rise of the Roman Empire*, trad. Ian Scott-Kilvert, Penguin Books, 1979, p. 349, no qual escreve que "[...] o fenômeno mesmo que entre outros povos é considerado motivo de censura, a saber, a superstição, é na verdade o elemento que mantém unido o Estado romano."

são complexas. Em algumas experiências concretas, o admirável e o vil podem estar combinados quase inextricavelmente.

Um único aspecto dessa complexidade é que as atitudes morais ocidentais conseguem incluir a admiração até mesmo pelos maus, se os maus forem grandiosos ou heroicos. O Satanás do *Paraíso perdido* de Milton é um exemplo disso, e até mesmo o sedutor Don Juan pode ser considerado uma figura moralmente ambígua. Devemos admirar mais um pecador com remorsos ou um pecador obstinado que peca com exuberância? Depende, sem dúvida, do pecado e da personalidade. Porém, esse contraste entre o submissamente bom e o heroicamente mau é uma dimensão de ambiguidade de nosso entendimento moral retomada pela visão de Nietzsche, de que a moralidade é uma conspiração de padres. Em certos estados de espírito, ele pensa que as regras morais derivadas do cristianismo predominantes na Europa expressam a moralidade do rebanho. É nessas elevadas especulações filosóficas que pessoas simples perdem o contato com a realidade, como fizeram Loeb e Leopold, dois estudantes de Chicago que leram mais Nietzsche que seus pequeninos entendimentos conseguiam absorver e optaram pelo homicídio como ato de bravura de elite.[13]

Nietzsche deplorava a moralidade, mas achava que ela tornava o homem um animal interessante. Presumimos que os animais não deliberam; eles simplesmente fazem o que vem naturalmente. Os seres humanos podem escolher porque têm uma qualidade que se costuma chamar de "livre arbítrio". Eles escolhem, e, nessas escolhas, o dever com frequência é mais doloroso que a inclinação. Isso às vezes leva à pergunta: "Por que se deve ser moral?". Se a pergunta presume algum conjunto particular de regras morais ou de virtudes admiradas, então ela provoca um tipo de resposta, mas, se pergunta se devemos participar da vida moral como a descrevo, então a resposta

---

[13] Esse acontecimento tornou-se a base da peça *Rope* [*Corda*], que, por sua vez, tornou-se um filme de Alfred Hitchcock.

é simplesmente que não temos escolha. Somos indivíduos cujas vidas interiores estão inextricavelmente envolvidas com sensações de obrigação e de compulsão. Pode ser, como sugerem os psiquiatras, que existam algumas pessoas, chamadas de "psicopatas", totalmente desprovidas de senso moral e que desconhecem "a natureza e a qualidade do seu ato", como dizia a antiga definição de insanidade, mas elas devem existir em número muito raro. O comportamento delinquente ou supostamente imoral com frequência responde a admirações morais altamente excêntricas. Os governos periodicamente fazem campanhas de relações públicas projetadas para desencorajar os governados a jogar lixo na rua. Contudo, já se reportou que, em certos círculos adolescentes, a disposição de jogar o lixo na lixeira é considerada conformista e "boiola". Nenhum jovem que se preze será visto fazendo isso. Gangues, modas e grupos de pares são fontes de variações excêntricas, de vida normalmente breve, e muitas vezes deplorável, a respeito daquilo que é certo fazer. Em sociedades tradicionais, talvez não chegue a ser impossível gerar quase uma uniformidade de prática, mas, numa sociedade individualista como a nossa, isso não pode ser feito. Hobbes reconhecia isso ao afirmar que, nos modernos Estados europeus, é impossível que haja acordo quanto a um *summum bonum*, ou bem supremo, embora a maioria dos homens talvez concordasse quanto a um *summum malum*, ou mal supremo, que, como vimos, era a morte violenta.

Dissemos que cumprir o dever costuma ser doloroso, e a estrutura inteira da lei e da moralidade pode ser vista como um ônus que a civilização atribui a criaturas que evoluíram ao longo de milhões de anos a partir de condições muito diversas. Os indivíduos tornam-se seres morais em parte como resultado de experiências dolorosas – recusas, decepções, frustrações, tapas, berros, etc. Admirações ou "reforços positivos" obviamente também fazem parte desse desenvolvimento. A punição é o recurso básico da aplicação de regras jurídicas e morais, e os europeus adquiriram um senso moral como resultado de séculos de aplicações muitas vezes brutais de alguma versão da coisa certa a fazer. Quando punimos as pessoas por crimes, presumimos que a pessoa punida é a mesma que transgrediu – e forçamos esse pressuposto aos punidos. De fato, temos na vida moral engrenagens para reconhecer o arrependimento e o remorso, mas também olhamos os alicerces morais das transgressões e julgamos os transgressores segundo seu histórico. Aqui nos deparamos com outra resposta moderna à vida moral, que costuma ser associada a Sigmund Freud. Essa resposta afirma que as sociedades modernas são essencialmente repressoras, e que todo o aparato de condenação e de punição deveria ser trocado por maior compreensão, na verdade, idealmente, por formas de terapia. Trata-se, como veremos, de uma opinião que tem influência sobre nossas práticas atuais.

Em geral, sentimos que a vida moral é um ônus, e certamente foi assim que as pessoas se sentiram em tempos pregressos, especialmente nos primeiros séculos da era cristã, quando uma interpretação particularmente severa da doutrina do pecado original estava em voga. Porém, perto do fim do período medieval na Europa, surgiu uma nova disposição, a partir da qual muitas pessoas entendiam a escolha moral menos como ônus do que como oportunidade. Essa mudança está no coração do surgimento do individualismo que logo discutiremos, mas, por ora, estou interessado em outro traço da vida moral da maneira como ela se desenvolveu naquela época: isto é, que ela é profundamente controvertida e até mesmo casuística.

Ela pode oferecer a algumas pessoas as delícias de uma especialização altamente sofisticada. Ela nos incita a refletir, e para algumas pessoas esse tipo de alta seriedade será antes um prazer que um ônus. Certamente, será uma grande fonte de sutileza intelectual na vida de qualquer pessoa. Os personagens de romances de autores como Joseph Conrad e Henry James com frequência raciocinam moralmente com virtuosismo. A protagonista do romance *Confidence* [*Confiança*], de James, pode achar a virtude "um tédio", mas seu jovem namorado limita-se a erguer as sobrancelhas maravilhado diante da ideia. O raciocínio moral pode surgir em lugares notáveis. Bertie Wooster acaba de ser convidado para jantar com um homem que o julgou mal, mas agora descobriu seu equívoco. Wooster diz que considera o convite:

> "A *amende honorable*, senhor?", perguntou Jeeves.
> "Eu ia dizer 'ramo de oliveira'."
> "Ou ramo de oliveira. [Jeeves continua] Os dois termos são praticamente sinônimos. Talvez eu me inclinasse pela expressão francesa por considerá-la ligeiramente mais exata nessas circunstâncias – trazendo, como traz, a implicação de remorso, do desejo de restituir. Porém, se o senhor prefere a expressão 'ramo de oliveira', certamente deve usá-la."
> "Obrigado, Jeeves."[14]

O problema com a vida moral é que a moralidade é um impulso tão forte da natureza humana que quase todo tipo de conduta pode ser moldado como algum tipo de moralidade que responde àquilo que, de maneira geral, algumas pessoas inclinam-se a admirar. Vimos que esse é o objetivo de haver um bando de ladrões, como diz Sócrates no Livro 1 de *A República*. Malvados como sem dúvida eram aqueles ladrões, sua associação necessariamente devia basear-se em alguma forma de justiça; do contrário, eles não seriam mais que uma turba desordenada. Vemos a mesma coisa na admiração de Santo Agostinho pelas virtudes dos romanos, cuja força moral deveria ser admirada apesar de ele acreditar que ela se fundamentava em crenças falsas.[15] Nietzsche detestava a moralidade burguesa de sua época, mas poucos homens envolveram-se mais apaixonadamente nas questões da vida moral.

---

[14] P. G. Wodehouse, *Thank you, Jeeves*. Londres, Arrow Books, 1934/1987, cap. 11, p. 92-93.

[15] Para uma excelente discussão das visões morais de Agostinho, ver Charles Norris Cochrane, *Christianity and Classical Culture: A Study of Thought and Action from Augustus to Augustine*. Amagi, Liberty Fund Indianapolis, 1940/2003, especialmente o cap. 11.

Como muitos tipos de condutas podem ser moldados como alguma espécie de sistema moral, as admirações e as aprovações morais nunca parecem ficar no lugar. É preciso admitir que há um elemento de modismo na maneira como elas mudam de uma geração para outra. Certamente, o século XX ofereceu uma febre positiva de revisão moral. A maioria das sociedades considerava o sexo um impulso que provavelmente perturbaria a boa ordem da sociedade e que, portanto, demandaria um controle estrito, mas o século XX em grande parte varreu para longe esse medo. A sexualidade como resposta ao desejo é hoje considerada um impulso natural que não deve ser frustrado nem negado, a menos que traga o risco de perigosas consequências, como doenças e aborto, e, às vezes, nem neste caso. Essa convicção básica está no cerne de muitas das revisões morais da nossa época. A liberação homossexual e a maior facilidade de divórcio também foram consequências dessa nova ideia. Expressando essas mudanças numa terminologia antiquada, podemos dizer que os pecados da intemperança ficaram bem menos ofensivos, mas os pecados do orgulho (especialmente coletivo ou de casta) foram ainda mais apaixonadamente rejeitados por violarem o princípio da igualdade.

As muitas mudanças no sentimento moral (e, com frequência, também na aplicação legal) durante o século XX foram acompanhadas (mas não creio que causadas) por um aumento das crenças no relativismo moral. Essas crenças foram promovidas apenas em parte por um intenso interesse nas variações de prática moral encontradas entre os vários habitantes do nosso planeta. O relativismo moral no linguajar "vale tudo" fez parte da rejeição de qualquer forma de opressão, parte do espírito igualitário. Uma vez que a conduta moral perdeu sua ancoragem no costume ou na religião, muitas pessoas afirmaram, em bases bastante gerais, que ninguém tinha o direito de impor a "sua" moralidade a qualquer outra pessoa; cada qual deve decidir por si. A moralidade, poder-se-ia dizer, foi expulsa do varejo e virou uma atividade caseira.

Pode-se imaginar que esse dinamismo moral teria instilado a propensão a fazer declarações grandiosas de justiça moral, mas aconteceu o oposto. Nenhuma ilusão foi mais poderosa na história humana do que a crença de que nós, em nossa época esclarecida, enfim chegamos ao verdadeiro entendimento da moralidade. Nem o relativismo popular de hoje em dia nos poupou de sucumbir a ela. Com base nessa ilusão notável, os governos vêm adotando programas internacionais de direitos e instituições sociais em Estados democráticos liberais implementando regras e práticas que pretendem aplicar desejabilidades morais obrigatórias, como o tratamento igual de todos e formas politicamente corretas de relacionamento social. O poder da ilusão da universalidade atemporal se originou de outra convicção, não menos notável: a saber, a crença de que, ao realizarmos as mudanças que realizamos, estamos triunfando racionalmente sobre os preconceitos e as superstições de eras pregressas. Assim, combinamos uma retórica de direitos e de liberdades e uma realidade de engenharia de atitudes. O resultado é um poderoso projeto moral de relaxar as sanções punitivas do passado – o bastão do professor, a palmada dos pais, a pena de privação de liberdade do magistrado, o moralista falando em autocontrole – em favor de um programa que enfatiza o envolvimento comunitário e o entendimento racional como maneiras de chegar às "raízes" do mau comportamento. Se essa tentativa de "negociar" a ordem moral foi um sucesso ou um fracasso, trata-se de uma pergunta a que só o tempo pode responder.

Ao insistir no caráter ilusório de nossa imaginada superioridade em relação à posição moral que herdamos do passado, não estou assumindo uma posição a respeito de algumas estruturas morais serem melhores que outras. Não estou nem mesmo negando que alguns princípios morais, ou ao menos algumas formulações deles, possam ser candidatos plausíveis a universais e a absolutos. Contudo, não há como negar que as sociedades humanas são imensamente variáveis em seus sentimentos morais e que muitos desses sentimentos respondem a circunstâncias locais, e por isso não é fácil compará-los, se é que é possível chegar a fazer qualquer comparação razoável entre práticas concretas. Boas vidas de um tipo ou de outro são possíveis sob várias "moralidades" diferentes. Certamente, é verdade que a convicção popular da nossa época de que nossos antepassados sofriam de preconceito e de superstição, e que nós passamos aos pacíficos pastos da razão, é uma convicção que faria os céticos de épocas pregressas darem gargalhadas.

E com razão: um notável paradoxo da vida ocidental do século XXI é que, enquanto nossos sentimentos morais tendem a seguir o princípio de "vale tudo", a vida institucional nunca foi tão ferrenhamente controlada. A tolerância é a virtude liberal fundadora, mas a encrenca espreita ao menor sinal de atitudes que possam ser descritas como racistas, sexistas, discriminatórias, xenofóbicas ou homofóbicas – bestiário ao qual os acréscimos não cessam. A intolerância é considerada a mãe fértil dos vícios. Deve haver liberdade de expressão, mas não da expressão discriminatória. Os direitos crescem em cada canto da vida, mas cada libertação que adquirimos intensifica a marcha da regulamentação.

Há uma solução para esse paradoxo, a qual exploraremos mais a fundo depois. A solução vem do fato de que a estrutura punitiva que aplicava a lei e a moralidade no passado foi rejeitada por ser considerada tanto repressora quanto ineficaz. Assim como muitos traços formais de traje e de etiqueta foram relaxados, também vemos que a aplicação estrita das regras morais foi liberalizada. De Freud e de outros, adquirimos a ideia de que, se as pessoas pudessem expressar seus sentimentos, e entender melhor a razão das regras e das formas, então os dispositivos ordenadores repressivos do passado – destacando-se a punição e a autoridade, mas também a própria moralidade – seriam desnecessários. Se as pessoas pudessem expressar com sinceridade seus sentimentos, talvez aprendessem a lidar com eles racionalmente, e, portanto, aprenderiam a lidar com outros membros da sociedade.

Os seres humanos, assim, encontram sua máxima felicidade nessa acomodação com seus semelhantes. Desse modo, conseguiremos chegar ao sonho imemorial de combinar espontaneidade e boa ordem social. Um projeto desse tipo notável parece estar por trás de muito daquilo que, sob outros aspectos, é desconcertante nas crenças morais da nossa época.

3. UM CONTEXTO DA VIDA MORAL

A democracia e a vida moral andam juntas, em princípio, porque cada uma delas é um elemento da liberdade de que gozamos. A democracia é o sistema político da liberdade porque é um autogoverno: o povo governa a si mesmo, sem estar submetido a um déspota. Analogamente, na vida moral, cada indivíduo move a si mesmo no sentido de que ninguém é seu senhor. Todos governamos a nós mesmos e enfrentamos as consequências. Essa autonomia não exclui diversas situações em que o dever do agente é obedecer a outra pessoa, mas, após a tutela da infância, toda subordinação resulta da escolha e é funcional em relação a algum propósito acordado. No mundo clássico, como disse Hegel, alguns eram livres, mas hoje todos somos livres, todos somos agentes morais com movimento próprio.[16] E a agência moral, venho sugerindo, é o fluxo de sentimentos interiores que nos parecem obrigar a fazer a coisa certa, e aos quais inevitavelmente respondemos ao passar pela vida. Porém, precisamos dizer algo mais a respeito do caráter moral dessa experiência.

---

[16] "A história mundial é o progresso da consciência da liberdade – um progresso cuja necessidade nos cabe compreender. [...] Os orientais sabem que apenas um é livre, os gregos e os romanos sabiam que alguns são livres, e nosso conhecimento é que Todos os homens como tais são livres, e que o homem é por natureza livre [...]." Hegel, *Lectures on the Philosophy of World History: Introduction: Reason in History*. Trad. H. B. Nisbet. Cambridge University Press, 1975, p. 54.

Originada do latim *mos*, que também nos dá o inglês "*mores*",[17] a moralidade ganha vulto com a ideia de uma conduta costumeira a guiar nossas vidas. E, no que diz respeito à maioria dos seres humanos, o costumeiro (como vimos) quase sempre foi a coisa certa a fazer. A questão, quanto ao costume, é que ele costumava ser associado à religião, que proporciona toda a autoridade de que o costume pode precisar para "parecer certo". O costume geralmente se baseava tanto na sanção divina quanto naquilo que Burke denominava "prescrição". Era aquilo que se faz, e aquilo "que não se faz". Em terras muçulmanas, o direcionamento vem do Corão, das tradições do Profeta, da xaria, com uma variedade considerável de formas locais de vida. Em grande parte, parece que fazer a coisa certa neste mundo é uma questão de conformar-se a alguma estrutura particular de tradição, e fazer a coisa errada é desviar-se dela. Obediência e desobediência são as ideias-chave. De maneira análoga, na cultura confuciana, prescreviam-se condutas para vários papéis sociais, do imperador à irmã mais nova de uma família. Na sociedade hindu, complexas distinções de casta geram uma atribuição geral de deveres. São casos daquilo que os sociólogos comumente agruparam como sociedades "tradicionais", em contraste às sociedades modernas do ocidente. Nesse mundo tradicional, um senso marcado de "moral" seria muito fugidio. Uma ação correta seria o que quer que tivesse aprovação religiosa e social, sem demandar nenhuma justificativa adicional. A moral poderia ser pouco mais do que alguma variação individual na distribuição das virtudes que cada pessoa leva a seus encontros com os outros.

Na experiência ocidental, sugiro que o aspecto moral das coisas tem sido peculiarmente capaz de desemaranhar-se tanto da religião quanto do costume. Sócrates celebrizou-se por propor a questão "Como devo viver?" e por recusar-se a respondê-la nos termos do

---

[17] Usos, costumes. (N.T.)

costume local, ou (o que equivale à mesma coisa) daquilo que a maioria das pessoas pensa. Sócrates afirmava que a investigação racional não era apenas uma preparação para a conduta correta, mas era ela própria o começo da vida moral. A famosa história do oráculo de Delfos que declarou que ele era o mais sábio dos homens tornou-se a base para que declarasse que se tratava de uma *tábula rasa*, ou espaço vazio de crenças costumeiras a respeito da conduta. Tudo, incluindo histórias sobre os deuses, podia ser considerado racional. Como filósofo, o Sócrates platônico, sábio por saber que nada sabia, recusava-se a aceitar a autoridade da religião e do costume. Um bom homem pode ver-se em desajuste com os costumes, com os deuses e até mesmo com sua própria cidade, posição dramatizada nos acontecimentos que levaram a seu próprio julgamento e condenação nas mãos do tribunal ateniense. Em *Crito*, Sócrates explica que, caso fugisse de Atenas para evitar o julgamento e a condenação, teria traído o compromisso de toda uma vida com sua cidade. Esse foi um juízo que podemos perfeitamente chamar de "moral" porque se baseava na ideia de que uma boa vida deve ser coerente, mas certamente não estava de acordo nem com o costume nem com os mandamentos divinos. Eis aqui um questionamento dramático, aliás autodramatizante, das ideias dominantes a respeito de como se deve viver. Talvez qualquer vocabulário que descreva os modos e a conduta possa provocar o tipo de atrito semântico de que uma concepção nova e crítica de uma moralidade pudesse surgir, mas aqui, na carreira única de Sócrates, encontramos uma iluminação moral notável. A carreira e a filosofia de Sócrates, ela própria emergindo de uma tradição filosófica já estabelecida, deram a esse acontecimento um destaque que fez rolar a bola moral do pensamento europeu.

Talvez o cristianismo primitivo pareça oferecer pouca base para ideias independentes do que é certo, mas na verdade se tornou uma grande fonte dessas ideias. Para começar, o cristianismo precisou entrar em diálogo com o pensamento grego e romano, processo no qual se tornou uma religião enredada com a filosofia. Isso inclinou os primeiros cristãos notavelmente à discussão, estando propensos a disputas internas e externas. Contudo, a distinção cristã entre a vida secular e a sagrado sugeria a possibilidade não apenas de padrões diferentes, mas também de um conflito de autoridade entre eles. A revelação cristã básica foi a de um reino não deste mundo, que indicava um dualismo, que se tornou clássico nas duas cidades de Santo Agostinho. Ser cristão era pertencer tanto à *civitas dei* quanto à *civitas terrena*. No fim da Idade Média, irrompiam periodicamente tensões entre o ensinamento sacerdotal da paz e o entusiasmo dos nobres feudais pelo conflito armado.

A estrutura dualista do pensamento cristão teve o efeito de facilitar a emergência de ideias morais independentes no mundo secular, uma moralidade que acabou por entrar em conflito direto com a autoridade religiosa. Nas repúblicas da Itália medieval, um amor pela própria cidade poderia estar em conflito com o foco cristão na salvação individual. Maquiavel admirava uma época em que os cidadãos "preferiam o bem do país a consolações fantasmais".[18] Com o Renascimento, surgiram na Itália uma eflorescência de individualidade e, ao longo do primeiro período moderno, a criação de modos de conduta e de governo que deram (como veremos depois) à individualidade um lugar reconhecido no governo das sociedades modernas. Outro elemento na emergência desse pluralismo foi o fato de que a palavra de Deus como expressa pelo clero veio a ser questionada pela luz interior da consciência tal como percebida por muitos fiéis.

Assim, num mundo individualista, a moral pode ficar em pé de igualdade com a religião e o costume; de fato, à medida que nos

---

[18] Machiavelli, *The History of Florence*, Felix Gilbert (ed.). Nova York, Harper & Row, Livro III, cap. 2 ("...*tanto quelli cittadini stimavano allora piu la patria che l'anima*"). [No texto de Minogue, traduzo a partir da versão inglesa indicada, mas o texto italiano sugere que "os cidadãos então estimavam mais a pátria que a alma" (N.T.).]

aproximamos do mundo moderno, parece cada vez mais provável que novas versões da moralidade passem a guiar toda a conduta europeia. Por ora, porém, nosso foco está na própria vida moral como aspecto da nossa experiência consciente e autoconsciente. Dissemos que a vida moral se localiza naqueles sentimentos de obrigação e de dever que nos impelem a fazer a coisa certa. Um problema refere-se a como distinguir esse senso moral da imensa variedade de outras compulsões interiores vivenciadas por todos.

A obrigação que sentimos de obedecer à lei local, por exemplo, sobrepõe-se aos nossos sentimentos morais sem se identificar com eles. O império da lei, é claro, é uma das grandes realizações do ordenamento racional de uma sociedade humana. Em sociedades despóticas, os seres humanos veem-se sofrendo por caprichos, e a única resposta é um arraigado receio de que tudo tem a ver com governantes e com suas arbitrariedades. Porém, nas democracias liberais ocidentais, o cumprimento da lei é algo que internalizamos de tal maneira que raramente nos sentimos constrangidos pelas exigências da lei. Podemos supor que, sem essa condição relaxada de confiança civil, a vida moral não desempenharia um papel tão importante na maneira como conduzimos nossas vidas. Onde a ordem civil é fraca, o senso do dever cede a um oportunismo de curto prazo, como aconteceu em muitos Estados africanos contemporâneos.

Outra vez, muitas compulsões surgem de nosso envolvimento com superiores, que devemos agradar para não perder o emprego, para não ser reprovado num teste ou para não enfrentar algum outro freio ou frustração de nossos desejos – toda a gama de compulsões que Kant chamava de "imperativos hipotéticos". Aprendemos com a experiência que é melhor não expressarmos certas opiniões nem nos entregarmos a certas ações, ou sofreremos consequências que acharemos desagradáveis. Uma regra de conduta ditada pela necessidade de agradar os superiores é umas das formas centrais de servilismo e de corrupção encontrada quase universalmente em Estados despóticos.

Por sua vez, uma prudência cuidadosa às vezes facilita as relações sociais, e decidir qual linha de conduta seria apropriada compreende uma aguda questão moral.

Outro conjunto de compulsões nasce da conformidade com o conjunto de modos corrente em nosso círculo. Não devemos sair correndo de uma sala na frente de uma senhora nem usar linguagem vulgar numa ocasião formal. Manuais de boas maneiras de séculos anteriores nos apresentam um mundo totalmente distinto de tosses e flatulências, muito distante das compulsões refinadas da nossa própria época. Se você assoar o nariz, como notava Castiglione em seu conselho aos cortesãos, não deve examinar o conteúdo do lenço "como se nele houvesse rubis". A própria palavra "compulsão" foi domesticada na linguagem da psiquiatria e sugere que, quanto mais neuróticos formos, mais estaremos escravizados por compulsões vindas de nossas obsessões, fobias e ansiedades. A superstição nos diz para não passar debaixo de escadas e para não receber treze convidados.

A obrigação moral pode, portanto, ser especificada negativamente dessa maneira. Ela é um sentido de obrigação que pode independer da religião, do costume e da necessidade prática que sentimos, embora qualquer uma desses possa estar envolvido nela de maneira contingente. Esse sentido tão desamarrado daquilo que é certo depende diretamente de nossas aprovações e admirações por tipos de atos. Pode ser que possamos levar essa explicação um estágio adiante e descobrir que nossas aprovações e admirações baseiam-se em fundamentos objetivos, como racionalidade, felicidade, justiça, dever e direitos, ou alguma outra concepção. Acho que podemos dizer, com alguma confiança, que nenhuma fundação como essa já foi estabelecida pelos filósofos, mas gosto da ideia mesma de que ela talvez seja possível, e certamente vale a pena discuti-la. Aqui, como acontece muitas vezes, viajar pode ser melhor que chegar. O recuo para um mero relativismo moral em nossa época é certamente um sintoma de superficialidade e de obtusidade.

No começo do século XX, os expoentes do relativismo ético alegremente reuniram toda uma antropologia de variações morais. A monogamia cristã deveria ser contrastada com a poligamia muçulmana, e descobriu-se que os esquimós tinham costumes notáveis que envolviam os maridos hospitaleiramente oferecendo as esposas para o prazer de seus convivas. Em outra parte da floresta, os ideólogos ao mesmo tempo reduziam as regras morais a formas de falsa consciência que funcionavam apenas para facilitar a dominação das mulheres pelos homens, dos proletários pelos burgueses, do sistema capitalista pelos judeus e outras opressões. Essas doutrinas vieram a constituir uma grande parte da sofisticação intelectual das classes com estudo no século XX e solaparam o sentido de obrigação moral absoluta que outrora fora tão valorizado como condição de um mundo ordenado. O ceticismo moral chegou até mesmo a ser apresentado como um importante avanço do pensamento moderno, um triunfo sobre os preconceitos e as superstições do passado. Porém, aquilo que em grande parte foi o mesmo debate já era uma questão animada desde Sócrates e dos sofistas. Poucas coisas são mais destrutivas do que a pseudossofisticação em moralidade, ideias das quais só se pode dizer aquilo que R. G. Colingwood afirmou do realismo que tanto detestava na Oxford da primeira metade do século XX:

> Se os realistas quisessem ter treinado uma geração de ingleses e de inglesas expressamente como otários potenciais de cada aventureiro da moral ou da política, do comércio ou da religião, que apelasse a suas emoções e lhes prometessem ganhos privados que ele nem poderia proporcionar-lhes nem sequer tencionasse proporcionar-lhes, seria impossível que se descobrisse jeito melhor de fazer isso [...].[19]

Colingwood estava longe de ser o único filósofo de seu século a desesperar da moralidade. G. E. Anscombe afirmava que a moralidade na vida contemporânea era uma herança religiosa de um tempo

---

[19] R. G. Collingwood, *Autobiography*. Oxford University Press, 1939, p. 48-49.

anterior e que ela dependia de leis de uma fonte não mais levada a sério. "A palavra 'deve'", escrevia a Srta. Anscombe, "tendo se tornado uma palavra de pura força hipnotizante, não poderia, por ter essa força, ser inferida de coisa nenhuma [...] [e termina como] uma palavra que guarda a sugestão da força, capaz de ter um forte efeito psicológico, mas [...] não significa mais um conceito real de maneira nenhuma [...]".[20] A Srta. Anscombe sugeria que deveríamos abandonar por completo a ideia de moralidade, algo que vem acontecendo, pouco ao pouco, pela civilização ocidental. O próprio termo "moral" convida ao escárnio, sugerindo uma pregação em favor de algum conjunto de prescrições, muitas vezes identificado como o vício do dogmatismo. Contudo, a vida moral (como venho afirmando) é inescapável, e os políticos que nos prescrevem condutas desejáveis (como veremos) com frequência recebem uma quantidade um tanto impressionante de atenção respeitosa.

4. UMA ESTRUTURA DA VIDA MORAL

Temo que nossa última seção tenha se tornado uma espécie de prolegômeno, embora necessário, da resposta da questão apresentada: qual é a estrutura da vida moral? Apresentemos, portanto, a questão de novo. Como todas as práticas humanas, a vida moral assume várias formas, mas já deve estar claro que ela não pode ser simplesmente resolvida numa situação em que um agente moral encontra um problema e o resolve seguindo (ou não) uma regra ou buscando um ideal. Num ato moral concreto, muitas coisas acontecem simultaneamente. O agente moral conforma-se a uma regra, mas, ao segui-la, revela o tipo de caráter que tem, ou que é. A ideia de caráter é de algo

---

[20] G. E. M. Anscombe, "Modern Moral Philosophy". In: *Ethics, Religion and Politics: The Collected Philosophical Papers of G. E. M. Anscombe*. Oxford, Basil Blackwell, 1981, vol. 3. p. 32.

contínuo ao longo do tempo, que pode ser interpretado como uma espécie de essência ou como um conjunto de disposições "possuído" por algum elemento supostamente superior de agência.

Ao reconhecermos essa complexidade, costumamos distinguir motivo e intenção, ou o espírito com que o ato é realizado da intenção de fazê-lo. Os pontos essenciais muitas vezes são ilustrados por um famoso dístico da peça *Murder in the Cathedral* [*Assassinato na Catedral*], de T.S. Eliot. Becket é arcebispo da Cantuária e está exilado na França por causa de sua disputa com seu antigo amigo Henrique II. Ele conclui que o dever exige que ele volte à Inglaterra, por mais perigoso que seja. Becket enfrenta dois tentadores que esboçam várias possibilidades agradáveis que poderiam resultar do fato de ele reconciliar-se com o rei e repudiar aquilo que até então tinha considerado seu dever. Sua resolução permanece inabalada. Em seguida, ele precisa confrontar o terceiro tentador, que o incentiva a tomar o caminho do martírio por prometer a glória da fama imortal. Porém, como ele reconhece:

> A última tentação é a pior traição:
> Fazer o bem por má motivação.[21]

A vida moral é, portanto, dualística no sentido de envolver ao menos dois conjuntos de considerações. O primeiro nasce da motivação do agente, e o segundo de responder à pergunta sobre qual é a coisa certa a fazer. Idealmente, claro, essas considerações convergirão, mas parte da complexidade da vida moral é que, às vezes, elas não convergem. De fato, é essa descoberta da autoconsciência humana que é dramatizada na história bíblica da queda do homem como pecado original.

Uma análise da conduta moral em termos desse tipo é dada por Michael Oakeshott, cujo raciocínio parte da premissa de que os seres

---

[21] No original: *The last temptation is the worst treason / To do the right thing for the wrong reason.* (N.T.)

humanos sempre são agentes inteligentes, e que as ações humanas só podem ser entendidas em termos de intenção.[22] Oakeshott rejeita todo um repertório de explicações da conduta humana, explicações que a tomam como "comportamento" e, portanto, algo a ser entendido antes como causado do que como algo deliberado. Os atos assim interpretados passam a ser vistos como não racionais – motivados por reflexos e instintos, por estruturas sociais, por causas históricas, pela dialética da luta de classes, pela química das glândulas ou por qualquer outro exemplo de causalidade mecânica. Essas abstrações podem ser ideias úteis para muitos fins, mas não correspondem à conduta moral porque os pressupostos da análise já tinham deixado de fora as questões morais.

A conduta não é o comportamento; ela sempre se baseia em alguma espécie de entendimento (que pode, é claro, ser um mal-entendido) da situação do agente. O modelo de Oakeshott para a interação humana é uma conversa, em que todo enunciado só pode ser entendido como resposta aos enunciados que o antecederam. A conduta humana, analogamente, não representa o efeito de alguma causa, mas uma resposta a uma situação anterior. Nesses termos, Oakeshott afirma que, ao agirem, os seres humanos tanto "revelam-se" quanto "representam-se". Por autorrevelação, ele refere o sentido evidente do ato como comunicação de um desejo aos demais e, com autorrepresentação, aponta a motivação ou o caráter que a pessoa revela ao agir. O caráter ideal a ser inferido da ação pode ser qualquer coisa que a admiração ou o desprezo humanos possam conceber, e é óbvio que culturas diferentes e atividades diferentes têm um repertório variado dessas concepções. O mafioso, o escroque, o mártir, o monge, a garota festeira, são todos tipos bem diferentes de autorrepresentação. A ação correta equivale a seguir as regras do que é certo (tal como

---

[22] Ver o primeiro ensaio em Oakeshott, *On Human Conduct*. Oxford University Press, 1975.

entendidas pelo agente), ao passo que a boa ação depende da concepção de bem que se tenha.

A análise de Oakeshott da conduta reconhece o fato essencial de que os seres humanos são criaturas autoconscientes. Quando agem, sabem que estão agindo, embora, é claro, não entendam todos os aspectos de sua situação. Eles têm um propósito particular e uma dimensão universal do autoentendimento. A questão é claramente ilustrada em outra celebrada análise da atividade autoconsciente, e dos ditos atos de fala, oferecida por John Austin. O jurista explorava o tema de que "por tempo demais o pressuposto dos filósofos [foi] que o propósito de uma 'declaração' só poderia ser 'descrever' algum estado de coisas [...], declaração essa que pode ser verdadeira ou falsa".

Os enunciados de fato operam de maneiras muito diversas, os quais chamou de "atos de fala" ou "performativos". Ele estava particularmente interessado em casos como uma pessoa enunciando palavras como "prometo" ou noivos dizendo "sim". Sua análise então descobria um elemento performativo em todos os enunciados. Um policial, para usar um exemplo famoso, diz a alguns patinadores "O gelo ali está muito fino", e ele está (nos termos de Austin) realizando nada menos do que três atos. Seu ato "elocucionário" é a proposição a respeito do gelo, sendo verdadeira ou falsa. Seu ato "perlocucionário" é o efeito que ele busca atingir ao emitir esse enunciado – incentivar os patinadores a evitar uma área perigosa do lago. E, por fim, ao fazer sua observação, sua "ilocução" consiste em emitir uma advertência. A fala e a ação morais exibem uma estrutura análoga: exibem um princípio, revelam uma situação/caráter e produzem um efeito.

Quando, por exemplo, ajudo um cego a atravessar a rua num trânsito intenso, estou seguindo a regra (sem dúvida internalizada e quase inconsciente) de que sempre se deve ajudar os necessitados. Porém, ao mesmo tempo, estou contribuindo para produzir um bom resultado – ajudando alguém a evitar um acidente. E, por fim, ao ajudar essa pessoa a atravessar a rua, estou me revelando (e talvez gostando da imagem de mim mesmo que está sendo expressada) como um ser humano decente e considerado. A atratividade dessa estrutura analítica é que ela ilustra as ênfases que promoveram três tipos comuns de teoria moral. A moralidade deontológica baseia-se na ideia de que a conduta moral consiste na implementação de regras e princípios. Versões teológicas da análise moral, como o utilitarismo, voltam-se para as consequências de um ato moral: essas consequências são boas ou desejáveis? Por fim, a chamada ética da virtude preocupa-se com aquilo que os agentes morais revelam a respeito de si mesmos ao agir de tal maneira.

Tudo o que tem a ver com a conduta humana é complexo, e a vida moral não pode ser separada de várias considerações que surgem durante uma deliberação. A agência moral tem muitas dimensões. Uma delas é a sinceridade e a autenticidade, critério explorado nos termos do risco da hipocrisia, e da medida em que um ato moral decorre livremente da natureza do ator, ou responde a uma tentativa deliberada de seguir uma regra. Certos atos morais são puro fingimento, praticados apenas para projetar uma imagem impressionante.

Outra dimensão é aquela enfatizada na doutrina cristã da queda. Quando agimos, costumamos contemplar ou imaginar possibilidades menos admiráveis, que interpretamos como tentações e que (quando assim interpretadas) às vezes rejeitamos. Porém, o mero fato de que uma tentação foi considerada revela algo a respeito do caráter do agente e da medida em que se pode confiar que ele fará a coisa certa caso a tentação seja mais forte. Qual a motivação por trás do cálculo em que o agente baseia sua ação? Pode ser fazer a coisa certa ou ser o medo das consequências da transgressão. Aqui, nos deparamos com algo que pode parecer irrelevantemente antiquado, mas que está no coração do mundo moderno. Ao meramente contemplar uma tentação, mesmo que rejeitada, um agente moral deixa de ser inocente. Essa inocência costumava ser muito valorizada particularmente nas meninas em eras pregressas. Hoje, essa inocência é motivo de escárnio, e criança nenhuma progride muito no mundo sem adquirir algum conhecimento da lista de tentações disponíveis. Pensamos até mesmo que essa situação pode ser desejável. O estranho é que um dos sonhos do comunismo era criar um mundo de inocentes – um mundo em que cada pessoa, sem perceber, agiria como membro de uma comunidade verdadeira, sem nem a possibilidade de ter pensamentos egoístas. A inocência, em outras palavras, está no cerne de concepções *políticas* modernas de uma verdadeira comunidade. Nessa ideia, há um movimento direto, sem mediação, doutrina correta para a ação correta.

Assim como as vítimas de tortura em geral têm algum ponto em que cedem, muita virtude ficaria indefesa diante de induções dramáticas a fazer a coisa errada. O entretenimento moderno às vezes brinca cogitando se uma mulher dormiria com um estranho por um milhão de dólares. Ou por dois milhões? Os sistemas jurídicos modernos não permitem o uso do *entrapment*[23] como uma técnica para obter provas da culpa de pessoas que a polícia julga malvadas. Há circunstâncias em que a maioria das pessoas sucumbiria à tentação e situações complexas em que ninguém, sem exceção, evitaria a imperfeição moral. Aqui, é claro, estamos no mundo da economia moderna, em que a base essencial da ordem é fazer a coisa certa, por qualquer motivo.

A utilidade da visão dualista de Oakeshott da vida moral é que ela estabelece um critério para o reconhecimento do que é moral. Dá-se muita atenção em tempos modernos aos aspectos éticos das políticas públicas. Costuma-se buscar conselhos autorizados de filósofos e de estadistas em questões como eutanásia, clonagem, aborto, pesquisa em células-tronco, transgênicos, etc. Nesses casos, a questão ética é diferente da moral, porque só se preocupa em encontrar, ou talvez apenas em decidir, a política pública correta. Essa questão especializada que surge no juízo sobre a coisa certa a fazer sem dúvida

---

[23] Indução a dar provas contra si próprio. (N.T.)

é parte da razão por que, no uso moderno, "ética" e "moral" não são mais sinônimos. Questões de políticas públicas gerais costumam surgir porque parte da população tem reservas religiosas nessas áreas, e os governos buscam conselhos autorizados como alternativas para ofender esses grupos com as políticas adotadas. As políticas públicas também se preocupam com a desejabilidade das condutas capazes de atrair as pessoas sob quaisquer leis que venham a ser promulgadas. Todos temos simpatia por pessoas que, em forte dor, prefeririam a morte, mas nos preocupamos com o possível abuso de um direito à eutanásia por parentes ansiosos em obter sua herança. Uma visão cristã rejeitaria a eutanásia pelo princípio de que a vida humana é um dom de Deus e de que os seres humanos não devem antecipar-se à decisão divina, ao passo que uma visão secular se voltaria para a probabilidade do abuso desse direito. Em casos assim, o elemento ético das recomendações a serem feitas parece ser nada mais do que tomar aquilo que acontece como "a decisão correta", isto é, aqueles que tomam a decisão não estão eles próprios envolvidos na exibição de um caráter moral, exceto nos termos do cultivo intelectual que apliquem à tarefa. O elemento de autorrepresentação, se será encontrado, o é em meramente ter as opiniões corretas (qualquer que sejam), e não em exibir uma virtude. Meu argumento, em outras palavras, é que a vida moral é estruturalmente diferente de qualquer elemento ético nas questões discutidas nas políticas públicas.

O investimento em empreendimentos supostamente benignos também costuma ser dito como "ético". É ético evitar ganhar dinheiro com armas (elas matam pessoas), tabaco (faz mal à saúde), o álcool (leva ao crime e a outras coisas ruins) e quaisquer outros empreendimentos que, de tempos em tempos, se tornem populares entre os ativistas. Nesses casos, pode parecer que existe ao menos, hipoteticamente, um componente de virtude capaz de ser reivindicado por essa versão particular de fazer a coisa certa. A virtude pode ser considerada a compaixão dirigida àqueles que talvez venham a sofrer com as atividades dessas empresas. Porém, me parece que aqui estamos transbordando da moralidade para aquilo que depois nomearei "político-moral".

O problema é que a coisa certa envolvida aqui compreende uma política que se vale da autoridade, e, com frequência, da coerção, voltada para impor um ideal e uma atitude desejáveis em abstrato a outras pessoas, impedindo, assim, o juízo delas. Estes são entusiasmos cultivados por ativistas em estados ocidentais, com apelo amplo o bastante para poder apresentar-se plausivelmente como morais, e não como meramente políticos. Porém, é preciso ter algumas armas para a legítima defesa (presumimos que seja o caso das políticas dos governos liberais), e o álcool e o tabaco são escolhidos livremente, além de serem, com frequência, escolhas benignas de outras pessoas. Em outras palavras, a suposta dimensão moral dessas políticas públicas está entremeada com o objetivo de fazer com que os outros se conformem com algum padrão exigido de conduta, e aqui, de fato, entramos no político. Nessas formas de ativismo coletivo, promovidas como empreendimentos éticos, há, portanto, um projeto de controle social que vai muito além do que pode ser interpretado como moralidade. O termo "ético" revela-se uma purpurina persuasiva que cobre a ambição de gerenciar as vidas de pessoas supostamente vulneráveis.

5. O INDIVIDUALISMO E O MUNDO MODERNO

A vida moral, como afirmei, diz respeito aos nossos deveres para conosco mesmos como indivíduos, algo muito distinto daqueles impostos por qualquer sistema de ordenamento correto da vida encontrado em sociedades não ocidentais. O linguajar moral característico do ocidente moderno é individualista. A dominância do costume chegou tão perto da onipresença que não é fácil imaginar algo diferente. É difícil o surgimento do individualismo na Europa parecer algo que não seja uma forma de egoísmo ou de voluntarismo.

Porém, algo diferente passou a existir na Europa. Não foi designado por ninguém, é resultado da confluência de muitas circunstâncias. Suas consequências foram tremendas.

Certamente, nada no modo como vivemos no ocidente pode ser entendido sem levar em conta o individualismo. Ele é a forma de conduta que criou no sentido mais pleno a coisa que hoje chamamos de "a economia" e fincou um gosto por novidades e mudanças no coração da vida europeia. Porém, o individualismo em si não é menos imutável que qualquer outro aspecto da vida humana. Ele nunca fica parado. Independentemente da forma que ele assuma ao longo do tempo, porém, o individualismo sempre pareceu aos forasteiros um modo moral perigoso e destrutivo. Na superfície, ele parece tão somente um render-se aos impulsos e desejos que as pessoas têm, e o impulso e o desejo são precisamente o que toda outra forma de ordem social foi projetada para controlar. O individualismo, assim, é amplamente visto, até mesmo pelos europeus em certos ânimos, como algo profundamente destruidor dos freios morais sem os quais o mundo cairia na anarquia. Como podemos entender uma ideia tão estranha?

Fazer a coisa certa em termos costumeiros ou religiosos poderia ser caracterizado como uma forma de obediência, ou, talvez, de conformismo. O individualismo era, nesses termos, uma forma de não conformidade, e seu princípio interno demorou para tornar-se evidente. Esse princípio era a ideia de que uma vida moral coerente dependia da fidelidade aos compromissos que você mesmo tinha assumido. Foi nesses termos que os filósofos posteriores puderam enfatizar que a autonomia (em contraste à heteronomia) estava no cerne da vida moral europeia. Uma instituição comum, na maioria das culturas como um casamento arranjado, é condenada nesses termos, pois se trata de um caso de pais e familiares impondo a indivíduos compromissos que eles podem não estar dispostos a fazer por si. Hoje, podemos pensar que a ideia mesma do casamento romântico está condenada porque é muito comum que os compromissos matrimoniais modernos desabem, mas não era assim de jeito nenhum no período clássico do individualismo, em que o casamento como sacramento que envolvia uma união para a vida inteira era algo sustentado pela lei.

Ser um individualista é pensar e agir a partir do juízo de que aquilo que você admira e aquilo que você deseja deveriam, dentro dos limites da lei e das regras morais, levar legitimamente à ação. Como acontece com todas as doutrinas morais, a prática surgiu muito antes de ter nome ou teoria. Uma visão comum é que o individualismo pôde ser visto inicialmente surgindo nas cidades-repúblicas do norte da Itália ao fim do período medieval; de fato, em grande parte é isso que referimos como Renascimento. O individualismo seria detectado primeiro entre mercadores, governantes, e entre aqueles associados intimamente com estes, como os artistas.

O individualismo não é de jeito nenhum a mesma coisa que a individualidade, porque todos os seres humanos têm certa individualidade, e é uma forma de ser único que tem grandes chances de ir de encontro ao costume. A individualidade, porém, quando vai de encontro ao costume, é exatamente aquilo que o costume e a tradição tratam como maligno. É a intrusão da vontade, aliás do voluntarismo, numa ordem assentada, sendo, portanto, destrutiva. Porém, na Europa, lentamente surgiu a ideia de que, em certas áreas, a escolha individual, mesmo quando contraria o costume, tinha um direito moral legítimo ao reconhecimento. E, a longo prazo, essa inovação moral acabou por criar uma forma de ordem social flexível, adaptável e espantosamente poderosa. A experiência do individualismo com frequência contraria nossas intuições superficiais a seu respeito. Essas intuições – de que o individualismo liberta o que há de desordenado nas pessoas – poderiam parecer ter sido justificadas, como quando no primeiro período moderno, em que culturas individualistas guerreavam em torno da observância religiosa e de outras práticas, mas as consequências a longo prazo foram diferentes.

O individualismo só podia ter surgido numa civilização que tinha domesticado há muito tempo a ideia de viver sob a lei. O individualismo e a lei são, portanto, correlatos, parceiros inseparáveis. O motivo é que a lei, em contraste ao costume, e também com o caráter arbitrário dos despotismos frequentemente associados ao costume, é abstrata, e uma regra abstrata exige cumprimento, não obediência. Se o costume indica todo um modo de vida, regras e princípios deixam em aberto o ânimo e a maneira como o cumprimento pode acontecer. A pessoa que parece frustrada pela aplicação de uma regra procura uma brecha, mas uma brecha não é nem uma violação da regra nem uma rejeição dela. Trata-se da descoberta de uma implicação insólita da regra em novas circunstâncias. O caráter abstrato da lei, portanto, cria um escopo para a inovação em todas as esferas da vida.

Aconteceu que as brechas ficaram escassas na Europa do fim da Idade Média, que estava sofrendo de um excesso de leis. A lei costumeira, os estatutos dos parlamentos, o direito canônico, as leis locais das feiras e das florestas, o direito natural, isso sem falar das regras geradas pelos precedentes bíblicos, constituíam um arcabouço de vida social que tinha conseguido domesticar a violência do período feudal anterior, mas ao custo de circunscrever num grau intolerável as ações de gerações posteriores. Num mundo cada vez mais ansioso por prosperidade na vida temporal, a frustração levou a uma explosão de voluntarismo e de violência, à violação de regras e a uma expropriação de propriedade eclesiástica. O resultado notável foi a emergência de poderosos governos soberanos equipados com uma ampla autoridade sem precedentes poder criar leis quando quisessem, desde que houvesse um consentimento adequado. De maneira mais importante, esse poder soberano era capaz de desfazer leis sem efetivamente violá-las. Um poder civil tão fora do comum acabou se mostrando aquilo que era exigido por uma população dominada pelo individualismo. Ela exigia o poder de mudar o mundo, e os Estados soberanos deram-lhe não apenas esse poder, mas também a autoridade para isso.

O período em que surgiu o individualismo foi, como não era de surpreender, um período de grande instabilidade e violência, com as fés lutando entre si e magnatas locais contestando o poder dos líderes soberanos emergentes. A Igreja Católica foi seriamente enfraquecida até mesmo nos países que resistiram ao protestantismo. E o protestantismo equipou o indivíduo com uma notável capacidade de criar leis chamada "consciência", a qual já discutimos. A consciência, especialmente onde sustentada por uma fé mais ampla, podia resistir à autoridade estabelecida e promover seitas de crentes convencidos de que tinham encontrado a maneira correta de cultuar Deus. O cristianismo, entendido como libertação da Lei Mosaica, como algo que veio para libertar os homens, levou a uma eflorescência de crenças e de práticas engenhosas. Considerando os efeitos imensamente destrutivos que essa nova forma de conduta teve na Europa, mal chega a surpreender que se acreditasse amplamente que o individualismo fosse fatal para a boa ordem. Muitas pessoas achavam que a Europa estava resvalando para a decadência, e algumas estavam convencidas de que o fim do mundo – a ser pressagiado por um período de confusão – estava próximo. Certamente, não havia dúvida quanto à confusão. Também não existia mistério nenhum quanto ao fato de que igrejas e governantes daquele período perturbado exigiam incessantemente de seus súditos a obediência mais passiva aos governantes e às figuras de autoridade. As observações de São Paulo no livro de Romanos, capítulo 13, de que os poderes constituídos foram ordenados por Deus estão entre as grandes favoritas dos pregadores da época. Uma população que tinha sido tão insanamente ativa quanto à da primitiva Europa moderna certamente teria a ganhar com uma onda de passividade.

A visão mais ou menos convencional que acabo de oferecer da dissensão religiosa no primeiro período moderno sugere que algo chamado "individualismo" causou esses episódios violentos de violência religiosa. "Causar" nesse tipo de narração é uma ideia poderosa, e precisamos lembrar que o "individualismo" em si é uma abstração que apenas resume interpretações muito posteriores daquilo que aconteceu. Os verdadeiros pensamentos dessas pessoas turbulentas eram frequentemente limitados a uma rejeição do que achavam que era uma impostura sacrílega das autoridades da igreja. O individualismo, ao menos isso cabe-se dizer, foi tanto um efeito colateral dos conflitos daquelas épocas quanto uma causa delas.

Historicamente falando, o período posterior a 1648 (quando o Tratado de Vestfália encerrou a Guerra dos Trinta Anos) marca o surgimento de um novo modo de pensar e agir, em que alguns elementos de tolerância começaram a desempenhar seu papel muito esporadicamente, ajudando os europeus a viver juntos sem querer se matar. O classicismo na literatura e a polidez nos modos tornaram-se modas dominantes. Não que a violência tenha sido abandonada: ela apenas encontrou caminhos menos destrutivos. Durante o "longo" século XVIII (1689 a 1815), os Estados europeus estiveram em guerra uns com os outros durante metade do período inteiro. Os historiadores às vezes explicam esse período como a ascensão da classe social burguesa; mais precisamente, foi uma época em que formas mais costumeiras da vida moral estavam sendo cada vez mais sobrepujadas pelo individualismo moderno.

O individualista moderno era essencialmente um arbítrio. O arbítrio emitia um fluxo de julgamentos responsáveis pelos quais o indivíduo masculino guiaria sua vida (e, numa medida menor, também o indivíduo feminino). As decisões se baseavam nos interesses e nos desejos dos indivíduos, mas isso de jeito nenhum equivalia a dizer que essas decisões eram sempre interessadas, nem que eram egoístas. Com frequência, claro, eram as duas coisas, mas tratava-se de uma população moral e constrangida, que seguia regras e inspirações interiores que poderiam perfeitamente ser notáveis, quando não efetivamente bizarras, mas que certamente não poderiam ser explicadas como mero egoísmo.

O arbítrio individualista era o órgão essencial da responsabilidade pessoal, portanto no qual a punição poderia basear-se. O problema básico da punição, claro, é o pressuposto de que a pessoa punida é a mesma que cometeu a transgressão. Todo um casuísmo de circunstâncias amenizantes reconhece que as falhas morais resultam de perturbações psicológicas temporárias ou de circunstâncias excêntricas. Esses problemas são particularmente agudos numa cultura individualista porque se presume que o indivíduo esteja sempre em desenvolvimento. E esse pressuposto em si resulta de um traço central da lógica do individualismo, com o qual nos depararemos outra vez. Se os sistemas tradicionais da moralidade se baseiam na obediência a mandamentos ou a costumes, a vida moral individualista é primariamente uma questão de o agente moral sustentar uma coerência dentro do conjunto de compromissos com que cresceu, ou que ele mesmo escolheu.

Comumente, os cristãos primitivos sentiam o ônus do pecado original; esses cristãos posteriores sentiam o ônus de um intenso sentido de responsabilidade moral. A internalização está no coração dessa experiência moral. Sociedades individualistas tiveram sucesso porque os desejos individuais não eram – idealmente! – deixados soltos pelo mundo em sua forma crua e violenta, mas moldados por uma moralidade internalizada e governados por um cumprimento consciente e deliberado com a lei e com a moralidade. Assim, não é paradoxal de maneira nenhuma observar que o individualismo estava longe de ser uma liberação para o voluntarismo; pelo contrário, exigia faculdades notáveis de fortaleza e de autocontrole daqueles que abraçavam suas permissões.

Não há dúvida de que o individualismo constitui um vasto componente da razão pela qual a vida europeia deve ser considerada distinta daquela de outras civilizações. É o fato moral que está por trás da preocupação europeia com a liberdade, o qual, por sua vez, emitiu a moeda corrente dos direitos humanos. Sem o individualismo, a tecnologia europeia não poderia ter sido a força criativa que é. No mais, ele está longe de ser uma simples moda moral, estando profundamente enraizado na vida europeia. Sem algum reconhecimento dessas raízes, não conseguimos entender seu caráter. Assim, em termos históricos, de onde veio essa prática notável?

Claramente, muitas coisas contribuíram para sua existência – as práticas de consulta desenvolvidas entre os governantes dos *vikings* e de outras tribos que invadiram a primitiva Europa medieval deram sua contribuição. Arranjos sociais que facilitavam os desenvolvimentos de mercados e das possibilidades mais amplas de comércio pela Europa foram importantes. Na Inglaterra, a *common law* com suas peculiaridades, com a prática dos júris, contribuiu com uma variante notável do "linguajar" em que o individualismo era "falado". Porém, duas influências intelectuais também se relacionam a esse argumento.

A primeira é a tradição filosófica dos gregos. Os filósofos ali colocavam-se contra os "*hoi polloi*",[24] que julgavam estar imersos em aparências e não na realidade. Pessoas comuns habitavam a caverna platônica. O Sócrates de Platão com certeza era um indivíduo notável cujo exemplo inspirou muitas pessoas a segui-lo. Ele não tinha paciência para a ideia de que algo em que todos acreditam deve ser verdade, por isso ofereceu a mecânica mais elementar de uma doutrina que incentivaria o indivíduo a erguer-se contra a sociedade. A apresentação dele por Platão transmite tanto sua presença física quanto sua individualidade psicológica. Ali estava inequivocamente um indivíduo cuja mola de ação era interior e que trouxe aos usos e costumes de sua sociedade o tipo exato de atitude crítica que os individualistas posteriormente admirariam.

Contudo, Sócrates também acreditava que as paixões pelas quais somos efetivamente individualizados são defeitos da nossa racionalidade, a serem superados pelo filósofo. Era comum que os gregos entendessem o mundo segundo normas de perfeição física e psicológica. O objetivo filosófico era tornar-se inteiramente

---

[24] A expressão grega, que indica literalmente "os muitos", isto é, a multidão, tornou-se corrente em inglês, mas não chegou ao português. (N.T.)

racional, ideal dentro do qual a individualidade como tal não tinha espaço. A ideia grega de que o homem é um animal racional com frequência é mencionada pelos secularistas modernos, mas seu sentido contraria os sentimentos morais da Europa moderna. O homem ser um animal racional implica que somos humanos na medida da nossa racionalidade, e era comum que os gregos inferissem disso que as mulheres eram menos racionais que os homens, e os escravos talvez nem chegassem a ser racionais. Nenhum grego (exceto talvez Diógenes, o cínico) teria seguido Oliver Cromwell em sua exigência de que seu retrato mostrasse "todos os defeitos".

A ideia individualista básica de que o homem é essencialmente uma criatura das paixões originou-se efetivamente do cristianismo, o progenitor direto e essencial do individualismo europeu. A distinção cristã entre os poderes espirituais e seculares está no coração do pluralismo cívico ocidental. Sem dúvida, parece peculiar que uma religião de humildade em luta contra as armadilhas do mundo tenha desenvolvido algo aparentemente tão letal para a observância religiosa em nossa época quanto o individualismo. Porém, essas inversões e reveses são de fato algo comum na experiência humana, e, também, da imaginação teológica. A derivação weberiana do capitalismo a partir do calvinismo (na medida em que é convincente) é apenas um exemplo disso: uma atenção não mundana à salvação espiritual levou, notavelmente, ao sucesso em acumular tesouros neste mundo aqui de baixo.

O cristianismo é a fonte não apenas do individualismo, mas também do igualitarismo espiritual que o individualismo também envolve. Cada alma é única e valiosa para Deus, com quem tem uma relação central ainda que (em muitas versões) mediada. O elemento particular num ser humano que se relaciona com Deus não é a razão, mas a alma, que se crê que responde apenas à graça de Deus. A filosofia cristã levou alguns séculos para construir sua complexa doutrina com os materiais disponíveis nos relatos da vida de Jesus, e o grande arquiteto da construção de sua primeira forma completa foi, é claro, Santo Agostinho no século V. Nesse novo entendimento, a limitação da civilização clássica era precisamente seu orgulho da razão. Essa limitação era transcendida pela fé – pela vontade de acreditar, com a qual o *credo quia absurdum* anterior e provocativo de Tertuliano tornou-se o *crede ut intelligas* de Agostinho. Os antigos, nessa perspectiva, tinham tentado criar a partir da razão uma doutrina sem pressupostos. Isso é uma impossibilidade lógica. Para Santo Agostinho, basear o pensamento no relato cristão da criação era um pressuposto que permitia que tudo se encaixasse.

Agostinho não rejeitava a razão. Ele apenas reconhecia o quanto era limitado o papel que ela podia desempenhar na faixa total da experiência humana. Nas *Confissões*, ele fala de existência, conhecimento e vontade (*esse, nosse, velle*), prosseguindo:

> Gostaria que os homens considerassem esses três, que são em si mesmos. [...] Porque eu sou e sei e quero; sou saber e querer; sei que sou e que quero; quero ser e saber. Nesses três, então que se perceba como é inseparável a vida, uma vida, uma mente, uma essência; como uma distinção é inseparável, e, no entanto, é uma distinção [...].[25]

Essa linha de pensamento refletia uma solução para um dos problemas básicos do pensamento cristão: como entender a doutrina da Trindade e conciliá-la com a crença em um Deus. Em seu uso, elas antecipam Descartes ao "colocar para correr" o ceticismo acadêmico e lançam as bases da concepção moderna posterior do homem como criatura desejante, criatura dotada de vontade. Essa criatura não está alheada da razão, mas a razão disponível para ela não é de jeito nenhum a mesma coisa que o *logos* dos gregos. Trata-se, antes, de um instrumento com o qual os seres humanos podem orientar-se no mundo. Muito depois, São Tomás de Aquino tentaria uma síntese de *logos* e revelação, construção altamente notável, mas que os filósofos modernos em geral não consideraram convincente.

---

[25] Santo Agostinho, *Confessions*, xiii. xi. p. 12, citado em Cochrane, op. cit.

6. ALGUMAS LENDAS INDIVIDUALISTAS

Muitos rejeitarão a ideia de que o individualismo deriva do cristianismo. Certamente dirão que o individualismo é uma forma de afirmação pessoal em revolta contra padres, bispos e autoridades. Os liberais olham a revolta iluminista contra a ortodoxia cristã, ao passo que os socialistas farão sua história passar por Marx e suas fontes. O liberalismo e o socialismo são as doutrinas políticas dominantes da era moderna. Os liberais abraçam o individualismo como "uma boa coisa" porque expressa a livre escolha, alicerçando, assim, tanto o liberalismo quanto o libertarismo. O socialismo, por sua vez, rejeita o individualismo como se fosse uma crença equivocada na autonomia dos indivíduos, a qual encerra nossa civilização no egoísmo do capitalismo. Os socialistas sonham que as sociedades contemporâneas se transformarão em algo que poderia ser reconhecido como comunidades humanas reais. Nessa perfeição, a cooperação substituiria os ímpetos competitivos do mundo moderno. Cada uma dessas crenças conta sua própria história de como nós, no ocidente, chegamos aonde estamos. Examinemos um de cada vez.

Os liberais valorizam o individualismo como independência moral, temendo que ele será suprimido pelos Estados e por outras autoridades. São, portanto, suscetíveis a confundir o individualismo com o surgimento dos direitos individuais. O mundo moderno pode, portanto, ser interpretado como o resultado de uma revolta contra a autoridade medieval e contra a ortodoxia em todas as suas formas. Copérnico e Galileu assumem seu lugar nessa história como cientistas que questionam crenças recebidas e implausíveis a respeito de a Terra ser plana. Versões anglófonas contam a história incorporando a oposição Whig seiscentista à obediência passiva dos Tories, culminando na teoria de Locke de 1689 sobre as condições sob as quais um povo pode legitimamente derrubar seu governo. Para muitos desses Whigs, o inimigo era "a astúcia dos padres". Nessa narrativa, o individualismo configura o poder da razão que luta contra inimigos em áreas específicas – principalmente a ortodoxia anglicana e a hierarquia governamental. Ele também deve ser contrastado com a ameaça à liberdade derivada dos preconceitos e superstições populares. O "partido da humanidade", como teriam dito os iluministas do século XVIII, era também o partido da modernidade. Em outras palavras, a história liberal seleciona como história completa uma parte específica da história do individualismo – o aspecto dela que antecipou o indivíduo autônomo que rejeita a autoridade religiosa e monárquica a fim de trazer à tona as democracias seculares do mundo moderno. Fica óbvio que a história liberal foi despojada de qualquer vil ascendência teológica. Seus antepassados foram heroicos rebeldes que usaram a razão contra o fanatismo à sua volta. A história de uma prática moral em mutação, simplificada, tornou-se uma doutrina admirável. Os liberais preferem não lembrar que o individualismo, em muitas de suas versões primitivas, estava preocupado primariamente com o modo correto de cultuar a Deus. Ele buscava a liberdade de cultuar de algum jeito não ortodoxo, e muitos desses dissidentes migraram para o novo mundo a fim de fugir da compulsão. Foram essas pessoas que desempenharam um enorme papel na fundação norte-americana.

A pedra angular da lenda individualista compreende a teoria darwiniana da evolução, pois, até que Darwin oferecesse uma explicação de como os seres humanos passaram a existir, uma explicação baseada num corpo plausível de evidências, e que pudesse, portanto, ser considera científica, os secularistas achavam difícil descartar os argumentos filosóficos relacionados à existência de Deus e às origens do universo. Após Darwin, porém, a "ciência" tinha demonstrado que o homem não era um anjo caído, mas um chimpanzé promovido. De fato, a história em si foi transformada numa história evolutiva, em que os seres racionais modernos foram a culminação de um longo processo de evolução moral. E o que isso significou foi que muitos padrões da vida humana puderam ser explicados sem a necessidade de postular um projetista.

No século XVIII, a economia de Adam Smith, com o espírito crítico de Voltaire e dos *philosophes*, foram elementos centrais da história liberal, e em uma de suas versões a marcha do progresso culminou na Revolução Francesa. A essa altura, o pensamento liberal com frequência se fundia com o republicanismo clássico que estava em fogo baixo no pensamento europeu desde o fim da Idade Média. Como a ideia básica era que os homens somente são livres quando se sustentam com os próprios pés, alguns liberais ansiavam pela chegada de uma república em que formas monárquicas servis fossem varridas à medida que o homem se apossasse da sua plena herança de liberdade. Para alguns liberais, o progresso exigia nada menos do que a derrubada do *ancien régime*, como tinha acontecido na França, mas não na Inglaterra. Muitas vezes, considera-se que a Grã-Bretanha, como monarquia, não atingiu as revigorantes euforias de uma revolução de verdade. Alguns liberais volta e meia ainda lamentam isso.

Em termos filosóficos, tanto Kant quanto os utilitaristas têm impacto na história liberal, embora deem um tom distinto a movimentos liberais em países continentais e anglófonos. *Sobre a liberdade*, de Mill, tornou-se o texto-chave do individualismo liberal anglófono e levaria às inclinações de bem-estar dos "novos liberais" ao fim do século XIX, para os quais o propósito da "sociedade" era oferecer as condições necessárias para a autorrealização. A pergunta era: o que a autorrealização exigia? Em cada fase da história, muitas pessoas acharam que o processo estava essencialmente completo, mas no século XX o liberalismo começou a erodir as convenções supostamente opressoras da sociedade respeitável burguesa, cuja rejeição foi considerada mais um avanço na liberdade. A história da liberdade transformou-se na história de sucessivas libertações, uma depois da outra, cada qual derrubando alguma opressão recém-descoberta. Entre os frutos dessas novas ideias, estava um entusiasmo pela codificação da liberdade como conjunto de direitos humanos. Essas codificações foram vistas equivocadamente como especificações da condição mínima do individualismo, e liberais um tanto simplistas consideraram que sua adoção pelos governos demonstrava que a opressão civil chegava ao fim. A grande vantagem dos direitos abstratos era não apenas que eles soavam impressionantemente filosóficos, mas que podiam ser exportados para outras civilizações como elemento central do avanço progressivo da democracia.

Essa é a versão liberal do individualismo, cujo defeito é que ela não explica de jeito nenhum o surgimento dessa nova ordem, e muito menos por que ela surgiu nos Estados europeus, e não em algum outro tempo e lugar. Hesíodo nos diz que Atena nasceu direto da cabeça de Zeus, e a história Whig com frequência apresenta uma versão parecida de como o liberalismo surgiu no mundo moderno, subitamente e sem qualquer explicação mais específica. Os seres humanos têm uma fraqueza pelo culto aos ancestrais, mas aqui dispomos de um caso interessante de negação de ancestrais. Porém, a emergência do liberalismo e da modernidade na Europa ocidental, e não em qualquer outro lugar, dificilmente pode ser fortuita. Poderia realmente ter acontecido que, num mundo dominado pelo costume e pela ortodoxia, pelo preconceito e pelo fanatismo, uma disposição espontânea de amor à liberdade, supostamente universal na natureza humana, mas anteriormente suprimida pela opressão hierárquica, enfim irrompesse e transformasse nossos valores ocidentais? A história real do individualismo é, como vimos, menos complicada e mais interessante do que essa lenda estéril.

A segunda versão do individualismo, a versão socialista, ao menos tem alguma resposta para esse problema central de como o individualismo passou a existir. Ela explica o individualismo como parte de um modo comercial de vida que surgiu do feudalismo, dando-lhe uma forma sociológica ao identificar esse idioma moral com uma classe específica da vida europeia – isto é, a burguesia. Ela é como o "vetor" dessa infecção que ameaça a comunidade. O individualismo, em suas formas moral e sociológica, é rejeitado como a crença falsa de que cada ser humano é um átomo social separado, aliás isolado de outros membros da sociedade. Essa autoconcepção individualista é, em termos marxistas, uma distorção da realidade, que, julga-se, foi popularizada em nome dos interesses da classe burguesa. A essência dos movimentos coletivistas como o socialismo refere-se à crença de que os indivíduos, supostamente isolados, sob o capitalismo, de uma comunidade real com seus semelhantes, são meros fragmentos alienados da humanidade. Trata-se de ficções reais que só começam a assumir realidade humana ao reconhecerem que o homem é um ser social. A sociedade permanece, ao passo que os indivíduos passam a existir num dado momento, refletem a cultura que os forma, e, à medida que as gerações vêm e vão, são substituídos. Por isso, apesar de o individualismo (no sistema marxista) ser, num sentido limitado, progressista em contraste com as sociedades não livres do passado, é essencialmente um elemento de um sistema ruim, impondo o custo da revolução às gerações capitalistas posteriores como condição para promover a comunidade real no grande palco da história. O individualismo é a marca de uma "sociedade burguesa", ou do "capitalismo", como denominada posteriormente. O capitalismo dependia do homem voltar-se contra o homem, o que se obtinha por meio da focalização das paixões dos seres humanos numa salvação ilusória na vida após a morte. Assim, o cristianismo está no coração do caráter competitivo das economias modernas. A crença salvacionista nesse futuro fantástico debilitou a solidariedade natural de classe que os trabalhadores modernos teriam por seu caráter essencial de produtores e os transformou em meros consumidores de fantasia. Grande parte desse corpo de pensamento foi promovido por *philosophes* iluministas no século XVIII, mas recebeu sua forma definitiva de Marx na década de 1840, quando ele adaptou a filosofia de Hegel aos propósitos da agitação política. Marx considerava o individualismo um elemento da explosão moderna de inventividade técnica humana, que teve a função histórica de dar origem à tecnologia que permitiria que o capitalismo fosse superado pelo comunismo como forma perfeita da vida humana.

Essas duas histórias sugerem que a questão moral básica da nossa época é: qual o futuro do individualismo? Será ele a voga do futuro ou um equívoco que devemos transcender? Será que se aperfeiçoará na criação de sociedades em que tudo é passível de escolha? Ou será que ele talvez será superado por um mundo em que as lutas do passado dão lugar ao reconhecimento espontâneo da verdadeira sociabilidade do homem? Teremos muito a dizer sobre essa questão depois, mas, por agora, nosso interesse deve ser manter o foco na vida moral. E isso nos traz de volta à questão da religião.

Ficará claro, enfim, que tanto o liberalismo quanto o socialismo são doutrinas notavelmente abrangentes a respeito da condição humana. Ambos trazem à tona profundas emoções sobre como os seres humanos deveriam viver, invocando lealdades que vão muito além de questões políticas, como a melhor política para governos liberais democráticos soberanos. Ser liberal ou ser socialista compreende, com frequência, participar de uma identidade que determina toda uma gama de admirações e de antipatias. É algo que incorpora uma crença justificada na própria superioridade moral. No caso do marxismo, esse elemento de competição socialista com a religião era geralmente muito explícito, tendo sido posto em prática no estabelecimento do ateísmo como parte da doutrina oficial da União Soviética. Alguns cristãos ocidentais, porém, ainda achavam que podiam combinar o cristianismo com o comunismo, chamando isso de "teologia da libertação". Em certos países do continente europeu, o liberalismo também assumiu uma forma explicitamente hostil à religião. Na feira pluralista das ideias ocidentais, praticamente qualquer coisa pode ser combinada com outra. Pode-se encontrar os fiéis defendendo praticamente qualquer combinação dessas crenças, além de muitas outras. Mesmo assim, devemos dizer com certa confiança que a dinâmica tanto do liberalismo quanto do socialismo é o racionalismo secular. A questão é confusa porque os pensadores ocidentais costumam achar que sua rejeição ao cristianismo equivale a uma rejeição à religião sob todas as formas. E o que se quer dizer com isso é a rejeição a toda crença a respeito de entidades que não podem, em princípio, estar submetidas a algum tipo de investigação empírica.

O que certamente é verdadeiro reside no fato de que cada uma dessas histórias inclui em seu programa o desejo de sobrepujar os termos da nossa vida moral herdada em qualquer forma cristã. Ambas tendem à alguma forma de humanismo. Muitos liberais e socialistas de fato reconhecerão que muitas de nossas convicções morais foram herdadas de alguma forma do cristianismo ou de outra, e é exatamente por isso que essas crenças morais devem ser submetidas a um novo exame crítico. Essas crenças precisam ser purificadas de tudo o que é "ultrapassado", especialmente na área em que as convicções morais cruzam a sexualidade.

Assim, vemos que nos deparamos com duas questões. A primeira pode ser apresentada da seguinte maneira: o secularismo do liberalismo e do socialismo nos diz que uma nova forma humana passou a existir, cuja novidade foi que a religião, como comumente identificada em tempos pregressos, deve ser relegada à categoria de superstição obsoleta? Ou será que aqui temos um sistema de crenças que herda muito da religiosidade do passado, mas que se promove (por complexas razões retóricas) por meio da jogada paradoxal que consiste em recusar-se a se reconhecer como religião? Essa pergunta exige alguma atenção à questão daquilo que queremos dizer com "religião", e vou deixá-la para o quarto capítulo. A outra pergunta que devemos considerar agora é: o que seria da vida moral sem seus alicerces cristãos?

7. ELEMENTOS DO INDIVIDUALISMO

A vida moral é uma experiência contínua de entendimento e de descoberta de si, porque o indivíduo responde não apenas a pressões externas, mas também a reflexões a respeito de sua própria vida interior. Nosso interesse apaixonado por nossas próprias vidas interiores levou à criação da forma literária do romance, que dá escopo para o entendimento das complexidades do individualismo. As pessoas variam enormemente quanto à riqueza de sua experiência interior, mas todos compartilham em certa medida um repertório cultural de histórias, provérbios, frases, fórmulas e lendas históricas. Trata-se de um emaranhado de bons samaritanos, fadas-madrinhas, almirantes que colocam o telescópio no olho cego, galinhas em panelas, e muito mais. O encontro da experiência com esse repertório em evolução promoveu a imensa variedade encontrada na vida europeia.

Outra complexidade ainda maior é que o autogerenciamento individual exige que o agente moral cultive seus laços com família, empresa, escola, clube, regimento, amigos, Estado e quaisquer outras responsabilidades que tenha assumido. Esses laços são diretos e pessoais, e cada relacionamento tem algum tipo de dimensão moral. Esse simples fato é o que descarta por completo – não apenas por ser errado, mas por se tratar de um entendimento desesperadamente incompetente dos Estados modernos – qualquer sugestão de que o indivíduo é um "átomo social" isolado da sociedade. De fato, esse erro curioso, encontrado particularmente entre os marxistas, leva a outro equívoco, que consiste em imaginar que "o homem é um ser social" por causa de sua relação com a coisa chamada "sociedade". Afinal, se temos relações diretas e tangíveis com muitas associações e instituições que estão "dentro da sociedade", a coisa grandiosa chamada "sociedade" não é algo com o que se possa ter, sob aspecto nenhum, o mesmo relacionamento. Imaginar que se pode é cometer aquilo que os filósofos chamam de "erro de categoria". Aqueles que cometem esse erro no mais das vezes identificam a "sociedade" com o Estado; afinal, soa mais inclusivo. Porém, certamente temos uma relação próxima com o Estado. Atualmente, muitas vezes próxima até demais.

É no cumprimento desses compromissos e responsabilidades que os indivíduos sustentam seu respeito por si, tanto a seus próprios olhos quanto aos olhos dos outros. Um projeto de tempos recentes consistiu em tratar os indivíduos de maneiras que, pensa-se, geram a autoestima e o respeito por si que supostamente faltam em suas vidas. Trata-se de uma empreitada emblemática, na medida em que busca, equivocadamente, trazer de fora aquilo que só pode vir de dentro. "Respeito por si" é um termo de realização que só pode ser vivenciado por aqueles que responderam com sucesso a algo que reconhecem como responsabilidade. Não há como "adquirir" estoques de "respeito por si" de terceiros que desejam melhorar a sua vida. Em sua forma mais elevada, o respeito por si é uma questão de honra, de deveres para consigo mesmo que o indivíduo reconheceu e cumpriu com sucesso. Em formas menos admiráveis, esse sentimento sustenta nossos sentimentos de superioridade em relação aos outros, podendo configurar uma perigosa oportunidade para a autocomplacência. Trata-se talvez de um vício, mas, como no caso de muitos vícios, ele também pode sustentar virtudes.

Nossa fonte básica de respeito próprio, porém, é simplesmente a competência. Nossas vidas morais estão intimamente conectadas com as capacidades que temos e com o trabalho que fazemos. Com graus altamente variados de sucesso, sustentamos famílias, ofícios, profissões e obrigações, temos hobbies e nos voluntariamos para deveres públicos e de caridade, e a principal fonte de realização moral e de respeito por si está no simples amor pelo trabalho em si. É por isso que, até o século XX, os manuais de conselhos morais quase invariavelmente concentravam-se na ideia de dever, porque não havia infelicidade pior do que um dever sabido não cumprido. Mesmo quando estamos preocupados com alguém apenas fazendo um trabalho por precisar viver, certo sentido de integridade (que costuma aumentar com a idade) impele os indivíduos a realizar suas tarefas ao menos com alguma atenção. Quando o trabalho em si traz pouca satisfação, o individualista age a partir da integridade do compromisso, e é precisamente essa possibilidade de separar o dever da própria tarefa que faz com que as sociedades individualistas modernas sejam ao mesmo tempo duras e flexíveis.

Os individualistas costumam estar preparados, caso seja necessário, para testar a si próprios em tarefas diversas e podem montar unidades de cooperação (por exemplo, em emergências) com uma velocidade impressionante. O sociólogo Ernest Gellner chamou esse traço das sociedades modernas de "modularidade",[26] e isso foi possível porque o individualismo permite, mas não força uma disjunção completa entre o indivíduo e qualquer tarefa particular que ele execute. A flexibilidade do individualista contrasta com a rigidez daquelas culturas em que a pessoa, pela posição hierárquica, a idade ou a posição social, está acostumada a uma gama estreita de tarefas e, no mais das vezes, ao prestígio e ao respeito advindos delas. Onde há uma conexão fixa entre trabalho e status, o indivíduo costuma relutar em fazer qualquer coisa que esteja "abaixo dele".

Os individualistas modernos, por sua vez, normalmente estão dispostos a fazer qualquer coisa necessária para enfrentar uma emergência. Talvez as expectativas desse tipo ajudem a explicar por que as sociedades individualistas são relativamente livres de corrupção, no sentido de autoridades usarem poder ou autoridade para exigir dinheiro ou benefícios antes de cumprir seu dever. Uma acusação comum contra sociedades individualistas é que elas estão repletas de pessoas interesseiras amplamente incapazes de mergulhar seus próprios interesses nos do grupo maior. Nessa perspectiva, agir por "interesses próprios" equivale a ser egoísta e a excluir o bem comum. Se essa teoria um tanto comum tivesse qualquer relação séria com a realidade, então se seguiria que as sociedades europeias, e, talvez, as sociedades anglófonas acima de todas seriam as mais corruptas de todas. Na verdade, elas permanecem as menos corruptas, especialmente

---

[26] Ernest Gellner, *Conditions of Liberty: Civil Society and its Rivals*. Londres, Hamish Hamilton, 1994, seção 12, p. 97.

nos níveis inferiores, mas o aumento do servilismo está constantemente nos tornando mais parecidos com o resto do mundo.

O que é notável, porém, é que a pior corrupção acontece nas sociedades tradicionais e nas pós-revolucionárias, cujas doutrinas oficiais são, em certo sentido, inteiramente comunitárias e de negação pessoal. Em contraste a esse problema bastante disseminado, qualquer pessoa com direito a um passaporte, a uma carteira de motorista ou a qualquer outro tipo de permissão oficial nos Estados ocidentais geralmente vai consegui-lo sem precisar subornar ninguém. Podemos, aliás, usar como mais um exemplo do meu argumento o fato de que os russos, após três gerações de bombardeio por doutrinas que promovem o coletivismo altruísta, mostram-se muito menos seguramente guiados pela ideia de dever do que as pessoas no Ocidente egoísta e capitalista. Sem dúvida, é verdade que com frequência vemos as empresas e as burocracias ocidentais agindo de maneiras indesejavelmente interessadas, mas esses lances no jogo da vantagem costumam colidir a tempo com críticos da mídia e com competidores cujos interesses são contrários aos delas.

A acusação básica contra os Estados capitalistas é que o desejo em geral sobrepuja o dever. Um individualismo cada vez mais descuidado precisa ser freado por esses Estados a fim de proteger os vulneráveis deixados para trás na corrida por vantagens. Um individualista é efetivamente *definido* como um consumidor egoísta com pouca ou nenhuma preocupação com os outros, especialmente os vulneráveis. É bastante fácil ver o que torna plausível essa visão da vida contemporânea, mas, para entender por que ela é perigosamente errada, precisamos considerar bem mais de perto o que queremos dizer com "desejo" no contexto do individualismo.

Nos tratamentos filosóficos da vida moral, o desejo aparece como algo bem diferente de uma mera paixão ou um impulso. Trata-se de uma entidade altamente racionalizada em que o indivíduo considera o contexto mais amplo de uma situação, bem como as consequências prováveis de satisfazer um desejo, e não outro. Um desejo, em outras palavras, é uma *paixão racionalizada*. Ele expressa um apetite (ou, negativamente, a implicação de uma aversão) e se distingue de um *impulso* por esse elemento de racionalidade. Como diz Hobbes em *Leviatã*:

> Do desejo, surge a ideia de alguns meios onde vimos ser produzido algo semelhante ao que buscamos; e deste pensamento, a ideia de meios para esse meio; e assim continuamente, até chegarmos a algum começo a nosso alcance.[27]

Aqui, temos uma concepção da razão como instrumento, concepção bem diversa da noção grega da razão como intuição da natureza das coisas. Nesse entendimento moderno, a razão é meramente um "batedor que examina o terreno". Ela é um componente essencial do desejo individualista, em que um movimento da vontade é explorado nos termos do seu contexto, da coerência da satisfação esperada com outras satisfações em vista, e com compromissos já assumidos. Trata-se, poder-se-ia dizer, de um impulso psicológico que enfrentou o teste da realidade. Sem dúvida, esse processo de raciocínio, que considera, entre outras coisas, o interesse racional do eu individual, poderia levar a uma decisão de fazer a coisa egoísta, mas, em outros casos, não levaria. Uma negligência despreocupada é sempre uma possibilidade. O resultado depende de muitas coisas. O ponto crucial, porém, é que um desejo é bem distinto de um impulso.

Um impulso, em contraste a um desejo, é uma paixão não racionalizada que exige satisfação imediata – talvez uma paixão por comida, por sexo ou por dinheiro. Um impulso pode perfeitamente ser confundido com um desejo, porque com frequência usamos as duas palavras de maneira quase intercambiável para cobrir o terreno imaginado do ato de um indivíduo, e não é fácil distingui-los. Um impulso, porém, busca uma satisfação sem as complicações dos testes racionais que o

---

[27] *Leviatã*, cap. 3.

individualista considera em seu julgamento ao deliberar. A essência da vida moral é transformar impulsos em desejos; proporcionalmente, a decadência da vida moral pode ser medida pela disseminação da impulsividade. Podemos, da maneira mais abstrata, distinguir "desejadores" de "impulsivos" como tipos distintos de personagens, e com frequência avaliamos a conduta por esse critério. A confusão mais comum nessa área seria confundir a impulsividade com o egoísmo, o que é um equívoco, porque, estritamente falando, um impulso não é nem egoísta nem não egoísta. É como um instinto. Acessos de raiva no trânsito e agressões de bêbados configuram ilustrações contemporâneas do impulso, assim como grande parte das dívidas de cartão de crédito. A julgar pela quantidade de abortos, uma grande parte da conduta sexual é governada pelo impulso, e, claro, sempre foi assim.

Afirmei que o desejo supõe a racionalização, mas que tipo de racionalização? A resposta é que o teste para saber se um desejo deve ser satisfeito depende de um juízo sobre a coerência entre vários elementos de um contexto – um julgamento dos compromissos, das consequências e do provável resultado do ato. A própria ideia da autonomia de um individualista na condução de sua vida moral é que não há senhor a obedecer, de modo que o contraste na lógica que distingue o individualismo de formas de ordem religiosas ou costumeiras é aquele entre *coerência* e *obediência*. Conformamo-nos à religião ou ao costume, o que depende de considerações externas. É nesse sentido que se pode dizer que o individualista é livre; porém, essa liberdade não é de jeito nenhum igual à irresponsabilidade. Pelo contrário, traz um alto grau de responsabilidade.

Por fim, consideremos como seria um Estado individualista. A primeira coisa que um visitante poderia notar nesse Estado seria que o individualismo envolve uma quantidade imensa de "ocupação". Cada pessoa numa sociedade individualista tem seus próprios projetos e está ocupada realizando-os. Uma curiosidade etimológica da língua inglesa é que o termo *policy* ["política"], derivado de *polis*, não se limitava a instituições (como nas línguas do continente europeu), mas era também um termo que podia descrever os projetos de indivíduos. Isso os torna mais resolutos, muito menos formais no vestir e nos modos que outras culturas. Eles tendem a ficar impacientes com rituais. Atualmente, as relações entre homens e mulheres são ainda mais dramaticamente iguais e diretas no Ocidente do que foram no passado, porque as mulheres europeias sempre foram "liberadas" em algum grau. Numa sociedade assim, ao menos até muito recentemente, acontece muita atividade voluntária, às vezes de caridade, às vezes participativa, como quando os adultos lideram grupos de crianças no esporte ou em atividades como o escotismo. E há, ou costumava haver, um forte sentido daquilo que hoje seria chamado de "responsabilidade social". Alguns patriotas durante a Primeira Guerra Mundial, por exemplo, deram sua riqueza ao Estado, quando ele precisou dela. Considerando o nível de gastança governamental hoje, certamente não voltaremos a ver pessoas assim, mas sua generosidade representa um tipo de virtude que não se costuma associar a sociedades individualistas.

É comum observar que as liberdades de que gozamos resultam das lutas de crentes anteriores da liberdade, mas isso, suspeito, representa um argumento enganoso de atletismo moral. A liberdade está relacionada a todo um modo de viver e está aí para ser aproveitada. Nós a sustentamos usando-a e gozando-a. Sem dúvida, surgem ocasiões em que alguma ameaça real ou imaginária incita uma população ou parte dela a tomar uma atitude. Isso aconteceu em 1215 e em 1642, citando duas famosas ocasiões da história inglesa. Os norte-americanos talvez prefiram lembrar de 1776. Porém, nossa situação atual nos países anglófonos foi em grande parte uma situação em que gozamos das práticas da liberdade de geração em geração sem nenhum drama grandioso. Pensamos que a liberdade é a possibilidade ilimitada de fazer o que quer que decidamos a menos que haja uma lei contra. Outras inibições também operam – por exemplo, as do decoro, dos bons modos, da moral e (é importante observar) um senso daquilo que com frequência é chamado de "responsabilidade social". Isaiah Berlin[28] convenceu-nos amplamente de que é importante definir a liberdade em termos negativos e a resistir a contrabandear para dentro dessa ideia elementos de virtude que não têm lugar nela, por mais desejáveis que possam ser sob outros aspectos. Esse argumento sem dúvida nos poupa de vários tipos de confusão semântica, mas é enganoso como explicação das condições da nossa liberdade.

Afinal, a liberdade de que desfrutamos depende de certa distribuição de virtudes e de preferências. A preferência por lidar com pessoas honestas e independentes, por exemplo, é algo que já vimos. Poucos negariam que a coragem é central para a liberdade, tanto no sentido de que devemos estar prontos para defender o Estado contra agressões quanto para defender nossos próprios legítimos desejos e opiniões da desaprovação alheia. O medo de parecer idiota, de ofender os poderosos, constitui uma fonte de servilismo que é o oposto da liberdade. Sem uma vida política vigorosa, sucumbimos ao poder dos burocratas, desenvolvimento a ser observado na disseminação atual de *quangos*[29] como órgãos do Estado. E a própria vida cívica é uma vasta rede de conexões espontâneas essenciais para a política governamental. A vida política, como é sumamente óbvio, sustenta-se numa sociedade livre pelo apoio de algum partido político. Sem o voluntário, disposto a dar tempo e dinheiro à sociedade civil, a vida no Estado seria reduzida meramente, de um lado, à atividade econômica e, de outro, à vida familiar. A incorporação das mulheres na força de trabalho na segunda metade do século XX foi um forte golpe na criatividade da sociedade civil,

---

[28] Isaiah Berlin, "Two Concepts of Liberty". In: *Four Essays on Liberty*. Oxford University Press, 1969.

[29] Órgãos estatais, comuns no Reino Unido, financiados pelo Estado, mas não dirigidos por ele. A sigla indica *quasi-autonomous non-governmental organisation*, "organização não governamental quase autônoma". (N.T.)

que por muito tempo dependeu do entusiasmo das mulheres. Já se sugeriu que a invasão do tempo livre pela televisão e pelos computadores também afetou negativamente a vitalidade da sociedade civil. Também se costuma reconhecer que a vida familiar é uma obrigação necessária para projetar nossa civilização nas gerações futuras, mas os prazeres e as obrigações da vida familiar são muito menos reconhecidos no século XXI. Em séculos anteriores, o individualismo compreendia uma ordem autorreguladora da sociedade, mas seu sucesso nessa função é inversamente proporcional ao nível de impulsividade na conduta moral. Existem muitos indícios de que hoje desejamos menos, sendo muito mais suscetíveis aos impulsos.

8. CONFLITO, EQUILÍBRIO E O OCIDENTE

Agora, ampliemos o foco e localizemos o individualismo e a vida moral dentro de questões mais amplas no caráter da nossa civilização. E podemos encontrar uma pista disso do esboço que fizemos da vida moral em si mesma. "Fazer a coisa certa" acabou por envolver dois elementos – o ato e a motivação. Começando a partir de uma única ideia, nos vimos dentro de uma dualidade. E, se estendermos o contexto dessa observação, ficaremos impressionados, creio, porque essa dualidade apenas reflete a distinção cristã entre César e Deus. A ordem é aquilo de que a autoridade se ocupa, a bondade é aquilo de que a espiritualidade e a vida interior se ocupam. Aqui, não tropeçamos num puro ponto original, claro, porque talvez possamos levar essa distinção até as práticas constitucionais dos romanos e até as disputas filosóficas dos gregos. O impulso da maior parte da vida humana é encontrar algum princípio básico que satisfaça todas as demandas, e, no entanto, nossas imperfeições nos dizem que não o encontramos. Podemos ansiar por uma única harmonia coerente das coisas no mundo, mas algo na prática da vida europeia, especialmente no mundo moderno, nos impede de atingi-la. Em vez de harmonia, encontramos conflito. Dizemos isso para reformular o problema dos primeiros céticos modernos, e podemos perguntar, assim como eles: será isso um infortúnio?

Dessa perspectiva, a historia europeia é o cemitério de projetos grandiosos de união intelectual e política. Tanto o papado quanto o império foram além do que deviam na Idade Média, e, mais recentemente, ambições hegemônicas afligiram os Habsburgo, os Bourbon e os bonapartistas. Todos fracassaram. Os prussianos e os nazistas foram as potências mais recentes a tentar transformar a Europa (e, aliás, o mundo) numa entidade única. E o caso nazista é instrutivo porque se baseou num projeto de ordenação do mundo segundo os critérios de supostas superioridades abrangentes de raça. O comunismo é outro projeto tipicamente ideológico de criação de uma única comunidade mundial em que todos vivem a vida do modo correto. Os nacionalistas com frequência tiveram essas ambições transcendentes. Os cristãos às vezes sonham com a reconciliação de todas as fés, mas, para um entusiasmado monismo religioso hoje em dia, é preciso recorrer ao projeto islamista de unir-nos a todos na submissão a Alá e à xaria. Em todos esses casos, o projeto depende da ideia de que existe um único modo correto de viver, segundo o qual todos devemos viver.

Os europeus revelaram-se um material profundamente inadequado para unificações grandiosas desse tipo. E aqui estamos diante de mais uma versão daquela interessante crítica do individualismo que, por muito tempo, foi um *topos*-padrão de nosso autoentendimento europeu: isto é, que, considerada em abstrato, a vida moral individualista pareceria tão destrutiva da paz e da ordem que estaria à beira de um colapso. O "capitalismo", essa coisa tão odiada, está sempre provocando crises que incentivam seus inimigos a ter esperanças de que o fim está próximo, mas eles só se decepcionam. As sociedades individualistas revelaram-se, na verdade, estonteantemente estáveis. É perfeitamente possível que elas não durem para sempre: de fato, o argumento deste livro é que elas atualmente estão gravemente ameaçadas, mas até agora tiveram um sucesso notável. O individualismo, na experiência europeia, tem um parceiro indispensável na lei, e o império da lei constitui outro elemento ordenador essencial da vida ocidental. Porém, aqui, a lei não é meramente um livro de regras. Como toda outra abstração que supostamente explica a modernidade ocidental, ela é fortemente subespecificada, porque a lei opera não apenas nas bocas dos juízes, mas nas mentes dos homens. Ela foi internalizada nos sentimentos e juízos dos individualistas que têm um ótimo senso dos limites práticos daquilo que fazem.

O que chama a atenção é que onde quer que a perfeição sugira que uma única conclusão autoritativa deva surgir, os europeus em geral conseguem, como disse certa vez Hobbes em outro contexto, "enxergar dobrado". Se uma transgressão foi cometida, os procedimentos judiciais devem a princípio descobrir a verdade da questão e escolher uma punição apropriada. Em vez disso, o processo transformou-se num debate entre acusação e defesa, e o resultado não passa de um "equilíbrio de probabilidades". Por séculos, o sistema político ideal era um governante, sábio porque bem aconselhado, que protegia os súditos e os guiava a seguir o caminho correto da vida. Com frequência, os governantes em si tinham um fraco exatamente por essa concepção da ordem civil. Na Europa, essas harmonias raramente duravam muito tempo. Os reis medievais estavam cercados por vassalos altamente independentes, e havia um limite para o que esses vassalos aguentavam. A assinatura da Magna Carta em 1215 foi apenas a ocasião mais dramática e recordada em que o caráter essencial do governo da Inglaterra, fundamentado basicamente num equilíbrio de poderes, foi evidenciado. Com o tempo, essa concepção do governo como resultado da discussão conseguiu promover o ideal paradoxal da "oposição leal", e uma nova forma de equilíbrio foi criada por meio da operação de uma grande variedade de convenções constitucionais.

O conflito e o equilíbrio são, portanto, as realidades da civilização europeia. É quase como se o princípio fosse: "Muitos (isto é, o pluralismo) é bom, mas dois (isto é, o dualismo) já basta". Trata-se de um princípio encontrado na religião e também no funcionamento da economia. Os monopólios podem, às vezes, ser estabelecidos e prosperar brevemente, mas mais cedo ou mais tarde serão desafiados por competidores ou por mudanças de gosto. Nas questões internacionais dentro da Europa, o conflito era mediado pela ideia de equilíbrio de poder. À medida que o elemento hegemônico se torna mais ameaçador, os outros encontram bases para cooperar entre si de modo a contrabalançar qualquer ameaça a eles. O reconhecimento essencial que promove esses equilíbrios é que o poder corrompe em todas as suas formas, o que inclui o poder de declarar o que é verdadeiro ou falso. O poder deve de fato ser usado, mas somente dentro dos limites constitucionais. A contrapartida dessa inquietude europeia a respeito de unidades ideais refere-se à rejeição do caprichoso e do arbitrário.

Esse ponto está implícito na análise de Montesquieu dos três regimes possíveis. O medo em que se baseia o despotismo e o espírito público disponível para os governantes de repúblicas são motivos diretos para fazer a coisa certa. A monarquia, por sua vez, baseia-se na honra, que não é um motivo que leva a nenhuma ação em particular, mas um princípio mediador entre aquilo que é exigido pela ordem e as motivações que o agente pode invocar para realizar o ato (ou para recusar-se a realizá-lo). Os monistas instintivos, como o anarquista William Godwin, consideraram isso um fundamento corrupto para fazer a coisa certa. Em um bom Estado, na visão dele, fazer a coisa certa e fazê-la com a motivação correta seriam um único ato.

Outras culturas, em geral, deploram a preferência ocidental por conflito e equilíbrio, mas numa área o modo de agir europeu varreu o mundo. Refiro-me, é claro, à institucionalização do esporte, em que jogos são praticados segundo regras fixas, e indivíduos, times e jogadores competem entre si, ou costumavam competir, por nada mais sério que prestígio e fama. De fato, o esporte hoje constitui a fonte de uma vasta indústria que absorve as energias e os recursos de milhares. Trata-se de uma fonte de dinheiro e de fama. E essa, talvez se deva dizer, é a tragédia de sua difusão no mundo. Ele conquistou o mundo, e perdeu a própria alma. O esporte e os jogos são expressões da jovialidade humana, e os seres humanos, como gatinhos, são todos naturalmente joviais, especialmente quando jovens. A profissionalização destruiu a jovialidade da qual nasceram os jogos. Como qualquer indústria, eles estão sujeitos a corrupções alheias a seu espírito original.

As culturas europeias são, portanto, marcadas pelo conflito e baseadas no equilíbrio entre poderes e interesses em competição. Não são de jeito nenhum a expressão de uma harmonia puramente racional em que cada pessoa e cada interesse podem ser encaixados. E isso pode nos provocar a fazer mais uma pergunta: o que está por trás dessa disposição para entrar em conflito?

Posteriormente, discutiremos o papel central desempenhado pela ambivalência humana, mas aqui podemos olhar o campo das disposições morais. A tendência para o conflito está, de maneira mais particular, numa concepção do objetivo da vida humana. Na Europa, herdamos de nossa religião a visão de que o objetivo da vida consiste em enfrentar os desafios apresentados pela experiência, recebendo esses desafios como oportunidades para demonstrar as qualidades que temos. Em outras palavras, a vida é uma espécie de jogo a ser praticado segundo as regras, em que o importante é menos ganhar ou perder que dar o melhor de si. Ao dizer isso, estamos praticamente no território do discurso de entrega de troféu escolar, e por um bom motivo. Na Inglaterra, o esporte fez parte da educação por muitos anos, e se considerava explicitamente que seu objetivo era o desenvolvimento moral. O jogo de críquete pode hoje estar tão corrompido quanto qualquer outro jogo, mas, para os ingleses, por muito tempo foi um paradigma da própria vida. E a experiência inglesa aqui é apenas um exemplo do modo como os anglófonos extraíram melhor do que outros europeus o que estava em questão em seus jogos. A mesma concepção da vida será encontrada por toda a experiência europeia. Aliás, foi o historiador holandês Jan Huizinga quem escreveu *Homo Ludens* [*Homo Ludens: O Jogo como Elemento de Cultura*], uma das melhores explicações dessa concepção da vida humana.

Apesar do vasto sucesso daquilo que se pode chamar de "modelo" europeu de conflito e de equilíbrio, a ideia de um monismo harmonioso continua extremamente atraente, e podemos perfeitamente nos perguntar por quê. Em termos amplos, a resposta é que nosso modelo de conduta é moral, e a moralidade, ou fazer a coisa certa, compreende uma questão muito incerta até quando conseguimos obter alguma concordância a respeito do que seria a coisa certa. Você pode ter sonhos utópicos, como tiveram os comunistas e outros por muito tempo, de uma sociedade tão incrivelmente mais perfeita que a nossa que não haveria falhas morais. Numa comunidade perfeita, que talvez exija o abandono da propriedade privada, os indivíduos viveram num mundo aquecido pelo amor e pela consideração mútua. Os problemas morais não perturbariam esse mundo perfeito. Seria uma espécie de sonho anterior à queda, mas não seria para nós – se é que o seria para qualquer pessoa feita de barro humano.

Porém, de maneira mais específica, a questão é que, em casos de conflito com o mundo real, uns vencem e outros perdem. As crianças com frequência correm umas contra as outras, e só uma pode vencer. Algumas chegarão ofegantes um bom tempo atrás da vencedora. Numa certa visão de mundo, o objetivo da vida é minimizar a dor, e perder numa competição é muito doloroso. Numa sociedade melhor, não haveria perdedores. Todos seriam elogiados por seu esforço e ganhariam prêmios. O *Homo Ludens* adota uma posição diferente: perder pode doer, mas, como muitas outras formas de dor, trata-se de uma experiência importante, aliás essencial, de aprendizado. Devemos recebê-la de braços abertos, assim como Sócrates (sem muita franqueza) dizia aceitar bem ser refutado porque a única preocupação do filósofo deveria ser denunciar a falsidade e encontrar a verdade.[30]

9. O SERVILISMO E A VIDA MORAL

A vida moral consiste em fazer a coisa certa em razão de alguma motivação relacionada a alguma virtude em que acreditamos ou que admiramos. Por corresponder à conduta de agentes autônomos, ela é a essência da liberdade. A mente servil, contudo, é marcada por uma dependência extrema do juízo de poderes exteriores e, particularmente, por uma preocupação com benefícios substantivos (dinheiro, comida, sexo, etc.) capazes de resultar de uma ação, independentemente das considerações morais. As duas formas de conduta serão encontradas nas sociedades modernas em todos os momentos, mas o que é notável reside no fato de que muitos aspectos da vida contemporânea, desde o começo do século XX, tenderam a facilitar o servilismo, e não a independência.

Cada vez mais, as economias contemporâneas de mercado são dominadas por modos de comunicação marcados por sofismas, exageros, promessas irreais e evasões, bem como pelo cultivo de temores e alarmes úteis para induzir os consumidores a gastar dinheiro. Nesse sentido, todos nós estamos sendo "gerenciados" em um dos sentidos básicos dessa atividade onipresente, a saber (citando o

---

[30] A versão hobbesiana de algo parecido com essa ideia é que a vida é uma corrida, que "devemos supor que não tem outro objetivo, nem outro prêmio, além de ser o primeiro, e de estar nela. Nesse jogo, [...] considerar os que estão atrás é *glória*. Considerar os que estão à frente é humildade. [...] Ver alguém superar outro que não gostaríamos é *indignação* [...] Continuamente superar aquele imediatamente à frente é *felicidade*. E abandonar a corrida é morrer". (Thomas Hobbes, *Human Nature: or the Fundamental Elements of Policy*. In: R. S. Peters (ed.), *Body, Man and Citizen*. New York, Collier Books, 1962, p. 224.)

dicionário Oxford): "O uso de dispositivos para atingir algum propósito: frequentemente num mau sentido supondo dolo ou truques". O nosso mundo é oportunista e, muitas vezes, toscamente utilitário. O notável é a medida em que sustentamos certa independência das mensagens manipulativas sem fim em meio às quais vivemos. De maneira generalizada, o engano está por toda parte. Dada a hipérbole da propaganda e de uma cultura de celebridades dedicada àquilo atualmente chamado de *hype*, qualquer pessoa que levasse a sério o fluxo sem fim de palavras e imagens que emana dos políticos, dos publicitários e dos governos muito rapidamente ficaria atônito, perplexo e provavelmente sem um tostão. Esse resultado é exatamente aquele às vezes exibido dramaticamente por pessoas simples que de repente ganham grandes quantidades de dinheiro. Porém, a maioria de nós aparentemente não se abala.

Um motivo pelo qual não nos abalamos é que, em qualquer período que consideremos, costuma haver algum acordo geral a respeito de quais virtudes constituem fazer a coisa certa: pagar dívidas, não enganar as pessoas, cumprir os compromissos, etc. Os costumes sexuais em épocas recentes foram a mais instável das arenas, tornando-se o principal motivo de hoje tendermos a pensar que a vida moral é uma questão de escolhermos "valores" para nós. Que haja algum acordo geral quanto ao que é um comportamento decente e respeitável não garante por si só a virtude. Muitos atos corretos derivam dos tipos mais estreitos de interesse pessoal, nascendo do medo da punição ou de danos à reputação.

Independentemente dos motivos reais, porém, grande parte da experiência moderna consiste em pessoas que levam vidas em que um fluxo contínuo de decepções de baixo nível é mitigado pela esperançosa ilusão de que o amanhã será melhor. O que é notável, talvez, é que a maioria de nós desenvolve uma casca protetora de ceticismo, na qual observamos as promessas e as induções da indústria de propaganda com o devido escárnio. Vemos essas coisas como entretenimento, e a familiaridade nos protege das piores consequências da ingenuidade. Porém, seria um erro pensar que uma população racional e moralmente sofisticada foi intocada pelas falsidades ubíquas que nos cercam. Essa condição teve muitos efeitos ruins, um dos quais pode perfeitamente consistir em nos acostumar à possibilidade de obtermos aquilo que queremos por meio de decepções, de fraudes e da desonestidade de nível relativamente baixo que nos cerca.

Muitas pessoas identificam plausivelmente essa tentação com a comercialização de todos os aspectos da vida humana. O esporte representa um exemplo notável. O críquete jogado por amadores em épocas anteriores tornou-se, particularmente entre os ingleses, o modelo da conduta honesta e cavalheiresca, mas sua comercialização trouxe corrupção. Atletas e cavalos em espetáculos de saltos também estão submetidos a instâncias de uso de drogas para melhorar o desempenho. Já vimos jogadores de rúgbi, fraudadores sem arte, fingir estar feridos com o uso de cápsulas de sangue. E todas essas figuras esportivas hoje exibem aquelas paródias absurdas de alegria e empolgação que exprimem um gol ou algum outro sinal de vitória. Eles fazem isso, imagina-se, para o benefício dos que estão vendo pela televisão, cujas tediosas vidas precisam ser artificialmente vivificadas enquanto estão sentados. Mesmo em áreas mais sérias, a história é misturada. Os níveis inferiores da burocracia contemporânea não operam na base da corrupção, mas os níveis superiores certamente não estão desprovidos de alguns de seus elementos. De fato, há muito poucas áreas da vida que não foram de algum modo afetadas. É bem claro que o contexto que descrevo é o de uma sociedade servil, não livre. O servilismo, claramente, representa o correlato psicológico do despotismo.

Um dos traços centrais de uma sociedade livre é a confiança entre os indivíduos. Na alta era vitoriana, a confiança era grande, tornando-se possível confiar nos contratos verbais entre pessoas que se conheciam ou que apenas pertenciam ao mesmo contexto social.

Hoje, todas as partes chamam advogados. De maneira mais geral, a confiança nos profissionais está em declínio. Um motivo é que os governos às vezes impõem o dever de reportar às autoridades fatos confidenciais a respeito dos clientes. Atualmente, alguns órgãos do governo oferecem linhas telefônicas para o uso daqueles que estão dispostos a informar as devidas autoridades sobre casos de "fraude na previdência" ou de evasão fiscal. A disseminação de litígios em processos civis promove um alto nível de receio entre empregador e funcionário, entre cliente e profissional. Os políticos, hoje sujeitos a questionamentos agressivos em entrevistas na mídia, estão ainda mais dispostos que seus antecessores a esconder a verdade, e até a não dizer praticamente nada. Hoje, consideramos o "denunciador" uma figura heroica, e, sem dúvida, os denunciadores muitas vezes são admiráveis. Porém, antigamente o dever de lealdade para com os associados era muito mais importante que uma defesa geral do interesse público, embora o ponto crucial seja o de que a lealdade de tempos anteriores é resultado, em parte, do fato de que nossos antepassados viviam num mundo mais honesto e confiante.

Esse colapso da confiança geral é típico de sociedades governadas despoticamente, nas quais o medo constitui a motivação básica a promover a ordem social. O despotismo (e, particularmente, o totalitarismo) é uma ordem da vida política que fragmenta uma população, porque, onde há uma extensiva vigilância disfarçada, não se pode confiar em estranhos. Cada indivíduo tenderá a confiar apenas num conjunto muito mais limitado de pessoas – a família, a tribo, outros membros da mesma religião ou da mesma "comunidade" – e a sociedade em geral tende a tornar-se uma disputa dissimulada (ou, às vezes, aberta) de poder entre esses grupos. As sociedades europeias marcadas por práticas civis em tempos pregressos não estavam normalmente submetidas a esses conflitos, exceto em épocas de tensão política. Não se deve, é claro, romantizar esses momentos anteriores do passado europeu. A desonestidade pode aparecer e aparece em todos os ambientes, mas os baixos níveis de crime e de fraude entre os séculos XIX e XX estão bem documentados. Muitos fatores pareceriam estar envolvidos na evolução para nosso mundo muito menos confiante. Hoje somos uma sociedade muito mais rica, e, quanto mais riqueza temos, mais queremos, aparentemente. A abundância de qualquer coisa, assim como a escassez, cria problemas. Outra abundância perigosa é a da comunicação, porque, quanto mais nos comunicamos com as pessoas, mais chance temos de sermos levados a enganá-las sob algum aspecto. Os entretenimentos oferecem abundantes oportunidades para a promoção de produtos e mensagens.

Considerando que, por essas razões, estamos bem longe de qualquer tipo de austeridade da vida moral e política, como promovida pelos gregos clássicos e republicanos romanos, como é possível que ainda nos caracterizemos como verdade? O programa de Rousseau para reviver essas austeridades e fazer da cidadania a base essencial da sociedade moderna com o tempo (e especialmente após 1789) começou a parecer nada menos que sinistra. Explorando uma linha de pensamento que tinha sido desenvolvida pelos franceses, Adam Smith propôs a noção de que o interesse próprio é uma motivação admirável, sobre a qual se pode basear uma sociedade próspera. Certamente, ele não pretendia identificar o interesse próprio com o vício do egoísmo. Era, antes, um reconhecimento legítimo dos próprios interesses, na medida em que eles faziam parte do respeito pelos interesses dos outros. Smith, como podemos lembrar, pensava que nossa conduta precisava ter a aprovação do nosso espectador interior, mas boa parte da conduta nas nossas sociedades de mercado seria reprovada nesse teste. As motivações a partir das quais os cidadãos modernos agem provavelmente serão mistas. O medo da punição ou de uma queda de reputação pode perfeitamente ser importante. A hipocrisia, sem dúvida, é deplorável, mas alguns bons atos resultam dela. A *Fábula das Abelhas*, escrita anteriormente por Mandlebee (a última edição é de 1732) oferece um desenvolvimento satírico da visão francesa de que uma ordem social inteira poderia depender de vícios – e talvez efetivamente dependa.

O elemento de realismo nesses juízos reflete a descrição da conduta moderna dada por filósofos britânicos como Hobbes e Hume. Nessa visão, a conduta poderia basear-se em nada mais do que os desejos, e o elemento de razão na boa conduta não era (como muitos antigos acreditavam largamente) a preponderância das paixões por uma faculdade que ordenava o modo correto de agir, e sim uma coerência de compromissos, princípios e paixões cultivados por indivíduos conscientes de si. Nessa visão da conduta, julgar a coisa certa a fazer é algo muito mais relaxado do que no modelo clássico, porque uma coerência de diversas coisas pode ser entendida de distintas maneiras, embora nem tanto que se chegue ao "vale tudo". Contradições diretas podem ocorrer. As sociedades europeias modernas claramente funcionaram muito bem, apesar de muita gente fazer a coisa certa por motivos provavelmente errados ou depreciados. A tradição da economia na época moderna tende a diminuir consideravelmente a temperatura moral. Porém, o perigo, é claro, reside no fato de que as fontes de autocontenção encontradas nessa visão das paixões possam erodir-se com o tempo. A mera pluralidade de desejos encontrada numa sociedade de individualistas é parte daquilo que entendemos como liberdade, mas, a menos que ela se baseie num sofisticado entendimento moral, ela nos conduz para a beira da desordem, e talvez além. Essa é uma possibilidade aberta às explorações cambiantes de cada nova geração numa sociedade individualista. O perigo é que o desejar, nesse sentido especial, possa dar lugar àquela coisa menos deliberada que se chama impulso. E exatamente esse desenvolvimento recentemente passou a ser legitimado com a ideia de libertação.

Uma parte essencial da nossa concepção moderna da vida moral é seu pressuposto de que cada indivíduo é inteiramente capaz de julgar o que é melhor para sua própria vida. Todos somos, moralmente falando, "senhores" no sentido clássico. Em outras palavras, não existe escravo natural, e, de maneira ainda mais enfática, nenhum Estado europeu pode fundamentar-se no governo de uma classe supostamente superior de senhores. Hobbes é, talvez, o mais enfático filósofo quanto a este ponto. O pressuposto de que cada indivíduo é capaz de gerenciar a própria vida de maneira competente é, claramente, tão fora da realidade quanto sua alternativa clássica de que algumas pessoas são naturalmente escravas. Muitas pessoas, em muitas ocasiões, carecem dessa competência. No passado, as famílias, em grande parte, acomodavam as formas mais dramáticas da incompetência, e as sanções criminais cuidavam do resto. Hoje, temos toda uma indústria de assistentes sociais cuja tarefa consiste em dirigir as vidas de uma classe de pessoas cuja incompetência no ofício de viver provavelmente prejudicará elas próprias ou aqueles que dependem delas. Embora seus modos não sejam servis – muitas demonstram uma firme autoconfiança –, essas pessoas constituem uma classe servil que depende periodicamente do Estado.

O servilismo, portanto, precisa ser reconhecido como uma questão de grau. Sua essência será encontrada num tipo específico de dependência dos outros, particularmente de um grupo de pares ou daqueles no poder. O servilismo não é tanto a ausência de razão quanto a falta de prudência, o que pode ser encontrado tanto entre os intelectuais quanto entre os intelectualmente limitados. Alguns entusiastas ideológicos do último século tinham uma relação servil com aqueles que guiavam o movimento a que pertenciam e escolhiam tornar-se instrumentos do que imaginavam ser algum poder superior. Essas pessoas eram caracterizadas no passado como "verdadeiros crentes" e conseguiam como que abandonar alguns traços "pessoais" a fim de tornar-se instrumentos de uma causa. Por esses motivos, a expressão "ativista" é altamente ambígua, pois o ativismo pode ser a expressão de uma atitude crítica e independente ou, igualmente, uma submissão muito passiva a ideias grupais.

Ficará claro que essa é uma ideia com a qual é muito difícil operar, porque muitos atos comuns, desde estar apaixonado por alguém a sucumbir a algum entusiasmo espiritual, parecerão uma abdicação da independência sem que se seja necessariamente servil. Porém, é característico dessas situações o fato de serem no mais das vezes temporárias e que, com o tempo, alguma reflexão aconteça. Todos recebemos a maior parte das nossas ideias dos outros, mas a independência mental consiste em tornarmos próprias as ideias que escolhemos.

O servilismo, nesse sentido coletivo básico, foi examinado em grande detalhe por críticos do século XX do entusiasmo totalitário. Com frequência, os críticos concentraram-se no colapso da independência pessoal revelado pela ideia de que atos horríveis poderiam ser justificados pela defesa de "ordens superiores". Ali estava a ordem moral traída por uma erosão da ideia moral básica do dever em si mesmo. Porém, nem todo servilismo é coletivo dessas maneiras. Ele pode expressar-se de maneira não menos influente na corrupção que resulta de uma preocupação oportunista com vantagens pessoais. O indivíduo prefere um benefício ilícito aos rigores de cumprir um dever. Essa forma de corrupção é especialmente dominante em partes não europeias do mundo. Parece uma resposta comum ao despotismo político. Dissemos que, em muitas partes do mundo, a estrutura normativa da vida, que surge em papéis sociais gerados pelo costume ou por crenças religiosas, e, no mais das vezes, por uma combinação de ambos, tem pouco ou nenhum espaço para aquilo que entendemos como vida moral. Nossa noção europeia da moral pode e deve ser distinguida tanto do costume quanto da religião, embora esteja relacionada a ambos. Contudo, em muitas partes do mundo não-europeu, o que quer que não seja determinado por costume, religião ou medo constitui uma oportunidade para engrandecer-se. Essa é uma disposição que, com frequência, sobrepuja as políticas que buscam oferecer auxílio aos pobres em outras partes do mundo.

Trata-se de uma disposição que também ajuda a explicar a instabilidade de alguns desses Estados. Onde a corrupção facilita o servilismo, qualquer tipo de poder se torna perigoso. O poder militar, e até mesmo a mera posse de uma arma, pode ser usado para tirar vantagens dos outros por meio da intimidação. De novo, uma estrutura burocrática em que uma autoridade tem o poder de permitir ou de proibir algo desejado é capaz de evidentemente tornar-se um instrumento para a vantagem pessoal. Tentativas de reformar esses sistemas normalmente fracassaram porque as mesmas práticas corruptas se desenvolvem nos níveis superiores, destacando-se o nível do próprio poder soberano. Nesses Estados em que a formalidade constitucional é pouco respeitada, o poder soberano torna-se por si só uma oportunidade de comportamento corrupto. Os Estados ocidentais, como falei, não estão de jeito nenhum livres de corrupções de tipos diversos, e estas certamente estão aumentando, mas uma exceção bastante notável é o comedimento seguro dos exércitos europeus quanto a resistir a derrubar governos.

A corrupção é servil por muitas razões e quase universal como resposta a uma tradição de governo despótico. O governo despótico em si é uma complexa estrutura de poder exercida de maneira um tanto caprichosa pelos governantes, boa parte do tempo em vantagem própria. Os Estados europeus, portanto, têm chances de exibir níveis cada vez maiores de corrupção e, por consequência, de servilismo. Quanto mais os governos estenderem seu poder sobre o funcionamento da sociedade, mais caprichosas se tornarão as suas ações. A parcimônia na produção de leis restringe a regulamentação a coisas amplamente julgadas indispensáveis à sociedade, mas, quanto mais os governos interferem na vida social, mais complicados serão os detalhes da regulamentação, e mais caprichosos os juízos oficiais parecerão. E o capricho, como sabemos pelos Estados despóticos, é ele próprio um fator da disseminação da corrupção.

Outra vez, a corrupção expressa o impulso não examinado de tomar uma vantagem imediata sem qualquer preocupação com compromissos morais, como o dever, ou com interesses mais amplos. É a parte determinando o todo. Platão considerava o déspota o maior escravo de todos porque estava à mercê dos próprios impulsos, e o impulso é sempre a marca mais evidente da ocorrência do servilismo. Nos casos de servilismo coletivo, o caráter servil está à mercê de forças externas; está sendo controlado por outros, tornando-se preciso distinguir entre controle e governo. Numa sociedade civil europeia, em contraste a estruturas despóticas, os cidadãos cumprem as leis porque, ao fazê-lo, não estão sofrendo a imposição de algum projeto particular, mas apenas participando de uma associação de indivíduos governados pela lei, cada um dos quais com a liberdade de empenhar-se em quaisquer projetos que por acaso apoie. É esse compromisso básico com a liberdade numa sociedade europeia que leva os homens livres a ter um receio extremo quanto a obedecer a autoridades que eles não têm o poder de responsabilizar. A relação dos Estados europeus com a União Europeia é, nesses termos, um abandono do poder de autogoverno. Homens livres exigem a responsabilização. Isso é especialmente verdadeiro se o abandono do poder não está limitado no tempo. A tradição da liberdade exige grande cautela ao fazer o que quer que possa circunscrever o juízo independente das gerações futuras.

Podemos resumir nossa explicação da mente servil observando que chegamos a uma ideia muito aristotélica do que ela é: nós a definimos como a abdicação da autonomia moral e da agência independente em favor ou de alguma adesão coletiva irrefletida ou de algum impulso inevitavelmente parcial e pessoal para a satisfação ilícita. A independência mental que distingue o indivíduo que não é servil se encontra numa espécie de meio-termo entre esses dois extremos abstratos do coletivo e do impulsivo. A vida moral, podemos dizer, reflete certa atenção deliberativa ao todo do contexto de um indivíduo, tanto psicológico quanto social. O servilismo é um resvalamento do juízo independente na parcialidade, compreendendo um aspecto daquilo que logo discutirei como o "político-moral".

Uma sociedade livre é uma sociedade em que cada indivíduo obedece à lei, em que se pode confiar que poderá conduzir sua vida de maneira ordenada. Muitos, claro, não conduzem, e as sociedades livres certamente não dependem de vastos números de indivíduos que provavelmente gritariam "liberdade ou morte!". Porém, mesmo o cidadão comum de país europeu acredita viver numa sociedade livre e que ela tem condições em que a autoridade exercida sobre ele tem limites claros. Ele como que se autorregula. Ao respeitarem o Estado de direito, as leis envolvidas em princípio são as condições da boa ordem. São, para usar a expressão de Oakeshott, "não instrumentais",[31] o que significa que não impõem nenhum projeto arbitrário a cidadãos que, como se reconhece, têm suas próprias empreitadas para conduzir. Nenhum Estado cabe exatamente nessa especificação, e talvez nenhum jamais pudesse: é preciso cobrar impostos, organizar a defesa e é melhor manter certo interesse patriótico com o interesse nacional. A ideia da sociedade civil, mesmo assim, pode ser tomada como o critério pelo qual podemos julgar de modo útil como devemos responder aos poderes que os governos tomam para si.

Os governos modernos geralmente alegam que o poder que reivindicam para si é necessário para trazer algum benefício aos eleitores. Porém, a ideia em si de governo como fonte de benefícios, em vez de princípio da ordem, é um recuo do juízo característico de uma sociedade livre. Que os governos nos dão coisas boas é uma retórica poderosa no arsenal dos governantes que buscam poder, e viemos achar natural que seja o Estado que ofereça coisas boas, como medicina, educação e subsídios de bem-estar social. Porém, é preciso uma simplicidade mental considerável para acreditar que essas políticas são dons diretos do Estado, porque os governos nada têm de seu para dar: tudo o que ele pode fazer é redistribuir o que

---

[31] Michael Oakeshott, *On Human Conduct*, Oxford University Press, 1975, segundo ensaio: "On the Civil Condition", p. 108 ss.

algumas pessoas têm para beneficiar outras. Esse modo de pensar, porém, tornou-se parte das atitudes públicas dos cidadãos dos Estados europeus nas últimas gerações. Esse é o molde mental que leva populações a ficarem contentes com a autoridade tomar para si cada vez mais poder. É parte desse mundo de ilusão que governos demandam cada vez mais poder geralmente se torna evidente somente num momento posterior ao benefício fornecido. Parece sensato concordar que subsídios para boas causas como a educação ou as artes devem estar eles próprios submetidos a regras de responsabilização aplicadas ao gasto público. Com o tempo, o gasto de coisas como a medicina estatizada induz os governos a passarem a um novo estágio de controle: ele começa a regular nossos estilos de vida, ou, para falar mais claro, a nos dizer como viver nossas vidas. Obesidade, tabagismo, promiscuidade, e outras atividades que promovam custos para o Estado, justificando, assim, estender o controle dos governantes ainda mais. Similarmente, o fornecimento da educação pelo Estado logo leva a demandas de que as escolas tenham um caráter especial que agrade a autoridade (por exemplo, sendo não seletivas ou ensinando aquilo que o governo considera desejável). Tornar as provas mais fáceis agrada as pessoas, e os padrões começam a afrouxar. Um problema recente tem sido que menos candidatos de escolas estatais, cujos padrões vêm decaindo, são aceitos em universidades, e o governo resolve o problema com uma nova extensão do seu poder: impondo às universidades o dever de aceitar estudantes que anteriormente teriam rejeitado. Num mundo servil, as instituições também se tornam envilecidas e corrompidas.

A retórica da absorção governamental das instituições da sociedade civil consiste em falar em "parcerias" com as instituições, mas o controle está no dinheiro, e o dinheiro está no Estado. O fim da independência institucional configura um elemento importante do avanço do servilismo nas sociedades europeias. Universidades, hospitais, profissões, instituições de caridade e muitos outros elementos de uma sociedade livre eram, no passado, assim como as empresas industriais, em certa medida, ainda conseguem ser: autogovernadas. Elas podiam gerenciar seus próprios assuntos da maneira como achavam adequado. Porém, poucos resistem aos subsídios, que é talvez o ponto em que o servilismo toma o lugar da independência. O resultado é que muitos foram subornados pelo dinheiro prometido pelo governo, e a pílula foi muitas vezes dourada por conversas de justiça, justiça social, acesso igualitário ou algum outro adoçante retórico em que o servilismo é disfarçado como uma forma de virtude.

Com frequência, os órgãos do governo parecem controlar a sociedade com a mão leve que divulga coisas chamadas "diretrizes", as quais, na verdade, determinam quanto dinheiro os hospitais podem gastar, quais remédios os médicos podem prescrever, quais devem ser as condições de admissão às escolas ou quais os limites que os juízes devem respeitar ao condenar criminosos. Muitos desses órgãos receberam poderes legais para determinar uma gama de condições, mas são freados pela rédea frouxa da responsabilização democrática. Aqui temos, inequivocamente, a marcha do despotismo, em que um poder central, e uma política central, passa a dominar cada vez mais nossa sociedade livre e plural. E o declínio das instituições nesse sentido encontra um paralelo no colapso da independência psicológica dos indivíduos que as controlam. Eles carecem do sentido de liberdade que alertaria seu entendimento para o fato de que o controle governamental constitui uma casca de banana na qual é difícil não pisar.

Em outras palavras, o avanço de uma mente servil resulta de um movimento de pinça, em que o ímpeto quase "instintivo" que os Estados exibem de expandir seus poderes se conecta com uma disposição popular (e democrática) de valorizar divertimentos fáceis a qualquer custo. Essa é uma disposição alimentada por nossa inventividade tecnológica, que fez um mundo fácil e agradável para vivermos. O objeto do desejo é algum resultado concreto, e nós o queremos – com frequência achamos que temos direito a ele – independentemente de quaisquer condições constitucionais, formais ou até mesmo organizacionais que possam aparecer em nosso caminho. Podemos chamar esse desenvolvimento de "cultura de conveniência", em que satisfações fáceis sempre serão preferidas à forma e à disciplina.

Em nossa época, a imagem persistente dessa cultura de conveniência é encontrada nas práticas sexuais. O poderoso ímpeto do sexo era tradicionalmente formalizado em termos de amor romântico, casamento e cavalheirismo. Essas coisas eram disciplinas e freios; retardavam as coisas. A evasão mais abrangente dessas formas será encontrada na pornografia e na liberação sexual. O sexo como algo libertado de todas as disciplinas, exceto a higiene, chegou ao ponto em que com frequência é considerado um "direito" cuja negação é contrária à natureza. Essa negação certamente é contrária à conveniência. Porém, o sexo é apenas a peça central da cultura de conveniência. Outros exemplos serão observados na casualização do vestir (especialmente entre os homens), no supermercado sempre aberto e no declínio dos rituais, das refeições em família à frequência à igreja. Para a mente secular, os rituais dos judeus derivados do Levítico, ou do Ramadã muçulmano, são absurdos constrangimentos a nossos prazeres porque não se baseiam em nenhuma fundação racional. Sem dúvida, mas a racionalidade nesse sentido limitado não é o que está em questão. Esses rituais compreendem disciplinas que promovem identidades. É significativo que pessoas desprovidas de um sentido claro de sua identidade representem as mais indefesas diante das plausibilidades da regulação política. É nesse sentido que a cultura de conveniência facilita a mente servil.

Algumas pessoas consideram esse colapso da disciplina algo intrínseco à lógica do próprio individualismo. Devemos lembrar, porém, que o individualismo clássico, longe de ser uma indulgência descontraída numa conduta impulsiva, expressava a preocupação mais solícita e disciplinada pela identidade pessoal própria. Ele era essencialmente autodisciplinado. Pensar que nossa paixão atual pela conveniência constitui um resultado do individualismo é um equívoco altamente significativo, porque, nesse sentido vulgarizado do termo "individualismo", seu contrário é o envolvimento social. O individualista é mal-entendido, visto como alguém que só se preocupa com seu próprio interesse, independentemente das consequências sociais. Aquilo que chamo de "cultura da conveniência", e que preocupa outros críticos do nosso tempo, que a veem como um egoísmo negligente ou como "ganância", é reconhecida de maneira bastante universal como um defeito da nossa civilização. Propor como solução algum esforço coletivizado é, porém, passar de uma versão do servilismo para outra. E, se a conduta responsável sem dúvida deve ser sempre admirada, a "responsabilidade social" e seus muitos análogos piedosos encaixam-se perfeitamente nas ambições de governos autoritários. Afinal, é típico dos governos justificar-se reivindicando um monopólio daquilo que pode ser considerado virtudes "sociais".

Segue-se que o defeito sobre o qual quase todos os críticos concordam não deve ser identificado com nenhuma corrupção da prática moral do individualismo, porque o que queremos dizer com "individualismo" representa uma prática tão complexa que somente podemos falar de uma "lógica do individualismo" se nos orientarmos por algum aspecto limitado dele, e aspectos são, é claro, abstratos e parciais. Porém, ainda sobrevive em nosso mundo um individualismo real, mesmo que elementos dele às vezes sejam descritos de maneiras peculiares, como "capital social". Minha inclinação, como já deve estar clara, é atribuir a suposta corrupção do próprio individualismo à ideia de libertação mal-entendida como essência da liberdade e dos direitos humanos.

O declínio da independência institucional em nossas sociedades, e, em alguns casos, seu colapso, reflete um declínio mais geral da formalidade e da constitucionalidade. A moralidade da libertação expressa a demanda de que alguma desejabilidade esteja disponível imediatamente e no mais das vezes sem custo, cujo efeito foi um amplo colapso dos processos formais que marcaram anteriormente a vida ocidental. A ideia de libertação era uma caricatura da liberdade porque identificava a maioria das formas e dos limites como barreiras irracionais e desnecessárias a alguma satisfação. Nesse ambiente, coisas como o autogoverno de instituições universitárias, ou a autonomia das profissões, com frequência dificilmente pareceriam valer uma defesa apaixonada quando algum projeto social mais grandioso (como a "justiça social") estava ao alcance. De modo análogo, as convenções da polidez e da moralidade exigiam um autocontrole e, às vezes, um gasto de tempo que muitos decidiram que não tinham. Os subsídios do governo são atraentes porque permitem que coisas desejáveis sejam feitas, e o benefício de curto prazo sobrepuja o senso de ameaças futuras à liberdade. Os princípios desempenham um papel subordinado em relação àquilo que muitas vezes chamamos de "pragmatismo". A corrupção particular da justiça muitas vezes criticada como "ativismo judicial" é a prática de empurrar a lei para os resultados morais e políticos que algum juiz considera desejáveis. E é óbvio que a corrupção ocorre sempre que um agente evita um dever para obter algo substancial.

A marcha do servilismo também pode ser rastreada na disseminação do indivíduo que se desculpa. Como o servilismo é o colapso da agência moral, qualquer explicação de uma ação que transfere a responsabilidade do agente como agente moral para alguma condição social abstrata é servil. Invocar alguma condição social (pobreza, abusos na infância, etc.) nunca realmente *explica* um ato vil a menos que cada instância da condição cause vileza, e nunca causa. É significativo que os presidiários comecem com essa arenga como um modo de inscrever-se na vantajosa classe das vítimas. Não precisamos duvidar de que as condições sociais muitas vezes têm seu papel na delinquência, mas torna-se importante nunca abandonar o fato de que a agência moral está sempre envolvida. Só assim levamos os indivíduos a sério como agentes. Uma preferência por desculpas é apenas uma pisada na casca de banana do controle estatal.

Pode parecer perverso diagnosticar o servilismo como tema em ascensão em nossas sociedades livres e descontraídas do século XXI, porque é possível pensar que somos as pessoas mais livres que jamais andaram sobre o planeta, capazes de escolher muitas coisas fortemente restritas no passado – como preferências sexuais e propriedades artísticas. Estamos vivendo uma utopia no sentido de que pessoas de outras culturas vêm para nossas praias e desejam viver entre nós, como nunca fizeram com as utopias revolucionárias do passado. As respeitabilidades dos tempos passados pareciam muito mais intrusivas que a benevolência e a compaixão do nosso idioma moral contemporâneo. Porém, a liberdade, sabemos, nunca desaparece de um dia para o outro, e a aspiração de nos tornarmos parte de um mundo internacional nos levou a abandonar a soberania que costumava ser nossa proteção contra a arbitrariedade. Somente nos Estados Unidos a insistência constitucional de que apenas o Congresso pode reduzir os direitos dos norte-americanos bloqueou até agora a submissão europeia cada vez maior a corpos internacionalistas, e o resultado é que ser britânico, holandês, espanhol, etc. já não significa muita coisa – embora os franceses e os alemães pareçam ter mantido uma distância prática, se não teórica, dessas tendências submissas. Porém, submissos nos tornamos todos em muitas áreas da vida, e a paixão cada vez maior dos reformadores por concentrar-se não apenas em instituições civis, às quais podemos responder segundo nossas escolhas, mas também nas condições substantivas da vida, como justiça social e felicidade, inevitavelmente nos tornarão cada vez mais controláveis.

Capítulo 4 | O Mundo Político-Moral

1. OS DEFEITOS DA CIVILIZAÇÃO OCIDENTAL

Aprender com nossos erros constitui um preceito básico da prudência, mas ele só funciona se entendemos quais são esses erros. Acidentes, morte e ferimentos são, via de regra, inequivocamente maus, mas o que dizer, por exemplo, do remédio que resolve o problema imediato, porém acaba tendo efeitos negativos a longo prazo? O sucesso e o fracasso muitas vezes demoram para revelar sua natureza. Num dado momento do século XX, a opinião esclarecida decidiu que os jogos competitivos eram ruins para crianças porque perder nessas competições prejudicava seu autorrespeito. As escolas, assim, mudaram seus métodos de treinamento físico, e as autoridades públicas muitas vezes lucraram vendendo seus campos e instalações esportivas. Contudo, logo a atenção se voltou para o aumento da obesidade, causado em parte pela falta de exercícios das crianças. O programa deu ré, tornando-se necessário financiar novas instalações, e o governo proclamou que precisávamos restaurar uma "cultura de jogar bola". Esse pequenino exemplo é instrutivo, porque ilustra não apenas as armadilhas da prudência irrefletida, como também o fato de que um impulso básico da nossa civilização é, como vimos, poupar as pessoas da dor. No caso, a suposta dor de uma autoestima inadequada.

Ser sensível àquilo que é mau e defeituoso na vida ocidental é, de fato, um dos mais poderosos juízos que podemos ter a respeito do mundo em que vivemos. Nos orgulhamos de nossa resposta crítica ao nosso mundo, porque achamos que ela demonstra que transcendemos virtuosamente as formas mais vulgares de autossatisfação – o nacionalismo, o etnocentrismo, a xenofobia, e coisas do tipo. Outras civilizações e culturas também têm defeitos, claro, mas somos menos tolerantes de nossos próprios defeitos porque estamos convencidos de que dispomos do conhecimento e da capacidade de corrigi-los, desde que tenhamos a vontade política. E essas atitudes – um espírito crítico, uma confiança tecnológica, uma fraqueza por projetos morais grandiosos – foram projetadas no cenário mundial, criando a matéria-prima para toda uma nova visão de mundo.

Sem dúvida, compartilhamos os defeitos da condição humana, com sua propensão à ignorância, ao preconceito, à violência, ao massacre, e daí por diante, mas nossos defeitos são menos toleráveis porque temos à disposição a matéria-prima para entender coisas ruins (na forma de razão e ciência), além da capacidade de lidar com elas (na forma de tecnologia). Nossos defeitos são, portanto, piores que os dos outros, porque temos a matéria-prima para transcendê-los. Para piorar, somos ricos e eles são pobres. Trata-se talvez de um defeito de justiça igualitária. Mas talvez seja o caso – há quem tenha fortes argumentos a esse respeito – de que somos ricos *porque* eles são pobres. Nossa riqueza poderia ter seu fundamento, por exemplo, no capital obtido por meio do tráfico de escravos, embora o tenhamos abolido dois séculos atrás? Depois, no século XIX, os Estados europeus criaram impérios no mundo inteiro, dos quais muitos povos só se libertaram no século XX. Talvez até hoje os africanos sofram o fardo das fronteiras artificiais traçadas em mapas por cartógrafos imperiais. Existem outros teóricos que sugerem que o Ocidente se estabeleceu na produção de riquezas como um centro que reduziu o resto do mundo a uma Periferia.

Essa ideia tem sido comum entre ativistas que atacam a globalização e entre os acadêmicos que desejam explicar o mundo em termos de exploração capitalista, além de além de outras maneiras, mas não acho que precisemos gastar tanto tempo com isso. Como sugeri no último capítulo, a civilização ocidental moderna desenvolveu uma concepção da vida humana e de uma maneira de viver que é bem distinta da de outros povos, e não é a exploração, mas o excepcionalismo dessa realização que explica a riqueza e a boa ordem das democracias liberais. Os Estados europeus representam a origem de um longo feixe de invenções e de práticas que, com o empreendedorismo econômico e o Estado de direito, transformaram o mundo e permitiram que milhões de pessoas vivessem mais e melhor. Também não guardamos nossos segredos num cofre, como os vidraceiros venezianos de outrora, que tentavam defender o monopólio de suas habilidades. O ocidente foi a civilização mais aberta imaginável. Milhões de jovens de outras áreas vêm estudar em suas universidades em pé de igualdade com nossos próprios jovens. E a prova de que há realmente um compartilhamento de habilidades e de oportunidades será encontrada no fato de que outros países, como o Japão, e mais recentemente a China e a Índia, adotaram as formas de vida produtoras de riqueza de que fomos pioneiros. Trata-se de uma opção popular, porque em geral as pessoas preferem ser ricas a ser pobres.

Mas talvez seja precisamente esse o termo central da acusação feita a nossa civilização. Nosso erro pode estar não em manter os outros povos pobres, mas em termos os ensinado a ser ricos. Hoje sabemos, ou achamos que sabemos, que a eletricidade que sai das centrais de energia e alimentam computadores e máquinas está na verdade destruindo o planeta ao acumular depósitos de carbono na atmosfera. Nós, europeus, somos pródigos usuários dos recursos minerais do planeta. Corrompemos nós mesmos e todos mais ao criarmos um estilo de vida tão rico que o planeta não consegue sustentá-lo. Milhões de pessoas menos afortunadas vivem com menos do que aquilo que nós descontraidamente jogamos fora. Aviões destroem a atmosfera para gozarmos dos benefícios banais do turismo internacional, uma atividade humana tão improdutivamente corrupta para aqueles que dela desfrutam quanto para aqueles que servem nela. Como tudo o mais na vida ocidental, ela é movida pela paixão dos lucros – com frequência, hoje em dia, atribuída à "ganância", e não por alguma preocupação com benefícios humanos.

"Nós", portanto, somos culpados de estarmos envolvidos num vasto processo histórico que pode ameaçar o futuro da vida humana no planeta Terra, e que aparentemente não temos o poder de modificar. O padrão segundo o qual estamos sendo julgados aqui é uma reconfiguração do ódio imemorial pelo luxo dos ricos, arraigado nos projetos ocidentais de igualdade social. Nessa visão, o luxo é o maior de todos os males, e os ocidentais gozam de um nível de luxo que teria sido invejado até mesmo pelos déspotas de antigamente. O modo correto de viver é o do "filósofo" que entende que o supérfluo corrompe e que a satisfação das necessidades humanas é tudo o que necessário para a felicidade humana. Em vez disso, fomos seduzidos pela tentação da luxúria, pela paixão capitalista da satisfação ilimitada de falsas carências e necessidades. Porém, "pesquisas" (isto é, respostas a questionários) revelam que as pessoas não estão mais felizes agora do que estavam em gerações pregressas, se é que estão igualmente felizes. Nesse sentido, o mundo moderno é um tributo à irracionalidade. Nossa satisfação com a riqueza crescente é na verdade a ausência de sentido da esteira de corrida.

Trata-se também de um tributo à desigualdade. Nas democracias, deveríamos compartilhar nossa riqueza uns com os outros, em vez de permitir que algumas pessoas desfrutem de um direito "obsceno" à riqueza da sociedade enquanto outros vivem com pouco. Porém, essas diferenças dentro das sociedades modernas empalidecem em consideração com as desigualdades que permitimos que aparecessem no Terceiro Mundo, onde X% da população vive com menos de um dólar por dia. (Não coloquei um número para X, mas o leitor pode, como todo mundo faz, colocar a figura que achar plausível.) De fato, faz parte da desigualdade que nossa comida e outras coisas sejam baratas para nós, porque os produtores daqueles países explorados recebem valores baixíssimos. Na raiz desse argumento, está a crença fundamental de que a desigualdade em si é igual à opressão.

Essa convicção em particular – de que a desigualdade revela opressão – está pressuposta no postulado de que a perfeição seria uma ordem em que todos compartilhassem igualmente os bens deste mundo.[1] Como seria exatamente essa perfeição é algo não plenamente elaborado, e, aliás, provavelmente nem o será. Na medida em que é possível oferecer versões de um mundo melhor, elas dependem de negar abstrações malignas, como guerra, pobreza, ignorância, etc. A perfeição seria a ausência de males. O ponto importante desse tipo de ideal moral, tão comum no pensamento contemporâneo, e com frequência chamado de "utopianismo", reside no fato de que algumas de suas implicações – como a de que a desigualdade é igual à opressão – são poderosos impulsos morais que independem de qualquer problema relacionado a oferecer uma explicação do próprio ideal básico. O que eles mostram inequivocamente é que o estado atual das sociedades ocidentais, e *a fortiori* o estado atual do mundo, é realmente muito ruim.

Assim, talvez a grande questão que surge dentro dessa utopia seja: até onde deveria ir a equalização "para cima" da condição do Terceiro Mundo. Pode-se imaginar que a resposta está no ponto em que eles vivam como nós, mas nesse ponto o argumento da desigualdade se choca com o da globalização. Os pobres nunca poderiam atingir nosso luxuoso padrão de vida porque, por exemplo, a tentativa de equalizar o consumo de carne, que depende fortemente de

---

[1] Uma versão dessa ideia para os direitos humanos, proposta por Thomas Pogge e por outros, será discutida no próximo capítulo.

recursos naturais, está muito além daquilo que o planeta poderia sustentar (segundo os cálculos) dentro dos níveis atuais de população. Em outras palavras, uma nova acusação à vida ocidental é que ela não pode ser sustentada caso as milhões de pessoas empobrecidas do Terceiro Mundo reclamem sua parte dela.

O leitor talvez esteja ficando inquieto. É cansativo suportar ser denunciado mais do que um breve período. É importante, porém, enunciar e analisar a acusação que nossos semelhantes ocidentais (e é nossa própria cepa que avassaladoramente apresenta esse argumento a favor da acusação) fazem contra sua própria civilização, porque ela subjaz à grande mudança na imaginação moral cujos contornos tento esboçar. A mudança moral nasce da convicção de que a civilização ocidental causou grandes danos tanto ao próprio planeta (com suas técnicas industriais e seu desperdício) quanto a nossos semelhantes que o habitam (com sua arrogância e desprezo). E esse entendimento muitíssimo amplo da nossa condição promove todo um conjunto de problemas, e a resposta aos quais é o teste básico tanto da nossa racionalidade quanto da nossa qualidade moral. Aquilo que chamarei de "mundo político-moral" constitui uma estrutura de pensamento que rejeita as estreitas fronteiras da vida moral individualista que descrevi no Capítulo III, e que, em vez disso, se apresenta como um conjunto de aspirações, cujo apoio começaria a redimir a culpa apropriada ao modo como nos desenvolvemos como civilização.

Porém, não pode haver redenção sem um entendimento claro do pecado, e a acusação de jeito nenhum está encerrada. Até agora, tratamos das nossas faltas sociais e econômicas mais grosseiras. Também precisamos considerar a estreiteza de nossos pensamentos e sentimentos. Não haverá uma evidente arrogância na maneira como entendemos outros povos, às vezes romantizando-os, às vezes tratando-os como menos que humanos, mas raramente reconhecendo-os como seres humanos no mesmo nível que nós? Estamos trancados em nossas próprias perspectivas ocidentais, impondo aos outros uma rígida concepção da verdade objetiva que nega validez a percepções que estão fora da nossa própria faixa de experiência. Essas faltas estão na raiz de uma arrogância racial que anda com uma pele branca, e que, no passado, foi usada para justificar opressões imperialistas.

Por fim, alguns críticos também colocam a civilização ocidental no tribunal da História. "Nós" fizemos guerras santarronas antigamente contra os muçulmanos que viviam na Palestina. Deve-se admitir que aqueles muçulmanos só tinham conquistado aquelas regiões quatro séculos antes, mas tinham estabelecido sociedades assentadas, e as Cruzadas podiam, portanto, ser consideradas agressões. Mais ainda, por alguns séculos lucramos com o tráfico de escravos. Essas acusações atacam particularmente as classes políticas, deixando os pobres moralmente a salvo. Os culpados são os governantes, como também são por acontecimentos como a Fome Irlandesa da Década Faminta de 1840, pela qual Tony Blair, quando primeiro-ministro, pediu desculpas aos norte-americanos.

Assim, eis aqui um breve esboço das notáveis razões que costumam ser apresentadas para o ódio de si civilizacional do ocidente, que há muito tempo é uma de nossas patologias reconhecidas. Ernest Gellner chamou-a de "anseio por expiação pós-imperial", e analisou os efeitos destrutivos que várias formas do relativismo resultante tiveram na ciência social ocidental.[2] Os leitores de Rousseau com frequência sentem-se pobres coitados em comparação ao lendário nobre selvagem, intocado por nosso consumismo frenético. Quando o comunismo derrubou os regimes tradicionais, muitas pessoas no ocidente ignoraram sua realidade assassina e admiraram as boas intenções proclamadas por seus líderes. Aqueles déspotas comunistas podem ter feito uma bagunça assustadora, mas pelo menos (como diziam os velhos comunistas tentando expiar seus juízos

---

[2] Gellner escreveu uma longa reflexão em forma de ensaio a respeito daquilo que chamava de *fin de millenaire* vindouro no *Times Literary Supplement*, 16 jun. 1995.

equivocados) eles *se importavam* com o mundo em que viviam. Não faltavam admiradores de Lênin, Stálin, Castro e até mesmo Pol Pot, entre os intelectuais e radicais do ocidente. Aliás, ainda restam alguns cujo ódio do ocidente moderno, em seu desenvolvimento, é tão intenso, e a decepção com as frustrações das expectativas revolucionárias é tão intensa, que eles defenderão absolutamente qualquer coisa que seja violentamente hostil às vidas que levamos – por exemplo, o jihadismo – na esperança de que algum dia a nossa civilização enfim seja esmagada.

A alienação da própria cultura, claramente, não é desconhecida em outros tempos e lugares, mas em geral consiste não numa rejeição extensiva daquilo que se pensa e sente, mas sim em ódio das carências reveladas na própria cultura quando comparada à superioridade tecnológica e organizacional do ocidente. O ódio de si ocidental não é desse tipo. Suspeito que seja parte do excepcionalismo ocidental que a dualidade mesma entre secular e sagrado no ocidente configure a base sobre a qual um local de ódio de si possa ser criado. Afinal, qual é o lugar do crítico extensivo do ocidente moderno? Qual seria seu lugar teórico, por assim dizer?

A resposta deve ser que ele tem uma identidade institucional e ideológica como membro de um grupo autonomeado daqueles que compartilham aquilo que ele considera uma atitude racional e crítica que afirma ter transcendido as ilusões e os enganos dos preconceitos locais. E essa possibilidade de localizar-se numa espécie de "lugar nenhum" ideal ou utópico se deu porque os cristãos muito tempo atrás aprenderam a distanciar-se dos erros de seu lugar e de seu tempo e entender-se como cidadãos da *Civitas Dei*. O ódio de si europeu é um distanciamento individual da lealdade patriótica ao Reino Unido, à França, à Holanda, aos Estados Unidos, e daí por diante. Na vida acadêmica, os apegos locais podem muitas vezes parecer uma traição da vocação acadêmica para criticar os dogmas e os preconceitos da sociedade em torno. É, em certa medida, paradoxal que os críticos sejam mais dramaticamente ocidentais exatamente ao odiarem sua própria herança. Trata-se de uma arraigada tradição europeia, ainda que anteriormente encontrada num linguajar religioso.

Temos uma questão interessante: aqueles que rejeitam sua civilização por motivos morais exemplificam o envilecimento moral ou a megalomania moral? A resposta, claro, é que o envilecimento é coletivo, e a megalomania, pessoal. Profetas denunciatórios não são novidade, mas poucos deixam de abrir espaço para remanescentes salvadores. Os críticos colocaram-se nesse papel interessante, e a teoria que promove a crítica constitui uma forma de gnose, ou de entendimento superior reivindicado, central para toda tradição antinomiana. O análogo teológico daquilo com que lidamos aqui parece ser a crença de que o mundo (ou a "sociedade") é essencialmente corrupto, excetuando os remanescentes salvadores, que estão acima das leis. Um dos traços notáveis dos antinomianos cristãos era que eles se julgavam acima da lei, e nossos antinomianos modernos com frequência consideram-se justificados ao tomar qualquer medida que possa enfraquecer o poder maligno a que se opõem. Eles ilustram o fato de que a essência da autocrítica civilizacional é sua capacidade de provocar emoções santarronas. Falaremos mais sobre isso depois.

Os críticos da nossa civilização que reconheceram faltas para os quais o resto de nós permanece amplamente insensível em nosso consumismo negligente não são apenas os remanescentes salvadores, mas também elaboraram soluções para aquilo que se entende como o problema básico. A solução consiste em três coisas que consideraremos. Primeiro, uma revolução ética deve transformar nossas atitudes, e vamos discuti-la como o "político-moral" em seções posteriores. Segundo, cabe-nos espalhar o reino universal de direitos humanos que (ao menos supostamente) foram gerados não pelos valores e preconceitos ocidentais, mas sim por um entendimento racional da condição humana. E, terceiro, é preciso criar uma ordem global emergente em que atos maus (dos quais o genocídio é o exemplo paradigmático) poderão acarretar responsabilização judicial.

Existe, é claro, uma sociologia inexata, mas sugestiva do fenômeno que estamos considerando. Se perguntarmos quem são os críticos, descobriremos que eles tendem a vir das classes pedagógicas, comunicativas e administrativas. Parece significativo que essas não sejam pessoas diretamente envolvidas com a produção de riquezas. Contudo, aqueles que apresentam mais chances de ter lealdades locais e nacionais são os que estão envolvidos mais diretamente na economia. O que distingue esses dois grupos é o fato de que os críticos têm salários em grande parte pagos por governos e por outras burocracias, e, portanto, estão em grande parte distanciados da busca efetiva de *interesses*. As mentes dos críticos sociais, pode-se dizer assim, estão amplamente preocupadas com *ideias*; numa frase brutal, seu ofício é a "ideologia".

Propor uma ideia aparentemente isenta de qualquer mácula de interesse dá à pessoa que a afirma a agradável sensação de estar contribuindo para a racionalidade universal, em contraste à mera proteção de algum interesse. O socialista rico sente-se muito superior ao industrialista patriótico. Além disso, os interesses conflitam entre si e são o começo da dissensão civil e social. Isso dá aos expoentes de ideias, ou de utopias, a agradável sensação de que suas opiniões são, no melhor sentido, desinteressadas, intocáveis pelas vulgaridades do interesse. Os sofistas da Grécia viviam da ideia de que "o mundo é governado pela opinião", mas não eram nem um pouco desinteressados. Nos tempos modernos, as principais doutrinas da ciência política exibiram a política como arena para resolver conflitos de interesse. Agora, porém, temos uma vasta classe influente e produtora de ideias para a qual a realidade é mediada por seus julgamentos avaliativos ou pelas ideias correntes encontradas na história e na filosofia. Não entender quais são seus próprios interesses rapidamente leva a desvantagens e dor. Não entender as próprias ideais raramente traz uma desilusão tão rápida.

O ódio de si no ocidente é uma coisa estranha e realmente atordoante. Parece surgir quando a lealdade à própria herança cultural é transferida para um local ideal. Uma explicação comum oferece a culpa como dinâmica psicológica da autoalienação cultural, mas não está nada claro qual deveria ser o motivo da culpa do europeu médio, e quem deveria ser culpado do que quer que isso venha a ser. A culpa, nesse contexto, raramente é definida, mas podemos sugerir, em suma, que se sentir culpado é uma emoção aprendida, derivada da consciência, real ou imaginada, da traição de um princípio moral que constitui a identidade própria. Talvez seja possível, por exemplo, que algumas pessoas tenham internalizado tanto a igualdade de condições sociais e econômicas quanto princípio moral em que elas vivenciam a emoção incapacitante da culpa apenas por causa do contraste entre sua própria riqueza de um lado, e a pobreza de algum outro grupo de referência de outro. Se é assim, a terapia é clara: venda tudo o que tem e dê aos pobres. Alguns indivíduos de fato fizeram isso, mas é raro. Se a culpa está mesmo por trás do apaixonado ódio de si de alguns ocidentais, então parecem ter se segurado e com grande fortaleza aprendido a gozar de seus benefícios.

Mais provável, na verdade, seria que eles tenham respondido construindo seu distanciamento civilizacional como evidência de que pertencem a uma classe de pessoas sensíveis e superiores. O nojo de si próprio não demonstra que as próprias atitudes morais são antes racionais do que interessadas? Ao analisar as perspectivas que as pessoas adotam de seu lugar no mundo, você raramente se equivoca ao descobrir, no meio delas, algum elemento de egoísmo. Aqueles que adotam alguma posição moral abstrata costumam admirar a si mesmos por isso. Isso vale especialmente nesse caso, porque aqueles que proclamam a própria culpa coletiva também geraram, como veremos, as políticas que se imagina que remediarão essas faltas. Isso demonstra que elas estão seriamente envolvidas com o problema.

Burke certa vez escreveu que não conhecia "o método para montar uma acusação contra um povo inteiro".[3] Podemos perfeitamente dizer a mesma coisa a respeito de uma civilização inteira. E, de fato, essa impossibilidade é claramente de ordem lógica. Logo discutiremos a confusão lógica chamada de "responsabilidade social", e a impossibilidade lógica de ser responsável pela coisa chamada "sociedade" não se aplica menos à ideia de que possamos ser responsáveis perante algo como uma cultura ou uma civilização. Qualquer acusação séria só pode se referir a agentes morais, individuais ou coletivos, que realizam atos identificáveis. Nesse nível, certamente encontramos muito a criticar no modo como os europeus agiram, embora sempre se possa discutir se nossas críticas são razoáveis ou não. Imagino que até mesmo seja possível repudiar toda a nossa civilização como um equívoco abjeto, mas, mesmo ao fazer isso, você estaria expressando uma das possibilidades que a própria civilização permite que sejam expressadas. O ódio de si civilizacional é, em outras palavras, uma ideia que refuta a si própria, dificilmente chegando a ser muito proveitosa. Porém, minha preocupação com esse molde muito estranho de pensamento é que o ódio de si ocidental, de maneiras tanto explícitas quanto implícitas, tornou-se cada vez mais influente na geração de nossas ideias a respeito de como devemos agir. Passemos, então, a considerar a resposta moral que ele provocou.

2. O MUNDO POLÍTICO MORAL E SUAS REIVINDICAÇÕES ÉTICAS

Essa concepção pseudo-histórica refere-se à análise da qual se desenvolveu um novo entendimento moral do mundo. Podemos

---

[3] Edmund Burke, "On Conciliation with America".

especificá-la com o desajeitado nome de "político-moral", porque, para muitos fins, ela rejeitou todo conflito entre a vida moral (individual), de um lado, e as políticas (coletivas) dos Estados, de outro. O político-moral, da maneira como surge da visão de nossa situação global esboçada na última seção, exige de nós uma atitude moral (particularmente em relação ao sofrimento entre classes abstratas de pessoas) e um compromisso político de mudar um mundo muito defeituoso moralmente. Nós que somos ricos e temos estudo, temos o compromisso de servir o projeto prioritário de atingir uma transformação de uma vez por todas da condição da humanidade. Reconhecer que precisamos mudar o mundo para melhor é a única atitude moral que pode ser defendida como resposta às realidades da condição humana. A transformação exigida é equalizar a satisfação das necessidades de todo mundo na nossa própria sociedade, e, a longo prazo, aliviar a pobreza e a opressão no resto do mundo. Cada vez mais esse projeto está sendo subsumido no conceito ainda maior de direitos humanos.

No mundo individualista, as questões morais eram distintas das políticas, com frequência aceitando-se que ambas se chocavam. Como Maquiavel distinguiu-se por reconhecer, o governante às vezes precisa saber como não ser bom, e o homem bom inevitavelmente comprometeria seus princípios ao adentrar na política. O mundo político-moral, porém, descobriu um conjunto de imperativos morais e políticos em cuja busca conflito nenhum surgirá necessariamente. A moral, ou, para usar o termo que veio a ser domesticado na retórica do político-moral, o "ético", determina o político. Um século atrás, o mundo em geral era amplamente entendido pelos europeus como um lugar de interesse e de oportunidade. Hoje, representa um ninho de problemas a serem resolvidos.

Um projeto como esse nos afeta nos termos daquilo que poderia ser chamado de "lealdade à espécie", talvez cristalizado durante o século II pela circulação do famoso sermão de John Donne que insistia que "homem nenhum é uma ilha".[4] O sermão de Donne, claramente, era intensamente cristão, mas, quando Ernest Hemingway fez a ideia circular pela modernidade, ele estava apresentando um argumento político a respeito do envolvimento em comum da humanidade no conflito entre o fascismo e a democracia. Hoje, nosso mundo, concebido nos termos dos problemas da guerra, da mudança climática, da pobreza, etc., é entendido como um lugar de sofrimento. Aqueles entre os jovens modernos que participam dessa visão estão mais conscientes da pobreza dos outros que da riqueza de que eles mesmos gozam. Como igualitários teóricos, acham que a pobreza dos outros é uma traição das pessoas com quem estão conectadas por compaixão e empatia. Essas atitudes configuram um elemento importante no movimento maior de coisas chamado "globalização", e se disseminaram de várias maneiras.

A moda intelectual, hoje como antes, desempenha um papel na difusão dessas atitudes, assim como as piedosas esperanças das autoridades civis e educativas, que identificaram esse complexo movimento moral e cognitivo como parte importante da consciência culta no mundo contemporâneo. Essa coisa, com frequência, é promovida como "cidadania global". Em outras palavras, está se desenvolvendo um vocabulário que deixa entrever uma concepção da humanidade nos termos de uma democracia ideal unificada, em que os povos da Terra, como em toda democracia, podem desfrutar das coisas que querem. A convicção básica mal chega a ser diversa daquilo que o satirista P. J. O'Rourke chamou de "enriquecer votando".[5] Afinal, faz parte do ímpeto subjacente do politicamente correto que padrões desiguais de consumo resultam de injustiças herdadas que podemos abolir por um ato de vontade política.

---

[4] John Donne, "Meditation Seventeen", em *Collected Works*.

[5] Como afirma P. J. O'Rourke em *The Parliament of Whores* (Picador: Londres, 1991), o governo democrático compreende um dispositivo para colocar as mãos no dinheiro de outras pessoas.

Rastreemos o surgimento desse novo mundo moral em duas seções, a primeira sendo um desenvolvimento estritamente moral, e a segunda a resposta da autorrejeição ocidental. Muitas vezes, o desenvolvimento moral é associado à década de 1960, mas ele se deu desde muito antes. Foi um entendimento da conduta humana, que podemos analisar em três passos.

O primeiro e mais básico foi a rejeição da autoridade em favor da razão, algo mais do que escancarado na retórica dos anos 1960. Um motivo proposto para rejeitar a autoridade residia no fato de que, às vezes, ela era abusada. A imagem midiática comum de governantes, professores, policiais, enfermeiras-chefes e outros que detinham algum tipo de autoridade veio a enfatizar que eles eram humanos, demasiadamente humanos. Alguns eram sádicos, muitos eram caprichosos. Foi a época da grande explosão da sátira na América anglófona, em que se zombava de qualquer pessoa num cargo de autoridade, como se ela combinasse pompa e burrice. Logo se veio a pensar que muitas das ações do governo estavam "além da sátira", e de fato muitas delas estavam. O argumento geral era que a autoridade tinha governado o mundo desde o começo dos tempos, e que bagunça ela tinha feito! Agora era hora de dar uma chance ao povo. Além disso, a autoridade parecia um sistema necessário apenas para formas de governo em que o povo era oprimido. Porém, nas democracias atuais, as políticas eram legítimas não (aparentemente) porque vinham de uma fonte autoritativa, mas porque respondiam àquilo que o povo queria. Os problemas da vida política não pareciam mais tão complicados que se tornava necessária uma sutil imersão na tradição de um país para lidar com eles. A fórmula do sucesso político parecia ser "popularidade mais a assessoria de especialistas", na base da qual as ofuscações do passado viriam à luz do dia. Sem dúvida, por razões funcionais de organização, era necessário que houvesse patrões, policiais, enfermeiras-chefes, e daí por diante, mas seu poder deveria ficar circunscrito por um maquinário de regulamentação, inspetorias e tribunais, e essas instituições eram elas próprias parte do processo de ampliação do poder para as pessoas. Essa seria a racionalização de um mundo muitas vezes irracional.

A rejeição da autoridade em favor da razão foi o projeto racionalista da civilização europeia desde o tempo de Descartes, mas essa tradição anteriormente se limitava em grande parte a uma elite versada em ciência, filosofia e tecnologia. O slogan "abaixo a autoridade" agora animava um grupo muito menos sofisticado de pessoas e levava a toda uma gama de liberações imaginadas. Aliás, ele tinha "se plugado" a camadas muito mais profundas do pensamento europeu, segundo o qual nosso domínio da tecnologia poderia ser estendido – concebiam-se poucos limites ao processo – à resolução dos problemas sociais e à criação de um mundo notavelmente melhor. Os jovens rebeldes da década de 1960, em quem essas tendências que há muito vinham amadurecendo irromperam da maneira mais exuberante, olharam um mundo cujas complexidades (e cujos prazeres sutis) eles mal compreendiam e disseram: "Precisa haver um jeito melhor".

A segunda ramificação dessa nova ordem moral derivou de maneira bem direta da primeira. Ela consistiu no sentimento de que a punição apenas fazia parte do passado opressor, e que o objetivo do "controle social" deveria ser a retomada de um ser humano em vez da imposição de dor a ele (e, ocasionalmente, a ela). Julgou-se que as prisões não funcionavam porque muitos condenados soltos simplesmente voltavam a cometer crimes. Às vezes, grandes esperanças eram investidas em projetos de ensinar aos presos habilidades como atuar e controlar a raiva, mas os criminosos no mais das vezes decepcionavam seus defensores. Mesmo assim, os criminosos tendiam a ser comparados à classe dos doentes (mentais) e vulneráveis, julgando-se que o problema consistia em encontrar a terapia correta. A criminalidade, como tudo o mais, configurava um problema a ser resolvido, e, ao resolvê-la, a esfera moral precisava ser abandonada em prol da sociológica ou da psiquiátrica. Porém, esses remédios só funcionariam se as pessoas tivessem sido libertadas de repressões pregressas, para que pudessem expressar seus sentimentos reais e lidar com eles.

A terceira ramificação dessa mudança moral foi sua resposta ao conflito, especialmente à guerra. O conflito é endêmico na vida humana, muitas vezes levando à violência. Portanto, precisamos institucionalizar maneiras de lidar com ele, seja na vida industrial, seja com o bullying nas escolas, com a violência doméstica ou com a forma extrema da guerra. A ideia básica parece ser que, em todo conflito, os dois lados podem apresentar algum tipo de argumento, e, portanto, uma solução para o problema só pode surgir de concessões, do "toma lá, dá cá". Em outras palavras, a solução para qualquer conflito deve ser a negociação, na qual os dois lados precisam ceder em algumas coisas. Não há espaço aqui para os conflitos de princípio que abundaram no século XX. O instinto de muitas pessoas no caso da Guerra das Malvinas foi negociar por meio do intermediário das Nações Unidas. A eficiência de uma política razoável depende, é claro, do caráter daqueles com quem se está negociando. Com muita gente, de Átila (o Huno) a Adolph Hitler, a negociação não é uma opção que se deva levar muito a sério. Rejeitar a força em favor da negociação por meio de instituições internacionais pode muitas vezes ser uma coisa sensata a fazer, mas há outros momentos em que a melhor esperança é, se podemos mencionar O'Rourke outra vez, "Dê uma chance à guerra". A negociação é uma forma de realismo cujo sucesso depende integralmente de um juízo do outro lado do conflito. Porém, o princípio básico envolvido aqui era que a cooperação com os outros sempre pode ser permitida e sempre viria à tona se as pessoas tivessem a oportunidade de transcender o próprio interesse.

Aqui, então, na forma de um pacote de atitudes que funde racionalismo, liberação e cooperação, está uma posição moral que busca sobrepujar as excentricidades e os conflitos daquilo que estamos chamando de "a vida moral". Ela se distingue da vida moral por depender de compromissos *substanciais* que operam para excluir a autoridade, a punição e a violência como respostas para os problemas sociais. E depende de um vocabulário bem diferente daqueles que dominaram a primeira metade do século XX. A liberdade e o Estado de direito foram em grande parte substituídos por liberações e direitos.

A passagem de liberdades tradicionais para uma retórica de direitos representa um desenvolvimento significativo. Quanto à liberdade em sua acepção tradicional, a questão é que ela incorporava em si limitações morais; a liberdade se distinguia da licença, e aqueles que dela gozavam aceitavam as convenções e as limitações de seus deveres quanto à vida familiar. Muitíssimos aceitavam o dever de voluntariar seus serviços em atividades cívicas como o escotismo, a arbitragem de jogos escolares, os clubes juvenis, etc. Uma liberação, porém, é apenas um desprender-se de convenções e de restrições; em si, ela não incorpora a limitação, como faz a liberdade. O mesmo vale para os direitos, que, em si mesmos, são (como costumam reclamar os moralistas) livres de obrigações. O resultado dessa transposição do vocabulário moral é que nosso entendimento complexo da liberdade, como permissão e limitação simultaneamente, coagulou-se em duas entidades separadas: a liberação sem entraves e um conjunto de direitos adjudicados por tribunais interessados exclusivamente em conflitos entre aqueles que gozam desses direitos.

Assim como o ataque à autoridade fez com que muitos lamentassem o colapso do respeito, e que um primeiro-ministro britânico tentasse criar um "programa para o respeito" na vida social por meio de ditames políticos, também a evolução da liberdade para liberações e direitos exigia uma preocupação de contrapeso com a "responsabilidade social", que com o tempo se tornou uma forma agressiva de intimidação moral dirigida aos ricos e poderosos.

Afinal, um dos traços mais evidentes da democracia, à medida que ela evolui de geração em geração, é o fato de que leva as pessoas cada vez mais a assumir posições públicas sobre as questões privadas dos outros. Sempre que as pessoas descobrem que se está gastando dinheiro, por particulares ou autoridades públicas, costumam desenvolver opiniões sobre como ele deveria ser gasto. Num Estado cada vez mais gerenciado até os mínimos detalhes da conduta, cada pessoa, assim, se torna seu próprio déspota de fantasia, dispondo dos outros e de seus recursos da maneira que acha desejável. E essa tendência mesma resulta de outro traço da revolução moral. A democracia demanda, ou ao menos parece demandar, que seus súditos tenham opiniões sobre a maioria das questões de discussão pública. Porém, políticas públicas são uma questão complicada, e apenas se pode fazer comentários inteligentes gastando muito tempo com os detalhes. Contudo, toda política pública deve ser julgada nos termos de sua conveniência. Por mais ignorante que uma pessoa seja, ela sempre pode fazer discursos moralizantes. E é a propensão a fazer discursos moralizantes que ocupa a maior parte do espaço da discussão pública na democracia contemporânea.

3. A EMERGÊNCIA DO POLÍTICO-MORAL

Como vimos, a política e a vida moral foram tradicionalmente entendidas como distintas, tanto na maneira como operam quanto nas considerações que despertam. O esclarecimento dessa relação constitui uma ideia associada particularmente a Maquiavel, que se destacou por explicar impassivelmente que atos políticos imorais eram inevitáveis no ofício de governantes que mantinham Estados. Justificativas de atos políticos, por sua vez, exigem que aquele que justifica minimize essa diferença. Os apologistas normalmente dizem que se está fazendo justiça, mas a justiça pode, ocasionalmente, precisar ser sobrepujada pela necessidade, um apelo ao interesse público ou nacional. De todo modo, a justiça é uma ideia complicada e contestável, e aquilo que é justo sob um aspecto pode ser injusto em outro; ou aquilo que é justo para um grupo de pessoas pode ser injusto de acordo com o julgamento de outras. Essas são todas versões da incompatibilidade entre a política e a bondade moral.

A essência do político-moral é a negação desse problema, consistindo em defender políticas que seriam tanto "moralmente imperativas" quanto "necessárias para o interesse nacional". Essa combinação se torna plausível graças a diversas ideias, uma das quais a concepção de uma consciência planetária, que já apresentamos. Considera-se que estar vivo hoje, quer saibamos ou não, nos envolve numa crise gigantesca de gerenciamento global, e se julga que apenas um único curso de ação faz sentido. O planeta precisa ser salvo da degradação causada pelo homem, a pobreza precisa ser superada, a guerra abolida, e daí por diante. O mundo político-moral é inequivocamente um movimento moral, mas, como vimos, não é um movimento que habitualmente descreva a si mesmo em termos morais, porque a palavra "moral" ficou fatalmente emaranhada com o sexo. O termo preferido é "ética". Diz-se que uma pessoa que cuide de minimizar suas emissões de carbono, por exemplo, e, portanto, de levar uma existência climatologicamente pura "leva uma vida ética". As desejabilidades do político-moral são descritas nos termos de uma sociedade melhor, concepção na qual o social é o ético, e a essência de ambos é a igualdade.

Muitas vezes, é mais fácil expor um argumento filosófico por meio de exemplos, muitos dos quais serão conhecidos da retórica política contemporânea. Os projetos político-morais incluem salvar o planeta da deterioração causada pelo homem, enfrentar a pobreza na África e em outras partes do dito "Terceiro Mundo" (o qual é praticamente definido nesses termos negativos, como uma área de necessidade insatisfeita), abolir as minas terrestres, disseminar os direitos humanos para que as pessoas não sejam mais oprimidas e impedir a guerra. É óbvio que essas questões angariam muita simpatia. Quem desejaria destruir o planeta, ignorar as necessidades das pessoas no estrangeiro e apoiar o uso de minas terrestres cujas consequências malignas continuam muito depois que um conflito foi esquecido? É essa bondade avassaladoramente plausível que permite que os projetos do político-moral reivindiquem o apoio de todas as pessoas decentes. De fato, a inversão de critério torna-se inescapável: apoiar essas causas torna-se o teste, o critério da própria decência. Os jovens, em particular, encontram no mundo político-moral uma bússola que guia sua direção política. O ético *se torna* o político, numa forma de vida unificada.

Nos tempos modernos, a política europeia consistiu de dois ou mais partidos discutindo desejabilidades contestáveis. Cada partido costumava ser ele próprio uma coalizão baseada em acordos internos. Assim, os partidos eram, em parte, instrumentos para abrandar os conflitos políticos. Liberais, conservadores e socialistas "lutavam" ferozmente ao escolher as políticas a serem propostas pelos governos, mas eles próprios faziam parte de uma constelação de ideias em constante mutação. Quanto mais essa política nacional tinha o caráter de uma disputa entre governo e oposição, mais os ativistas políticos eram trazidos para dentro de um acordo nacional, porque eram forçados a um nível de abstração em que podia surgir uma tradição coerente de política. Impedir a fragmentação dessas frágeis coalizões representava um elemento central da habilidade da política.

No século XXI, muitas coisas mudaram. Grandes áreas daquilo que anteriormente eram de interesse privado passaram a estar passíveis de regulamentação política. Novos problemas surgiram das mudanças sociais, como a emergência de comunidades multiculturais, as quais também ficaram submetidas à regulamentação civil. E, associadas a essas mudanças, surgiram novas piedades, segundo as quais os indivíduos podem demonstrar sua decência pelas atitudes políticas que adotaram. Normalmente, essas atitudes estão correlacionadas com os grandiosos projetos políticos que surgem da visão político-moral, cujo resultado tem sido um centralismo coercitivo de atitudes e de políticas com o qual todas as pessoas que têm as ideias no lugar concordam. Agora somos todos como que moderados. Estar no centro da opinião passa a significar ser ao mesmo tempo gentil e sensato, ao passo que a crítica a essas posições, a rejeição ao "centrismo", é ser "extremo" e, portanto, provavelmente deplorável do ponto de vista moral. Os termos "esquerda" e "direita" hoje com frequência são qualificados como "centro-esquerda" e "centro-direita", para que a semântica reflita essa mudança básica de atitudes político-morais. O "centrismo" é a nova ortodoxia, e, sendo ética, é tanto moral quanto política.

O princípio subjacente a essa mudança é revelado na universalidade consensual das normas que atualmente dominam a política em todos os níveis. A maior parte das pessoas foi convencida de que o Estado constitui uma fonte de sabedoria superior aos impulsos dos indivíduos, e que ele sozinho tem o poder e o conhecimento para lidar com problemas sociais à medida que surgem. Os governos reclamaram amplamente o direito de determinar as condições da previdência, da saúde e da educação, e que sejam oferecidas universalmente, pagas por impostos. O argumento é que a responsabilidade individual por essas coisas inevitavelmente promove uma desigualdade de provisão. Alguns ficariam para trás. O único modelo de garantir um mínimo de benefícios sociais, ao que parece, é confiar ao Estado o poder de proporcioná-los. A estranha fundação ética do político-moral é o culto do poder e da autoridade como agente do aprimoramento humano.

É a concordância básica com os objetivos da política que, transposta para a esfera internacional, faz com que surjam concepções como "justiça global". E, nisso, assim como em muitas outras coisas, vemos que as políticas dos Estados nacionais são problemáticas: são parciais e desinteressadas quando deveriam ser universais e compassivas.

Foi parte desse molde mental que levou os políticos ocidentais a declarar que a era da soberania nacional estava terminando, podendo-se datar essa crença em grande parte do fim da Primeira Guerra Mundial. Esses estadistas raramente tomavam o cuidado de distinguir, de um lado, o nacionalismo como movimento de rancor e, de outro, o interesse nacional dos Estados estabelecidos. Os interesses nacionais dos Estados estabelecidos normalmente não se preocupam com rancores, e sempre incorporam um elemento universal que reconhece que seu próprio Estado pertence a um sistema cujos interesses beneficiam eles todos. Os movimentos nacionalistas não levam muito em conta esse equilíbrio racional de preocupações. A retórica política dificilmente é cuidadosa sobre suas categorias, e, nesses casos particulares, uma lógica embaraçada com frequência reforçou a distinção "ética" entre ser compassivo e ser interessado. A aspiração ética residia no fato de que as parcialidades nacionais fossem substituídas pelo universalismo internacionalista. Essa esperança se realizou, de certo modo, em instituições como a ONU e a União Europeia.

Duas coisas seguem claramente esse conjunto de crenças. Uma implicação é que as instituições internacionais são geralmente, talvez sempre, mais sábias, mais racionais e, aliás, mais legítimas no exercício da autoridade que os Estados nacionais. O direito internacional, portanto, passa a receber o crédito por um alcance e uma completude que ele não tem. A Guerra do Iraque de 2003, por exemplo, foi considerada ilegal apesar do fato de que não houve nenhum processo judicial, nem tribunal nenhum decidiu quanto à sua legalidade. De fato, é difícil dizer qual órgão, nos termos de qual lei, poderia ter feito isso. Porém, esse uso propagandista do rótulo "ilegal" é apenas mais uma resposta às mudanças semânticas que roubaram o termo "moral" de seu poder de persuasão em discussões de políticas.

A segunda implicação é que políticas racionais e baseadas em direitos podem ser mais bem realizadas por burocracias especializadas do que por votos democráticos. É o movimento político-moral que explica a notável ascensão no destaque político de caridades internacionais, ou Organizações Não Governamentais (ONG). A ONG é o habitat natural do ético. O que se presume é que esses corpos representam o altruísmo das boas intenções. Elas são, portanto, isentas da dependência de interesses políticos inevitável em governos democráticos cuja responsabilidade consiste em sustentar um interesse nacional.[6] Assim nos deparamos com mais um paradoxo deste mundo democrático que estamos investigando: que o télos democrático leva diretamente à subversão de qualquer democracia real.

Meu argumento, portanto, é que a vida moral tal como a descrevi está em algum grau dando lugar a essa nova forma de entusiasmo moral que estou chamando de "o político-moral". Nenhuma moda moral sobrepuja por completo sua antecessora, claro, mas vale a pena perguntar o quanto o político-moral tem continuidade com aquilo que venho chamando de vida moral, e de fato derivou dela.

A diferença moral básica entre esses sentimentos ideais é que, na vida moral, o indivíduo construía sua própria identidade nos termos de compromissos escolhidos pessoalmente. Naquele mundo, as questões morais eram distintas das religiosas, embora a relação fosse obviamente próxima, e, em muitos casos, a exigência religiosa excluísse a questão moral. Em nosso mundo moderno, floresceu uma pluralidade notável de visões a respeito da "coisa certa", e, por conseguinte, muitos estilos de vida diversos. Essas ideias assumiram a forma de sentimentos, regras e princípios, constituindo os materiais para o núcleo essencial da vida moral – isto é, a atividade da deliberação.

---

[6] Nessa área, tornou-se comum confundir os movimentos nacionalistas, como os do nacionalismo basco, ou o Exército Republicano Irlandês, ou o terrorismo jihadista, com os interesses dos Estados nacionais. Porém, os Estados nacionais são agentes de um mundo mais amplo, e uma preocupação com a acomodação dos interesses dos outros, e com bens universais, é parte do modo como os interesses nacionais são construídos em Estados constitucionais. Isso não vale para os movimentos nacionalistas que exigem uma mudança na estrutura internacional.

No mundo político-moral, vastos elementos desse tipo de identidade escolhida foram convertidos nas posturas-padrão de apoio a causas político-morais. Esses elementos são obrigatórios porque são considerados as posturas necessárias da decência. Essa postura é mais obviamente reconhecível hoje nos postulados do chamado "politicamente correto", que exige que respondamos a pessoas de toda raça, religião, sexo e orientação sexual com o mesmo reconhecimento-padrão de humanidade comum. Essa exigência exclui, de maneira mais notável, a preferência pelo semelhante que tem sido instintiva na maioria das vidas humanas.

O pressuposto prático que sustenta o politicamente correto é claramente que, se sentimentos e crenças puderem ser adequadamente arraigados na mente humana, eles determinarão a conduta, mais ou menos sem nenhum processo de deliberação interveniente (e imprevisível). Em certa medida, a distinção entre o moral e político-moral talvez pareça bem tênue, porque aquilo que o político-moral torna politicamente correto foi muitas vezes coberto na vida moral pelos preceitos de boas maneiras, que exigem que todos os seres humanos sejam tratados com a devida consideração. Porém, essa interseção na conduta concreta apenas esconde a grande diferença de lógica entre os dois. Na vida moral, espera-se que o agente tenha uma vontade racional, cuja conduta responde às circunstâncias à medida que ele as interpreta. No político-moral, o que é racional foi estabelecido de antemão. Ele já vem no pacote moral e político constituído pelo politicamente correto, com alguns imperativos adicionais que respondem a modas atuais, como fumar ou dar palmadas nas crianças. Esse pacote assume a forma de uma ortodoxia tão completa que as atitudes e os atos dentro e fora dela podem ser especificados meramente como "aceitáveis" e "inaceitáveis".

Pronunciamentos morais que usam essa terminologia são feitos comumente por ministros de Estado, mas podem ser ouvidos por qualquer pessoa que tenha algum direito didático à nossa atenção.

Eles estão no linguajar atual da autoridade. Trata-se de uma forma de controle moral em que as regulamentações do governo operam como se fossem ordens. Um exemplo seria a legislação que proíbe o "discurso de ódio", ou o passo adiante do pensamento correto que encontramos na declaração de que certas crenças são – ora, inacreditável! Em alguns países europeus, configura um crime não acreditar que o Holocausto aconteceu, e outros sugeriram que a negação da mudança climática antropogênica seja criminalizada.

Parece plausível dizer que no político-moral exige-se uma grande dose de obediência, para nem falar do nível de intimidação implementado por vários oficiais da igualdade e por outros guardiães do vocabulário da correção. O resultado é que toda uma gama de discriminações estatísticas das qualidades de diferentes categorias de pessoas não pode ser discutida por medo de acusações de xenofobia e de outros pecados discriminatórios.

O ponto mais importante a distinguir o político-moral da vida moral é psicológico: ele é essencialmente imitativo, e não deliberativo. Isso é notado não apenas nos aspectos coercitivos que mencionei, mas também na preocupação com "modelos de papel". Espera-se que as celebridades que podem influenciar outras pessoas com sua conduta tenham as opiniões corretas, não fumem nem usem drogas, e assim, sejam dignos da imitação dos jovens. A eles, fala-se das responsabilidades que têm, e eles são fortemente criticados se falham.

4. ASPECTOS DO POLÍTICO-MORAL

Certos traços do político-moral hão de ter ficado bastante evidentes a partir desse seu breve esboço. A imitação como conduta determinante, por exemplo, supõe uma elite que orquestra o processo a fim de bloquear modelos divergentes. Outra vez, uma ortodoxia imposta não pode evitar a grande ansiedade de que falas incorretas consigam perturbar os pensamentos e as ações daqueles que leem coisas como tabloides.[7] Porém, o político-moral tem vários aspectos próprios que devem ser ressaltados a fim de ajudar a compor o mundo mental desse novo fenômeno.

A. FALÁCIAS DO "SOCIAL"

Primeiro, o que deveria ser notado é o destaque do termo "social", assim como as coisas notáveis que se consegue fazer com ele. Como observou Hayek, "social" é um adjetivo poderoso, capaz de reduzir praticamente qualquer ideia à vacuidade.[8] Mas isso não é bem preciso. "Social" certamente tem sentidos que podem ser profundamente equivocados. A definição clássica de justiça como "dar a cada um o que lhe é devido" refere, em seu sentido jurídico, a propriedades e títulos. Porém, ao ampliar o significado de "devido", a fórmula pode, como "justiça social", tornar-se qualquer quantidade de redistribuição, a partir de quaisquer princípios de equidade que o falante por acaso prefira. Na maioria desses sentidos derivativos, o termo "justiça social" é, portanto, um contrário direto do sentido básico de justiça. Termos que podem com tanta facilidade entrar em autocontradição são maravilhosos instrumentos de retórica.

Consideremos outra vez a expressão "capital social",[9] que se tornou moeda corrente sociológica para descrever um aglomerado de virtudes como autocontrole, pontualidade, constância no trabalho,

---

[7] O *The Times* hoje é um tabloide, mas esse termo foi apropriado pelos círculos das classes falantes ou *bien pensantes* para referir jornais populares que lidam com formas mais cruas de emoção.

[8] Ver, para uma discussão abrangente: F. A. Hayek, *Law, Legislation and Liberty*, Vol. 2: *The Mirage of Social Justice*. Londres, Routledge and Kegan Paul, 1976, Cap. 9.

[9] A expressão foi associada a James Coleman, e, depois, a Robert Putnam. Para uma discussão de algumas de suas características, ver: John Meadowcroft and

capacidade de aprender e diversas outras virtudes. Essas virtudes são todas morais. São o que qualquer pessoa bem criada aprende no processo da educação, mas que a educação estatal contemporânea, com as novas variedades de associações por afinidade reconhecidas como "famílias", muitas vezes não consegue produzir. Pode-se pensar que a apresentação dessas virtudes como "capital social" constituía apenas a semântica da moda, uma resposta inofensiva ao ranço dos termos morais genuínos. Isso, contudo, seria um equívoco, porque as virtudes morais são frutos da vontade moral, ao passo que o capital social é apenas um traço do mundo, derivado casualmente de condições sociais. Em outras palavras, o termo "social", aqui, envolve uma mudança de lógica, da escolha para o resultado.

Muito mais sério é o caos retórico criado por um termo logicamente embaralhado como "responsabilidade social". Eis aqui um verdadeiro casamento forçado entre a moral e o sociológico. Você pode, como agente moral, ser responsável por si próprio, por sua família, por seu clube de golfe, por sua reputação, por sua escola, etc. O motivo é que todas essas entidades são, em algum sentido, "iniciativas" capazes de estabelecer termos de responsabilidade. Elas têm objetivos, fins, meios e propósitos, e se pode agir responsavelmente segundo os termos dessas políticas. Porém, a coisa chamada "sociedade", por se tratar do conjunto total de todas as iniciativas que acontecem em determinado Estado, não é de jeito nenhum uma iniciativa. O cerne do político-moral é de fato uma tentativa de transformá-la numa, para que todos compartilhemos os mesmos objetivos e "valores", mas, no mundo moderno real em que vivemos, não há uma única iniciativa a que você possa dirigir a sua responsabilidade, porque os vários projetos de muitos indivíduos e instituições apontam em direções diferentes e, muitas vezes, contraditórias.

Mark Pennington, *Rescuing Social Capital from Social Democracy*. Institute of Economic Affairs, 2007.

Será isso apenas um esmiuçar pedante? O modo como a "responsabilidade social" é usada atualmente cobre qualquer tipo de ato ou de doação beneficente, em particular qualquer iniciativa de caridade que beneficie claramente alguma classe de pessoas. Porém, a "responsabilidade social" também faz parte da retórica um tanto intimidadora do político-moral. Aqueles que recebem bônus financeiros "obscenos" em seu trabalho, por exemplo, frequentemente ouvem sermões a respeito de seu dever de fazer algo "pela sociedade", e as empresas industriais estão sujeitas a exigências de que gastem dinheiro em boas causas, em vez de gastá-lo em seu negócio principal, que é produzir bens de qualidade pelo melhor preço. Isso pertence a uma retórica discussão pública em que as empresas industriais aparecem como promotoras de um tipo de riqueza egoísta chamado "lucro", e frequentemente se presume que o lugar desses recursos na verdade é na bolsa pública, para que sejam distribuídos segundo a "necessidade social". De fato, um dos progressos mais notáveis do vocabulário político-moral em épocas recentes foi equipar as iniciativas econômicas com um conjunto de (deploráveis) motivações-padrão denominadas "medo e ganância".

Existem duas consequências muito sérias do ninho de falácias à espreita no vocabulário da responsabilidade social e de suas múltiplas variantes. A primeira, até certo ponto, vai corrigindo a si mesma, mas a segunda contribui muito fortemente para a incompetência política de que sofremos atualmente.

A primeira consequência é que o impulso político-moral de envolver as iniciativas econômicas na responsabilidade para com "interessados" deixa entrever um estranho mundo em que todo mundo é vagamente responsável por todo mundo. A economia e a sociedade ficam intimamente ligadas, para a confusão de ambas. O ofício das empresas é ser eficientes, ao passo que os deveres dos agentes morais da sociedade podem perfeitamente ser bem distintos. Politicamente, esse projeto semimoral e semipolítico leva a um ônus cada vez maior de tributação da indústria e a um estilo de governo cada vez mais corporativista e consultivo – o tipo de coisa simbolizada na Grã-Bretanha da década de 1970 pela disposição do governo trabalhista de Harold Wilson de resolver greves com sessões até altas horas da noite, com direito a "cerveja e sanduíches" na 10 Downing Street. Ali estava, em ação, o sonho político-moral. A negociação tomou o lugar do princípio firme. A realidade foi que a relação entre a tolice e suas consequências foi abolida, e as empresas poderiam perder dinheiro, os indivíduos poderiam tomar emprestado e os sindicatos poderiam ser tão intransigentes quanto lhes apetecesse. Em 1978-1979, a Grã-Bretanha teve a imensa boa fortuna de vivenciar diretamente os resultados reais da benevolência sentimental universalizada: uma crise econômica estrondosa seguida por um "inverno do descontentamento" em que várias disputas industriais chocaram-se entre si, reduzindo o país à desordem e à frustração. Nessas condições, os evidentes desastres de uma versão do político moral foram dramatizados, o que abriu o caminho para um apelo político ao realismo. Outros países vivenciaram formas menos dramáticas dessa autocorreção, mas a Grã-Bretanha permanece o modelo, e Margaret Thatcher, que brandiu o chicote que restaurou algum senso da realidade à vida britânica, tem sido considerada com cada vez mais respeito, até mesmo por pessoas que abominavam suas políticas na época. Todo o episódio está hoje sendo visto por alguns políticos europeus com certo elemento de inveja; as questões eram maravilhosamente límpidas.

 A segunda consequência pode ser ilustrada por uma contradição dramática entre os ditames da moralidade e as necessidades da política, cuja negação configura a base do político-moral. Desde aproximadamente 1960, a maior parte dos países europeus vivencia um influxo de imigrantes das muitas partes pobres e disfuncionais do Terceiro Mundo. Imigrantes que costumavam ser descritos como "refugiados" na década de 1930 hoje se tornaram pessoas que procuram "asilo humanitário", termo sentimental porque as efetivas motivações que os levam a chegar em vastos números são extremamente variadas. A maioria deles, de fato, está respondendo ao incentivo material de fugir da pobreza e da falta de esperanças.

Diante de qualquer caso particular que se encaixe na descrição de precisar de asilo por causa de perseguição, a única resposta decente é concordar. A questão moral, evidentemente, é a seguinte: devemos concordar em admitir X, Y, e Z, etc. que batem à nossa porta, que sofreram e que parecem estar correndo o risco de coisas ainda piores? A resposta é muito claramente que devemos. Contudo, nos termos do interesse nacional britânico, a resposta da maioria dos eleitores seria claramente negativa para a pergunta sobre devermos defender que entrem na Grã-Bretanha (e em outros países europeus) comunidades distintas, muitas vezes com estilos de vida e práticas em discordância com as nossas. A maioria dos eleitores, é claro, nunca foi consultada diretamente, além de ter sido submetida a muita persuasão pública quanto à ideia de que aceitar vastos números de imigrantes era não apenas um benefício, mas também um benefício que somente pessoas ruins teriam a "incorreção" de criticar. Os muçulmanos, que no começo do século XXI são cerca de dois milhões na Grã-Bretanha, foram descritos como uma "comunidade" entre outras, e tornaram-se uma questão pública por causa do terrorismo jihadista. Todas essas "comunidades", porém, constituíram problemas de algum tipo, pela educação, pela previdência, pela saúde e por outras condições.

Em 1970, a maioria dos Estados europeus tinha a coesão fácil de uma população basicamente cristã ou pós-cristã, *background* que compreendia a condição para entender o que significava viver numa sociedade ocidental moderna. Podia-se presumir com confianças as mesmas experiências necessárias daqueles que migravam para a Grã-Bretanha vindos da maioria dos países da União Europeia, ainda que não de todos. Outras consequências são menos benignas. Em todos os grupos, muitas pessoas estão contentes por estarem aqui, mas algumas criam questões difíceis, e a população muçulmana tem sido a mais complicada, em parte porque alguns deles se tornaram terroristas hostis a nosso modo de vida, e em parte porque muitos consideram a vida ocidental decadente e imoral. Esse mesmo modo de vida ocidental, porém, é também a fonte dos benefícios que os induziram a migrar, e nenhum deles está suficientemente desiludido para efetivamente voltar a seus países de origem.

A questão da imigração, que agita o mundo ocidental, compreende uma ilustração clara da falácia que resulta de não reconhecer que aquilo que é moralmente imperativo pode ser politicamente desastroso. Certo moralismo sentimental tem a capacidade de destruir por completo a cultura europeia a longo prazo. Existe um claro limite para o quanto de transformação demográfica a vida europeia pode sustentar sem destruir as próprias virtudes que tornaram os Estados ocidentais tão atraentes para os migrantes, a maioria dos quais induzida a migrar por causa das condições disfuncionais de onde vieram. Certas partes da própria população étnica já entendem isso muito bem. Porém, o entendimento mais amplo dessas realidades é prejudicado pelo fato de ortodoxias político-morais (com sua burocracia associada) impedirem que façamos qualquer distinção entre certas categorias de imigrantes mais desejáveis que outras.

A Grã-Bretanha, por exemplo, tem bem mais que 250 mil chineses. Eles não figuram em destaque nas estatísticas de crime nem entre os que dependem da seguridade social, eles proporcionam coisas deliciosas para comer e têm filhos que se encaixam sem o menor atrito em qualquer escola que frequentem. As consequências da imigração muçulmana de massas, por sua vez, incluem um vasto aumento do ônus da segurança, o perigo dos terroristas islâmicos, e um grupo de pressão cuja aversão à liberdade de discussão e intolerância fazem com que se torne preocupante. Muitos muçulmanos, claro, estão muito contentes por levar suas próprias vidas e não apresentam problema algum, mas outros estão envolvidos em intimidação, assassinatos de honra e em corrupção. Essas coisas podem perfeitamente mudar ao longo das gerações, mas são realidades notáveis atuais que não podem ser discutidas publicamente sem que haja acusações agressivas de motivações maldosas.

Outro aspecto dessa complexa questão deveria ser mencionado neste ponto. A liberdade de ação dos Estados europeus nessa área, assim como em muitas outras, foi gravemente limitada pelo internacionalismo. Em 1950, os Estados europeus se comprometeram, sob circunstâncias muito diferentes, com um conjunto de compromissos morais admiráveis na Convenção Europeia dos Refugiados. Os políticos costumam ter a ilusão de que se tornam estadistas ao assinarem esse tipo de documento. A questão dos refugiados era bem distinta de seu molde moderno, mas os compromissos assumidos na época hoje impedem que os Estados façam muitas mudanças. Um refugiado era uma pessoa em grave risco de perseguição ou de morte, categoria que inclui desconhecidos milhões de habitantes do Terceiro Mundo. E, na Grã-Bretanha, a perda da capacidade legislativa sobre uma vasta gama de assuntos para a União Europeia é mais um impedimento para a maioria das respostas democráticas a esse problema.

B. O CONCEITO DE "REPRESENTATIVIDADE"

A questão da imigração também trouxe um foco mais nítido ao desenvolvimento político-moral da ideia de ser "representado". A política multicultural promoveu uma demanda de que, em uma geração após sua chegada, membros de cada comunidade étnica sejam "representados" proporcionalmente a seus membros em ocupações desejáveis. Essa nova versão da ideia de representação teve como pioneiras as feministas, que faziam campanha por "mais mulheres" no governo, no Judiciário, na liderança das empresas e, de fato, praticamente em todas as posições, exceto no setor de mudanças e de abatedouros. Porém, não existe nenhuma razão óbvia pela qual deveria haver mais mulheres no governo. Como a maior parte das atividades comerciais e burocráticas, o governo durante séculos foi feito por homens, os quais criaram os termos e as condições nas quais é conduzido. O clamor por "mais mulheres" compreende, portanto, apenas a demanda do lobista por mais benefícios, sem qualquer razão óbvia pela qual essa demanda deva ser atendida. Claro que, igualmente, não há razão pela qual não devam existir mais mulheres nesses trabalhos desejáveis. A questão é que o sexo de quem detém o cargo é totalmente irrelevante. O que importa é a capacidade relevante. Existem muitas mulheres inteligentes que deveriam ter a oportunidade de assumir esses cargos; e existem vastos números de mulheres menos inteligentes, que não podem reivindicar nada.

O pressuposto do lobista aqui é que, como a proporção de mulheres nesses postos é consideravelmente menor que a de homens, as mulheres devem ter sido vítimas de injustiça. Elas estão "sub-representadas". Porém, claro que esse é um sentido meramente passivo e mecânico da ideia de representação. O argumento – absurdamente – é que as mulheres têm talentos e aspirações estatisticamente idênticos aos dos homens, e que seu envolvimento na vida familiar deve ser tratado como algo não mais exigente que os hobbies eventualmente cultivados pelos homens. O que é verdadeiro a respeito de algumas mulheres em algumas situações certamente não o é a respeito de outras. Aqui, outra vez, temos outra falácia de agregação: as oportunidades que foram adequadas para muitas mulheres capacitadas para tarefas gerenciais afetaram tanto o mercado de trabalho que muito mais mulheres são forçadas, ou se acham forçadas, a ter empregos para sustentar um padrão de vida desejado. Os desejos de alguns costumam ter consequências para a felicidade dos outros. A justiça para um grupo leva à "injustiça" para outros.

É compreensível que pressupostos feministas sobre a opressão e sobre a justiça social tenham sido adotados por grupos étnicos em formação. Quem poderia resistir a reivindicar um bem gratuito?

Por que são tão poucos os negros a gerenciar portfólios de investimento na City de Londres? Por que há tão poucos hindus no Parlamento, ou sikhs como juízes? Na verdade, é altamente improvável que candidatos brilhantes em quaisquer áreas tenham sido dispensados; o brilhantismo costuma ser reconhecido de maneira bastante ampla. Isso significa, claramente, que seria preciso reconhecer que todo o lobby por "representação" feminina e étnica na vida gerencial é feito em nome de privilegiar pessoas de talento mediano ou marginal. E pode-se concluir exatamente isso, como veremos depois ao discutirmos a mecanização da mobilidade social em muitas políticas de Estados de bem-estar social.

A ideia de representação foi assim corrompida pela amputação de seu caráter ativo. Ela não significa mais do que pertencer a alguma categoria social. Essa corrupção nos obriga a confrontar de frente a questão dos temperamentos e capacidades diferenciais. Matemáticas mulheres pioneiras, dizem, são difíceis de achar. Algumas mulheres certamente contribuem com distinção a qualquer profissão que se possa mencionar. Isso é especialmente verdadeiro na política, em que uma sucessão de mulheres capazes, passando por Zenobia, Elizabeth I e Catarina, a Grande, de um lado, e Golda Meir e Margaret Thatcher, de outro, mostraram que, em certas circunstâncias políticas, mulheres podem exibir um tipo distinto de habilidade na política. Contudo, muitas mulheres que chegaram ao topo da política mostraram-se, na melhor das hipóteses, medíocres. O argumento em favor da oportunidade é forte. O argumento em favor da representatividade é apenas absurdo.

As mesmas considerações valem para propostas de que a imigração de pessoas etnicamente diferentes para um país exige que os membros de cada comunidade prosperem proporcionalmente em todas as áreas. Os grupos étnicos tendiam, ao menos em gerações anteriores, a especializar-se em certos tipos de atividades. Os negros se destacam no futebol e no boxe, mas até agora não se destacaram na neurocirurgia. Os judeus brilham no direito e no comércio, mas são raros no campo de futebol. Vale ressaltar que todo tipo de talento pode aparecer em qualquer tipo de grupo, mas isso de jeito nenhum invalida o fato de que a distribuição estatística de atividades e capacidades em diferentes categoriais sociais configura uma base para juízos práticos inteiramente válida, mas certamente limitada. Também é verdade que certas profissões, como o direito na Inglaterra, surgem de longevas tradições nacionais que não estão imediatamente disponíveis nas vidas de imigrantes. Eles podem passar nas provas sobre assuntos afins, mas seu "tato" para as realidades demora a surgir. A linguagem dos direitos e da liberdade foi assumida de maneira entusiasmada por muitos porta-vozes étnicos, mas eles a falam como estrangeiros. Eles não entendem as hesitações e as relativizações que foram embutidas no entendimento dessas coisas muito antes de a liberdade tornar-se codificada e, portanto, vulgarizada.

A teoria de que numa sociedade etnicamente plural os benefícios trabalhistas deveriam ser distribuídos de acordo com a etnia é caracterizada pelos cientistas políticos como de sociedades "consociativas".[10] O Líbano costumava ser o exemplo clássico até cair na guerra civil na década de 1970. O princípio também se aplica a organizações internacionais, como a União Europeia e a ONU. Acho que ninguém sugeriu que o resultado tenha sido a realização de modelos de eficiência organizacional, e o nível de corrupção no mais das vezes foi mais alto que nas administrações europeias equipadas por nacionais.

A promoção dessa representatividade mecânica se intensifica na medida em que o vocabulário dos direitos individuais e da justiça social se envolve nela. Algo como um direito coletivo a ser "representado" em situações mais bem remuneradas passa a ser tão amplamente presumido que os observadores falam de falta de "igualdade" na sua ausência. De fato, essas campanhas podem ser reconhecidas como um

---

[10] Termo desenvolvido por Arend Liphardt.

tipo de processo de aprendizado do mundo político-moral: membros de categorias étnicas e religiosas (e "de gênero") estão sendo ensinados a sentir orgulho pelo fato de que algum deles foi nomeado para algum cargo particularmente respeitável. Em outras palavras, estão sendo ensinados a ter uma versão coletiva da autoestima que se choca diretamente com os pressupostos individualistas da vida moral. Esse processo de aprendizado constitui um elemento importante na difusão da visão político-moral do mundo. Porém, esse processo é também um envilecimento da nossa tradição política. Isso faz parte da nova versão da "coesão social", em que um Estado deve transformar-se num império em que as várias "colônias" são representadas "consociativamente" nos lugares apropriados.

A questão básica do senso corrupto da representação reside no fato de que ele é essencialmente passivo. Os beneficiários da ideia não são eleitos, mas tornam-se representativos apenas por terem certo caráter étnico ou sexual. O que a representação efetivamente refere na política europeia é um agente que foi escolhido por outros para emitir juízos em nome deles. Porém, a corretora de ações de sucesso em sentido nenhum foi eleita por grupo nenhum de mulheres para agir em nome delas. Assim, passamos de um sentido ativo e significativo do termo para uma visão mecânica e passiva, um departamento menor daquilo muitas vezes condenado por ser o "culto das celebridades". Podemos ver isso como um desenvolvimento típico da mentalidade político-moral, em que as prerrogativas foram completamente desconectadas de qualquer capacidade ativa.

Consideremos, por exemplo, o colapso daquele sentido importante de "representação" de que os indivíduos costumavam orgulhar-se quando estavam entre estranhos e estrangeiros, de agir de maneira a manter a reputação de sua categoria. Que qualquer pessoa em contato com estrangeiros deva ser responsável por manter uma imagem admirável de seu povo era algo que muitos individualistas aprendiam originalmente ao usar o uniforme de sua escola. De fato, a inculcação exatamente desse tipo de respeito próprio era em grande parte o objetivo de colocar os alunos de uniforme. Tratava-se de uma questão de não baixar a guarda. E, na vida moral do individualista, raramente advinha a infâmia. Os britânicos, por exemplo, tiveram muito tempo o benefício de serem vistos como se conformassem com a imagem do cavalheiro no estrangeiro. Edith Piaf até mesmo cantava uma famosa canção a respeito dessa imagem, e "Lembre-se, Você É Britânico" fazia parte importante da psicologia moral do país. Os tempos mudaram. Sem dúvida, esse sentido moral ativo da representatividade ainda pode ser encontrado, embora seja notável o quanto foi afogado pelo comportamento de jovens beberrões britânicos, tanto homens quanto mulheres, que espalham a britanicidade liberada pelo mundo turístico.

Temos então uma passagem da ideia de representação como algo que nos impõe responsabilidades para a ideia de representação como um direito, uma peça de relações públicas usada por burocratas que querem benefícios, como promoções. Em outras palavras, passamos de um sentido ativo e significativo de representação para um passivo e mecânico. Categoria é destino. Paradoxalmente, isso em si parece muito uma espécie de racismo ou de sexismo.

Uma grande mudança nas sociedades europeias contemporâneas foi o amplo abandono por parte das mulheres daquilo que costumava ser uma responsabilidade escolhida por elas próprias de ser guardiãs da moralidade e do decoro. Nisso havia um sentido real de representação, porque envolvia deveres e não benefícios, além de ser autoimposto. Em termos feministas, esse caráter autoimposto era apenas uma peça de falsa consciência imposta por uma sociedade injusta. O que essa representação envolvia era, por exemplo, a exigência de que o linguajar usado pelos homens ao falar com mulheres não tivesse vulgaridades gratuitas. Foi por aceitar e cultivar inibições desse tipo que as mulheres obtiveram um papel especial na vida moral e social europeia; isso fazia parte do aparato de cavalheirismo em cujos termos as mulheres reclamavam um tipo particular de respeito.

A demanda feminista básica, porém, referia-se ao fato de que as mulheres fossem libertadas desse ônus representativo. Elas deveriam ter os mesmos direitos que os homens, direitos que costumavam incluir um tipo de permissão para agir de maneiras ordinárias e arriscadas. Tudo isso, claramente, é apenas um departamento particular da tendência maior a abandonar a formalidade e a agir espontaneamente.

C. A TENDÊNCIA AO APAZIGUAMENTO

O que poderia induzir pessoas racionais a levar a sério essas corrupções do conceito de representação? Uma parte importante da resposta reside no fato de que o discurso público ocidental é essencialmente suscetível a julgar o mundo em termos de ideais e, portanto, a dar o benefício da dúvida àqueles que afirmam ter a virtude ideal. Daí que qualquer absurdo possa passar por algum tipo especial de "justiça", seja social, soviética, popular, etc. O exemplo mais espetacular desse equívoco foi o comunismo soviético, que manteve, em alguns casos até o efetivo momento de seu colapso, a admiração de muitos idealistas ocidentais menos sofisticados. A história real de morte e despotismo simplesmente passou por esses admiradores, talvez por causa do famoso "argumento da omelete", que justificava brutalidades grosseiras a serviço de um ideal. Até mesmo Pol Pot teve alguns tolos ocidentais que o defenderam até o momento em que os horrores se tornaram inequívocos e avassaladores. O equipamento necessário de qualquer déspota estrangeiro em nosso tempo é entender como dizer aquilo que os europeus gostam de ouvir.

Os obituários de Ian Smith, que resistiu por muito tempo ao governo da maioria negra na Rodésia do Sul porque não acreditava que a população negra fosse capaz de governar a si mesma, deixaram ver o único momento em que essa sua crença foi abalada. Foi logo depois que Robert Mugabe chegou ao poder porque os britânicos e sul-africanos retiraram seu apoio ao regime de Smith. Quando Smith encontrou Mugabe, Mugabe lhe disse que reconhecia a joia que era a Rodésia do Sul/Zimbábue, e que se tratava de uma realização dos esforços brancos. Dizem que Smith foi para casa e disse à esposa que talvez fosse ficar tudo bem. Naquele momento, Mugabe já planejava uma repressão traiçoeira dos povos matabele, que não sentiam grande entusiasmo por seu governo. Porém, ele certamente entendia o idioma a ser usado para acalmar um crítico. Podemos chamar isso de fenômeno "Gee, Officer Krupke", por causa da canção no musical *West Side Story*, em que os delinquentes zombam do policial Krupke recitando com escárnio as explicações de seus delitos preferidas por policiais e por assistentes sociais. A primeira coisa que aqueles que desejam explorar o ocidente devem aprender é como recitar o palavrório, ou "enrolar", segundo o clichê.

O motivo pelo qual os ocidentais têm uma fraqueza por levar mais a sério a conversa idealista de outros regimes do que seus atos efetivos muitas vezes é atribuído à culpa. De fato, é possível que muitos europeus sofram de versões da culpa coletiva embutida na ideia de consciência planetária tal como discutimos antes. Nunca devemos nos esquecer (é essa a ideia) de que os problemas dos outros podem, na verdade, ser culpa nossa. Pode ser que haja aí alguma emoção irracional, mas eu estaria mais inclinado a explicar esse curioso fenômeno nos termos de um mal-entendido da racionalidade, o qual pode ter um aspecto coletivo. Ele consiste simplesmente em acreditar no princípio de que você só pode criticar validamente os outros quando não tem o defeito sendo criticado. E esse "você" provavelmente é coletivo: será o nosso país ou, talvez, toda a nossa civilização. Trata-se de um equívoco que rapidamente leva ao erro da equivalência moral.

A crítica das sociedades comunistas, por exemplo, poderia ser desviada pelo argumento de que o ocidente também tinha seus bolsões de pobreza e suas injustiças. A crítica ao jihadismo após o 11 de setembro em Nova York, foi rapidamente transposta para uma rejeição radical de algo chamado de "fundamentalismo", que assim juntava homens-bomba suicidas com cristãos evangélicos sulistas, os quais não estavam explodindo ninguém. Essa é uma racionalidade cruzada com a humildade – ela assume a forma da insistência que "nós também temos nossos malucos". Sem dúvida temos, mas não é essa a questão.

Eis aqui, portanto, o molde mental que leva os ocidentais a apaziguar pessoas que nos fazem exigências, por menos razoáveis que sejam essas demandas. O caso paradigmático do apaziguamento em nossa civilização foi o de Neville Chamberlain diante das exigências nazistas quanto à Tchecoslováquia. Na famosa frase de Churchill, "você podia escolher entre a vergonha e a guerra; escolheu a vergonha, e terá a guerra". As concessões de Chamberlain começaram, porém, como apaziguamento e terminaram provavelmente como uma jogada para ganhar tempo. O motivo do apaziguamento aqui era algo similar à culpa, mas creio que não idêntico a ela. O motivo foi que muitas pessoas tinham dúvidas quanto à justiça do Tratado de Versalhes, e acreditavam que, caso se pudesse sustentar que o acordo realmente tinha promovido injustiças, então a paz seria restaurada. Aqui temos em pleno funcionamento a doutrina político-moral básica de que a solução para qualquer conflito deve estar em concessões e em negociações. Obviamente essa doutrina não é falsa, mas ela também tem aplicação limitada. Quando a questão é de princípios, a recusa a fazer concessões é absolutamente necessária, e o apaziguamento não apenas fracassará, como ainda revelará a covardia do apaziguador. Não pode haver acordo entre um partido que acha que está sendo racional e outro que interpreta a racionalidade como medo.

D. O PROBLEMA DA VARA E DA CENOURA

É possível considerar o apaziguamento mal-entendido como racionalidade, ou a racionalidade mal-entendida como algo que exige apaziguamento, o modo operacional básico da atitude político-moral. Um ódio violento de todos os expoentes locais do politicamente incorreto (racistas, sexistas, aquela gentalha) é combinado com uma dedicada abertura a movimentos não ocidentais e com grupos locais que simpatizam com eles. Parte de mal-entender totalitários ideologicamente sofisticados no nível que acabamos de discutir está em pensar que outros operam nos termos dos ideais que eles declaram estar defendendo. O mundo político-moral é repleto de boas intenções.

Parte desse equívoco consiste em pensar que os outros são racionais no mesmo sentido saturado de normas da racionalidade tal como ela prevalece na vida ocidental. Esse equívoco, por exemplo, foi a base da convicção da década de 1960 de que a maioria dos conflitos é resultado da falta de comunicação. Se ao menos as pessoas tivessem comunicado mais aquilo que realmente queriam, se tivessem simplesmente falado umas com as outras, então muitos dos conflitos de tempos pregressos, talvez todos, teriam sido desnecessários. Existe, é claro, o problema de lidar com os Hitlers, os Stálins e outros que não se notabilizam por uma razoabilidade conversável, e aqui a resposta sem dúvida seria o consenso de que a força teria sido necessária contra essas pessoas. Em outras palavras, algumas forças em tempos recentes, tudo bem; no futuro, toda força é ruim. O político-moralista, porém, imediatamente levantaria a questão de por que essas figuras eram tão brutalmente intransigentes, e a resposta estaria nos termos das condições sociais e psicológicas. Sem dúvida, existem pessoas más, diz a doutrina, mas são personalidades perturbadas que precisam de tratamento. No fundo, não existe ser humano realmente mau.

Não precisamos lidar com aquela grande questão, porque tudo o que precisamos expor nesse momento é que a vida humana até aqui respondeu ao problema do mau comportamento com varas e cenouras, com punições e recompensas, e a nova ordem quer se livrar das varas e guiar as pessoas exclusivamente com cenouras. Tradicionalmente, as autoridades operavam a partir do princípio de que as emoções humanas básicas eram a esperança e o medo. As cenouras mobilizavam a esperança a serviço da boa ordem, as varas mobilizavam o medo. Alguns teóricos afirmaram no passado que o principal apelo deveria ser a uma, e não a outra. A paixão que deve ser o foco, dizia Hobbes, é o medo, crença sustentada de maneira ainda mais enfática por Joseph de Maistre. Hobbes acreditava que o medo era a emoção que promovia um entendimento da realidade, ao passo que a esperança apenas alimentava ilusões. Pensadores iluministas como Beccaria e Bentham preferiram em grande medida o recurso à esperança, mas ninguém chegou até a abolição político-moral das varas a fim de gerir uma sociedade somente com cenouras.

Uma implicação básica da dependência da esperança como sustentáculo da ordem civil foi a rejeição da punição como modo racional de lidar com seres humanos. A punição consiste na aplicação de dor ou de frustração a um malfeitor, talvez como sinal para impedir que outros pratiquem delinquências similares, talvez por uma crença de que essas dores, respondendo livremente à ofensa original, restaurariam uma espécie de equilíbrio moral no universo. A dissuasão, porém, era basicamente injusta porque envolvia o uso do delinquente como meio para o objetivo mais amplo de desencorajar os outros, ao passo que a retribuição era considerada uma mera versão da vingança e, portanto, muito bárbara. Nossa resposta ao comportamento criminoso deveria ser entender o ofensor e reabilitá-lo. Isso, é claro, é abandonar o princípio da punição em prol da ideia de terapia.

Uma forma insidiosa dessa doutrina apareceu nos colégios de treinamento de professores na década de 1950. As instituições educacionais são vulneráveis à ilusão de que os professores, encarregados de formar as mentes dos jovens, têm nas mãos o material para criar uma sociedade melhor. Na década de 1950 e depois, circulou a ideia, disseminando-se entre muitos no magistério, de que a punição corporal nas escolas "transmitia a mensagem errada": a saber de que a violência compensa. De todo modo, o castigo físico das crianças era um uso ilícito do poder sobre elas. No espírito de Beccaria, que mostrou de maneira importante que uma sociedade pode ser mantida em ordem pelo uso de uma gama muito mais reduzida de punições dolorosas que aquelas que apeteciam aos imaginativos governantes do começo da modernidade, os professores adotaram a visão de que a negociação, a desaprovação e a conversa poderiam todas obter aquilo que anteriormente se conseguia com o uso ocasional do bastão. A partir da década de 1960, o bastão e outras formas de punição corporal seguiram o caminho da pena capital. Tratou-se de uma política que certamente acabou com qualquer violência iniciada pelo professor na sala de aula, mas que, em muitos casos, foi seguida por um aumento da violência e problemas oriundos dos alunos. Certamente, o nível de violência no *playground* e, depois, nas ruas aumentou em vez de diminuir.

O problema da indisciplina nas salas de aula foi somente em parte resultado da disseminação de ideias político-morais. Muitas influências contribuíram para isso. Uma foi a disseminação da televisão, e uma situação em que jovens mentes tinham constantemente distrações banais disponíveis – a própria televisão, jogos de computador, música disponível o tempo todo e, bem depois, celulares. Educar uma criança exige que o professor consiga dominar sua atenção até mesmo para passar informações e instruções que ela achará tediosas. Sem esse recurso, o professor contemporâneo se encontra numa situação em que precisa concorrer pela atenção aos deveres que pede; isto é, ele precisa se tornar um divulgador. O resultado foi atar a maior parte da educação às algemas da relevância, precisamente a fonte de utilitarismo imediato irrefletido que solapa o verdadeiro propósito da educação. Um resultado impremeditado das tendências progressistas na educação foi reforçar uma distinção entre elite e massas que, antes, estava desaparecendo. Escolas privadas e *grammar schools*[11] puderam preservar vastos elementos de disciplina pedagógica, mas a qualidade das demais escolas estatais caiu. Retornaremos à educação na próxima seção.

Primeiro, porém, podemos observar que o impulso básico de abolir a dor, o medo, a punição e outras varas em favor de uma política só de cenouras foi a marcha da própria democracia. Esse impulso pode ser explicado se nos concentrarmos em dois conceitos básicos da política moderna: os interesses e as ideias.

Primeiro, os interesses. Os governos democráticos precisam enfrentar eleições periódicas, e vencê-las depende em grande parte de prometer ou mais benefícios ou a remoção de mais incômodas da vida (conhecidas no ofício da política atualmente como "ajudar a resolver os problemas das pessoas comuns"). Os benefícios, porém, têm custos, e o truque (em um plano) consiste em espalhar os benefícios por um número maior de eleitores do que aqueles que foram obrigados a arcar com os custos. Muitos benefícios, é claro, são econômicos, existindo muito mais funcionários que empregadores. Por isso, um grande componente dos custos de previdência pode ser despejado sobre as empresas, que têm pouco poder de voto. Em particular, os governos podem legislar (sem que eles mesmos gastem dinheiro) toda espécie de direito para os trabalhadores, cujos custos ficarão com os empregadores – o direito a um horário de trabalho flexível, por exemplo. Em outras palavras, as democracias modernas passaram a exibir precisamente a dinâmica para a qual os autores clássicos, desde Aristóteles, sempre advertiram: aqueles sem propriedade explorarão aqueles que têm propriedade.

O direito à propriedade, porém, não é meramente um direito, mas também, em certa medida, uma responsabilidade: é por isso que os Estados constitucionais, no passado, com frequência

---

[11] As *grammar schools* da Inglaterra, financiadas pelo Estado, existem em número limitado. Nelas, privilegia-se o estudo dos clássicos. (N.T.)

condicionavam o direito ao voto à propriedade. Com frequência, aqueles que têm propriedades são uma fonte de sábios juízos sobre políticas públicas. Esse é um dos motivos de haver um limite intrínseco para até onde pode ir essa política Robin Hood. Os governos que tributam e regulam em excesso acabam vendo que a riqueza seca e os empreendedores vão embora. O Estado de bem-estar social moderno, porém, até agora conseguiu percorrer uma boa distância nesse caminho, eliminando as dores mais extremas da pobreza, do desemprego, dos castigos físicos, da doença e o medo da demissão do emprego. Ainda existe dor, é claro, por fazer parte da condição humana, mas seus extremos foram mitigados. Os interesses continuam sendo importantes, especialmente em exigências situacionais de proteção de indústrias ameaçadas pela competição estrangeira, mas, numa ampla faixa de classes num Estado ocidental moderno, as demandas por redistribuição e por segurança atingiram uma espécie de equilíbrio que, por ora, os governos não podem fazer muito além de sustentá-lo. O único problema é que essa deliciosa nova ordem não produziu o salto de felicidade que talvez se tenha esperado.

Em seguida, ideias. Elas são importantes, porque uma proporção significativa de uma sociedade moderna, incluindo a maioria das pessoas empregadas pelo governo, distanciou-se de interesses financeiros imediatos. Os salários dos funcionários públicos dos estados continuam sendo pagos independentemente do que aconteça. Na experiência de uma vasta classe de pessoas nos Estados modernos – burocratas, jornalistas, acadêmicos, etc. –, o interesse raramente é um problema sério. O resultado é que os juízos políticos hoje são muito mais receptivos àquilo que os eleitores acham razoável ou justo – em outras palavras, as ideias gerais que eles adotaram e que satisfazem seu respeito próprio político-moral –, e não algum cálculo de interesse. O fato de que a maioria das questões da política hoje levanta questões sobre como gastar o dinheiro de terceiros distancia ainda mais os eleitores de qualquer preocupação direta com os interesses. Os detalhes efetivos das políticas públicas com frequência são extremamente complexos, e, mesmo assim, se espera que os leitores tenham uma posição a respeito. Economizando em "custos de informação", muitos eleitores aceitam a política supostamente moral ou justa. Assim, temos aqui outra versão da falácia da agregação, em que certos traços dos juízos morais individuais podem agregar-se a uma política nacional politicamente duvidosa.

A democracia, então, é um sistema em que os indivíduos tendem a votar nos termos de seus interesses, ou como se (como acontece com muitas classes de pessoas) os interesses não fossem mais prementes, ou nos termos de ideias morais, as quais em nosso século, até agora, costumam ser do tipo sentimental. Essa é uma tendência que leva diretamente à remoção do que quer que se considere que causa dor ou desconforto. Na educação, por exemplo, julgou-se que "pesquisas" em determinado momento levaram à conclusão de que ser reprovado ou ir mal em provas, não ser escolhido para a equipe esportiva, e outras decepções semelhantes tinham más consequências de longo prazo para os alunos. Hoje se dá muita atenção a evitar estresse nas escolas (para não falar de outras áreas da vida).

"Pesquisas" educacionais têm um longo histórico de dizer aos professores o que eles querem ouvir naquele momento e, com frequência, se chocam diretamente com aquilo que se pode dogmaticamente chamar de "bom senso". O bom senso, por exemplo, nos diz que a reprovação pode muito bem ser considerada um processo de descoberta, dizendo às pessoas em que área elas não são boas. Como disse certa vez um psiquiatra a um paciente num cartum da *New Yorker*: "Você não tem complexo de inferioridade. Você simplesmente é inferior". As crianças protegidas de informações a respeito de si mesmas por esses limitadores não melhoram por isso; antes, elas são levadas a criar ilusões a respeito de si mesmas.

Se todos devem ganhar prêmios, os prêmios claramente deixam de significar qualquer coisa séria.

Considerações similares operam num campo como as relações industriais. É doloroso ser despedido de um emprego, o que, às vezes, pode ocorrer por motivos caprichosos. O que, então, poderia ser mais atraente de um ponto de vista eleitoral do que jogadas para tornar esses acontecimentos difíceis e custosos para o empregador que possa querer demitir funcionários? Já existe a retórica para esse tipo de regulamentação: ela consiste em declarações de direitos. Leis de proteção ao emprego são, portanto, vagamente atraentes para a maioria dos eleitores, porque, em sua maior parte, são funcionários. Porém, os resultados das leis de proteção ao emprego incluem o entrincheiramento dos incompetentes e dos agressivos em seus empregos, sem facilitar as condições de uma sociedade em que a maioria das pessoas é ao mesmo tempo zelosa e competente. Eis aqui outro caso em que o moralismo sentimental leva diretamente ao entrincheiramento da ilusão na democracia contemporânea. Trata-se também de mais um caso em que aquilo que à primeira vista parece "melhor negócio" para os indivíduos leva a um resultado pior para a própria sociedade. Afinal, as dores da vida que podem ser banidas pela regulamentação governamental são também aquelas muitas vezes necessárias no repertório das autoridades para a sustentação da eficiência, aliás da competência elementar, das instituições. Aboli-las não leva a um mundo sem dor, mas apenas a um mundo em que as dores são diferentes, e muito menos sob nosso controle.

Aqui então está um esboço de algumas das atitudes de que é composto o político-moral. As atitudes não são de todo coerentes, e com certeza pessoas diversas abraçam blocos distintos delas. Contudo, se as colocamos juntas, deveria ficar claro que o mundo político-moral parece estar baseado num paradoxo. Esse paradoxo assume muitas formas, mas eis uma versão particularmente central dele: de um lado, os seres humanos são mobilizados pela forma de ética egoísmo/altruísmo a se tornar instrumentos do propósito social de aperfeiçoamento do mundo; de outro, como beneficiários de direitos independentes, e foram liberados da maior parte das frustrações e inibições ligadas a seu direito de satisfazer todos os próprios impulsos. Em outras palavras, eles devem coletivamente ser zelosos e individualmente hedonistas. Aqui, pareceria haver uma versão atual do conflito imemorial nas sociedades ocidentais entre moralidade e inclinação, e nossa vida moral em tempos modernos foi uma disputa sem fim entre essas duas motivações. Fomos liberados de muitas convenções que anteriormente amarravam nossas inclinações, mas as liberações, obviamente, nunca são exatamente o que parecem. Passemos então das atitudes que constituem o político-moral à sua psicologia.

5. DO DESEJO AO IMPULSO

Esse paradoxo do zelo coletivo com hedonismo individual pode ser ilustrado por um evento ocorrido em abril de 2007. Um show de música pop foi organizado por dois artistas chamados Bono e Bob Geldof, cuja finalidade era "deixar a pobreza no passado", especialmente na África. Shows correspondentes foram feitos ao mesmo tempo em várias partes do mundo ocidental. Tratou-se de um acontecimento político-moral arquetípico, porque, apesar de ter levantado algum dinheiro para suas causas, seu verdadeiro objetivo era convencer a conferência de chefes de Estado do G8, à época reunida na Grã-Bretanha, a gastar muito mais dinheiro com a diminuição da pobreza africana. E se aqueles estadistas tivessem cedido a essa demanda (e em certa medida cederam), eles, por sua vez, estariam gastando o dinheiro tirado de seus pagadores de impostos. Um dos traços centrais do mundo político-moral é seu disseminado entusiasmo por gastar o dinheiro dos outros.

Milhares de pessoas foram aos shows e, sem dúvida, se divertiram. Se esses apoiadores refletiam os traços demográficos das populações ocidentais do começo do século XXI, então a maioria viveria com um parceiro, mas sem ser casada. Uma grande proporção teria tido um filho, se tanto, e mais de um quinto de seus filhos estaria em "famílias monoparentais".

O interesse desse evento, para mim, está no fato de que aqueles jovens participantes do mundo político-moral estavam adotando uma postura num projeto grandioso, realmente imenso, de transformação mundial (a pobreza africana), mas também estariam fugindo aos compromissos mais sérios envolvidos em seguir adiante com suas próprias vidas. Poder-se-ia dizer brutalmente de muitos que estavam aferrados às irresponsabilidades da juventude. Aqui, então, parecemos ter uma nova situação moral entrando no jogo. Ela ilustra muitas coisas. Uma das mais elementares é o fato de que as políticas públicas levantam questões extremamente complicadas que só podem ser respondidas considerando (para especificar apenas algumas das complexidades envolvidas neste exemplo) o modo como funcionam diferentes Estados africanos, as exigências concorrentes sobre os tesouros nacionais nos Estados europeus, as perspectivas futuras de apoio para um projeto caro e difícil de caridade internacional, e muito mais. São pouquíssimas as pessoas que têm a apreensão necessária da realidade para fazer uma contribuição inteligente ao entendimento da situação. Porém, em "deixar a pobreza no passado", temos algo diferente de políticas públicas. Temos uma política pública "moralizada". Nem todos podem ser especialistas na África e em seus problemas, mas todos podem fazer discursos moralistas. O mundo político-moral, assim, distingue-se das considerações da política nacional na medida em que está encharcado de traços morais que exigem não o domínio de complexidades, mas a intensidade de emoções político-morais. E a situação moral é constituída com a forma de um melodrama que contém atores bons e maus, atitudes boas e más. Ninguém tem dúvidas quanto ao juízo moral certo, ou melhor, talvez, "correto".

O fato, outra vez, nos dá mais uma pista do caráter do mundo político-moral. Sabemos que o político-moral é o enteado da democracia como mobilização de uma população para fazer certo tipo de coisa certa. No caso da política nacional, a classe política discute e debate a questão da política. A decisão surge do conflito a respeito do que é o melhor a se fazer, e o resultado no mais das vezes reflete um equilíbrio de considerações, sendo elas reconhecidas como contingências cujo significado é incerto e deve ser articulado pelo melhor juízo então disponível. Essa é inevitavelmente a condição da ação política, independentemente de quais sejam os simplismos (e não infrequentemente as idiotices) do juízo político efetivo.

Contraste-se isso com o juízo político-moral. No caso da pobreza africana, a questão moral é seu alfa e seu ômega. Todas as demais questões (como nível de tributação, o juízo dos eleitores, o problema da corrupção, etc.) foram vedadas. O problema deve ser resolvido pela aplicação de um único princípio – a equalização, em certo grau, dos recursos de que dispõem os Estados ocidentais e africanos. Considere-se, outra vez, a solução de problemas como a bestialidade humana e os crimes de guerra. Outra vez, a discussão em geral se dá em termos abstratos, sem uma preocupação com questões como a história dos países em questão ou seus futuros interesses. As relações internacionais são entendidas por analogia com o direito penal dos Estados. O princípio único de judicialização deve ser aplicado a todos os casos. O mesmo vale para as políticas antidiscriminatórias nos níveis nacional e individual. O que distingue o entendimento político-moral da vida humana é que ele coloca de lado as complexidades da interpretação e do conflito para, em primeiro lugar, moralizar o problema, e, em segundo, para encontrar alguma solução técnica para ele. E a solução está em descobrir como aplicar algum princípio isolado capaz de trazer a salvação.

Assim, o político-moral é uma simplificação imensa da vida humana, correspondendo a uma simplificação da personalidade nas pessoas que habitam esse mundo. Essa simplificação assume a forma de um movimento que passa dos desejos para os *impulsos*. Um desejo, como lembramos, representa a precondição de um compromisso e incorpora a deliberação racional. O individualista está preocupado tanto com as regras quanto com os sentimentos morais apropriados, mas também com o modo como deve entender as complexas situações em que nos encontramos, com questões de contexto e de consequência.

Um impulso, por sua vez, é uma paixão imperativa, como aquela por comida, bebida, sexo, ou a raiva, que reconhece pouco ou nada além de sua própria satisfação. Podemos também agir por impulso quando somos descontraídos, quando adotamos alguma postura, quando somos descuidados ou quando, sob qualquer outro aspecto, não prestamos atenção à nossa situação ou ao nosso senso de nós mesmos. Todos agem por impulso ocasionalmente e todos com frequência deliberam e agem a partir do desejo. Muitas vezes, a impulsividade é encantadora nas crianças, e um sinal de uma agradável espontaneidade nos adultos, mas também representa uma redução líquida do nível de racionalidade com que conduzimos nossas vidas. Quero afirmar que, no mundo político-moral, o equilíbrio da conduta humana, ao longo do século XX, afastou-se fortemente do desejo e aproximou-se da dominância do impulso. Por que isso deveria ser assim?

Um motivo óbvio é o conjunto de libertações os quais já discutimos. Todos têm o mesmo efeito de excluir regras que talvez nos tivessem forçado a deliberar. Outro grande motivo é que os Estados de bem-estar social mudaram os termos de nosso empenho na vida. No passado, era necessário que pensássemos individualmente em dias ruins e em poupar para cobrir emergências médicas. A maioria de nós, na verdade, não demoraria a ter a própria família, o que tornaria essa prudência poupadora uma obrigação ainda mais forte.

O oferecimento de acesso à saúde pelo Estado em grande parte acabou com essa necessidade. Considerações similares valem para algumas pessoas quanto às respostas ao custo dos estudos dos filhos, e, também, à ameaça de indigência e de desemprego. Aquilo que o Estado oferece não é, claramente, acabar por completo com a autoprovisão nessas matérias, mas é inevitável que leve a uma reconfiguração das virtudes, e isso pode ter efeitos de longo alcance. Nos níveis inferiores da sociedade, por exemplo, ele pode enfraquecer os laços familiares que no passado se baseavam não apenas na afeição natural, mas também numa arguta percepção de que a família era um seguro. Como na economia, a mudança nas margens vai abrindo caminho pelo sistema.

A emergência da impulsividade como traço do nosso mundo político-moral moderno também resulta de desenvolvimentos na tecnologia e na economia. O impulso central das economias é lucrar tornando as coisas mais convenientes para os clientes. A conveniência é uma função da diminuição de frustrações que provavelmente acompanhará a satisfação de um desejo. Alguns supermercados são conhecidos como "lojas de conveniência", e eles oferecem produtos disponíveis sempre que necessários, prontos para serem colhidos das prateleiras, sem que seja necessário visitar várias lojas especializadas. Só é necessário o contato humano na hora de pagar, e a indulgência em conversas é, então, mínima. O estoque cada vez maior de refeições pré-prontas nas lojas também libera as pessoas de precisar cozinhar para satisfazer as dores da fome. As compras, concretamente, eram uma transação entre comprador e fornecedor, envolvendo, em geral, uma relação pessoal. Porém, um mundo individualista, apesar de todas as suas virtudes, está cheio de gente ocupada com algum projeto. Elas estão sempre atraídas pela perspectiva de uma satisfação mais conveniente de seus desejos. A velocidade e a disponibilidade das viagens no mundo ocidental são exemplos dramáticos de um extenso salto na conveniência. Sem dúvida, há ainda outra conveniência em o viajante poder ler um livro ou uma revista, ouvir música e falar com amigos em vários dispositivos novos. Essa conveniência é comprada, porém, com o tempo para refletir sobre os acontecimentos, que dava solidez à vida dos nossos antepassados.

O exemplo clássico da abstração a serviço da conveniência sem dúvida é o da pornografia, em que a satisfação do desejo sexual é desemaranhada de complicações que vão do casamento, de um lado, à cansativa necessidade de conversar com o objeto satisfatório, de outro. Talvez o modelo da abstração heroica nesse campo seja o cantor pop que, numa entrevista, foi perguntado por que pagava a garotas para fazer sexo com ele quando tantas davam a fila no quarteirão para ter essa honra. "Seu erro", explicou ele, "está em achar que eu pago desfazer paralelismo elas para fazer sexo. Eu pago para irem embora depois."

A impulsividade também tem chances de surgir da experiência de uma disciplina relaxada nas escolas e em casa. Os alunos foram liberados da mão pesada da disciplina pedagógica, e prazeres sem fim os distraem do caminho do dever antes do lazer. A liberação, como recordamos, é uma dispensa de regras e restrições anteriormente consideradas necessárias para a boa ordem, presumindo que a remoção das restrições facilitaria a boa conduta porque as pessoas seriam naturalmente razoáveis ao fazer coisas que antes eram feitas por coerção.

O resultado de uma liberação em que o respeito pelos professores muda à medida que eles vão se tornando a coisa mais igual chamada "pessoa com recursos", porém, é um declínio na experiência de frustração que as crianças provavelmente terão de enfrentar. Se as convenções são de que o professor deve ser tratado com respeito e suas ordens ("aprenda isso" ou "aprenda aquilo") obedecidas, então em grande medida as crianças aprendem uma forma de autocontrole. Ordens tutoriais num sistema de respeito sobrepujam a flutuação na atenção juvenil. Esse autocontrole se torna habitual e, com frequência, torna-se uma efetiva preferência para cumprir obrigações, acadêmicas e outras, antes da acomodação para o lazer. A erosão desse tipo de autodisciplina pode ser vista em fenômenos como brigas de trânsito, o declínio da ordem na vida britânica e a conduta das torcidas esportivas.

Mesmo assim, o mundo dos "impulsivos" (como podemos chamá-los) é muito atraente em seus próprios termos. Os impulsivos costumam ser pessoas amigáveis e informais. E a forma exterior da intimidade impulsiva é simbolizada por sua tendência de usar primeiros nomes e esquecer identidades familiares. Os donos de escravos costumavam chamar seus escravos pelo primeiro nome porque estes eram apenas um instrumento num processo produtivo. Esses meros rótulos ou etiquetas nos seres humanos não eram qualificados por convenções de respeito formal. Os servos eram referidos da mesma maneira. O uso universal dos sobrenomes chegou relativamente tarde na história europeia e significou a ascensão do status das classes inferiores. Em alguns casos – a Turquia é um exemplo –, esse emprego chegou só no século XX. Os sobrenomes eram importantes porque pertencer a uma família, e, portanto, ter um passado honorável e a perspectiva de descendentes nomeados, configurava um passo importante da vida social. Esse tipo de respeitabilidade era uma questão da Revolução Francesa, em que o Abbé Sieyes defendia os *hommes d'hier* ["homens de ontem"] contra aquilo que ele considerava o desdém aristocrático dos francos. Os sobrenomes faziam parte da dignidade humana, preservando certa distância desejável, às vezes até mesmo dentro do casamento. No continente europeu, a distância era preservada pelo pronome de segunda pessoa – a prática de *tutoyer* na França, por exemplo.[12] Tratava-se de uma ordem de etiqueta em que a

---

[12] Não cabe ao tradutor corrigir o texto traduzido, mas é provável que neste excelente livro Minogue tenha cometido um equívoco: *tutoyer*, ou tratar os outros por *tu*, é a marca da informalidade e da intimidade em francês; a distância e a formalidade são preservadas pela segunda pessoa do plural, *vous*. Seu uso é chamado de *vouvoyer*. (N.T.)

intimidade era um privilégio que as pessoas poderiam conceder umas às outras, muito valorizada precisamente como privilégio. A violação da distância social naqueles tempos anteriores, contudo, era a fonte de vícios sociais como a insolência e a impertinência. Isso tudo foi parte daquilo que chamamos de "o mundo da deferência" e que garantia o respeito por toda uma classe de pessoas, como clérigos, professores, aristocratas, senhoras idosas, e muitos outros. O uso cada vez mais disseminado dos primeiros nomes por si exibe uma falta de substância nas relações situacionais.

Nenhuma ordem moral permanece imóvel, e claramente novas circunstâncias estão mudando a maneira como a vida moral individualista funciona atualmente. O "individualismo", assim como o "desejo" – seu parceiro –, é uma especificação inadequada do individualismo moderno como estrutura auto-ordenante da sociedade. Além disso, o vocabulário moral que recebemos tem graves lacunas na especificação de importantes sensibilidades morais das quais raras vezes estamos cientes. É fácil confundir um desejo com um impulso; todos vivenciamos ambos. O individualismo como coerência de um conjunto de desejos (racionalizados), portanto, não é fácil de distinguir de uma tendência cada vez maior à impulsividade. De fora, eles podem perfeitamente parecer bastante iguais. Às vezes, essas confusões conceituais são ainda mais complicadas pela atribuição de problemas sociais que resultam da irresponsabilidade pessoal a uma coisa híbrida chamada "hiperindividualismo". O leitor não terá a menor dúvida quanto aos motivos pelos quais rejeito essa visão como forma ilegítima de ampliação de um conceito. E o argumento é mais bem-apresentado pela pergunta: de que maneira uma sociedade moderna efetivamente se ordena?

O fato crucial quanto à ordem é que aquilo que não vem de baixo precisa ser proporcionado de cima. Nossa situação é que um sistema há muito tempo estabelecido sobre o pressuposto de que cada adulto é uma pessoa responsável agora precisa acomodar elementos cada vez maiores de irresponsabilidade. Porém, esse ponto precisa ser obscurecido nas descrições político-morais, porque as democracias ocidentais gostam de imaginar-se populações de agentes morais independentes. Os irresponsáveis, porém, não são agentes morais plenos, e devem ser colocados junto aos doentes, que estão sempre conosco. Os irresponsáveis, em toda a sua variedade espetacular, devem ser entendidos como "pessoas vulneráveis" que necessitam de nossa compaixão e de nosso apoio profissional. Porém, eles guardam plenos direitos democráticos de participação nas responsabilidades da escolha pública.

Um rebaixamento dos padrões é, portanto, apresentado em termos político-morais como a introdução de uma forma superior de virtude: a compaixão na vida social dirigida àqueles que precisam de ajuda. Problemas que, no passado, teriam ficado dentro da família agora devem ser enfrentados por um conjunto de assistentes sociais, especialistas em reabilitação de usuários de drogas, assessores de poupança, autoridades que cuidam de liberdade condicional e até mesmo pessoas que, com o declínio das boas maneiras, podem ser necessárias para treinar nossa "sensibilidade" ou aquilo que hoje em dia é chamado de "letramento emocional". A base jurídica em que essas pessoas tão úteis operam é dada pelo vasto aumento da legislação que tem constituído um traço tão evidente da vida contemporânea. A legislação é o clímax de um processo em que, primeiro, um conjunto de irresponsabilidades pessoais se transforma num tipo diferente de coisa chamado "problema social". E, em segundo lugar, nessa descrição, para o governo tomar para si o poder para lidar com ele, temos apenas um pequeno passo. Se as crianças não vão à escola, por exemplo, o Estado pode tomar o poder (e de fato o tomou) de ameaçar de prisão um dos pais ou os dois.

Essas sanções necessariamente presumem que os cidadãos são agentes de políticas governamentais, e exatamente essa instrumentalização do sujeito civil foi um desenvolvimento importante no governar recente de Estados de bem-estar social. Os governos, por exemplo, às vezes oferecem "linhas diretas" pelas quais os cidadãos comuns são "empoderados" (estou usando o perverso termo burocrático) a dar detalhes caso saibam de qualquer pessoa que esteja se beneficiando de fraudes na seguridade social. Também foi noticiado que o governo britânico (em 2007) estaria financiando e apoiando uma organização que queria levar uma campanha contra o cigarro às escolas, "incentivando" (mais burocratês perverso) as crianças a levarem a mensagem aos pais em casa e a exigirem um ambiente sem fumo. Algumas das demandas feitas aos cidadãos pelos governos (estar alerta para atividades terroristas, por exemplo) sem dúvida são razoáveis, mas usar sujeitos como agentes de políticas estatais (com frequência políticas altamente contestáveis) inevitavelmente faz pensar nas táticas de mobilização de Estados totalitários. Ainda mais sinistra é a aprovação de leis que tornam crime que conselheiros profissionais (como contadores, advogados ou médicos) não transmitam às devidas autoridades eventuais suspeitas de que atividades criminosas estejam acontecendo. Essa obrigação viola diretamente a confidencialidade da vida profissional.

As crianças sempre têm um interesse especial para os governos, em parte por causa de uma crença de que o aperfeiçoamento da sociedade deve sempre começar com os jovens. Em épocas recentes, os Estados demonstraram muito entusiasmo para gerar atitudes e "capacidades" entre os jovens. Os alunos das escolas, que já estariam tão sobrecarregados de provas quanto seus professores o estão quanto às diretivas ministeriais, devem ser guiados em seus hábitos sexuais, em suas dietas, em suas capacidades parentais e em sua etiqueta. De fato, eles também devem ser instruídos a adquirir a capacidade de fazer algo chamado de "expressar seus sentimentos".

Temos, assim, a emergência de uma nova situação, em que o individualismo clássico da Europa moderna está sendo sobrepujado por um sistema em que os europeus estão sendo lenta e constantemente treinados para viver segundo o único e verdadeiro estilo de vida que se encontra na maioria das demais sociedades. O único e verdadeiro estilo de vida, aqui, é o conjunto de desejabilidades que de tempos em tempos chegam a estabelecer-se na opinião corrente como parte da "ética". A virtude cabe num sistema ético. Essa passagem pode ser rastreada em alguma medida em termos de semântica. O próprio termo "governo", por exemplo, está cedendo a "governança", um primo seu muito mais amplo que sugere o controle nos termos de um conjunto de regras e de invenções que não tem origem evidente. Elas são como que "intocadas por mãos humanas". E por que essa impostura é plausível? Porque a política pública ética pode passar por algo que transcende a mera política.

6. A IMAGEM POLÍTICO-MORAL DE UMA SOCIEDADE MODERNA

Para entender o fluxo de observações, atitudes, propostas, mudanças e todos os demais elementos de discussão pública num Estado liberal moderno, é preciso considerar a concepção do propósito da vida humana que está por trás dela. Essa concepção é também uma pista da maneira pela qual a vida moral e social está se desenvolvendo. Ao considerar a vida moral individualista, já nos deparamos com a concepção por trás dela, a saber: que a vida humana é uma espécie de jogo, cujo propósito consiste em exibir as virtudes do jogador. Hobbes, como lembramos, imaginava a vida como uma corrida cujo propósito era estar nela, e no primeiro lugar. Nessa concepção um tanto atlética, virtudes heroicas como a coragem e a honra estão em primeiro plano, e todos têm um ponto de partida pelo qual serão julgados. Dizem que o general alemão Rommel, ao encontrar tropas australianas durante a guerra do deserto, disse: "O que vocês estão fazendo aqui? Essa guerra não é sua. Estão aqui pelo esporte?". Não era uma sugestão absurda.

Como vimos, as sociedades europeias modernas organizam muitas de suas atividades, por exemplo, suas economias e suas práticas jurídicas, como jogos competitivos, e elas formalizaram disputas esportivas com tanto sucesso que o esporte competitivo espalhou-se pelo mundo inteiro. Essa concepção da vida humana presume que seres humanos ativos buscam superar a fraqueza e a tentação, e, nessa forma individualista, precisa ser distinguida dos entendimentos muito posteriores da sociedade como arena de combate entre grupos e interesses, e não entre indivíduos, sendo esses grupos classes e nacionalidades. Na imagem individualista da vida humana, tudo é contingente. O indivíduo precisa dar sentido a acontecimentos que demandam interpretação, o que representa um aspecto de uma vida ativa. O sucesso em variadas formas é, sem dúvida, importante, mas a base fundamental do julgamento de uma pessoa é menos o sucesso que as qualidades morais exibidas ao jogar o jogo. Uma ambiguidade constitutiva da vida moral individualista reside no fato de que os indivíduos podem ser julgados de várias maneiras, e que a aprovação em um conjunto de termos é inteiramente compatível com a desaprovação em outros. As pessoas podem encontrar razões para desprezar tanto empresários quanto santos, e, com frequência, ambos. Essa é uma das ambiguidades permanentes da vida moral entendida em termos individualistas.

A vida ser um jogo significa que o *homo ludens*[13] deve valorizar a independência acima de tudo, porque a independência é a moeda com que o jogador abre seu negócio. Esse instinto de independência constitui a base da preocupação europeia com igualdade e de sua desconfiança da "hierarquia". É importante reconhecer que uma ideia de igualdade pessoal é fundamental para a concepção europeia da vida, por mais que essa ideia básica tenha sido, em séculos recentes, apropriada e subvertida como critério para implementar várias

---

[13] J. Huizinga, *Homo Ludens*. Boston, The Beacon Press, 1950 (1938).

versões de uma sociedade supostamente melhor. O cerne da igualdade nesse sentido básico é que ela supõe a independência de juízo. Baseia-se nela a disposição europeia de desconfiar de bajuladores e de querer lidar com indivíduos independentes. Não há sentido algum em nenhuma deliberação pública se alguns dos deliberadores apenas desejam agradar um dos seus; e daí que essa propensão, de fato não incomum quando o poder está envolvido, seja claramente reconhecida como uma corrupção da vida individualista? Além disso, essa disposição disseminou-se amplamente pelos Estados europeus. Assim é que Gertrude Himmelfarb, ao discutir a história da Lei dos Pobres na Grã-Bretanha oitocentista, observa a conexão feita pelas classes mais pobres entre o trabalho e o respeito por si, verificando que o sustento sem trabalho "teria colocado [os pobres] numa condição de 'dependência' repulsiva para as classes trabalhadoras respeitáveis, porque era precisamente sua 'independência' que definia sua 'respeitabilidade'".[14] A famosa homilia daquele período, feita por Samuel Smiles, que se tornou um *best-seller* mundial, trazia no título essa ideia básica: *Self-Help* [*Autoajuda*].

Outra vez, é preciso fazer uma ressalva quanto a tomar isso como descrição de como todos os europeus, especialmente os anglófonos, efetivamente agiram à época, ou agem hoje. Meu raciocínio pretende evocar os padrões nos termos dos quais aprovavam-se a aprovação e a desaprovação, e esses padrões são, é claro, inteiramente compatíveis com uma conduta ocasionalmente servil e dependente. Mesmo assim, os europeus em grandes números efetivamente conduziram suas vidas como individualistas que cooperavam de modo independente ao criar uma imensa onda industrial, e ao migrar para o Novo Mundo, onde um esforço prodigioso transformou a natureza em empreendimentos produtivos.

---

[14] Gertrude Himmelfarb, *The De-moralization of Society: From Victorian Virtues to Modern Values*. Londres, IEA, 1995, p. 35.

Se, então, a vida moral individualista pode ser entendida nos termos de um jogo, qual concepção de sociedade moderna está por trás do mundo político-moral? A resposta, penso, é que a sociedade político-moral constitui uma associação de pessoas empenhadas na satisfação de suas necessidades. Essa fórmula certamente descreveria uma economia, de que é a mais bem-sucedida de todas as associações para a satisfação recíproca de necessidades, mas, no mundo político-moral, a ideia é de que a competição entre agentes interessados seja substituída pelo altruísmo. Esta parece uma forma de associação muito superior, mas, como sabem os teóricos da economia desde o século XVIII, isso inviabilizaria uma economia. Nas palavras de *Sir* James Steuart: "Caso o espírito público, em vez da utilidade privada, se tornasse a mola da ação nos indivíduos de um Estado bem-governado, entendo que ele arruinaria todos". O motivo é que "Comunidades unidas pelo amor têm de ser pequenas e isoladas. Um grande grupo de pessoas não pode unir-se pelo amor, mas só pelas necessidades".[15]

É claro que todas as sociedades são associações para a satisfação recíproca de necessidades, mas a concepção altruísta de uma associação humana coloca uma satisfação bem distribuída de necessidades individuais no centro das preocupações morais, em vez de enxergá-la como mera condição necessária para jogar a vida como um jogo. A essência dessa sociedade é a cooperação, e não a competição, e o problema a ser resolvido é o da disparidade entre necessidades satisfeitas e insatisfeitas. Assim, os membros dessa sociedade julgam compartilhar a empreitada em comum de melhorar a sociedade. A questão, numa empreitada em comum, é que ela precisa de direção, e consiste em especificar qual deveria ser essa direção em que a indeterminação se torna inevitável. Em certo sentido,

---

[15] O argumento de Steuart é discutido por Elie Kedourie em *Hegel & Marx: Introductory Lectures*. In: Sylvia and Helen Kedourie (eds.). Blackwell, Oxford, 1995. p. 115-23.

o organizador da satisfação das necessidades só pode ser o Estado, porque só o Estado dispõe tanto da autoridade quanto do poder financeiro que pode dirigir e sustentar essa empreitada num nível nacional. E, como aqui tratamos de um Estado democrático, presume-se que o uso desse poder civil seja para o benefício do povo. Ficará evidente de imediato que os governantes que presidem um mundo individualista exigiriam *um tipo de autoridade muito diferente* daquele do organizador político-moral da satisfação de necessidades. Os individualistas têm seus próprios projetos, e costumam não ter paciência com demandas feitas por um governo ativo. Eles querem viver num Estado de direito. O vasto acúmulo de poder necessário para produzir e distribuir satisfações promoverá, portanto, temores quanto ao destino da liberdade no mundo político-moral. O individualista é uma vontade que autoriza um governo a exercer poderes limitados. Como se pode entender a liberdade de um membro de um Estado político-moral?

O pressuposto residirá no fato de que os governantes serão os facilitadores da satisfação. Aqui, porém, abre-se uma bifurcação significativa entre as ditas "pessoas vulneráveis" (que podem aparecer de diversas maneiras diferentes, como os pobres, os oprimidos, os transviados, os membros de gangues, os excluídos, etc.), e aqueles que não são "vulneráveis", talvez ricos, sem problemas no corpo, inteligentes, etc. Os governantes de uma associação político-moral falam diretamente aos não vulneráveis, mas os desaprovam, porque, como individualistas, essas pessoas querem basicamente ser deixadas em paz. A posição político-moral é interpretar esse senso de independência individualista como egoísmo, e, aliás, até mesmo como expressão de ganância. Ele não está de acordo com a preocupação ética com uma sociedade melhor.

Numa sociedade político-moral, a distinção entre os capazes e os menos capazes leva a uma variação significativa no discurso moral. Ao falar aos capazes, o governo se vale de todo o repertório de relações morais daquilo que foi chamado de forma "Eu-Tu".[16] Estamos aqui num mundo de certo e errado, de ressentimento e indignação, de aprovação e desaprovação. Os capazes são entendidos como agentes morais responsáveis que podem agir bem ou mal, devem de algum modo ser responsabilizados caso ajam mal (em certos termos).

Ao entender os vulneráveis, contudo, o Estado assume uma atitude neoestoica, e as delinquências dos vulneráveis são entendidas como a consequência necessária das condições sociais (e neurológicas, psicológicas, ambientais, etc.) de suas vidas. Num sentido literal, os vulneráveis foram des-moral-izados. Sua conduta foi "causada" em vez de emergir de "razões".

A base da legitimidade num mundo político-moral torna-se, assim, a declaração de estar ajudando os vulneráveis. Com frequência, considerava-se que os Estados individualistas estavam divididos em ricos e pobres, burgueses e proletários, e grupos similares que tinham interesses distintos e conflitantes. Porém, essas teorias, por terem uma plausibilidade explicativa um tanto limitada, eram apenas a moeda corrente dos partidos políticos que buscavam mobilizar apoio. Seu sucesso, até épocas recentes, era limitado. Por séculos, os europeus concordaram quanto à importância de sua liberdade e independência. De fato, foi essa poderosa convicção que levou europeus ricos e pobres a concordar na rejeição da ideia do comunismo, que só chegou ao poder em Estados que tinham sido governados despoticamente. Se a paixão pela liberdade e pela independência que salvou o ocidente do comunismo permanece igualmente forte no mundo político-moral é uma questão completamente diferente.

Essa tendência a pensar nas democracias liberais contemporâneas como divididas em dois grupos de pessoas – os incluídos e os excluídos, ricos e pobres, filantropos e necessitados de ajuda, etc. – dificulta

---

[16] No original, "*'I-Thou' form*". Referência à filosofia moral de Martin Buber, expressa no livro Ich und Du, traduzido em inglês como I and Thou. (N.T.)

encontrar uma expressão que dê conta dos associados numa sociedade político-moral. "Camaradas" tem conotações infelizes, "necessitados" é pejorativo, "compartilhadores" não tem exatamente fluência. Em termos morais e psicológicos, como vimos, eles têm o caráter de "impulsivos". Talvez possamos ficar com "otimizadores", porque esse termo sugere que as necessidades devem ser satisfeitas precisamente, mas não como "excessivamente satisfeitas", porque o "consumismo" deve ser evitado, sendo um vício do individualismo. Uma relativização importante aqui consiste em reconhecer que "necessidades" tem um sentido delirante de absoluto, em que a fome, a sede, o calor, o conforto, os estímulos e um programa de outras desejabilidades seriam idealmente supridos pelos governantes de um Estado de bem-estar social. Historicamente, claro, coisas reconhecidas como "necessidades" foram vastamente estendidas à medida que os padrões de vida avançaram no mundo ocidental, e a satisfação das necessidades agora significa que todos devem viver mais ou menos no nível de um burguês ocidental. Um aparelho de TV, por exemplo, há muito tempo é reconhecido como o tipo de necessidade que um oficial de justiça não pode tomar e vender para o pagamento de uma dívida. Em outras palavras, relatividades espreitam atrás do absolutismo da retórica. Devem os africanos, por exemplo, ao serem aliviados de sua pobreza, ser capacitados para viver em níveis europeus? A migração em massa do Terceiro Mundo sugere que os africanos e outros acham que isso é exatamente o que eles querem que aconteça, mas os ecologistas nos advertem que qualquer tentativa de universalizar o consumo ocidental de carne, por exemplo (para nem falar da produção ocidental de carbono), logo esgotaria as reservas do planeta. Não tenho a menor ideia quanto ao fato de isso ser verdadeiro ou falso, mas há quem diga isso, e talvez esteja certo.

O problema de encontrar uma descrição dos associados num Estado político-moral é revelador. O que ele ressalta é o fato de que os sujeitos de uma sociedade político-moral são entendidos em termos de atributos contraditórios. A contradição reflete o principal paradoxo da democracia, de que tratamos no primeiro capítulo. Por um lado, presume-se que essas pessoas sejam os cidadãos livres e independentes de uma democracia liberal. Por outro, pessoas vulneráveis não conseguem cuidar das próprias vidas, o que as torna "vulneráveis". Elas são um conjunto de pessoas constituídas nos termos dos problemas sociais que exemplificam, como gravidez na adolescência, *bullying* nas escolas, obesidade, baixas aspirações, não serem bons pais, irresponsabilidade com a bebida, fumo, dieta ruim e todo o resto de uma lista longa (e crescente). E não se presume que eles sejam agentes morais responsáveis, dos quais se possa exigir disciplina e aos quais se possa impor uma punição por maus atos. São habitantes, ou melhor, vítimas, de uma cultura que os governos acham que deve ser mudada. E ainda outra demanda do político moral é que os ricos e capazes sejam eticamente afastados de ceder ao desejo de participar, com seus modos independentes, do projeto de melhorar as vidas dos vulneráveis. Os vulneráveis precisam aprender a evitar a gravidez na adolescência, a comer menos, a se exercitar mais, a parar com as bebedeiras, a escolher as matérias mais difíceis na escola, etc., etc., etc.

No mundo político-moral, assim, o princípio individualista de uma ordem que gera coerência entre compromissos escolhidos pessoalmente já não se aplica. Os impulsivos não chegam a ter exatamente um compromisso escolhido pessoalmente e tendem a encaixar-se no grupo de pares e na moda dominante de seu círculo. A solução é que eles devem tornar-se receptivos às operações tutoriais do Estado. Idealmente, devem orientar-se por "modelos de papel", isto é, passamos do antigo princípio moral de coerência para a lógica mais tradicional da obediência. A sociedade político-moral, em teoria, se parece com as sociedades tradicionais na medida em que os governantes usam sua autoridade para implementar o único modo correto de vida, uma sociedade perfeita, em que cada pessoa deve se encaixar. A forma assumida por essa sociedade perfeita carece, é claro, dos firmes contornos religiosos de sociedades tradicionais reais, pois está sendo imposta a uma população que, por ora, permanece acostumada aos modos individualistas do passado. O molde que ela assume só pode ser dirigido pelas crenças correntes a respeito da responsabilidade "ética" ou "social", e estas podem mudar de tempos em tempos.

Há outra maneira importante sobre como o mundo político-moral replica os usos de uma sociedade tradicional e não moderna. A conduta moral exigida dos impulsivos não resulta de um enfrentamento deliberativo de regras, sentimentos e circunstâncias, mas sim de um entendimento direto da doutrina certa, formulada cerradamente nos ditamos do politicamente correto. A exigência é gostar de todos, respeitar todos. Um importante aspecto da força antidiscriminatória do politicamente correto é que tudo o que não seja o comportamento correto deve estar o mais perto possível do *impensável*. E, onde nenhuma doutrina correta ainda foi estabelecida, os sujeitos costumam ser direcionados para a admiração de um conjunto de "modelos de papel", que ilustra as formas do comportamento aceitável. A experiência moral do político-moral é essencialmente imitativa, e não interpretativa.

No mundo individualista, por sua vez, cada pessoa é moralmente responsável por suas ações. Circunstâncias atenuantes de fato são reconhecidas, com frequência nos juízos privados, e até mesmo na deliberação judicial, mas têm um alcance limitado. No mundo político-moral, os vulneráveis começam numa condição reconhecida que podemos chamar de "sub-responsabilidade", capaz, aliás, de perder toda e qualquer atribuição de responsabilidade. Como vítimas das misérias do "vício" ou do abuso infantil, ou de uma vida familiar disfuncional, sua conduta deve ser entendida como uma resposta direta a essa condição, sem qualquer mediação de algum elemento de reflexão ou de deliberação. No começo do século, um juiz inglês decidiu que a influência dos pares num jovem ladrão deveria ser tratada como circunstância atenuante de suas ofensas, ao passo que o individualismo clássico teria considerado qualquer reconhecimento dessa influência uma forma de fragilidade que só pioraria tudo. O Vaticano, em 2007, reconheceu que ser um "filhinho da mamãe" poderia valer como base para a anulação de um casamento, porque se considerava que certas formas de dependência dos pais tornariam uma pessoa incapaz de enfrentar as pressões do matrimônio.

Assim como nos filmes de guerra em que até mesmo o herói durão era dado a confessar seus medos, no estado mental ideal das pessoas político-morais há um reconhecimento de que "somos todos vulneráveis". Sem dúvida, isso faz parte de ser humano. Nesse papel, os seres humanos são reconhecidos como criaturas de condições. Algumas delas são sociais (como a pobreza), outras são neurológicas ou ambientais, e algumas podem ser atribuídas ao azar ou ao infortúnio. Porém, trata-se de uma distinção absolutamente básica entre a vida moral individualista, de um lado, e o mundo político-moral, de outro: os individualistas, ao assumirem uma responsabilidade pessoal, evitam impor os ônus de suas próprias vidas a outras pessoas. A "cara de paisagem" do individualista passa a ser substituída pela ideia de que falar dos próprios problemas configura o modo de lidar com eles. O compartilhamento transacional de experiências é o empenho comunicativo básico da vida político-moral. Esse ponto se torna cada vez mais importante à medida que se leva em conta outro ponto crucial a respeito do político-moral: ele pode no primeiro caso ser considerado uma visão das metades ativa e passiva de uma sociedade cooperando para a satisfação de necessidades, mas seu alcance último é o mundo inteiro. As populações crescentes que vivem na pobreza no Terceiro Mundo são eticamente nossa responsabilidade, e praticamente de jeito nenhum responsabilidade delas. A "comunidade mundial" é, com frequência, criticada por não ter resolvido os problemas da guerra, da pobreza e da doença no resto do mundo. Resolvê-los é o projeto coletivo da visão político-moral.

O individualista se contrapunha à multidão, mas o impulsivo entende a si mesmo como parte dessa mesma multidão, e foi de fato assimilado por ela por um processo em que ele se acostuma a pensar em si mesmo como membro de uma classe abstrata. Essa "curva de aprendizado" resulta de discussões midiáticas de uma torrente sem fim de pesquisas em ciências sociais a respeito do caráter e das opiniões de muitas pessoas: homens, mulheres, intelectuais de classe média, grupos étnicos, autistas, jovens que não trabalham nem estudam, aposentados, vendedores de lojas, etc., indefinidamente. Mal chega a surpreender que os indivíduos devam entender a si próprios, sua situação, suas virtudes ou vícios, suas expectativas, etc. nos termos desse fluxo incoerente e enganoso de informações abstratas sobre médias, a maior parte das quais é integralmente falsa. Mesmo assim, apenas com sua monta e sua insistência, isso cria opiniões a respeito da "identidade" ou da "categoria" a que cada pessoa pode pertencer. É assim que as pessoas costumam descobrir que são ou não são alguma espécie de problema social, e uma vasta quantidade de dados quase sem sentido apresentada como "pesquisas de ciências sociais" reforça esse entendimento.

Essa tendência é evidente no caso das "mulheres", que foram "treinadas" para sentir prazer em ser informadas sobre a primeira mulher a fazer isso ou aquilo, como se a realização tivesse alguma importância para sua própria autoestima. Sem dúvida, a vulnerabilidade a esse tipo de entendimento de si (ou de mal-entendimento de si) depende do nível de sofisticação intelectual: os críticos são muito mais suscetíveis a ele que os crédulos. Porém, isso tem seu efeito sobre todos.

Ainda mais típico de rebanho é o fato de que os jovens, ao saberem que uma proporção notável da população admite em pesquisas anônimas praticar alguma delinquência, às vezes respondem tomando esse suposto fato como licença para eles mesmos cometerem-na. Esse é o tipo de "outra direção" ilustrada de maneira célebre por aqueles norte-americanos que olharam no Relatório Kinsey os detalhes de sua idade e do desempenho sexual médio adequado para sua classe – buscaram emulá-la.

Em outras palavras, a identidade no mundo político-moral é uma entidade mais fluida do que entre os individualistas. Uma preocupação consigo como membro de uma categoria abstrata dificilmente combina com aqueles deveres para consigo mesmo em que se baseia o individualismo, e o curioso resultado é, às vezes, um colapso da integridade. Um exemplo bastante notável – notável por causar tanta perplexidade em termos racionais – é a incidência cada vez maior, segundo se diz, do plágio estudantil. Em certos exames, e aliás também (o que é um tanto alarmante) em exames para a obtenção da carteira de motorista, algumas pessoas aparentemente estão contratando outras para fazer os testes em que acham que elas próprias seriam reprovadas. Colar na prova ou tirar da internet os materiais de um trabalho pareceria algo francamente contrário aos interesses do indivíduo, porque as qualificações resultantes valeriam menos do que parecem, e o indivíduo logo se veria desnorteado ao responder às demandas do mundo do trabalho. E de fato isso acontece. Os empregadores reclamam que números significativos de jovens empregados logo revelam-se notavelmente subcapacitados e incompetentes nos trabalhos que devem executar. Porém, como vimos, parte de todo o impulso do mundo político-moral consiste em oferecer uma experiência indolor da vida, em que a dor aparece em questões como ser reprovado numa prova, ser demitido por incompetência, ser julgado e considerado abaixo do esperado, e até mesmo, em alguns casos, simplesmente na expectativa de precisar trabalhar. Os publicitários respondem agudamente ao espírito da época, e muita propaganda trata a vida real como algo que ocorre depois que o trabalho acaba. Esse culto do fim de semana, como podemos chamá-lo, pode ser parte da base psicológica do vasto aumento de estresse autodiagnosticado na vida contemporânea.

Aqui temos, portanto, um esboço do político-moral como molde mental que surge da vida moral individualista, e trata-se de uma forma de experiência difícil de caracterizar em termos exatos. O motivo é que a estabilidade semântica esconde a transformação moral. O "individualismo" é uma ideia complexa cujas indulgências estão na superfície de seu sentido, ao passo que suas obrigações associadas precisam ser buscadas. De todo modo, muitas dessas obrigações caíram vítimas das liberações da nossa época: liberações em particular de convenções que governam a sexualidade e a formalidade situacional. As antigas deferências em que cada um agia de maneira diferente com pais, mulheres, professores, clérigos, e outros foram abandonadas: agora todos fazem parte de uma mesma cena humana, e, amplamente, trata-se todo mundo da mesma maneira.

Essas convenções das quais fomos liberados foram amplamente rejeitadas por serem consideradas "antiquadas", o que pode apenas significar inconvenientes. Sob muitos aspectos, as mudanças mal chegam a surpreender. Hoje, temos mais dinheiro, vivemos mais tempo e as tecnologias de contracepção e aborto ampliaram o poder individual. O acesso à satisfação sexual costumava ser a base que sustentava a estabilidade do casamento, o cuidado com as crianças, a distribuição da riqueza nas famílias, a reputação do indivíduo em seu círculo e as condições do companheirismo na velhice. No mundo político-moral, os argumentos em prol do casamento perderam a maior parte de sua força. O sexo, o companheirismo e os benefícios da vida doméstica podem todos ser providos por nosso mundo de conveniência; tudo de que você precisa é dinheiro. No mais, viver com alguém é difícil, é algo que exige recursos morais consideráveis de tolerância, humor e autocontrole, e aqueles que passam uma década ou mais sozinhos logo ficam despreparados para seus rigores. O casamento pode efetivamente envolver períodos de ranger de dentes, mas facilita o entendimento mais profundo de outra pessoa, podendo envolver laços emocionais que se aprofundam com o tempo.

Essa profundidade muitas vezes falta ao *singleton*, e essa falta às vezes só é sentida tardiamente na vida. Nem o feminismo nem a liberação gay foram grandes incentivos para a instituição do casamento, e a atitude de muitas pessoas em relação a filhos é que eles custam caro e são muito exigentes – inconvenientes, pode-se dizer. A clássica utilidade de filhos – apoio na velhice – é outro benefício passível de suprir pelo dinheiro ou até mesmo, em certa medida, pelos serviços sociais. Naturezas cautelosas – e o caráter político-moral é absolutamente cauteloso quando o impulso não está no comando – prefeririam evitar aventuras arriscadas como filhos. Essas condições são parte da explicação do constante aumento de *singletons* e da demografia declinante da maioria dos países ocidentais, especialmente na Europa.

Como parte desse novo arranjo, as mulheres tornaram-se plenamente individualizadas como agentes morais, em vez de encontrar grande parte de sua identidade dentro da família. Certamente achamos agradável que nossas vidas não sejam mais dominadas pelo sexo, que hoje parece sobretudo um prazer inocente disponível à inclinação. Adam Smith achava que havia uma quantidade grande de ruína numa nação, querendo dizer que as nações tinham uma capacidade considerável de regenerar-se. Aparentemente descobrimos que havia uma enorme quantidade de ruína num sistema moral. Jogamos fora as convenções do passado, e o mundo não caiu sobre nossas cabeças. Porém, ainda estamos nos primeiros dias dessa visão experimental e recreativa do sexo, e, além disso, até agora muitas pessoas resistiram a essas liberações.

Também é verdade (para continuar resumindo brevemente nosso argumento nessa direção) que o surgimento dos Estados de bem-estar social erodiu a centralidade não apenas das virtudes sexuais, mas também da prudência e da temperança. O Estado assumiu muitas das funções da vida familiar, dos sindicatos, das sociedades filantrópicas e das caridades, e em todos os casos o processo separou o indivíduo das instituições. Como observamos, as operações de direitos tiveram todas o mesmo efeito. Uma famosa queixa dos socialistas era que o individualismo capitalista separava o homem do homem e atomizava a sociedade. Como afirmei, essa visão não captava o caráter do individualismo. Porém, veremos que muitas das medidas implementadas pelo Estado de bem-estar social, medidas de tipo socialista, tiveram precisamente esse efeito na sociedade civil.

Nesse mundo, a sofisticação a respeito de como uma pessoa deveria agir tornou-se pouco mais que certo tipo de conhecimento do mundo, sentido no qual é adquirido pelas crianças em idades cada vez menores. Os jovens não sabem mais seu lugar porque a maioria deles não tem mais um lugar para conhecer: eles foram assimilados àquele mundo adulto único em que todos agem do mesmo jeito com todos os demais. Trata-se de um mundo em que a relação entre ação e hábito, de um lado, e consequências, do outro, é dramaticamente mais frouxa do que já foi. Com frequência, o passado era um cenário de tristeza porque vários vícios de intemperança ou de imprudência poderiam rapidamente alcançar os descuidados. A tecnologia e o Estado hoje tiraram a dor de muitas dessas consequências, mas a marcha da loucura humana manteve o passo, e uma gama diferente de tristezas (chamadas comumente de "problemas sociais") hoje conecta conduta e consequência.

Até agora resumi as formas do mundo político-moral que têm uma espécie de continuidade com aquilo que os moralistas em geral consideravam parte da corrupção de um mundo capitalista. Porém, é importante não perder de vista a continuidade moral com aquele molde mental anterior. Aquilo que venho chamando de vida moral, a vida dos individualistas com deveres para consigo mesmos, prolongou-se (como vimos) para aquilo que muitos considerariam preocupações muito mais significativas: os problemas da pobreza e da vulnerabilidade, da guerra e da desigualdade.

No coração do sistema político-moral, encontraremos a paixão da compaixão, e a virtude reclamada para ele é ter transcendido as preocupações meramente pessoais e locais da vida moral e começado a abordar os problemas reais enfrentados pela humanidade. Se a vida moral tendia a isolar as pessoas umas das outras como resultado de distinções de idade, status, autoridade e muitas outras coisas, o político-moral, chamando a si mesmo de "ético", varreu toda uma gama de esnobismos e superioridades que apenas separavam o homem do homem e uma pessoa de outra. Os vulneráveis, os pobres e os transviados não estão mais isolados em categorias desprezíveis e vistos como reprovados nos padrões da respeitabilidade, tendo sido plenamente incluídos na vida comunitária e recebido cada vez mais apoio para enfrentar seus problemas. Somos tolerantes, descontraídos e tiramos da vida muitos juízos dolorosos a respeito das nossas inadequações.

Por fim, como interpretar a estrutura social e econômica de uma sociedade político-moral? Ela pode ser entendida como possuidora de uma natureza tripartite. Podemos primeiro apontar os vulneráveis, que constituem o ponto básico de orientação numa sociedade político-moral igualitária. Esses são os pobres, os excluídos, os genuinamente doentes e problemáticos, os transviados entre os jovens, os que vivem da seguridade social e, aliás, qualquer pessoa que se possa argumentar que pertence a uma classe de vítimas. Aqueles que pertencem a minorias étnicas com frequência fazem parte de seus números. Eles são centrais como beneficiários de uma sociedade político-moral.

E em segundo lugar, apontemos os benfeitores, compostos de funcionários ou daqueles que empregam outros, os que se mantêm, os ricos, e os caridosos, incluindo qualquer pessoa envolvida em esforços filantrópicos. A economia, é claro, constitui a base material indispensável dos benefícios concedidos por essa classe, os quais são, em grande parte, mas não exclusivamente constituídos pela tributação. Exatamente até onde se estende essa classe depende das crenças atuais a respeito de quem é vítima. Em certa teoria feminista, todos os homens pertenciam a essa classe, assim como todas as mulheres pertenciam à dos vulneráveis. Segundo certos critérios, os vulneráveis chegariam a superar a população total de certos Estados ocidentais, mas isso só pode acontecer ao contar em fantasias de contagem dupla. Em certas estatísticas criativas, as mulheres de outras etnias contam como duas. Logo a conta faz sentido. Nas versões mais extremas do político-moral, a classe de benfeitores é movida principalmente por ganância e medo; eles estão preocupados "com lucros, e não com pessoas".

Distintos dos beneficiários na sociedade político-moral, e de seus benfeitores, há os administradores, incluindo políticos, jornalistas, juízes e advogados, membros de tribunais e de comissões, acadêmicos, assistentes sociais, especialistas, aqueles que trabalham em organizações internacionais e outros teóricos e governantes do mundo. Os membros dessa classe em grande parte operam num ambiente político democrático e, portanto, estão acima do lucro, preocupados acima de tudo com o bem-estar das pessoas.

Sim, sim, talvez diga o leitor, com impaciência, mas onde está o poder? A resposta é que, como em toda boa sociedade, ele está difuso. Os vulneráveis têm certo poder moral sobre os outros por se caracterizarem pelas necessidades insatisfeitas. Os benfeitores são pesadamente tributados, mas, como são eles que fornecem o dinheiro que mantém o sistema funcionando, ao menos têm o poder que vem do fato de que precisam ter incentivos, sem o qual não criarão a prosperidade necessária. Por fim, deve-se admitir que o verdadeiro poder está com os administradores que podem determinar os limites do que é possível. Eles têm o poder. Por ora, trata-se de um poder um tanto restrito, mas a criatividade moderna, ao estender as possibilidades de coleta de dados, e ao colocar populações sob vigilância, indica que ele está crescendo.

7. EXISTE UMA TEOLOGIA DO POLÍTICO-MORAL?

Em certo sentido, essa é uma pergunta tola. A maior parte daqueles que podemos enxergar como político-morais em seu modo de conduta e de sentimento seria secularista, e termos similares, como "materialista", "este-mundista" e até mesmo "hedonista" se aplicariam a eles. As religiões funcionam como sistemas que orientam o crente num universo reconhecido como misterioso. Talvez seja absurdo pensar que a religião como fenômeno é, sob qualquer aspecto, relevante para nosso mundo pós-cristão. Porém, vale a pena ao menos apresentar a questão, porque uma civilização que não se baseia numa religião em algum sentido é muito esquisita. Ao longo de todo este raciocínio, venho enfatizando que os Estados europeus são claramente cristãos, ou pós-cristãos, sob vários aspectos fundamentais, mas essa visão seria contestada pelos racionalistas nos termos do contraste entre a religião e a ciência, visto que enxergariam a si mesmos não como herdeiros de uma tradição religiosa, mas de sua rejeição efetiva.

O argumento secularista é que todo conjunto de seres humanos até a nossa própria época baseou-se na crença num mundo invisível e atemporal, no mais das vezes determinado por agências divinas como as diferentes concepções de Deus (e de outros poderes) encontradas entre cristãos, judeus, muçulmanos, etc. As crenças e os rituais associados a essas religiões são extremamente variados, mas em nenhum caso se baseiam em evidências (ou naquilo que um empirista ou cientista contaria como evidência). Além disso, essas crenças com frequência sustentaram práticas horrendas cuja aberração hoje enxergamos, com razão. Essas práticas vão da subordinação das mulheres à perseguição daqueles que têm crenças heterodoxas. Muitos dos males do mundo foram justificados com argumentos religiosos; assim, talvez se siga que, se nós nos livrarmos das religiões, e, portanto, das justificativas religiosas para a perseguição, então vários males desapareceriam e os seres humanos seriam muito mais gentis uns com os outros. De fato, boa parte do pensamento religioso pode ser atribuído à fantasia, às vezes expressando impulsos que parecem claramente patológicos. Nossa civilização aprendeu a testar suas crenças segundo critérios de evidência, como fazem os cientistas, e o resultado foi que grande parte do que está escrito em nossos livros sagrados caiu numa infâmia amplamente merecida. Hoje, guiamos nossas vidas, ou muitos de nós o fazem, por uma ciência baseada em evidências, e não pelas fantasias esperançosas de crentes religiosos. A religião, no passado, era a muleta de sociedades muito mais crédulas que nós. Não precisamos mais dela. Conseguimos ficar de pé sozinhos, e é melhor que seja assim, porque não há onde se apoiar.

A primeira coisa a dizer sobre esse argumento é que ele se baseia numa tendência quase universal em nossa época: a saber, entender as instituições pelos abusos que podem ter origem nelas. As famílias contêm abuso infantil, não se pode confiar em certos professores com a vara porque são sádicos, certos policiais são corruptos e gostam de intimidar, certos empresários só se preocupam, impiedosamente, com o lucro e nada mais, e daí por diante. O resultado dessa tendência, muitas vezes descrita como a virtude de ser crítico e de encarar os fatos, consiste no abandono da confiança de que antigamente dependia em grande parte a conduta decente e trocá-la pela regulamentação dos governos. Essa tentativa de impedir abusos e de trazer justiça para a esfera discricionária pessoal criou um círculo vicioso: quanto mais regulamentação, menos se pode confiar nos regulados. Eles se tornam casuístas, resguardando-se de encrencas. No século XX, confiou-se o poder a comunistas em muitos Estados com o argumento de que os capitalistas e os governantes tradicionais abusavam de seu poder e exploravam suas populações. Os fascistas chegaram ao poder graças à ideia de que os parlamentos eram falanstérios corruptos. Os comunistas e os fascistas eram bem piores do que aquilo que substituíram. Certamente, era verdade que as instituições que eles substituíram estavam longe de ser perfeitas, mas a ideia de que a aplicação obrigatória de códigos garante um reino de justiça só existe na cabeça dos tolos. Não garante. As religiões, assim, não são menos suscetíveis a abusos e a loucuras do que outras instituições, mas também sustentam uma ampla gama de solidezes morais benevolentes e necessárias.

A segunda coisa a dizer a respeito desse argumento é que ele se equivoca quanto à religião e à ciência. Por séculos, o pensamento europeu exibiu um movimento dialético pendular entre o ceticismo e a paixão pela certeza. De fato, um dos grandes atrativos da ciência foi o fato de que ela oferece certeza em vez de fantasias sem base. Pensar isso é confundir ciência e tecnologia, com a qual de fato se pode produzir habitualmente certas consequências garantidas, embora, com certa frequência, estas tenham alguns efeitos colaterais indesejáveis. A ciência, estritamente falando, é diferente – ela é um complexo de hipóteses (normalmente a respeito do mundo natural) num estado de testes e avaliações constantes. Sem dúvida, muitos cientistas hoje confiam totalmente nas evidências de grande parte desse *corpus* de opinião, mas são insensatos. A física newtoniana era e ainda é uma visão bastante útil e abrangente do universo em que vivemos, mas erra em alguns pontos, os quais hoje entendemos melhor – ou achamos que entendemos. Na verdade, o cristianismo também participa desse ceticismo porque entende a si mesmo não como conhecimento, mas como fé. A base própria do cristianismo começa com um reconhecimento de que ele tem algo de um salto no escuro. Quando as crenças se tornam sistemas de crenças, provavelmente perderão seu ceticismo fundador e adquirirão os hábitos do dogmatismo, o que, sem dúvida, acontece com muitos cristãos. Não se trata de algo desconhecido em outras esferas de crenças. Mesmo assim, não é plausível transpor o cristianismo para um conjunto de proposições a respeito de Deus, dos milagres, dos profetas, dos dogmas, etc., aspecto sob o qual ele é considerado infundado. A ciência propõe-se a ser refutável. A religião, cujas funções são várias e cujas declarações sobre o mundo não precisam ser tomadas como descrição literal, propõe-se a ser irrefutável. É precisamente por isso que os crentes podem confiar nela.

Nessa área, deixo-me guiar pelo filósofo alemão Eric Voegelin, que considerava que a religião, de um lado, se preocupava com crenças a respeito do começo e do fim da vida humana, e, de outro, com respostas ao transcendente. O Livro do Gênesis exemplifica a primeira preocupação, ao passo que Moisés com a sarça ardente exemplifica a outra. Claro que os dois exemplos vêm do Antigo Testamento, no qual claramente os primeiros padres do cristianismo olharam para construir uma religião a partir daquilo que, sob muitos aspectos, eram os exíguos materiais disponíveis a partir da vida de Jesus. Esses materiais podem ter sido realmente exíguos, mas deixaram marcas indeléveis em nossa civilização, que vão do Sermão da Montanha à distinção entre Deus e César, base da nossa separação entre Igreja e Estado, entre coisas privadas e públicas. Com a Igreja sendo reconhecida como veículo da verdade cristã, o "Estado" (isto é, qualquer tipo de autoridade civil) tornou-se um mero dispositivo que permitiria que um mundo caído gozasse de certa paz mínima nesta vida. Voegelin afirma que isso equivaleu a uma "desdivinização do Estado". E deve-se reconhecer também que toda a ideia de "Estado" em sentido europeu é bem distinta das formas de ordem encontradas em outras civilizações.

O cristianismo como crença ortodoxa foi, em termos históricos, costurado nos séculos posteriores à vida de Jesus, e seus principais elementos já estavam no lugar na época de Santo Agostinho, no começo do século V. Com São Paulo, os primeiros discípulos judeus abriram sua revelação para o mundo em geral e criaram uma igreja que cultivava uma fé constituída de crenças compartilhadas. Essa fé fez do cristianismo uma religião altamente intelectual, em necessidade constante de reflexão teológica e filosófica a fim de sustentar sua unidade. Ele precisava de escolas e de universidades, embora, no turbulento primeiro período medieval, estas tivessem demorado a surgir. Uma civilização cristã dificilmente poderia evitar uma dimensão filosófica. Era uma empreitada arriscada e perigosa, que podia ir por água abaixo a qualquer momento, permanecendo assim desde então. Ela sempre esteve à mercê de profetas com ideias alternativas. E ainda está.

Teria sido uma simplificação intelectual conveniente, por exemplo, se os primeiros padres tivessem decidido (como Ário) que Jesus não era filho de Deus, mas um ser humano supremamente bom ou, ainda, que ele nunca tinha sido crucificado (como pensavam os monofisitas), mas que isso tinha sido apenas uma ilusão necessária para a revelação. Em vez disso, os primeiros padres optaram pelo mistério da encarnação. Ao fazê-lo, claro que estavam também aceitando a ideia de Deus ter três aspectos – elemento doutrinal que explica por que os muçulmanos, com desprezo, consideram o cristianismo uma forma de politeísmo. De fato, foi precisamente esse tipo de fundamento (isto é, o baixo teor de mistério teológico no islã) que levou alguns dos primeiros deístas modernos (e também unitarianos e socinianos) a afirmar que o islã era, em termos intelectuais, a mais racional das religiões. Não acho que haja alguma dúvida de que esses deístas se equivocaram, e eles se equivocaram precisamente por não entender o lugar de uma religião dentro de uma civilização. Um racionalismo simples não é guia para as complexidades de nenhum modo de vida, prática ou religião. O mesmo equívoco é hoje cometido pelos oponentes secularistas do cristianismo.

Porém, o que pretendo, ao fazer esse esboço, não é entrar nessa questão em particular, mas seguir Voegelin olhando uma heresia entre as heresias sem fim que foram excluídas da ortodoxia pelos primeiros padres, porque nessa heresia se pode ver um padrão ou arquétipo interessante, capaz de sugerir um entendimento maior do nosso problema. Trata-se do famoso gnosticismo, que rejeitou a concepção da religião como forma de fé que abre a alma do crente para o transcendente e interpretou a revelação de Jesus como forma de conhecimento que supostamente garantiria a salvação.

A distinção-chave é aquela entre o cristianismo reconhecido de um lado como religião e, portanto, como matéria de fé (isto é, uma confiança num conjunto de crenças que não poderia ser validado de maneiras práticas aceitas), e uma afirmação de conhecimento e de certeza de outro. Parte da importância dessa distinção é que a ortodoxia preservou o sentido religioso da incerteza e do mistério da condição humana, ao passo que o gnosticismo se apresentava como a chave que revelaria o mistério. De maneira plausível ou não, os padres da Igreja acreditavam estar salvando seus seguidores de acreditar supersticiosamente em coisas que não poderiam saber, como espíritos e poderes misteriosos. A afirmação gnóstica era que Jesus tinha ensinado uma doutrina secreta, conhecida apenas pelos iniciados. Esse conhecimento por si só garantia a salvação. Eram possíveis muitas variações desse tema. Ele parecia altamente intelectual, mas as crenças efetivamente envolvidas (por exemplo, as senhas necessárias após a morte para passar pelos sete anjos que guardavam o paraíso e, portanto, obter a salvação) muitas vezes eram de um simplismo mental notável. Essa estrutura de crenças podia acomodar claramente qualquer nível de complexidade intelectual. Muito disso também vale para o marxismo, que é em grande parte uma exibição de intelectualidade para pessoas não intelectuais.

Uma variação gnóstica importante era revirar do avesso a revelação cristã. Segundo uma influente variante, a história do Gênesis era na verdade a declaração de um Demiurgo mau que tinha aprisionado as almas dos homens nesse mundo caído, do qual eles só podiam escapar por meio do conhecimento esotérico da doutrina salvacionista. Nessa história, a serpente que supostamente seduzia Eva era uma libertadora e esclarecedora da humanidade, motivo pelo qual esses hereges eram conhecidos como ofitas, ou adoradores da serpente. Eles consideravam a Queda um progresso da ignorância para o conhecimento, e elementos dessa doutrina foram domesticados no cristianismo posterior e tornaram-se correntes com o iluminismo.

Em sua estrutura geral, as ideologias pareceriam corresponder a essa resposta ao mundo moderno.

Voegelin adota a posição de que o gnosticismo permaneceu recessivo por alguns séculos, mas foi revivido porque o cristianismo, como fé exploratória, não poderia satisfazer plenamente os europeus. À medida que sua civilização se desenvolvia, eles ficavam mais confiantes. Uma versão influente dele pode ser encontrada nos textos de Joaquim de Fiore, que "aplicou o símbolo da Trindade ao curso da história".[17]

O primeiro período do mundo, segundo essa ideia especulativa, foi a era do Pai, que durou até Cristo iniciar a era do Filho. Esta, por sua vez, seria superada pela era do Espírito. Cada uma dessas eras seria um "aumento inteligível da plenitude espiritual". Nesse esquema, o interesse humano compreensivelmente se concentrava no fim da história e na chegada do novo esquema das coisas. Aquilo que para os cristãos era uma vaga culminação escatológica da história, tão distante da experiência humana irrelevante para a fé que sustenta a vida, torna-se nas especulações gnósticas o acontecimento em torno do qual deve girar a experiência política. Já se observou algumas vezes, ironicamente, que a divisão básica da raça humana é entre aqueles que dividem as coisas em duas e aqueles que as dividem em três. O mundo moderno é uma eflorescência maravilhosa de tripartistas. Hegelianos, [comptistas] e marxistas são todos tripartistas, mas o caso que interessou Voegelin (que saiu da Áustria um passo à frente da Gestapo) foi o caso do Terceiro Reich. Muito misticismo de numerologia parece ter proliferado na intelectualidade moderna. E grande parte dele parece postular uma "redivinização do Estado".

O século XX preocupou-se profundamente com catástrofes, com acontecimentos que transformariam o mundo e com crises de magnitude heroica, todos conectados com o fim de uma ordem e a chegada

---

[17] Eric Voegelin, *The New Science of Politics*. The University of Chicago Press, 1952, p. 111.

de outra. Os homens perdiam a cabeça, para nem falar das vidas, em sua empolgação com várias dessas fantasias, e todas elas, parece justo dizer, devem seu status à sua conexão com algum projeto de perfeição. Voegelin achava que esse molde mental, com o qual ele explicava a imensa influência das ideologias no mundo moderno, era a transposição gnóstica de uma estrutura temporal cristã para a política moderna. O termo teológico para os últimos dias era "eschaton". O *eschaton* pertencia ao elemento transcendental do cristianismo, o elemento que fica fora do nosso mundo natural. Porém, o divino também funciona dentro do mundo, e o termo usado para descrever isso é "imanência". Na visão de Voegelin, a doutrina gnóstica do mundo moderno tinha buscado trazer o céu à terra como algo que nós, com nosso grande conhecimento (o que quer que se imagine que seja esse conhecimento), poderíamos realizar; ou, na expressão de Voegelin, que, como obra-prima de jargão faz valer a jornada ao longo de seu argumento, os gnósticos "imanentizaram o *eschaton*".

É ao longo dessas linhas, eu sugeriria, que poderemos encontrar estruturas de pensamento que parecem replicar aquelas de doutrinas religiosas do passado e que podem ocasionalmente assumir algumas das funções dessas doutrinas. Claramente, não bastará interpretar como "religioso" qualquer entusiasmo apaixonado que as pessoas tenham, assim como, no passado, com frequência se fez ao classificar o comunismo como uma espécie de religião. A etimologia da palavra "entusiasmo" (como "cheio de deuses") não é adequada para caracterizar a religião em si. Contudo, algo como essa crença em Gaia, a natureza como entidade viva personificada contra quem pecamos como guardiães do planeta, tem algo dos atributos de uma religião – e de uma religião ainda mais atraente por ser uma espécie de culto cívico. No mundo moderno, muitos pensadores empregaram o modo como o cristianismo preparou uma lealdade dupla para os súditos de Estados nacionais e voltaram nostalgicamente os olhos para os cultos cívicos do mundo clássico. Em outras palavras, um sinal significativo de um impulso religioso seria qualquer tendência a considerar o Estado superior a nós: nesses termos, qualquer "redivinização" do Estado.

Uma grande mudança em nossa concepção da condição humana será encontrada em nossa concepção moderna do pecado. Um elemento básico do cristianismo era a crença de que vivemos num mundo irremediavelmente caído e pecaminoso. Pode ser (como pensam os cristãos) que haja uma vida após a morte, em que o poder divino consegue corrigir as injustiças do nosso mundo, mas é certo que qualquer tentativa de aperfeiçoar esse mundo particular causará mais mal do que bem. A sabedoria consiste em reconhecer os limites do nosso poder, em sermos gratos a Deus pelas bênçãos de que gozamos e em concentrar nossa atenção na tarefa muito mais limitada de tornar nosso ambiente imediato um pouco mais tolerável. Claro que ainda há muitos cristãos crentes em nossa civilização, mas certamente existe uma coisa que a maioria das pessoas parece ter perdido, exceto alguns cristãos: a crença em nossa condição decaída e a humildade adequada a ela. Como consequência, aparentemente, a emoção constitutiva de uma civilização cristã – isto é, a gratidão a Deus pela revelação cristã e pelas bênçãos de um mundo que, tirando as desordens que os seres humanos causaram para si próprios, é perfeito – foi virada de cabeça para baixo. E, ao sê-lo, jogamos fora a responsabilidade da humanidade pelos males de um mundo e reclamamos que Deus foi um criador defeituoso. Em vez da piedosa crença de que Deus testa o homem, temos a crença questionadora de que os sofrimentos dos seres humanos são testes da onipotência e da bondade de Deus.

Aqui, temos então inequivocamente um movimento de pensamento que se afasta do religioso e se aproxima do determinadamente secular. Alguns comentadores acham que abandonamos a ideia do pecado original em favor da virtude original: todos os homens são basicamente bons. O contrário mais preciso da visão religiosa não é que os homens são basicamente bons, mas que são basicamente plásticos:

são criaturas de suas condições, e, nesse caso, somos nós mesmos responsáveis pelo modo como eles agem. Os individualistas da vida moral eram entidades morais mistas, exibindo tanto o bem quanto o mal. O sonho do mundo político-moral é que a racionalidade moderna sobrepujará essa dualidade.

Não se trata, portanto, de uma religião, mas há algo no mundo político-moral que vislumbra a possibilidade de transformar a sociedade mesma em algo divino, algo a que estamos atados porque ela é a fonte da qual vem tudo o que temos: nossas ideias, nossa força, nossas libertações da solidão existencial. A ideia de sociedade como associação de indivíduos dedicados a satisfazer suas necessidades postula uma sociedade, e em última instância uma humanidade, com a qual temos uma dívida irredimível, e à qual devemos tudo o que somos. Ela adumbra uma espécie de culto cívico, mas um culto que dificilmente poderá triunfar, não só porque os seres humanos são de fato radicalmente imperfeitos, mas também porque estão embutidos em nossas sociedades os resquícios de moralidades pregressas, e parece improvável que eles venham a ser homogeneizados da maneira que seria exigida pelo político-moral.

Capítulo 5 | A Ambivalência e a Civilização
Ocidental

1. O MAPEAMENTO DA POLÍTICA

Até aqui, explorei as sensibilidades morais contemporâneas nos termos de dois tipos ideais que dominam a civilização ocidental: um individualista e o outro coletivista. As mudanças nessas atitudes morais inevitavelmente envolvem mudanças na vida política. A essência daquilo que estou chamando de "político-moral" é que ele se estende tanto à vida moral quanto à vida política e é por si só, em parte, uma classificação política. Como localizar isso num mapa de ideias políticas atuais?

Nesse mapeamento, não se pode escapar da distinção tradicional entre esquerda e direita, mas certamente ela precisa ser transcendida. Desde a Revolução Francesa, esquerda e direita serviram toleravelmente bem para distinguir as aspirações de uma transformação social revolucionária (como as da Declaração dos Direitos do Homem) de um lado, e tentativas de moderar a revolução, de outro, ou de efetivamente dar ré, como aconteceu na França por algum tempo entre 1815 e 1830. "Progresso e reação" tornou-se um clichê estabelecido para os historiadores do período. A política podia ser apresentada como um embate entre os interesses dos "estados". Porém, "direita" e "esquerda", como dimensões mapeadoras de ideias políticas, foram muito além dessas circunstâncias limitadas. Ainda usamos hoje esses termos. Considerando que "direita" no século XX cobriu todo mundo de Milton Friedman a Adolph Hitler, e que "esquerda" pode abranger tanto Stálin quanto Clement Attlee, a distinção é claramente uma ótima fórmula para entender tudo errado. E a razão desse colapso na incoerência resultou da popularidade da diferenciação entre as marcas de comunismo no começo do século XX.

Os comunistas que buscavam o apoio da classe trabalhadora contra os fascistas de Mussolini e o Partido Nacional-Socialista dos Trabalhadores na Alemanha precisavam de uma arma retórica contra os inimigos que buscavam apoio na mesma rede proletária. Um de seus dispositivos era chamar de "fascismo social" outros expoentes do coletivismo, desmascarando-os como defensores do capitalismo. O fascismo em si, claro, foi a doutrina de Mussolini, outrora socialista, que (como Lênin) encontrara um jeito de energizar um movimento de vanguarda melhor do que confiar nas caprichosas paixões revolucionárias do proletariado. Comunistas, nazistas e fascistas estavam todos buscando o poder total e almejavam transformar os Estados liberais democráticos em empreendimentos coletivos por meio do apelo às vítimas de opressão. Eram todos coletivistas e apelavam a slogans socialistas.[1]

O reconhecimento dessa identidade essencial do fascismo e do socialismo foi, é claro, a base da classificação usada posteriormente para promover o conceito acadêmico de totalitarismo[2] na ciência

---

[1] Receio que essa doutrina seja ofensiva a qualquer pessoa de esquerda, mas certamente compreende a visão-padrão de qualquer pessoa que saiba qualquer coisa sobre o fascismo italiano. Para uma reformulação da doutrina geral, ver Jonah Goldberg, *Liberal Fascism*.

[2] É claro que se trata de "águas agitadas", e muitos acadêmicos hoje em dia consideram o "totalitarismo" uma relíquia da Guerra Fria. Eles querem enfatizar que, com o medo e a repressão dos Estados comunistas, havia bastante idealismo internalizado da propaganda estatal. Isso, sem dúvida, é verdade, mas a ideia do totalitarismo, assim como o espírito do despotismo de Montesquieu, pode ser adequadamente apreendida nos termos do lugar do medo no ordenamento do Estado. É claro que sempre haverá algo a acrescentar.

política, apesar do ressentimento dos comunistas, que insistiam que um Estado racial nazista era muito diferente da verdadeira comunidade do comunismo. Sob certos aspectos, eles tinham razão, embora isso fizesse pouca diferença para as vítimas miseráveis dessas formas violentas de transformação social radical. Outro aspecto dessas maçarocas taxonômicas será encontrado no fato de que gerontocratas comunistas como Brejnev e Andropov eram, nos estertores da União Soviética, regularmente descritos por jornalistas mais simples como "conservadores". Isso também não é muito absurdo, mas ilustra o quão confusa pode ser a maior parte da retórica política.

Parte do problema com direita/esquerda é que essas denominações nunca se encaixaram na política anglófona. Edmund Burke não era de jeito nenhum um "reacionário". A Grã-Bretanha simplesmente não tinha o conflito entre "estados" que teria dado sentido a essa distinção, e, como Whig, Burke poderia perfeitamente ser visto em certos termos como "de esquerda", e não "de direita". A Grã-Bretanha nunca teve o tipo de *ancien régime* que algum "reacionário" poderia querer sustentar ou ao qual poderia querer voltar, embora, como veremos, algumas pessoas confusas tenham achado que tinha. As grandes questões da política britânica foram o direito ao voto, e, depois, a política do bem-estar social. A universalização do bem-estar social, segundo uma dimensão de direita/esquerda, coloca Otto von Bismarck na esquerda, mas ele certamente não era nenhum socialista transbordando compaixão. Na atmosfera vagamente progressista dos Estados de bem-estar social anglófonos, "direita" simplesmente acabava sendo ou um xingamento, dando conta de tudo que ia dos aiatolás iranianos aos Batistas do Sul norte-americanos, ou como rótulo abusivo para crentes libertários na superioridade de soluções de mercado para problemas sociais. Em épocas mais recentes, foram feitas tentativas de resgatar a distinção acrescentando um modalizador: "centro-esquerda" e "centro-direita", recurso que consignava os "extremistas" à perdição retórica. Isso apenas torna o vocabulário pesado e não resolve nada.

O mapeamento da vida política exige que se nomeie alguma dimensão que separa as tendências umas das outras. O problema com direita/esquerda foi que as dimensões se multiplicaram tanto que quase qualquer coisa cabia em qualquer lugar. Os franceses diziam que *les extremes se touchent* ["os extremos se tocam"], mas, em qualquer dicotomia real, eles não se tocam. Podemos então encontrar outras dimensões que ajudem a mapear o terreno? Permitam-me sugerir duas que podem se tornar cada vez mais úteis.

Burke, contra a Revolução Francesa, claramente não pode ser captado em termos de direita e esquerda, mas pode ser esclarecedor chamá-lo de "conservador" sem, ao mesmo tempo, consigná-lo à "direita". O conservadorismo não está mais a salvo da maçaroca retórica do que outros termos, e um de seus sentidos atuais refere o que quer que por acaso sejam as crenças atuais dos partidos que se denominem "conservadores". Porém, eu gostaria de propor que há um sentido intelectual em "conservador" bastante distinto desses simplismos e que o torna útil tanto do ponto de vista político quanto intelectual. Como postura política, o conservadorismo claramente exige cautela ao mudar a estrutura da sociedade, especialmente "desde cima". Ele, portanto, denota o ceticismo a respeito do valor de propostas de mudança e de reforma. O ceticismo depende de julgar que todas as mudanças provavelmente terão consequências impremeditadas, e algumas certamente serão desagradáveis. De maneira mais profunda, não podemos saber quais práticas e ideias em nossa vida cultural sustentam quais traços desejáveis ou indesejáveis dela. Meu argumento anterior de que vários traços dos Estados de bem-estar social modernos enfraqueceram as virtudes do autocontrole e da contenção de si é, portanto, um argumento claramente conservador. Intelectualmente falando, então, o conservadorismo é uma preocupação constante com como as condições sociais e as ideias dominantes se relacionam entre si, aliado a uma crença de que a maior parte do falatório ou "ruído" na política do dia a dia tem pouco valor.

Nesses termos, o contrário do conservadorismo é toda forma de radicalismo, abrangendo a maioria dos projetos para fazer mudanças na estrutura básica do Estado e da sociedade. O radicalismo em sua forma mais grosseira é a crença de que as sociedades são imutáveis a menos que os governantes promovam reformas. Isso é grosseiro porque a coisa genérica chamada "mudança" acontece o tempo inteiro, especialmente em Estados modernos dinâmicos, e, portanto, os políticos que oferecem "mudança" provavelmente estão usando algum esquema sedutor abstrato como isca para pegar votos. A política democrática contemporânea exibe uma sucessão de reformas, a maioria das quais logo precisa ser reformada, todas precisando ser "atualizadas" dentro de mais ou menos uma geração. A essência da política democrática contemporânea, dominada como é por ideias radicais, é, portanto, um remexer sem fim de políticas, regulamentações e "visões" que exigem atenção constante do eleitorado. Os políticos adoram toda essa atenção.

A ideia radical básica, associada pelos filósofos políticos de Platão e Aristóteles em diante ao risco da democracia, é que os ricos deveriam abdicar de alguns de seus luxos para atender às necessidades dos pobres, e podemos observar, nesse ponto, que a democracia somente passou a ser viável nos Estados europeus quando as formalidades constitucionais estavam fortemente arraigadas e quando o nível de distribuição de riqueza tinha criado uma classe média grande o bastante para proteger-se da perspectiva imediata de ser pilhada. Em muitos Estados do Terceiro Mundo, essas condições não foram satisfeitas, e a democracia rapidamente se transformou em alguma forma de autoritarismo cleptocrático.

Talvez pareça que essa distinção é apenas mais uma reformulação do mapeamento de direita/esquerda. Os conservadores são "de direita" e os radicais, "de esquerda". Nessa perspectiva, então, nazistas, fascistas, comunistas e socialistas radicais caem no mesmo campo: são todos radicais. Não tenho problema com essa implicação da classificação, mas certamente nem todos a aceitarão. Radical nenhum quer ser associado a aprendizes imbecis de feiticeiro como Stálin e Mao, para nem falar de Hitler e Mussolini. Porém, por mais que o radicalismo em formas coletivistas tenha deixado um rastro de aterrorizantes projetos fracassados atrás de si, os políticos contemporâneos acham difícil enfrentar um eleitorado sem propor alguma espécie de "visão". Eles adoram grandes ideias transformadoras. Em termos conservadores, raramente é ofício dos governantes entregar-se a essas tolices, mas a credulidade eleitoral com frequência força os conservadores a jogar o mesmo jogo. Ocasionalmente, sem dúvida, o Estado precisa agir de maneira radical e decisiva, mas, como disse Burke, o remédio não pode ser o pão de cada dia da constituição. O ponto básico, porém, é que os radicais, que geralmente querem mobilizar os cidadãos para admiráveis empreitadas coletivas, raramente distinguem a respeito dos entusiasmos que adotam. Nem todos os radicais adotam maus projetos, mas todos os maus projetos foram radicais.

Assim, "radical" e "conservador" me parecem distinguir estilos diferentes de política de maneira bastante útil, e fico tentado a também identificar o radicalismo com o sentimentalismo, e o conservadorismo com o realismo. Os conservadores certamente são realistas no sentido de que buscam entender a política contra um pano de fundo daquilo que consideram realidades históricas e humanas. E ainda é verdade que, ao menos na mentalidade político-moral, todos os radicais são sentimentalistas. Seu primeiro passo ao recomendar qualquer proposta radical para o aumento do poder do Estado é sempre invocar a compaixão identificando os males que o Estado deveria remediar. Esta, porém, não constitui uma conexão universal. Um racista radical, por exemplo, não precisa basear-se na emoção da compaixão. No caso nazista, o apelo era antes à certa ideia de pureza e de vitalidade. Assim, os conservadores são sempre realistas (embora possam, é claro, ter uma visão errada da realidade), e os radicais em nosso tempo são quase sempre sentimentalistas.

É claro que o termo "sentimentalismo" é pejorativo. "Sentimentalismo" não é, de jeito nenhum, a mesma coisa que sentimento. Aquilo que realmente se sente é um sentimento, mas o sentimentalismo em geral significa uma emoção que pode ser provocada por alguma emoção associada, com frequência superficial. Experimentar compaixão pelo sofrimento de alguma classe abstrata de pessoas que sofrem a opressão pode efetivamente ser uma preocupação séria e certamente levar a uma conduta admirável, mas também ser pouco mais do que uma pose. E, como nenhuma classe inteira de pessoas que sofre opressão a sofre do mesmo jeito e no mesmo grau, a emoção só pode dirigir-se a uma imagem, e não a uma realidade.

Entendido assim, o político-moral é uma instância de radicalismo sentimental. Moralmente falando, ele assume a forma de um desafio padronizado a que encontremos os nossos eus essenciais na empreitada de melhorar a condição dos vulneráveis, o que geralmente ainda traz a mensagem de que essa é uma atividade de redenção, que apaga as faltas morais anteriores da nossa civilização. É a dimensão moral de um programa político – encontrar nossos eus essenciais numa empreitada – que deve nos levar a algo claramente mais complicado. Os radicais sentimentais no idioma político-moral não são meramente cavaleiros errantes, ansiosos por enfrentar qualquer coisa que interpretem como um mal. Eles costumam ter um programa mais amplo. E a identificação mais plausível desse programa mais amplo, a mim, parece o "perfeccionismo". O que é que envolve esse perfeccionismo?

2. SOBRE PERFECCIONISMOS, GRADUAIS E SISTEMÁTICOS

O perfeccionismo compreende uma categoria extremamente variada, mas seu sentido essencial é que o ofício da política deve ir além de "não deixar afundar a nau do Estado"³ e chegar ao projeto mais sério de transformar a condição humana. A tradição europeia de pensamento utópico é, sem dúvida, perfeccionista, embora não seja sob aspecto nenhum relevante para este raciocínio. Platão às vezes é classificado como utópico e perfeccionista, mas equivocadamente, porque, na *República*, estava (como o entendo) empenhado em elaborar uma investigação filosófica. Marx às vezes é arrastado, aos gritos e chutes, para as fileiras do perfeccionismo utópico, mas sua versão do comunismo é uma previsão gerada por uma análise daquilo que ele julgava serem as realidades dominantes de uma cultura capitalista. As utopias reais são meramente imaginárias, sonhos, expressões dos defeitos da vida à nossa volta, mas não fazem afirmações sobre a realidade como as que encontramos em Platão e em Marx. Essas figuras, portanto, não devem ser classificadas como utopistas.

De outro ponto de vista, porém, Marx é certamente um perfeccionista, embora de um tipo distinto. O comunismo, imaginado como forma de sociedade que emerge do útero do tempo histórico, foi, na prática, um projeto mobilizador de revolucionários que chegaram ao poder com o objetivo de criar um mundo novo e melhor. Intelectualmente, eles estavam convencidos de que os caprichos e as tolices dos seres humanos poderiam ser explicados pelas condições sociais, e, tendo obtido o poder total, primeiro na Rússia soviética e, depois, na China, em Cuba, no Vietnã, na Coreia do Norte e no Camboja, começaram a corrigir o mundo. Em todos os casos, o projeto consistia em aperfeiçoar a sociedade. Em Estados não europeus menos sofisticados, esse projeto podia ser apresentado como "modernização", mas de uma forma muito superior aos vis caminhos capitalistas. O caminho da perfeição seguiu uma política de confiar todo empreendimento social aos cuidados dos governantes supostamente especializados

---

³ Michael Oakeshott, "Political Education". In: Timothy Fuller (ed.), *Rationalism in Politics*. Indianapolis, Liberty Fund, 1995, p. 60.

dos Estados em questão. E o teste dessa superioridade intelectual foi ter se empenhado nas aventuras doutrinais na práxis marxista. Dizer que esse projeto não foi um sucesso seria afirmar o óbvio. Nessas mãos, a ideia em si de perfeccionismo ficou inequivocamente associada às de morte e de despotismo.

Essa associação se dá por que o perfeccionismo em qualquer forma explícita se tornou uma aspiração que não pode dizer seu nome. Que ele não tenha desaparecido por completo dá testemunho de sua imensa força como algo inteiramente nativo da nossa civilização. Ele sobrevive, como argumentarei, em duas formas, e consideraremos uma de cada vez: primeiro, como uma aspiração gradual a agir de modo a garantir que ao menos um mal identificável na vida social nunca reapareça; e, segundo, abaixo da superfície de nossa vida política ocidental, certamente é possível encontrar aglomerados de pensamento perfeccionista, embora talvez não anunciem a si mesmos assim. Chamarei essa forma de aspiração perfeccionista de "Perfeccionismos Sistemáticos", e os dois exemplos que mencionarei são o projeto de democratizar as sociedades ainda consideradas *anciens* régimes, e o projeto de superar a ignorância global, a pobreza e a guerra.

O problema com qualquer tipo de perfeccionismo, como demonstrado de maneira conclusiva pelas aventuras ideológicas do século XX, é que grandes ambições morais com frequência andam junto com o comportamento muito vil daqueles que estão no poder. As evidências, de fato, parecem demonstrar muito claramente a tese ainda mais forte de que o comportamento vil não pode ser evitado pelos governantes que reclamam para si tanta moralidade. Os realistas podem perfeitamente contemplar essas experiências e perguntar-se: será que os seres humanos nunca aprenderão com a experiência? Será necessário que milhões de pessoas morram para trazer o mundo de volta para o realismo político? Sempre resta, porém, a inspiração da história de Robert the Bruce e a aranha. De novo e de novo, a aranha se lança tentando atar a teia ao suporte adjacente, e, de novo e de novo, ela não consegue. Mas, muitas vezes, chega o momento em que ela consegue. No caso do totalitarismo, pode-se observar que as tentativas fracassadas deixaram tanta morte e tanta destruição em sua esteira que nem tentar parece chegar a valer a pena.

Certamente, os realistas gostariam de escapar do alcance mais tolo do otimismo enfatizando que nenhuma sociedade humana pode fugir da tolice, uma constante em qualquer teoria social. Onipresente nas questões humanas, ela assume muitas formas. A pura e simples burrice e a falta de compreensão do que se passa, o entender mal regras e comandos e a falta de bom senso elementar são elementos comuns da vida cotidiana e devem desempenhar um papel explicativo mais central nas ciências sociais do que desempenham. O problema prático é que o realismo elementar se perde quando os intelectuais ficam enfeitiçados por algum vocabulário novo – "dialético", "ciência racial" ou "autenticidade nacional" são os exemplos óbvios recentes, mas pode haver outras variedades, como a elevação espiritual ou a disciplina militar. Na nossa época, o linguajar da ciência é particularmente perigoso, levando a esperança a vencer o medo. Dessa vez, acham os tolos, será diferente.

O realismo aqui se baseia na única proposição empírica de que nenhum aperfeiçoamento do mundo seria possível sem confiar aos governantes uma plenitude de poder tão grande que lhes fritaria os miolos. Mesmo que eles fossem desinteressados guardiões platônicos, seu guiamento precisaria ser mediado pelas ideias e os sentimentos de seres humanos. Muitos desses humanos com certeza se equivocarão quanto ao propósito do que deveria estar acontecendo, e praticamente todos às vezes estarão procurando vantagens para si. As ideias ficam sutilmente alteradas, as paixões dominam a conduta e nenhum modelo ideal sobrevive por muito tempo a seu encontro com a realidade. Seria o caso de lamentar isso como um fato trágico da condição humana, e, sem dúvida, é, mas ele também pode ser visto como um elemento especialmente envolvente da *comédie humaine*. O arquiteto da Solução Final também foi o Grande Ditador de Chaplin. Onde estariam a sátira e a literatura sem a absurdidade humana?

Porém, o riso não pode ser a única resposta para a loucura humana; ela fere. A explicação definitiva dos altos e baixos da experiência humana costumava ser entendida pelos gregos como um caso da tentação da *hybris* que leva à *nemesis* que se segue. Nesse ponto, o realismo pode também ser visto como uma reprise das advertências do cristianismo contra os perigos do orgulho e sobre os benefícios da humildade. A tolice humana é indelevelmente parte da condição humana, e a absurdidade dos seres humanos representa algo que não podemos mudar. Seu custo traz miséria e dor às pessoas, e essas dificuldades provocam indefinidamente sonhos de perfeição, mas a sabedoria do realista insiste que devemos dolorosamente aprender que muitas perfeições podem ser piores que as imperfeições a que estamos em algum grau acostumados.

A. O PERFECCIONISMO GRADUAL

O que é notável, então, é que o perfeccionismo sobreviva entre nós, embora tome cuidado para esconder sua verdadeira natureza. Em sua encarnação mais óbvia, talvez seja difícil distingui-lo de uma resposta racional ao mundo. O perfeccionismo, aqui, assumiu um caráter gradual, sugerindo que a imperfeição pode ser removida em fases. Por isso, precisamos retornar à nossa definição. O perfeccionismo refere-se a qualquer projeto ou proposta que se julgue ter o poder de transformar a condição humana. A crença é que, uma vez que uma proposta perfeccionista tenha sido implementada, as coisas nunca mais serão as mesmas, e a presença oculta do perfeccionismo pode ser detectada precisamente na circulação daquela locução a respeito de que certas coisas ruins nunca mais aconteçam. A ideia perfeccionista-chave é a transformação,[4] ilusão alimentada pelo deslumbramento com nosso imenso poder tecnológico. Alguns verdadeiros grandes saltos para a frente certamente aconteceram em nosso controle sobre a natureza. Por que não podemos dar outros, alguns na esfera da vida humana? O perfeccionismo é, portanto, um sonho de poder. Em muitas formas, ele se baseia naquilo que alhures chamei de "a ilusão bolchevique", que (distinta das ilusões marxistas) é a crença de que uma área da sociedade pode ser alterada enquanto tudo o mais nos outros lugares permanece igual. E sua implementação depende do emprego de alguma forma de tecnologia.

As tecnologias podem variar. Algumas são burocráticas e têm a forma de regulamentações e de procedimentos projetados para controlar abusos. Essa é a forma assumida nas discussões que acontecem depois de qualquer desastre. Às vezes, a esperança é de que certas formas de desvios, caso diagnosticadas cedo o bastante, possam ser mudadas antes que se desenvolvam realmente em práticas antissociais. A promessa é de um mundo sem vagabundos, vândalos ou incendiários. Os defeitos morais dessas figuras vieram a ser descritos como "antissociais", e o objetivo é passar de punições antiquadas para novas técnicas que *garantirão* (e o comum é que a punição não garanta) a melhoria social. Outra forma muito popular de perfeccionismo gradual consiste na tentativa de contornar problemas morais controlando-se a disponibilidade dos materiais usados pelas pessoas más. É preciso introduzir leis que limitem a disponibilidade de armas, facas, tacos de beisebol, álcool barato, pimenta e outros instrumentos

---

[4] Tenho em mente, sobretudo, os *argumentos* em prol de uma sociedade melhor, mas os próprios governos estão longe de estar imunes a essas tentações. O governo britânico, por exemplo, sonha com uma base de dados abrangente que forneça todas as informações de que necessita sobre os habitantes do país. E o projeto tem um nome apropriado: Ver Cabinet Office, "Transformational Government: Enabled by Technology", novembro de 2005, Cm. 6683. Ver a discussão em Jill Kirby, *Who Do They Think We Are?*. Centre for Policy Studies, jan. 2008.

de caos. Sem armas, não há crime com armas, sem facas... etc. Se as crianças cometem esses atos antissociais por tédio, a solução óbvia é lhes dar algo com que ocupar suas energias. O político-moral evita reconhecer a responsabilidade moral individual com o mesmo entusiasmo com que abraça suas formas coletivas.

Mesmo as perfeições graduais não podem, é claro, escapar do escárnio da natureza. Mal os europeus haviam vencido o problema da fome em suas sociedades e precisaram enfrentar aquilo que hoje se conhece como "epidemia de obesidade". Outra vez, fomos capazes de superar todo tipo de convenção sexual frustrante, tudo para enfrentar os problemas da gravidez na adolescência e cada vez mais doenças sexualmente transmissíveis. E nossa compassiva indulgência, que oferece seguridade social para as mães adolescentes, levou ao crescimento daquilo que é conhecido pelo eufemismo de "famílias" monoparentais. Famílias sem pais, porém, costumam promover suas próprias dificuldades especiais, na forma de delinquência antissocial na geração seguinte. O sonho é que, lidando com a circunstância iniciadora (no caso, a gravidez na adolescência), cortaremos suas consequências sociais posteriores. Porém, as imperfeições que enfrentamos claramente não são estáticas; elas têm uma dinâmica própria. As fraquezas de uma geração criam novos problemas na geração seguinte. O que poderia zombar mais marcadamente de nosso ódio da pobreza do que a obesidade? Ou o que poderia refutar de maneira mais dramática a amabilidade politicamente correta do que seu papel causal no surgimento de maldades antissociais na geração seguinte?

Assim, o perfeccionismo precisa esconder sua natureza, porque, em nossa época, sua natureza evidentemente milenarista convidaria ao escárnio. Ele só pode ser reconhecido por sua paixão pela transformação. Mesmo o mais crédulo eleitorado democrático rejeitará genuinamente planos radicais, por isso o perfeccionismo em nossa época precisou adotar um caráter prático e gradual. Ele tem, no entanto, outras áreas em que pode se expressar. Ele pode adumbrar as condições da perfeição na forma de direitos e arraigar as transformações desejadas em estruturas jurídicas e internacionais além do alcance fácil da revogação democrática.

B. DERRUBAR *ANCIENS RÉGIMES*

Em geral, os pensadores europeus entregaram-se a um flerte com o republicanismo clássico. Tratava-se de uma doutrina que suscitava um entusiasmo particular no chamado iluminismo radical.[5] Os Estados europeus modernos são essencialmente monarquistas e assim permanecem, mesmo que seus reis e rainhas não sobrevivam na forma institucional.[6] O motivo de esses Estados serem monárquicos é o fato de derivarem de condições feudais, e as monarquias feudais promoveram, por meio de complicadas cadeias de desenvolvimentos, uma versão individualista do Estado de direito. Por serem Estados cristãos, eles enxergavam os seres humanos como criaturas decaídas, de racionalidade limitada. Reconhecendo essa falibilidade, eles criaram sociedades comerciais tolerantes baseadas naquilo que Gibbon chamava de "ciência e gosto". E herdaram, é claro, a distinção cristã entre Deus e César, entre vida pública e privada. Nessa forma, ainda que abalados por muitos tipos de tolices políticas, eles combateram, ao longo de muitas gerações, várias formas da tentação totalitária.

Agora, essa combinação de características – monarquia, cristianismo e certa resistência conservadora e teimosa ao radicalismo extremo – constitui (considerada em abstrato) uma espécie de *ancien régime*, como apareceu nas rejeições dos revolucionários na França. As monarquias eram entendidas, à maneira dos republicanos romanos,

---

[5] Ver, por exemplo, Jonathan Israel, *The Radical Enlightenment*.

[6] Ver Kenneth Minogue, "Citizenship and Monarchy: A Hidden Fault Line in Our Civilization". Universidade de Londres. Institute of United States Studies, 1998.

como centros de autocracia e de tirania, cercados de lacaios. Eram identificados com o servilismo. A religião cristã era obviamente um conjunto de crenças antiquadas extraídas de um passado tribal judeu há muito desaparecido. E o conservadorismo era claramente uma aversão burra dos ignorantes às mudanças necessárias para criar uma sociedade melhor. Aqui, estava um conjunto de imperfeições para o qual um pacote radical de perfeições estava à mão: republicanismo, secularismo e radicalismo. Era plausível empacotá-los como a fórmula para a liberdade. Na versão imaginativa desse aspecto oferecida por Rousseau (num de seus humores), era a descoberta de que, embora achemos que estamos livres, ainda estamos acorrentados. Assim, a perfeição se tornava em algum grau a derrubada de *anciens régimes* reais ou supostos.

Vale a pena ir um pouco mais adiante com esse raciocínio sobre o perfeccionismo. O que ele envolve? Em um nível, um *ancien régime* pode ser entendido como uma imagem das opressões da vida capitalista, por exemplo nos Estados Unidos. Contudo, na Grã-Bretanha, é mais fácil encontrar alvos óbvios. A abolição da monarquia e da Câmara dos Lordes é uma versão plausível de qualquer projeto de democratização. Livrar-se da monarquia hoje, porém, é em grande parte uma ambição recessiva porque o poder da monarquia é mínimo, e existem vastas reservas de reverência por uma instituição que fica acima da política e representa a unidade dos britânicos. Mesmo assim, alguns republicanos clássicos têm um interesse particular em pesquisas de opinião que registrem subidas e descidas na popularidade da monarquia. Toda descida provoca murmúrios republicanos. E, como no caso de todas as aspirações radicais, o sucesso de um voto popular negativo poderia destruir uma instituição, levando-a a um esquecimento do qual nenhum voto positivo poderia tirá-la. Nesse ínterim, a Câmara dos Lordes na Grã-Bretanha vem levando uma estranha meia-vida, pois os projetos de reformá-la ou de transformá-la fazem grande estardalhaço, mas não têm nenhum efeito.

Temos ainda a questão de o cristianismo ser considerado nesse contexto a superstição constitutiva do ocidente. A primeira década do século XXI foi marcada por um claro movimento por uma triunfante secularização final.[7] A ciência baseada em evidências deveria enfim ser o fundamento reconhecido das nossas vidas e não a superstição.

E, além disso (com a monarquia e o cristianismo), havia o conservadorismo, com frequência considerado por seus inimigos nada mais que uma resistência irracional ao aprimoramento, uma falsidade de consciência cuja origem era nada menos do que os interesses dos ricos. Nisso, na abolição desses elementos da vida europeia, há um programa progressista de construção de um radicalismo democrático e secular que poderia enfim começar a enfrentar os verdadeiros problemas do aprimoramento da nossa sociedade.

Suponho que a melhor descrição desse tipo de programa seria como um fundamentalismo constitucional. Os problemas da estupidez humana são atribuídos a instituições ruins, especialmente à monarquia. O programa também pode ser visto como exemplo da "falácia kantiana", cujo nome vem do filósofo que pensava, na década de 1790, que uma Europa de repúblicas só poderia ser uma Europa em paz. Como podemos ser livres, perguntam os progressistas, quando estamos submetidos (mesmo que teoricamente) a governantes monárquicos e dominados por ideias não científicas e antiquadas? A monarquia é associada ao servilismo, o cristianismo a uma população de joelhos diante de um governante imaginário do universo. E essas duas instituições nos impedem de tomar nosso destino em nossas próprias mãos, de ficar de pé por conta própria e – sem dúvida democraticamente – de lidar com nossos problemas reais, que, na verdade, são as opressões e as desigualdades.

No tocante às aspirações perfeccionistas, essa não se distingue atualmente por uma vitalidade especial, mas o que é notável reside no

---

[7] Ver, por exemplo, Richard Dawkins, *Deus, um Delírio*; Christopher Hitchens, *Deus Não é Grande*.

fato de que ela tenha simplesmente sobrevivido. O defeito inevitável das repúblicas clássicas reais é que elas gastam muita energia ficando nervosas com o declínio moral. Na análise que Montesquieu fez delas, as repúblicas dependiam da virtude cívica, e nem os nobres Catões de Roma conseguiram evitar o colapso moral. Nas monarquias europeias, por sua vez, reconhece-se que certo tipo de corrupção moral é inevitável. Ele pode ser encontrado, por exemplo, nos incentivos comerciais à virtude, mas seu verdadeiro habitat é o sentimento de honra com que os europeus fazem a coisa certa – não porque seja a coisa certa, mas porque ficariam desonrados se não fizessem. Essa pode ser, como geralmente pensam os republicanos clássicos, uma forma "indireta" e inferior de virtude, mas é certamente uma forma de virtude, e, num mundo maciçamente entregue a corrupções de todo tipo, não é desprezível.

Entre as irrealidades dessa versão do perfeccionismo, está sua perversidade histórica. Sem a monarquia, nenhuma democracia liberal teria chegado a existir. As monarquias na Europa foram por muito tempo as fontes teóricas da honra, e, como foco de união nacional, permitiram que as disputas entre partidos se desenvolvessem institucionalmente como distinção entre governo e oposição sem degenerar em guerra civil. Certamente, nenhum Estado clássico promoveu nosso tipo de política conversacional. Quanto ao servilismo e à dependência mental, as monarquias europeias (e é claro que os Estados Unidos pertencem a essa categoria) são muito obviamente as sociedades menos servis do mundo moderno. As monarquias do norte da Europa são os Estados mais livres e estáveis, e, também, as democracias menos corruptas da Europa, e isso tem um valor supremo. É significativo que a derrubada da monarquia na Rússia, na Espanha e na Alemanha, no século XX, tenha levado a tempos realmente difíceis.

A monarquia, o cristianismo e o conservadorismo são instituições que praticamente definem o que todas as formas de radicalismo ocidental acham imperfeito na natureza humana, e, nos ataques a elas, talvez possamos farejar o curioso sentido de que aqueles que desejam derrubar esses supostos elementos de *ancien régimes* buscam uma solução final para a fonte básica da história como uma história voltairiana de crimes e loucuras. Essa "solução final" – abolir a monarquia, refutar e superar o cristianismo – é, sem dúvida, benigna e só deve ser marginalmente comparada à famosa Solução Final dos sonhos nazistas, mas ela tem em si própria o mesmo senso insano de megalomania humana. É fácil admitir que o cristianismo, considerado abstratamente como sistema de crenças, tem problemas, mas ele também é a fonte das tradições a partir das quais foi criada a abertura ocidental. E, intelectualmente falando, colocar Agostinho e a teologia cristã contra Marx e seus sucessores modernos é comparar gigantes com anões. E, ainda, se a questão for o pensamento conservador, então Burke, Salisbury e seus sucessores dificilmente precisariam temer serem desmascarados como portadores de falsa consciência. Contudo, há uma questão mais substancial.

Ela diz respeito à liberdade. O perfeccionismo, doutrinalmente, só pode existir no contexto de um diálogo a respeito de imperfeições. A fonte mais profunda do ímpeto radical nos Estados ocidentais é a convicção de que sofremos de formas ocultas de opressão que destroem nossa liberdade a menos que sejam desmascaradas. A ideia de Rousseau de que estamos escravizados foi adotada por muitos radicais de gerações posteriores e (como veremos) por todos os intelectuais que dispunham das ambições mobilizadoras do totalitarismo. O que, então, define um escravo? Correntes e ordens, sem dúvida, mas também o próprio reconhecimento do escravo de que é escravo. Julgar-se oprimido é julgar-se escravo. Trata-se de um passo no caminho para libertar em si o elemento de servilismo que espreita em toda a natureza humana. E foi essa ideia de ser oprimido que seduziu os russos para o bolchevismo, e os alemães para o nazismo. Eles queriam, de um lado, jogar fora as correntes burguesas, e, de outro, as opressões da conspiração judaica mundial. Nem russos nem alemães eram populações notavelmente servis antes de sucumbirem ao entusiasmo ideológico – mas certamente depois se tornaram servis.

O equívoco de identificar liberdade com liberação é evidentemente a marca de povos nada sofisticados, e uma distinção feliz dos anglo-saxões foi que o fato de que conseguiram evitar suas consequências mais desagradáveis. Todavia, eles não escaparam por inteiro dessa confusão durante os anos 1960 nas universidades, que foram um exemplo didático da destruição da independência institucional real por movimentos de liberação. Subitamente disponíveis para pessoas sem estudo e sem sofisticação, as universidades sucumbiram a slogans democráticos e liberatórios, perdendo a autoridade acadêmica que as distinguia. Ao sucumbir a esse servilismo mental, elas ficaram desprotegidas contra os governos que almejavam obter poder sobre elas.

Todo servilismo é perigoso. Ser até um pouco servil é pensar que tudo o que é frustrante deve constituir uma forma de opressão, da qual só a liberação salvará. Com frequência, porém, você não é frustrado pela "opressão", mas pela realidade, ou por um instinto de autocontenção. Trata-se de um traço da vida para o qual algum tipo de "raiva" não é uma resposta apropriada. O servilismo é uma estrutura de personalidade com pouca proteção contra as tentações do impulso. A busca por liberação configura uma rejeição das responsabilidades da liberdade em favor de uma passagem para a irresponsabilidade dos direitos. E um direito é irresponsável porque é uma liberdade juridicamente arraigada que não contém em si as limitações instintivas numa sociedade livre. É por isso que há uma insistência moral constante em combinar direitos com responsabilidades. Como observou um ministro da Justiça britânico, os direitos humanos estão sendo tratados como bens de consumo para objetivos egoístas por algumas pessoas na Grã-Bretanha. "Estou realmente preocupado com a comoditização dos direitos, e com a percepção de que as pessoas vejam seus direitos como bens de consumo", disse.[8]

Menciono o fundamentalismo constitucional apenas como uma forma conhecida do perfeccionismo contemporâneo, que espreita logo abaixo da superfície da política atual. Sem ser particularmente sofisticada, ela tem certo peso nas universidades, porque pode oferecer a acadêmicos menos sofisticados a agradável sensação de que estão sendo "socialmente críticos". Nesse contexto, o fundamentalismo constitucional é em parte, um componente da doutrina mais ampla do intelecto, como algo essencialmente crítico e, em outra, um exemplo da rejeição político-moral de nossa civilização por não confrontar os males do mundo.

C. IGNORÂNCIA, POBREZA E GUERRA

O molde mental político-moral gosta de aliar-se a outras versões do perfeccionismo, mas seu próprio foco central é destruir a ignorância, a guerra e a pobreza, tanto em nossas sociedades quanto no mundo em geral. Podemos dizer que não se trata de uma ambição pequena. Esses problemas sempre estiveram conosco. Resolvê-los certamente seria uma transformação da condição humana. Porém, eles obviamente levantam as questões morais mais difíceis e controversas. O que deve contar como ignorância? Como ela se relaciona com a guerra? O político-moral transcende as complexidades e mobiliza nossos sentimentos *políticos* para uma cruzada *moral*. Como sempre, a questão passa a ser: como se pode tornar plausível esse nexo entre problema e solução? Considerando que a integridade moral e a prudência política raramente coincidem, como pode o político-moral apresentar-se *tanto* como cruzada moral imperativa *quanto* atraente *politicamente*?

---

[8] Jack Straw, noticiado no *Daily Telegraph*, 22 de jan. 2008.

A resposta é que a cruzada se apresenta abstrata e figurativa ao mesmo tempo, um conceito e uma imagem fundidos. Se interpretarmos esses problemas grandiosos no nível correto de abstração, então as políticas tornam-se pensáveis e imperativas de um modo que não sobreviveria ao exame nem no nível grosseiro da realidade específica, nem no da universalidade filosófica. E é somente se alinhando com uma convicção nessa forma que podemos ser convencidos a curvar todos os nossos esforços para a solução desses problemas como a expressão verdadeira de nossa humanidade real.

O programa perfeccionista de erradicar a pobreza talvez seja apresentado de maneira mais plausível na visão de que a pobreza é *ipso facto* um indicador de injustiça.[9] Nas palavras de Thomas Pogge, a "persistência maciça de pobreza aguda é o grande escândalo dessa civilização globalizada e ameaça seus ganhos prometidos de paz, estabilidade e prosperidade".[10] Pogge afirma que a metade pobre da humanidade consome menos de 2% do produto global. Estatisticamente, estamos no mundo em que os pobres vivem com um dólar por dia, afirmação difícil de entender porque depende muito de condições e de moedas, mas nada encontra muita base nesse traço básico da retórica da perfeição. Ninguém duvida de que há milhões de pessoas vivendo em condições terríveis, condenadas a beber água suja e a comer comida inadequada em quantidades pequenas, vivendo no limite da sobrevivência, podendo ser mortas por um conflito militar, por uma colheita ruim ou pelo capricho governamental. Quanto aos fatos do processo, certamente não há dúvida.

O argumento moral a favor dos deveres que devemos aos pobres é analisado por Pogge nos termos do dever negativo de evitar o mal e do dever positivo de criar ao menos alguns elementos de adequação

---

[9] Rebecca Kreide, "Poverty as a Violation of Social Autonomy". In: Thomas Pogge (ed.), *Freedom from Poverty as a Human Right: Who Owes What to the Very Poor*. Oxford University Press, 2007, p. 156.

[10] Pogge, op. cit., "Introduction".

material para substituir as condições empobrecidas dos cronicamente pobres. O dever negativo basta para que ele sugira que as causas dessa pobreza residem nas consequências previsíveis de arranjos econômicos que foram estruturados pelo encaixe de arranjos institucionais nacionais e internacionais feitos pelos Estados ocidentais. Assim, torna-se nosso dever modificar esses arranjos, para que "todos tenham oportunidades reais de fugir da extrema pobreza e evitá-la".

Pogge tem pouca paciência com o argumento de que a pobreza é um resultado de causas locais. Esse argumento é plausível porque muitos Estados do Terceiro Mundo efetivamente aprenderam a gerar riqueza. Como o Japão, a Tailândia, Taiwan e outras áreas não ocidentais evitaram condenar-se a esse "encaixe de arranjos institucionais nacionais e internacionais"? Os cientistas sociais, ele nos diz,[11] sentem-se "emocionalmente mais confortáveis" rastreando a pobreza mundial persistente a "causas nacionais e locais" do que a "arranjos institucionais globais". Esse tipo de observação não passa de uma trapaça *ad hominem*, e não precisa ser levada a sério.

Marc Fleurbaey, um dos autores que contribuíram para o livro de Pogge, também julga que a responsabilidade pela pobreza global está com os Estados ocidentais, porque ele acha que a pobreza resulta da opressão. A limitação econômica e a violência física reduzem a liberdade real, afirma ele, tomando como "liberdade real" uma situação de igualdade de recursos entre aqueles que entram numa transação – uma situação tão incomum no mundo que promoveria praticamente nenhuma transação. As pessoas trocam exatamente porque têm recursos desiguais. É assim que, por exemplo, o trabalho vira dinheiro. A conclusão que Fleurbaey tira é que o comércio desigual representa uma forma de coerção semelhante à violência física. A pobreza, assim como a agressão física, viola a integridade da pessoa. Aqui temos uma explosão de analogias projetadas para reduzir

---

[11] Ibidem, p. 33.

todas as complexidades das relações econômicas a versões do mesmo conceito-chave: opressão.

Parece um forte argumento moral em termos de direitos e tenta vários autores da área a sugerir alguma espécie de sistema de dividendos globais tirados dos países ricos e dados aos pobres. Esse imposto global (diz o argumento) é um começo de enfrentamento da pobreza global. A tese é de que os pobres o são porque não têm dinheiro: conclusão realmente irresistível. Porém, não é menos irresistível o juízo de que qualquer vasta soma de dinheiro que venha a ser acumulada para esse propósito seria um ímã para os corruptos, para os gananciosos, para os burocratas em formação e para muitos outros indesejáveis. Vastas somas de dinheiro para bons propósitos têm uma capacidade peculiar de produzir benefícios muito decepcionantes, e essa foi precisamente a história de muita ajuda ocidental ao mundo subdesenvolvido.

Também não precisamos levar a sério demais a ideia de que a pobreza resulta da maneira como funciona a economia internacional, e não da cultura envolvida. Mal chegaria a surpreender se algumas culturas fossem muito mais eficientes na geração de riqueza do que outras. As diferenças culturais têm a ver com probidade moral, corrupção, ética de trabalho e considerações similares. Sem dúvida, algumas culturas têm menos sucesso que outras. Os africanos parecem achar difícil organizar-se em Estados em que a riqueza vai para aqueles que trabalham, e não para aqueles munidos de armas ou de licenças. O mundo islâmico é outra arena dessa pobreza global; assim como os africanos, os muçulmanos querem muito migrar para pastos ocidentais mais ricos. Os povos indígenas no Pacífico e em partes da América Latina também se destacam por depender do dinheiro provido por outros. Por algum motivo, os mexicanos aparentemente nunca gerem sua economia bem o bastante para desencorajar milhares dos seus a tentar o desesperado expediente de atravessar a fronteira para os Estados Unidos.

A ideia de que a pobreza aguda é causada por arranjos estruturais convenientes para os Estados ocidentais, mas desastrosos para os outros é claramente refutada pelo sucesso dos Estados asiáticos. O caso positivo de que o governo ruim é um caso sério de pobreza pode ser ilustrado atualmente pelo caso do Zimbábue, onde a fome é resultado direto da insanidade dos governantes e de jeito nenhum de condições estruturais de qualquer espécie.

Existem ainda evidências opostas do mesmo princípio: os chineses, que apresentam todos os talentos e toda a vontade de enriquecer, só tiveram sucesso durante longos períodos do século XX quando eram governados pelos britânicos em Hong Kong e em Singapura, mas não na China. A loucura do maoísmo foi um estímulo maravilhoso para a pobreza. Essas considerações elementares bastam para que nos livremos da visão simplista de que a pobreza aguda é uma violação de um direito humano e, ainda mais, uma violação cujos responsáveis somos nós no Ocidente. A pobreza global é certamente terrível, e seria bom aliviá-la, mas fazer de seu alívio um direito não passa de uma forma de megalomania entre teóricos normativos.

É fácil admitir que temos um dever para com indivíduos que estejam sofrendo; que temos um dever para com povos inteiros que sofrem também é bastante plausível. Porém, aqui outra vez enfrentamos o problema de moralidade *versus* interesse nacional. Para começar, qualquer responsabilidade ocidental por alimentar o mundo esbarra na dificuldade de que abraçamos um compromisso aberto de lidar com um problema em grande medida fora do nosso controle. Um motivo para a pobreza no Terceiro Mundo é que as populações com fome ficam maiores a cada geração. Muita ajuda já é enviada para países empobrecidos, mas eles se multiplicam mais rápido do que conseguimos lidar com suas necessidades. Algumas culturas europeias em tempos pregressos costumavam adaptar-se a pressões maltusianas cambiantes ajustando a idade média do casamento: em tempos bons, as pessoas se casavam mais cedo; em tempos ruins, mais tarde. Os países do Terceiro Mundo beneficiam-se de vantagens médicas que reduziram a mortalidade infantil, mas não dispõem de mecanismos culturais para lidar eles próprios com esses problemas de maneira responsável.

As dificuldades ocidentais em responder sabiamente aos problemas da ignorância, da pobreza e da guerra assumem um tom ainda mais sombrio quando contemplamos um mundo futuro em que (por mais improvável que pareça) esses problemas teriam sido resolvidos. Podemos perfeitamente visualizar um futuro em que Estados empobrecidos se tornam prósperos, e, portanto, atores ativos do mundo já complicado e cheio de conflitos da política internacional. O Ocidente está encolhendo demograficamente, e há populações crescendo enormemente na África, na Ásia e na América do Sul. Assim nos encontraríamos num mundo internacional no qual seríamos pequenos e fracos, e, provavelmente, continuaríamos mais ricos que esses países.

Nem chega a ser necessária uma bola de cristal para prever que essas nações em toda probabilidade seriam altamente agressivas em suas reivindicações e exigências a nós. O que quer que tenhamos feito por elas no passado não geraria uma fonte permanente de gratidão, nem mesmo de consideração. As relações internacionais não têm espaço para a gratidão que se poderia esperar no mundo dos indivíduos. Os britânicos aboliram a escravidão, mas esse ato notavelmente virtuoso não moderou as muitas afirmações e os sentimentos apresentados por aqueles que descendem dos escravos.

3. OPRESSÕES E LIBERAÇÕES

O instinto do perfeccionismo consiste em pensar que todos os males fazem parte de um sistema interconectado, de modo que não pode haver solução verdadeira para nenhuma imperfeição particular sem o aperfeiçoamento de tudo o mais também. Esse é o pressuposto associado ao linguajar de "causas raízes". A ignorância, a guerra e a pobreza são todas plausivelmente entendidas como se estivessem interconectadas – "plausivelmente" pela razão retórica de que as conexões causais podem ser cada uma descrita novamente nos termos das outras. Não precisamos duvidar, porém, de que existem imperfeições separadas que se alimentam umas das outras. Uma parte do fundamentalismo radical afirma que, em última análise (como costumavam dizer os marxistas), a ignorância é a raiz de todas elas. A solução, portanto, é a "educação", mas, como aqui estamos num escorregadio mundo retórico, trata-se da educação num sentido idiossincrático. A educação, é claro, não significa educação. Significa a disseminação de formações profissionalizantes combinadas com a apreciação de doutrinas progressistas e de esquerda, especialmente declarações de direitos. A formação profissionalizante ajuda quanto à pobreza, e o esquerdismo ajudará a dissipar os preconceitos que promovem a divisão humana e, portanto, também a guerra e a pobreza. A causa definitiva desses males está em formas de subordinação que precisam ser desmascaradas como opressão. O programa de mudança é, portanto, um programa de liberação. Olhemos um pouco mais de perto essas ideias.

"Opressão" é um bom exemplo de termo situacional que foi absolutizado na retórica política. Quase toda relação na vida humana – marido e esposa, empregador e funcionário, senhor e escravo, governante e governado – foi julgada opressora por algum crítico, mas faz muita diferença se os oprimidos são escravos, servos, esposas, funcionários, filhos ou súditos. O caráter e a disposição particulares do suposto opressor também fazem uma diferença real na experiência. No pensamento perfeccionista, as imensas variações da vida real são borradas em favor de uma poderosa imagem abstrata dos sofredores. A opressão é, portanto, um mito, no sentido estrito de uma história ou de uma ideia, que abrange uma vasta gama de situações variantes, mas que opera como metáfora que pode reconfigurar áreas inteiras da experiência humana. Como vimos, muitos grupos em sociedades ocidentais são eles mesmos descritos como oprimidos porque foram "excluídos". Segundo vários critérios, os excluídos (de algum benefício ou segundo algum critério) podem (nas estatísticas britânicas) ser praticamente a população inteira. Um mundo aperfeiçoado só pode ser um mundo no qual as opressões (incluindo as exclusões) foram abolidas, e o instrumento básico para começar esse processo será encontrado nas declarações de direitos.

Os direitos facilitam as lutas dos oprimidos e também levantam a questão: quem será o agente da mudança? Porque, se a liberação teoricamente só pode resultar das lutas dos próprios oprimidos, não pode estar completa até que seja institucionalmente registrada e reconhecida. E, certamente nas sociedades ocidentais, a liberação só pode vir da promulgação jurídica de alguma instituição que dispõe de recursos legislativos, administrativos e financeiros adequados. No primeiro caso, a liberação só pode acontecer quando é reconhecida tanto pela lei quanto pelas atitudes dos membros da sociedade. Os Estados são instâncias mais ou menos benignas de agência liberatória porque, em termos político-morais, são considerados relativamente livres da pior das motivações – o lucro. Além disso, muitos Estados assinaram declarações de direitos e estão, portanto, comprometidos com sua implementação.

Na imemorial luta político-moral contra os preconceitos das culturas herdadas (como nos diz a lenda), os Estados estão do lado certo, podendo ser empurrados para a direção correta por instituições internacionais. O projeto político-moral, portanto, envolve uma direção central; ele é estatista até a medula. Os perfeccionistas, porém, têm padrões elevados e reconhecem que, se os Estados são indispensáveis para certos aspectos da liberação, não são de jeito algum ideais. Eles podem de fato estar livres da motivação do lucro, mas permanecem atados às parcialidades do interesse nacional, as quais podem colidir com os direitos. Não são realmente os parceiros ideais do movimento político-moral.

Felizmente, outras possibilidades podem ser encontradas. Uma nova agência coletiva de liberação emergiu na forma do chamado "Terceiro Setor" nos Estados europeus. O Terceiro Setor consiste nas organizações não governamentais explicitamente dedicadas a boas causas, e de jeito nenhum guiadas por interesses, mas pelas ideias de justiça e alívio de necessidades. Em todas as sociedades ocidentais, as ONGs floresceram, dispondo de vastos recursos em dinheiro, parte dos quais vêm dos próprios governos. Elas constituem um grupo de pressão permanente dedicado a causas político--morais. As economias são suspeitas, sendo movidas por lucro e ganância, e os Estados, pelos interesses de seus povos. No mundo de corpos voluntários preocupados, porém, o perfeccionismo encontra um agente muito mais próximo de seus próprios ideais. Esses são os corpos que geralmente respondem a qualquer donativo ou proposta governamental relacionado (por exemplo) ao comedimento quanto ao ambiente com o grito: "Não basta! Mais! Mais!". Eles são simplesmente perfeitos, e os perfeccionistas querem entrincheirá-los em órgãos mundiais como uma voz reconhecida em questões mundiais.

Certas ONGs já se estabeleceram no terreno superior de uma lucrativa internacionalidade. Elas podem ser ramificações da ONU, ou da União Europeia, ou da OCDE, ou de algum corpo similar. E, também, têm uma ala judicial nos tribunais internacionais, e o que as distingue é que suas deliberações estão livres não apenas da motivação do lucro, mas também das mudanças cambiantes da opinião democrática. Na internacionalidade, está se desenvolvendo o maquinário com o qual a transformação ideal do mundo pode avançar, o que já representa um foco de lealdade para muitas pessoas nos Estados europeus, um foco muito mais vívido do que a lealdade aos Estados democráticos a que efetivamente pertencem.

A transferência de lealdade dos Estados nacionais no ocidente para organizações internacionais é um elemento de ódio de si que é um traço notável do sentimento contemporâneo. Com frequência, assume a forma de uma hostilidade explícita ao patriotismo, que seria uma fonte de conflitos armados. A lealdade nacional é uma emoção poderosa, comumente baseada numa montagem de imagens particulares, cenas da literatura, fragmentos anedóticos da história, memórias pessoais e um senso discursivo de pertencer a "nós", e não a "eles". "Eles", às vezes, são interpretados como maus ou hostis, mas esse elemento do sentimento nacional é, com frequência, altamente variável, profundamente ambivalente, e talvez nem exista. Junto a esses vibrantes particularismos, normalmente se encontrará algum elemento universal em que a pátria representa a liberdade, Deus, a cultura ou alguma outra entidade ideal. A paixão político-moral pelo internacionalismo descarta todas essas particularidades como se fossem não apenas contingentes, mas com frequência perigosas, pois são essas as paixões que possibilitam mobilizar um povo para a guerra. O intelectual internacionalista busca transcender esses afetos locais com que, em grande parte nascemos, e só reconhece a autoridade do que quer que possa parecer autorizado por órgãos internacionais e seja lá o que estiver declarado em algum conjunto de direitos, como se a responsabilidade global criasse uma forma superior de racionalidade.

Aqui, então, temos o maquinário geral do perfeccionismo político-moral, cujo objetivo é liberar as pessoas – da ignorância, da pobreza, do conflito e, aliás, de todas as formas de opressão.

A liberação soa como uma coisa excelente para se vivenciar, e hoje temos ao menos a experiência parcial do que ela efetivamente envolve. Tomemos por exemplo o caso das crianças que gozaram de muita liberação em gerações recentes. Elas gozam de direitos específicos, e, em certos países, de um comissário com um órgão cujo programa consiste em implementar esses direitos. E as atitudes contemporâneas, a tecnologia moderna e as pressões de mercado tiveram efeitos vastos e complicados em suas vidas. Por isso, é difícil desemaranhar completamente os efeitos da liberação nas crianças das muitas outras mudanças em suas circunstâncias.

Difícil, mas talvez não impossível, porque foi a introdução de direitos que criou uma situação bastante nova. Ao terem direitos, as crianças são em certo grau distanciadas do cuidado da mãe e do pai, dos professores, da polícia e de quaisquer outros encarregados da responsabilidade por seu bem-estar. Quando a Convenção dos Direitos da Criança obriga os Estados a "proteger a criança de todas as formas de violência física ou mental, de danos e de abusos", ela está declarando algo que ninguém desejaria contestar, mas que todos gostariam de esclarecer. Será um tapa parental "violência física", e o que constitui violência mental? Quando, como exigido, os governos legislam para esclarecer essas aspirações, os juízes e os inspetores não costumam estar muito atrás?[12] A criança está sendo levada do âmbito familiar, de amor, para o arcabouço jurídico da justiça. Assim como em todas as codificações, isso sem dúvida poupa algumas crianças de injustiças, mas também invade a coerência da unidade familiar. Alguns entusiastas da perfeição querem que a legislação aplique um tapa didático nas pernas como caso de violência e abuso punível. O poder discricionário foi tirado dos pais e confiado a instituições remotas e abstratas. Nisso, temos apenas um exemplo dessa propensão, central para nosso argumento, que leva os legisladores a tratar aqueles que governam como possíveis incompetentes malévolos – e, ao tratá-los assim, empurrá-los cada vez mais exatamente para essa realidade.

O mesmo tratamento é dado a professores de escola, cujo uso da vara foi por muito tempo um importante plano de fundo do respeito que se tinha por eles. Desprovidos da confiança para exercer a autoridade com discrição, os professores encontram-se diante de uma turma de pseudoespecialistas que habitam um mundo simplificado de permissões e proibições, ansiosos para insistir em seus direitos. Grande parte da educação dos menos disciplinados se tornou, por conseguinte, um

---

[12] Convenção das Nações Unidas sobre os Direitos da Criança (1989). Ver *Blackstone's International Human Rights Documents*, P. R. Ghandhi (ed.), 4. ed. Oxford University Press, 2004, p. 131 ff.

exercício fútil de cuidado com crianças. As disciplinas que costumavam civilizar as crianças – parentais, acadêmicas, vocacionais, etc. – tornaram-se, em muitos casos, ilegais, com efeitos negativos na capacidade das crianças de aplicar a mente e controlar o comportamento. Em certas áreas, os vizinhos reclamam que as crianças ficaram "bestiais".

Essa situação oferece os materiais com que podemos desenvolver um pouco mais nossa exploração do nexo entre opressão e liberação, cuja lógica básica agita a versão político-moral do perfeccionismo. Ao fazê-lo, podemos recorrer à antiga distinção romana entre *auctoritas* e *potestas*. *Auctoritas* era o guiamento dado pelos anciãos experientes, e representava a virtude preeminente do senado na Roma republicana. Era o conselho que só um tolo ignoraria, mas não era a ordem. Os magistrados não precisavam fazer o que recomendava o senado, mas geralmente faziam. Contudo, os magistrados tinham o poder de aplicar decisões. Agora, o papel de pais e de professores (e muitas vezes, antigamente, dos policiais) era geralmente um exercício de um tipo de autoridade entendido nesse sentido romano. Era, pode-se dizer, "tutorial",[13] uma relação civilizada constituída por discrição por parte do tutor e confiança na criança. Certamente, é verdade que alguns pais, e alguns professores, careceram dessa discrição – e também é verdade que esses casos são um material excelente para denúncias dickensianas do abuso brutal do poder, mas, falando de maneira mais geral, podemos dizer que o fato mesmo de receber confiança por si *constituía* em certo grau a discrição necessária. É nessa relação sutil e complexa que os críticos estão pensando quando muitos dos nossos contemporâneos lamentam o declínio da confiança na autoridade[14]

---

[13] Explorei esse tema desde outro ponto de vista em "Conservatism and the Morality of Impulse", The New Criterion, jan. 2008.

[14] Essa ideia de autoridade precisa ser distinguida daquela de filósofos políticos, como Hobbes, para quem a autoridade (ou legitimidade) de um Estado supostamente dependia do ato de súditos auto-obrigados. Ver *Leviatã*, especialmente os caps. 13 e 14.

hoje, pois ela por muito tempo foi central para a maneira como viveram os europeus modernos. Destruir esse nexo de confiança, tratar a autoridade como se não fosse diferente da opressão, é diminuir um dos grandes recursos da vida ocidental, deixando-nos desprotegidos contra um mundo mais brutal em que o Estado afirma nos salvar das opressões da autoridade social.

A desconfiança na autoridade nesses e em muitos outros casos responde a impulsos profundos do movimento político-moral. Um desses impulsos é a aversão ao uso de dor e medo no guiamento da conduta humana, o que é efetivamente a rejeição político-moral da punição em prol de terapia e reabilitação. Outra vez, sua forma ideal de disputa e resolução é por meio da conversa ou da negociação. A chave para entender o que está acontecendo consiste em reconhecer que a autoridade se parece com a conduta moral por ser uma dessas áreas *soft* das nossas vidas difíceis de proteger contra promessas de que uma conduta mais "aceitável" pode ser *garantida* desde que as pessoas transfiram sua discrição para um Estado regulatório. Nesse sentido, a destruição da autoridade é necessária para a extensão do poder estatal. Trata-se, em outras palavras, de facilitar a disseminação do servilismo.

Nem tudo disso se segue, como notamos, apenas do processo de liberação. Hoje, as crianças passam muitíssimo mais tempo sentadas à frente de uma TV ou de uma tela de computador, e suas vidas inativas estão entre as razões pelas quais muitas são gordas demais. As famílias em que os dois pais trabalham, às vezes por culpa são complacentes com as crianças de um modo diferente de como seus próprios pais haviam sido em sua infância. Um resultado é que as crianças se tornam, numa idade muito mais jovem, menos dependentes dos pais, acabando por se tornar mais dependentes do "grupo de pares". E a dependência do grupo de pares é uma relação servil, ao passo que a dependência dos pais não o é. Os grupos de pares, por sua vez, tornaram-se cada vez mais sofisticados. Numa idade cada vez mais jovem, as crianças começam a entender a mecânica do mundo adulto sem entender sua essência. Excessivamente confiantes na própria maturidade, elas se distanciam do *ethos* familiar e são absorvidas pela limitada inteligência coletiva de seus colegas da mesma idade. É bastante provável que os pares compartilhem, simpatizem e, de fato, determinem o que os jovens pensam e sentem. O cuidado parental é sobrepujado pela criança sabe-tudo.

O resultado equivale a uma destruição da infância. A liberação político-moral das crianças envolve a perda de suas sensibilidades pouco visíveis que, por muito tempo, constituíram o modo como vivemos. A primeira é a confiança na autoridade, processo em que as crianças aprendiam os elementos de cuidado e de prudência. A segunda foi uma infância que durava pelo menos até mais ou menos os quinze anos. Esse longo período de dependência do guiamento parental dava às crianças uma cultura reflexiva e uma distinta visão individual do mundo, extensivamente colorida (para melhor ou para pior, mas com frequência para o melhor) pelo *ethos* imensamente variável de cada família. Ao substituir esse envolvimento familiar pela autonomia frágil e irreal exibida por uma nova ordem de "adultinhos" tagarelas que dominaram o falar adulto sem entender nem os prazeres nem os problemas da vida adulta, nós pactuamos com uma "superficialização" maciça da nossa civilização.

4. A FORMA DE ASSOCIAÇÃO POLÍTICO-MORAL

Qual a natureza do povo que foi liberado das supostas opressões – algumas reais e algumas imaginadas – de tempos pregressos? Como seria uma sociedade político-moral caso viesse a existir? Nesse ponto, precisamos mergulhar na polêmica a respeito da relação entre indivíduos (presumidos como unidades distintas) e o sistema social que, teoricamente, os forma. E o exercício nos oferecerá um contraste notável.

A fim de ressaltar esse contraste, precisamos começar por uma crença-padrão a respeito das sociedades capitalistas ou comerciais. Julga-se que elas sejam guiadas pelo princípio de interesse próprio, preocupadas com uma satisfação de necessidades "que só termina na morte", na claríssima formulação de Hobbes. Com frequência, o consumismo e uma preocupação mercenária com dinheiro e status são acrescentados a essa dura acusação. Nesse mundo, os ricos oprimem os pobres, mas se considera que cada indivíduo se dedica a nada mais elevado do que obter uma vantagem em relação ao próximo.

Essas pessoas são imaginadas como átomos sociais, alienadas umas das outras. A burguesia, como dito no *Manifesto Comunista*, "desfez impiedosamente o emaranhado de laços feudais que atavam o homem a seus 'superiores naturais', e não deixou entre homem e homem nexo nenhum além do interesse nu, do duro 'pagamento em espécie'".[15] Essa visão, tirando algo da retórica melodramática, reaparece em grande parte da filosofia política normativa moderna, em que regras comunitárias são apresentadas como um avanço em relação ao interesse e aos conflitos em torno de status. Uma visão sentimental da vida feudal é contrastada com as ansiedades da luta cotidiana para pagar as contas. Que essa visão corresponde a alguma realidade deve ser admitido, imagino, simplesmente porque muitas pessoas acreditam nela.

Essa é a acusação. Vai pegar? De imediato, é preciso citar duas coisas que invalidam essa caricatura do capitalista essencial. A primeira é que muitos desses vícios – ganância, arrogância, competição por status, e tudo o mais – podem ser encontrados na conduta de muitas pessoas em todas as sociedades. A ideia de que a condição

---

[15] *Karl Marx and Friedrich Engels: Collected Works*. Londres, Lawrence & Wishart, 1976, p. 486-87.

social do capitalismo os afeta é plausível somente para aqueles tão ignorantes da história quanto inocentes em relação à antropologia.

A segunda refutação é que essa caricatura se equivoca quanto ao interesse por identificá-lo com o vício do egoísmo, erro que apenas faz de nós vítimas adequadas para um sermão sobre a virtude do altruísmo. O interesse próprio é, na esfera individual, o análogo da soberania na esfera política. Trata-se da capacidade de fazer um juízo racional sobre as condições da própria felicidade futura, incorporando, portanto, inevitavelmente uma preocupação com a felicidade daqueles cujas vidas serão afetadas por qualquer curso de ação que venhamos a tomar. O interesse próprio precisa levar a sério os interesses dos outros, porque esses outros afetam em certo grau o agente não menos do que ele os afeta. O espírito com que esse cálculo é feito sem dúvida varia de pessoa para pessoa, em alguns casos sendo generoso ou benevolente, em outros calculista e mesquinho. Caso se amplie o foco de pensamento para além desse simples fato da experiência, ter-se-ia de reconhecer que as sociedades ocidentais modernas são marcadas não apenas por preocupações interessadas, mas também por esforços maciços de caridade e cultura. Precisaríamos ser extremamente infelizes para não vivenciar uma grande dose de altruísmo e apoio. Não creio que nossas vidas correspondam à imagem dos seres humanos como átomos alienados cheios de antipatia mútua. A acusação é claramente inválida. Claro que essa é a razão por que milhões de pessoas de Estados supostamente repletos de valores comunitários tradicionais querem tanto adentrar nosso vil nexo de dinheiro no qual todos os laços foram tão impiedosamente desfeitos.

Como veremos, essa imagem de uma sociedade capitalista como algo composto de átomos alienados é falsa, mas, por motivos que depois discutiremos, é interessante. Em sua forma ideológica, porém, trata-se apenas de mais uma versão de o quanto somos miseráveis e oprimidos, e a função dessas versões é nos mobilizar para que nos submetamos a algum entusiasmo perfeccionista. Trata-se de uma caricatura do mundo; validade deve ser julgada por seu principal fruto – o totalitarismo. Precisamos, porém, tirar do caminho esse grande melodrama[16] a fim de nos perguntarmos qual a verdadeira natureza dos individualistas modernos, que estão envolvidos, como os descrevi, numa prática da vida moral. Como eles são, de fato?

A imagem, é claro, é misturada e está em constante mutação, mas longe de serem átomos sociais indefesos, muitos dos nossos contemporâneos são na maior parte do tempo entidades sociais e morais complexas, em geral intimamente associadas tanto com as famílias das quais vieram quanto com as famílias que eles próprios criaram. Todo ser humano são e funcional numa sociedade moderna é o centro de uma rede de relações de simpatia e de antipatia. Essas pessoas têm laços com amigos e com colegas, com empregadores, com igrejas, e com clubes, e com frequência têm causas, políticas ou caritativas, às quais dedicam muito tempo. Muitas delas voluntariam-se para fazer sacrifícios em prol de esforços que lhes são caros. Em termos formais, e para alguns fins – como a teoria do contrato social ou as eleições –, elas podem ser imaginadas com vontades únicas, mas cada indivíduo em nossos Estados europeus modernos é substancialmente um microcosmo de boa parte da sociedade. Descrever essa condição segundo a relação única de um "nexo de dinheiro" é evidentemente absurda. A realidade é dramaticamente distinta: longe de serem átomos isolados, esses indivíduos mal podem distinguir-se dos compromissos e dos afetos dos quais se compõem. É por isso que até aqui eles se revelaram como um conjunto de pessoas com uma capacidade notável de criatividade social e de auto-organização.

---

[16] O grande melodrama sobrevive, claro, e sua versão atual encontra seu grande exemplo no filme *Wall Street*: "a ganância é boa". E, às vezes, no linguajar político-moral, diz-se que a "ganância" é a motivação das empresas industriais. A ganância, claramente, é um vício, e assim temos a notável opinião de que nossa economia inteira baseia-se num único vício. Mandeville, satiricamente, ao menos achava que ela se fundamentava num bom número deles.

Consideremos a rapidez com que os europeus respondem a crises imprevistas, e sua notável capacidade de entender muito rapidamente em tempos de pânico quais deveres eles podem cumprir de maneira útil e quais impulsos devem controlar para que a crise seja superada. É em parte como resultado desse conjunto de virtudes que, ao menos até tempos recentes, fomos relativamente livres da corrupção, particularmente nos níveis inferiores. O que digo, então, é que essas críticas ao caráter interessado dos europeus modernos são precisamente o oposto da verdade. "O puro interesse" é frequentemente encontrado em sociedades tradicionais; ele pode ser encontrado por toda parte, é verdade, mas na Europa foi em certa medida domesticado por nosso notável repertório de "moralidades".

O individualismo está, portanto, na raiz da instituição ocidental da sociedade civil, e é significativo em máximo grau que a ambição primária de todos os movimentos ideológicos fosse destruir essa arena de autocriação autônoma, a fim de centralizar todo empreendedorismo nas mãos de um Estado senhorial. Somente desse jeito seria possível verdadeiramente imaginar a perfeição social. O homem no Kremlin, em Wilhelmstrasse, em Whitehall e na Casa Branca sempre foi aquele que realmente sabia o que fazer. Com o colapso da União Soviética, foi amplamente reconhecido que a única coisa que o despotismo tinha ferido de modo letal fora a sociedade civil autônoma criada pelo individualismo. Ninguém duvidava de que reconstituí-la não seria fácil. De fato, esse problema foi ficando cada vez maior para o mundo ocidental como um todo, porque a sociedade civil por toda parte foi erodida por governos que subsidiam empresas e tentam carregá-las para algo ardilosamente chamado de "parcerias". As empresas forneceram o efeito *crowding out* da burocracia. Esses desenvolvimentos levam os indivíduos a tornarem-se dependentes do Estado. Dizer isso é apenas reformular, de maneira familiar, meu argumento central. O objetivo, então, é que a ideia de que os individualistas modernos são meros competidores iguais a ratos que tentam matar-se uns aos outros é precisamente o oposto da verdade.

Afirmei, portanto, que a teoria do capitalismo socialmente atomizante é falsa e que ela funciona retoricamente como meio de convencer gente simples a abraçar alguma aventura perfeccionista. Nos últimos três parágrafos, repeti minha versão do mundo moderno individualista, visto que isso ressalta o modo como o político-moral tentou solapar a vida moral com os dispositivos simples da redescrição pejorativa. Desse modo, podemos começar a observar a curiosa "transvaloração dos valores" que marca a ascensão do político-moral.

O que dizer, por exemplo, do envolvimento familiar, dos "ganchos" de responsabilidade que tantos de nós sentimos pelos nossos entes queridos mais próximos? A resposta é que eles são parcialidades deploráveis que podem levar alguns de nós a nos tornarmos "paizões insistentes" que tentam mandar os filhos para escolas melhores para poder dar-lhes uma "vantagem social" (segundo dizem) importante na vida. Isso é ruim porque, especialmente se nossos filhos gostam muito de ler, temos um dever político-moral de mandá-los para a escola local, para que eles espalhem seu "capital social" entre as crianças menos dotadas ou talvez apenas menos afortunadas. Nosso dever consiste em sermos voluntários felizes que apoiam o programa estatal de elevar os padrões entre os pobres e os imigrantes.

Outra vez, algumas pessoas têm uma disposição deplorável de restringir seus gastos no fim da vida, para que consigam deixar alguns recursos para os filhos ao morrer. Não é nem um pouco nova a opinião de que os filhos precisam ser colocados na rua para construir a própria vida. Hoje, porém, uma nova versão desse juízo tornou-se corrente: não devemos deixar dinheiro para os filhos porque é nosso dever usá-lo para o aprimoramento da humanidade. Pensa-se que a capacidade de dispor de recursos privados desiguais que possam colocá-los numa posição desigual é, em si, antissocial.

Consideremos outra estranha implicação do político-moral, afirmada por organizações de defesa da igualdade multicultural. Ao gozar de nossa liberdade, nos empenhamos nos compromissos e responsabilidades que desenvolvemos ao passar pela vida, mas e se nosso nexo de amizades tem a composição étnica errada? Nossos amigos podem todos ser brancos, ou negros, ou pertencer à mesma religião. Nesse caso, nossa conduta cai na categoria do preconceito, e precisa ser diversificada. Outra vez, muitos de nós apoiam causas políticas, mas algumas causas são postas de lado por serem "extremistas", ficando assim automaticamente de fora da gama daquilo que nos qualificaria, em termos político-morais, como seres humanos decentes. E como nós mesmos vivemos? Nossas vidas muitas vezes nada saudáveis podem perfeitamente dedicar-se a nada mais altruísta do que cultivar nossos entusiasmos, aprender novas habilidades ou hobbies, como desenhar, cantar em coral e explorar todos os notáveis recursos culturais desenvolvidos pelos europeus. Pior ainda, muitas atividades incluíram prazeres egoístas como férias no exterior fumar, beber e muitas outras coisas deploráveis. Talvez sejamos egoístas demais para não nos importarmos muito com os milhões de pessoas vulneráveis sofrendo no mundo.

Meus comentários talvez sejam considerados irônicos, mas não são. A questão é que a mera redescrição político-moral revela um fato imensamente sério e importante a respeito do político-moral: a saber, que a geração atual de seres humanos é um material amplamente inadequado para o projeto moral básico do nosso tempo, que é, naturalmente, criar um mundo melhor. E nossa inadequação para a tarefa está precisamente em nos entregarmos a todos esses preconceitos e parcialidades que representam expressões do fato de que somos livres. Descrevendo-os de um jeito, estamos falando da vitalidade de uma sociedade civil; descrevendo de outro, tratamos de uma população com tantos projetos pessoais, tão "autocentrada" em suas inclinações, que tem relativamente pouco interesse em lutar contra a ignorância, a pobreza e a guerra. Temos nossas próprias vidas para viver. Como poderíamos servir para o grandioso projeto de transformar o mundo?

Em termos político-morais, essa questão é muito séria, e a resposta está na expectativa de que desenvolvamos uma consciência mais adequada daquilo que é hoje exigido pela condição da humanidade. E não podemos começar a desenvolver a consciência correta sem nos distanciarmos daqueles preconceitos e parcialidades que constituem os indivíduos como (em jargão marxista) "seres sociais". E isso, como vimos, é precisamente o que o programa político-moral busca ao propor, como critério da virtude, a distinção entre egoísmo e altruísmo. Esse, porém, não é o altruísmo já conhecido. Ele deve ser especificamente distanciado de nossos afetos pessoais e dirigido a classes abstratas de necessidades. O altruísmo é como que "nacionalizado" para que possa ser dirigido moral e politicamente por uma opinião pública guiada para aspirações superiores. Podemos formular o argumento essencial em termos swiftianos: o mandamento político-moral é que devemos adorar a abstração "homem" distanciando-nos do efetivo envolvimento com homens e mulheres reais. Aqui está a fonte de mais um dos paradoxos e incoerências do grande projeto ideal de perfeição. Afirmamos que a versão das sociedades modernas como algo cheio de átomos separados pelo "nexo do dinheiro" é falsa. Porém, a nacionalização do altruísmo, com seu ataque às parcialidades de nossas próprias vidas, tende efetivamente a atomizar as sociedades modernas.

Afinal, o estranho resultado desse altruísmo racionalizado é erodir a individualidade sociável do passado e transformar homens e mulheres naquilo que hoje em dia é às vezes chamado de *singletons*.[17]

---

[17] Até onde sei, o termo vem de Helen Fielding, em *O Diário de Bridget Jones*. [A tradução brasileira do romance, publicada em 2004 pela editora Record, adaptou o termo nas várias vezes em que aparece, por isso optamos por mantê-lo em inglês. (N.T.)]

Trata-se de um termo útil, cujo sentido nuclear é uma pessoa que mora sozinha em vez de ser parte de alguma espécie de família ou de outro grupo. Porém, quero estender o termo para que abranja não apenas o número cada vez maior de pessoas que, por algum motivo, efetivamente moram sozinhas, mas também aquelas que podem efetivamente viver com outras, mas cujas vidas interiores tendem a ser distanciadas, e que basicamente concentram-se em projetos para ajudar estranhos. Sua lealdade básica é com causas superiores, e não com algo local. Sua condição pode ser descrita como uma espécie de isolamento, ou, contudo, como uma espécie de independência mental. Exatamente qual dessas descrições corresponde à realidade é uma questão muito importante. O *singleton* tende a emergir de três importantes elementos da vida ocidental contemporânea. Já discuti todos eles, mas vamos enumerá-los um a um.

Envolvimentos financeiros e familiares são menos cruciais quando o Estado pode sustentar indivíduos em momentos de necessidade. A provisão de bem-estar social não precisa ser generosa para ter uma influência na conduta nas margens e certamente altera os termos individuais da prudência quanto à contemplação do futuro. Para o individualista, a renda era tradicionalmente entendida como um recurso a ser gerido com prudência numa vida independente; grande parte dessa gestão hoje é feita pelo Estado, e a renda se aproxima do status de trocados. Seu objetivo é o prazer, entregar-se a impulsos. Pode perfeitamente parecer esquisito que benefícios estatais consigam desempenhar um papel em desenvolver um tipo de alienação por meio do qual os sujeitos distanciam-se uns dos outros. Em Estados totalitários, claro, o isolamento dos indivíduos era obtido por meio do terror: não era possível confiar em estranhos, que poderiam estar trabalhando para a polícia secreta. Com o bem-estar social, obtemos uma versão mais branda disso. O bem-estar social, ao encolher os riscos de necessidade que um indivíduo pode vir a enfrentar, diminui nosso envolvimento com os outros.

O segundo desenvolvimento isolante vem da tecnologia moderna. A televisão, o computador e o celular são exemplos notáveis do declínio de intimidades e de contatos sociais cara a cara. O papel da conveniência, que permite que a abstração dos impulsos seja satisfeita rápida e precisamente já foi discutida. Antigamente, a satisfação demandava uma cooperação considerável dos outros; hoje, o dinheiro disponibiliza para muitos satisfações imediatas outrora somente possíveis aos mais poderosos.

O terceiro elemento que contribui para a emergência do *singleton* é a influência um tanto difusa dos modos e das doutrinas morais associadas ao próprio político-moral. O ideal de igualdade tem como objetivo a substituição de todas as instâncias em que a situação determinava o tipo de etiqueta apropriada. Em nosso mundo anterior, a etiqueta exigia que nossos modos fossem diferentes ao nos relacionarmos com mulheres, com qualquer pessoa de autoridade, com os mais velhos, com professores, com colegas e com amigos. Esses encontros eram governados por convenções variantes de respeito porque concediam um status diferente a conjuntos diferentes de pessoas. Em tempos político-morais, porém, essas distinções de status pareciam revelar inferioridade/superioridade e, por consequência, um tipo de opressão. O ideal era trocá-las pela etiqueta-padrão igual. Qualquer pessoa que queira observar as consequências dessa evolução das boas maneiras pode apenas estudar a excitante corrida por assentos que acontece no transporte público lotado entre jovens e velhos, homens e mulheres, sem distinção. Elas também podem ser vistas na autoconfiança baseada em direitos encontrada em muitos jovens em sua relação com os adultos.[18]

O *singleton* começou, é claro, como categoria sociológica paródica que refletia o fato de que, em nossas sociedades, números cada vez

---

[18] Os jornais no começo do século XXI eram cheios de notícias sobre a ameaça de gangues adolescentes e dos perigos da intimidação por jovens "bestiais", especialmente em áreas de conjuntos habitacionais.

maiores de homens e mulheres vivem sozinhos, às vezes porque não se casaram, às vezes porque se divorciaram. Tornar-se um *singleton* pode ser um destino ou uma escolha. Para as mulheres que vivem sozinhas com os filhos porque o pai, ou os pais, não quis viver com elas, provavelmente é um destino, e sob muitos aspectos nada invejável. Porém, o típico *singleton* por escolha, especialmente na juventude, é com frequência alguém que está fugindo das grandes responsabilidades da responsabilidade familiar. Cada vez mais rapazes e moças levam vidas de *singletons* por períodos cada vez mais longos, e retardam a assumir compromissos para um estágio posterior da vida, isso quando o fazem. Como muitos nas escolas não conseguiram dominar o básico da autodisciplina, viver inteiramente segundo a própria conveniência significa que acabam sendo muito mais vítimas do impulso do que tinham sido até então.

Reunir essas considerações nos leva a adumbrar uma nova concepção do que é ser um ser humano em termos político-morais. Cada pessoa é de fato um indivíduo, no sentido etimológico de ser uma pessoa distinta de todas as outras. E, em termos sociais, cada qual é uma espécie de unidade com dois papéis evidentes. O primeiro deles é o de "unidade de trabalho", um funcionário potencial, em que traços distintivos como etnia ou gênero (os quais, para outros fins, são constitutivos de um papel social) devem ser tratados como insignificantes. Os indivíduos podem ser distintos apenas nos termos de sua capacidade de realizar alguns trabalhos em vez de outros, e às vezes nem assim.

Cada pessoa deveria ser entendida como aquilo que talvez possamos chamar de "unidade eudaimônica", cuja essência deve ser encontrar felicidade, e que será munida do devido conjunto de direitos para tanto. Esse aspecto do novo mundo é às vezes entendido pelos filósofos morais como as condições do "florescimento" humano. A felicidade das pessoas ao vivenciar esses papéis está se tornando cada vez mais uma área de atenção governamental, muitas vezes segundo medidas feitas por pesquisas de opinião.

O *singleton*, portanto, pode ser entendido como tipo ideal, como uma espécie de átomo social em que esses dois elementos, trabalho e felicidade, ou, de certo modo, a semana e o fim de semana, são fundidos num modo de vida. E essas unidades são átomos no sentido de que sua motivação na vida é, com frequência, evitar terem o que consideram sua liberdade comprometida por assumir compromissos significativos. Sendo humanos, claros, eles comumente falham, mas podemos enxergar seu desenvolvimento ideal como algo funcional para a causa perfeccionista de aprimorar a sociedade e o mundo, pois obviamente é improvável que criaturas modernas encerradas nos afetos locais de família, trabalho e sociedade, e um Estado historicamente determinado sejam instrumentos úteis de uma causa aperfeiçoadora. Os empenhos desses individualistas são de um tipo bem diferente.

5. CULTURA *VERSUS* IDEAIS DE TRANSFORMAÇÃO

Relativamente poucas pessoas se encaixariam muito bem nesse tipo ideal do *singleton*, mas, com as gerações sucessivas, em épocas recentes, o número de *singletons* cresceu, com consequências notáveis para nossa sociedade. Estou apontando uma tendência. A tendência resulta de muitas coisas, mas uma delas é o conflito entre aquilo que efetivamente somos e aquilo que teríamos de ser a fim de transformar a sociedade e o mundo.

Em outras palavras, o conflito coloca cultura contra abstração, nossos ideais contra aquilo que efetivamente somos. Consideremos, por exemplo, uma versão influente da liberação: a das mulheres da "tutela" de pais e maridos. O objetivo foi trazer as mulheres para a proteção muito mais abrangente do Estado, e o programa não poderia ter funcionado sem uma larga quantidade de legislação relacionada a emprego, promoções, equidade de retornos, assédio sexual, direitos e licenças-maternidade, violência doméstica, etc.

Muita propaganda de aprimoramento também foi necessária para convencer os homens a desempenhar seu papel nesse novo mundo de "democracia doméstica".

Podemos sugerir que a quantidade de regulamentação necessária para obter alguma liberação específica é uma medida do quanto ela se encaixa em nossos sentimentos. Quanto mais regulamentação é necessária, mais perversa é a ambição transformadora. A questão central no caso das mulheres era se a vida doméstica representava ou não uma forma de opressão, e a liberação proposta consistia em nada mais imaginativo do que exigir que as mulheres pudessem participar da economia nos mesmos termos que os homens. Na década de 1960, essa mudança já estava acontecendo, mas exigiu-se que a sociedade passasse pelo aperfeiçoamento necessário para conformar--se ao modelo abstrato de liberação em que não se faria distinção nenhuma entre homens e mulheres. Como unidades de trabalho, elas foram, por decreto legislativo, declaradas idênticas aos homens. Em certas áreas, isso era criar um mundo de fantasia. Numa vasta gama de capacidades, as mulheres não são menos inteligentes que os homens, mas são mais fracas, mais baixas e, em geral, menos agressivas, o que as torna boas em algumas coisas, mas não em outras. Como soldadas no campo de batalha, são absurdas, mas não são muito melhores como policiais nas ruas. A maioria delas tem pouca vontade de praticar essas profissões improváveis.

O que nos diria esse exemplo a respeito da emergência do *singleton*? Ele só pode ser visto como um projeto para transformar as mulheres, e, portanto, também os homens, em unidades basicamente idênticas e intercambiáveis de produção, que os empregadores (dentro de certos limites) devem valorizar exatamente da mesma maneira. Em certas áreas, as mulheres eram muito melhores que os homens; em outras, bem piores. O teste da realidade em relações comerciais é uma função de preferências do empregador e de preço de trabalho. O programa radical da "igualdade de gênero", imposto pelo Estado à economia, exigiu que os empregadores fossem incessantemente coagidos até encaixar-se no ideal. Há, porém, um sentido importante em que a cultura é realidade, e o ideal é fantasia.

A liberação das mulheres pode ser apresentada dogmaticamente apenas como justiça elementar, ponto no qual a discussão precisaria parar. Porém, a visão mais plausível tinha de ser que ela foi uma resposta àquilo que todas as mulheres queriam, ou a maioria delas, e àquilo que os homens também desejariam se pudessem ser libertados da falsa consciência do patriarcado, de seus delírios de poder opressivo. Muitas mulheres, porém, não queriam "sair para trabalhar". Preferiam cuidar da casa. Porém, à medida que a oferta de mulheres ansiosas por ter empregos aumentou, o valor do trabalho diminuiu, e muitas mulheres foram forçadas a ter empregos para que a família pudesse pagar as contas. Outra consequência imprevista foi que os descontentamentos das mulheres então foram substituídos por um problema com os homens. Alguns garotos rejeitaram a escola por ser "feminina" porque as instituições educativas começaram a preferir um trabalho constante e confiável a um grande desempenho em exames no fim do ano, porque o primeiro sistema era aparentemente mais adequado a meninas do que a meninos. Certos rapazes adotaram um machismo agressivo porque não tinham mais o respeito de uma boa mulher. Assim nos encontramos num mundo radicalizado em que a distribuição de tristeza e de felicidade mudou muito, mas provavelmente não as quantidades relativas de cada uma delas. Seria difícil julgar se isso foi um progresso ou não. Certamente, parecia verdadeiro, porém, que os descontentamentos de hoje não poderiam ser resolvidos por um retorno aos descontentamentos de ontem. Toda vez que as convenções são erodidas, novos impulsos e exigências são liberados.

Outro conjunto de beneficiários da liberação foram os homossexuais, agora livres da perseguição e do estigma que antigamente sofriam. Devem ser poucos os europeus (existe vasto número de não europeus) que gostariam de reverter esse movimento. A essência da "liberação gay", porém, é outro exemplo de que uma reforma de codificação de direitos apenas sacrifica as virtudes associadas da liberdade. Nas sociedades europeias, a sexualidade é essencialmente parte do mundo privado. O homossexual no armário preservava sua ambiguidade e suas opções, uma opção em particular que ele por muito tempo não tinha efetivamente, e não precisava expressar, uma preferência sexual clara. A variedade de respostas humanas é tal que distinções binárias claras destroem os constrangimentos e as hesitações que outrora às vezes funcionavam bem, e às vezes mal. A liberação gay, por contraste, tornou-se um lobby e um movimento evangelizador ansioso por trancar como gays, numa tenra idade, certos jovens para os quais as irresponsabilidades da vida sexual bem podem ser menos exigentes que as disciplinas da vida familiar. Há certa vulgaridade nas celebrações de orgulho gay que certamente provocavam repulsa em muitos homossexuais escrupulosos (sendo Noêl Coward um famoso exemplo) de outrora. Se a noção que se tem de responsabilidade inclui uma preocupação com a continuação de nossa civilização, então existe um claro conflito entre essa responsabilidade e a apresentação da homossexualidade como uma alternativa igualmente válida à heterossexualidade.

Essas considerações podem ser resumidas como um reconhecimento de que a motivação do político-moral consiste em criar um mundo de indivíduos distanciados tanto quanto for viável das lealdades e dos afetos que herdaram. As crianças tornam-se, sob importantes aspectos, encargos do Estado; as mulheres, como unidades de produção, são governadas por uma estrutura jurídica que transpassa as relações de cavalheirismo instintivo em que as sociedades anteriormente se baseavam. O Estado em grande parte tirou seu reconhecimento do casamento como instituição a ser protegida por constituir a sociedade mesma que habitamos, abrindo assim a vida humana ainda mais ao tamborilar incessante do impulso e de suas satisfações.

Distanciados de parcialidades e de preconceitos herdados, os indivíduos gozam, como direitos, de uma licença para entregar-se a quaisquer inclinações que venham a sentir.

Mas: e o mundo moral? Qual o lugar do certo e errado? Insisti que os seres humanos são irredutivelmente morais, e portanto essa visão de que as pessoas estão inteiramente concentradas em maximizar suas satisfações não pode ser a história toda. Nem é a história toda, claro. Para começar, a simplificação político-moral do mundo moral em termos de direitos, e da dimensão egoísmo/altruísmo, cria um ponto de referência padronizado para as sensibilidades morais, entendidas aqui como se agissem de maneira generosa e altruísta em relação a classes abstratas de pessoas. Além disso, os governos gerem as atitudes fazendo campanhas que buscam influenciar a conduta em tudo, do uso de cintos de segurança ao devido uso de preservativos. Certamente, essas campanhas têm o sentido de uma responsabilidade que poderia ser considerada "moral". Uma nova forma de aprovação moral gira em torno da semântica do que é "aceitável". A eficácia dessas campanhas para a sustentação da ordem social precisa ser uma questão central do entendimento do modo como nossos Estados estão se desenvolvendo, pois resta pouca dúvida de que, a longo prazo, a desordem vem aumentando.

Certa conduta ordeira sem dúvida é uma resposta a campanhas oficiais, mas as causas básicas da ordem moral e social nos Estados europeus ainda se baseiam em freios remanescentes da vida moral individualista. Um reconhecimento tênue desse fato está na distinção entre as "classes médias", caracterizadas por certa quantidade de capital social, e a subclasse envolvida no comportamento dito "antissocial" – parte dele inequivocamente mau e criminoso. Muitos resquícios da sensibilidade moral foram traduzidos da linguagem moral para a terminologia social. Uma moralidade virtuosa e as boas maneiras são muitas vezes colocadas no mesmo pacote de maneira irrefletida como formas de comportamento "socialmente aceitável" e "socialmente inaceitável". Se essa fonte de ordem começar a secar, então as perspectivas de desordem serão bastante ameaçadoras.

A linguagem da responsabilidade social e do capital social, enganosa como é, encaixa-se na conduta de indivíduos entendidos como unidades distintas da vida humana que vivem sob o controle do Estado. Entendidos assim, como criaturas sociais, presume-se que eles tirem suas sensibilidades morais das "condições sociais", e não da participação na agência moral deliberativa. E esse ponto básico nos leva de volta ao contraste cuja pista segui no começo da seção anterior. O contraste é entre o equívoco feito pelos críticos socialistas das sociedades capitalistas modernas ao julgar que essas sociedades "atomizam" suas populações, de um lado, e o fato de que esses próprios críticos do capitalismo, de outro, estão agora atingindo exatamente esse resultado em seu ímpeto de aperfeiçoar o mundo humano.

A vítima alienada do capitalismo não era, de fato, um átomo social isolado, já que sua conduta emergia dos envolvimentos imensamente complexos que ela tinha com outros. Contudo, o grande modelo comunitário do político-moral é efetivamente uma espécie de átomo, porque foi convencido a retirar seus afetos de uma gama cada vez maior de apegos herdados, como o patriotismo e o cavalheirismo. A nova doutrina interpreta essa condição distanciada como uma liberação do preconceito que facilita a adoção de ideias que sobreviveram à prova da discussão e da evidência. Porém, é simplesmente falso que preconceito e racionalidade possam ser nitidamente separados num mundo em que juízos a respeito de acontecimentos contingentes serão inescapavelmente situacionais. Nessa arena, pessoas convencidas da racionalidade superior de suas opiniões tendem a tornar-se tediosas e dogmáticas. De todo modo, suas opiniões, quanto a uma vasta área de juízos, são as respostas padronizadas que estamos considerando político-morais. Fora dessas áreas, como vimos, pessoas político-morais parecem inclinadas a entregar-se a impulsos para diversões abstratas. Elas pensam a curto prazo. Contemplando a generalidade da conduta no começo do século XXI e comparando-a com a das populações anglófonas (por exemplo) um século antes, muitos julgarão que coragem, independência mental e prudência prática são menos comuns de encontrar. E esse juízo sugere um novo contraste entre realidades individuais e coletivas. Uma população coletivamente dada a perfeições mais ambiciosas parece menos admirável individualmente. Essas pessoas, em sua receptividade à compaixão abstrata, podem ser instrumentos adequados do projeto de aperfeiçoamento do mundo, mas elas próprias dificilmente são modelos de perfeição. Será isso paradoxal? Sem dúvida, mas trata-se do resultado de uma contradição dentro da lógica do perfeccionismo.

A emergência do *singleton* consiste na atomização social das sociedades modernas prevista há muito tempo. Ela não resultou do capitalismo, mas do ímpeto de mobilizar os seres humanos como instrumentos da transformação da condição humana. O ideal, sem dúvida, é que aqueles dedicados à transformação do mundo possam instrumentalizarem a si próprios, de maneiras análogas à autodedicação dos membros de ordens religiosas. A atomização sempre foi, em geral, vista com consternação; ela é o que os socialistas chamam de "alienação". Ela significa uma estreiteza de caráter. Porém, é necessária para que as sociedades ocidentais concentrem suas energias no aperfeiçoamento da sociedade e do mundo. Esse projeto não pode ir longe se precisa acomodar indivíduos que querem levar suas próprias vidas.

Podemos perfeitamente nos perguntar, é claro, se o projeto perfeccionista algum dia irá muito longe, porque a inconstância humana nunca será superada. Porém, igualmente, entre as muitas correntes do sentimento humano que hoje agitam o mundo ocidental, a cruzada político-moral é imensamente poderosa e, sem dúvida, será uma voz em nossas dissensões morais ainda por muito tempo. Os programas didáticos a que os Estados se entregam cada vez mais podem, nesses termos, ser reconhecidos como treinamento em responsividade a chamados mais elevados. Afinal, o que distingue os átomos sociais, em suas versões totalitárias ou de bem-estar social, reside no fato de serem extremamente dóceis. Podem ser convencidos com facilidade impressionante a adotar as admirações e as rejeições que os governantes lhes sugiram.

Em ao menos um aspecto crucial, porém, esse projeto inteiro captou mal as condições essenciais da virtude. Podemos tomar como nosso texto uma observação improvisada da filósofa Martha Nussbaum ao discutir o contraste entre o comportamento "antissocial" e aquilo que os psicólogos sociais às vezes chamam de "comportamento pró-social". A questão surgiu numa discussão do famoso experimento Zimbardo, em Stanford, em que um conjunto aleatório de rapazes foi arbitrariamente dividido, pelo tempo do experimento, em dois grupos: um de guardas e outro de prisioneiros. A situação foi estruturada deliberadamente para se assemelhar a campos totalitários, e não a prisões ocidentais, e muito rapidamente a conduta dos "guardas" tornou-se tão opressora que transtornos mentais obrigaram a encerrar o experimento antes do tempo. A conclusão pareceria que a conduta má e agressiva é endêmica na natureza humana, além de altamente receptiva às situações em que os indivíduos se encontram. Discutindo um livro novo [*The Lucifer Effect* (*O Efeito Lúcifer: Como Pessoas Boas se Tornam Más*)], de Philip Zimbardo, o psicólogo social que montou o experimento, a professora Nussbaum concluiu com uma nota otimista: "Esperemos que *The Lucifer Effect*, que nos coloca de cara com o pior em nós mesmos, estimule uma conversa crítica que levará a estratégias mais sensatas e menos arrogantes para lidar com a fraqueza humana que compartilhamos".[19]

Não sei muito bem o que seriam "estratégias sensatas e menos arrogantes", mas sei que, se a humildade gera algumas virtudes,

---

[19] Martha Nussbaum, "Under Pressure". *Times Literary Supplement*, 19 out. 2007, p. 5.

também existe uma conexão vital entre arrogância e virtude. Por que a maioria das pessoas age de maneira decente? Sem dúvida, em parte por serem pessoas decentes e virtuosas? É perfeitamente possível que elas tenham medo das consequências da má conduta. "A paixão com que se deve contar", como observa Hobbes, "é o medo".[20] Porém, uma das outras grandes bases da virtude está no fato de que as pessoas pensam, com certo desprezo e escárnio: "Eu não faria essa maldade (vilania, etc.). Estou acima desse comportamento". Alguns moralistas consideram essa arrogância moral um vício em si. A capacidade de entender-se nesses termos morais, porém – como "dama" (e não apenas mulher) ou como "cavalheiro", ou até mesmo simplesmente como pessoa honesta, ou mesmo como meramente tendo uma decência básica – costuma depender em parte de sentir-se superior aos outros. Em outras palavras, a virtude com frequência não depende da humildade, mas da arrogância.[21] Os santos podem estar numa categoria distinta; de fato, pode ser "a pior traição" para Tomás Becket "fazer a coisa certa pela razão errada", mas os mortais comuns fazem a coisa certa por toda uma variedade de razões complexas, uma delas é o senso de que são superiores aos fracos, aos tolos ou, talvez, às maldades feitas por terceiros.

A professora Nussbaum, portanto, me parece entender a questão de maneira precisamente errada. Ela comete o equívoco elementar de pensar que todos os bens são coerentes e inteiramente distintos dos males. Sua observação em si sugere que ela própria se sente acima daquilo que, com certo grau de humildade artificial, chama de "a fraqueza humana que compartilhamos". Sem dúvida, devemos sentir humildade e remorso quanto ao fato de que todos nós agimos mal em certas ocasiões, mas, como "estratégia" para nos elevarmos acima

---

[20] *Leviatã*, cap. 14.

[21] David Hume apresenta um argumento análogo em seu ensaio "On the Dignity or Meanness of Human Nature". In: Eugene Miller (ed.), *Essays: Moral, Political, and Literary*. Indianapolis, Liberty Fund, 1985, p. 86.

dos nossos instintos mais baixos, esse plano é para os santos. Boa parte da virtude tem a ver com o hábito; e alguma virtude depende de um reconhecimento de que a má conduta, em muitas circunstâncias, provavelmente fará mal a seus próprios sujeitos. Os moralistas vitorianos achavam importante que as pessoas evitassem ocasiões de pecado, e pode haver pouca dúvida de que certas situações são moralmente mais perigosas que outras. Sem dúvida, alguma humildade é necessária para todos que têm poder sobre os outros. Mas essa não é uma fundação plausível para todas as virtudes.

Esses moralistas vitorianos que defendiam uma atenção moral particular ao perigo estavam preocupados especialmente com as mulheres, que tinham o dever de evitar ocasiões em que poderiam correr riscos, situação que ressalta outra esquisitice do mundo político-moral. A liberação das mulheres significa que as mulheres devem ser capazes de exercer seus direitos com a mesma liberdade que os homens, e essa liberdade, por sua vez, significa poderem (por exemplo) andar por ruas escuras e desertas de madrugada sem serem estupradas ou incomodadas, mesmo após ingerir quantidades imoderadas de álcool. E de fato é inteiramente razoável exigir isso da "sociedade". Contudo, é extremamente difícil ver como se poderia garantir essa proteção às mulheres. Andando de madrugada em situações isoladas, as mulheres estão efetivamente vulneráveis a homens violentos, assim como estão as mulheres "mais para lá do que para cá" por causa da bebida. Sociedade nenhuma pode oferecer proteção em todas as situações improváveis. Num mundo perfeito, talvez, isso não fosse problema. Em nosso próprio mundo, porém, isso leva a disputas altamente contestáveis nas relações sexuais a respeito de o consentimento ter sido ou não dado. Para que as mulheres gozem desse suposto direito, devem ser oferecidas vigilância e segurança constantes (em geral, por homens) ou a natureza dos homens precisaria ser transformada. Nenhuma dessas condições será realizada rapidamente. Em outras palavras, existe um *trade-off* entre a segurança das mulheres, de um lado, e os custos para a sociedade, de outro. A questão é apenas outra ilustração de um de nossos temas centrais: a sociedade e o bem-estar individual estão em níveis diferentes de prática, e o que é bom para um não necessariamente será bom para o outro.

Podemos resumir o argumento dizendo que o indivíduo político-moral é uma criatura radicalmente simplificada, despojada de preferências ou de afetos fixos por amigos e familiares, a fim de ser altamente receptivo às necessidades da perfeição. Como essa pessoa está sempre à disposição da necessidade abstrata; ela não tem preconceitos que venham meramente do familiar. Confronta o mundo com um componente moral padrão chamado "ética", que, em princípio, é igualmente receptivo a todas as vulnerabilidades. A complexidade de sua consciência não privilegia nem mesmo a literatura de seu país. Shakespeare, Racine, Goethe e seus análogos são machos brancos mortos preocupados com os afetos particulares de individualistas irrecuperáveis cujos "afetos" são basicamente um verniz superficial da opressão e do exercício de poder. As preferências político-morais incluem *world music*, arte e literatura, não havendo espaço para preferir aquilo que é meramente nosso, especialmente para aquilo que emergiu do nosso passado altamente imperfeito.

Se essa versão generalizada do caráter de uma pessoa político-moral ideal corresponde, sob algum aspecto, à realidade, ela revela um fato notabilíssimo a respeito da perfeição. Normalmente, achamos que aqueles que trabalham para melhorar o mundo participariam da melhoria ideal que buscam efetivar. Cada reformador, esperar-se-ia, partilharia da perfeição do todo. Porém, aquilo com que nos deparamos representa uma perfeição de aspirações combinada com uma deficiência de empenho moral.

O que deve ser admirado nos seres humanos, é claro, não é menos contestável que qualquer outra questão moral. Melhorar o mundo como projeto exige uma sensibilidade ao direcionamento dos que estão acima de nós, a qual também podemos enxergar como servilismo. Assim como certas virtudes dependem de um vício, como a arrogância, certos vícios também podem perfeitamente ser necessários para a perfeição. Os idealistas no poder têm um histórico de envolvimento com logros e impiedade. Nessa forma, o paradoxo é que atingir a perfeição, caso fosse possível sob algum aspecto, depende de imperfeições. Ser um instrumento de alguma causa é sacrificar a individualidade como exploração de compromissos autoescolhidos. Fora dessa arena, porém, os individualistas podem entregar-se a suas inclinações, embora até mesmo essas talvez precisem ser guiadas pela autoridade da causa perfeccionista. Nem o amor nem o ódio deveriam perturbar sua superfície emocionalmente plácida, pois seu envolvimento mais profundo seria o projeto coletivo de transformação do mundo. De fato, caso se estivesse buscando um modelo concreto de uma pessoa assim, ele seria encontrado na imagem do colaborador em tempos de guerra, sempre disposto a alinhar-se às demandas do poder.

Como de costume, podemos rastrear alguns elementos do político-moral seguindo a semântica. Um dos desenvolvimentos interessantes do discurso político moderno consiste na multiplicação de palavras abstratas para expressar conceitos cujo sentido foi inteiramente divorciado de qualquer relação que lhe daria substância. Não há dúvida de que o espécime premiado dessa nova forma linguística é "inaceitável". Parece-me um pejorativo tão indispensável que ninguém que o ouça perderá tempo com miudezas a respeito de quem está se recusando a aceitar o quê e com base em quê. Esse ato é – bem, simplesmente – inaceitável! Consideremos também "acessível". Para quem, podemos nos perguntar, a que preço, sob quais condições? Ou "sustentável", na discussão da mudança climática. Anseio pelo dia em que as forças policiais, ao dar conselhos sobre como vencer ladrões, falem de "roubáveis". E, no mundo político-moral, somente as coisas certas são "pensáveis". Esse modo de falar sobre o poder tem um paralelo no aumento notável da ideia de "governança" como conjunto de regras simplesmente apropriadas, que simplesmente estão ali, mais ou menos intocadas pela política vulgar ou pelo poder soberano.

Se o mundo consiste de pessoas e de coisas, como garantem muitas vezes os filósofos, então talvez se possa esperar que a simplificação do caráter das pessoas levará a uma complexidade nova e compensadora nas coisas, nas ações e, especialmente, nas situações. Talvez seja exatamente isso que está acontecendo agora.

6. A PERFEIÇÃO E O MUNDO DA AMBIVALÊNCIA

Ao que parece, talvez tenhamos chegado a um resultado muito estranho. A cruzada político-moral para aperfeiçoar o mundo sob certos aspectos melhora os indivíduos europeus, mas os piora nitidamente sob outros. A perfeição social parece exigir a imperfeição individual. Por que é que um programa tão grandioso de melhoria do mundo exigiria aquilo que provavelmente veremos como uma atomização desumanizante? Admitimos que nossos juízos atuais serão os da moderna mentalidade individualista, que admira a autonomia pessoal mais que a dedicação obstinada, mas nossas sensibilidades instintivas sugerem que os habitantes de uma sociedade perfeita seriam respectivamente pessoas mais perfeitas. Por que nossos idealistas precisariam ser, nos termos das nossas próprias admirações morais particulares, pessoas piores, e não melhores?

A resposta é porque estão negando a realidade básica em que se baseia a civilização ocidental moderna. O político-moral, ao fundir critérios políticos e morais, afirma, a respeito de uma vasta gama de políticas públicas, que só existe uma coisa certa a fazer – ou será que deveríamos dizer uma coisa "correta" a fazer? As perfeições são monísticas. Elas demandam ação, e não debate, a qual consiste em aplicar o princípio correto. Politicamente, só existe um jeito certo de ordenar a vida civil: a *democracia*. Moralmente, só há uma relação certa entre as pessoas: a *igualdade*. Socialmente, só existe um jeito certo de relacionar um grupo a outro: a *inclusão*. E todos esses princípios a serem aplicados servem a única perfeição maior que todas, que, em algum sentido, é a *justiça*.

Talvez devamos acrescentar outro princípio maior do que todos à versão político-moral da perfeição: só existe uma atitude emocional certa em relação aos outros, a *compaixão*. Isso deriva do princípio de inclusão, que diagnostica uma das imperfeições em nosso mundo herdado como uma deficiência em valores essencialmente femininos. Dores e punições são barbáries, dispositivos morais masculinos meramente antiquados que não melhoram o caráter daqueles que os sofrem. A nova ordem de coisas baseia-se na compaixão, e os instintos das mães, e não os dos pais, é que são necessários. O princípio invocado é o do entendimento (e não da coerção), mas trata-se do entendimento maculado pela doutrina: *tout comprendre, c'est tout resoudre*.[22]

É o monismo do perfeccionismo que deixa claro por que o político-moral está em última instância em guerra com nosso individualismo. O individualismo e a vida moral, correlata daquele, são pluralistas. De fato, só podemos entender essa situação se ressaltamos o fato de que nossa civilização ocidental moderna se desenvolveu como resposta a um dos traços básicos da experiência humana que, em outras civilizações, foi quase inteiramente suprimida ao longo da história humana. Ao suprimir essa realidade, praticamente todas as outras culturas tentaram viver nos termos de um sistema concreto de ordem no qual há, em certas circunstâncias, apenas um verdadeiro valor a adotar e uma coisa certa a fazer. Os costumes, e geralmente as religiões das culturas não ocidentais, dedicaram-se a fazer do jeito certo de viver a única "pensabilidade" permitida. Isso, é claro, nunca teve sucesso para evitar a dissensão, o conflito e a divisão, mas sempre

---

[22] "Entender tudo é resolver tudo." (N.T.)

ofereceu a pedra de toque por meio da qual esses conflitos precisariam ser resolvidos. E, ao dizê-lo, estamos meramente observando que *todas* as maneiras de viver, excetuando a nossa vida moderna, tendem a ser "político-morais". Elas são político-morais de diversas maneiras diferentes, mas todas compartilham o mesmo princípio monístico, em que o mal é um desvio da norma.

A realidade em que se baseia a vida ocidental, contudo, é o reconhecimento da *ambivalência*. Em todo nível de consciência, as tendências contraditórias são, em nossas instituições, equilibradas e mantidas numa espécie de tensão dentro de uma estrutura de leis e de convenções. Não há carência nenhuma de respostas ambivalentes ao mundo, claro, em toda a vida humana, mas a regra geral, pode-se quase dizer o instinto humano normal, tem sido de conformidade com os pensamentos, sentimentos e atos obrigatórios, sustentada pela ordem dominante de então. Essa regra ou instinto também não está ausente na cultura europeia, mas o ocidente não é menos ambivalente quanto a ela do que quanto a qualquer outra coisa. É por ser capaz de combinar um reconhecimento explícito da ambivalência com uma capacidade de conduta auto-ordenante que a vida europeia desenvolveu sua enorme variedade e vitalidade. Atitudes ambivalentes não são sem custo; podem levar a conflitos perigosos caso irrompam em hostilidades e em guerra, e muitas vezes foi isso o que aconteceu com o conflito na vida europeia. Porém, suprimir a ambivalência na esperança de obter conformidade é igualmente uma aposta. Isso apenas força o elemento de luta e de conflito inseparável da vida humana a ir para outros canais.

O reconhecimento ocidental da ambivalência expressa, por exemplo, na competição política significa que os governantes não podem ser totalmente identificados com o bem universal do Estado, pois eles também devem reconhecer-se como um partido ou uma tendência particular dentro da política do país, responsabilizável e limitado em seus poderes. O que todo governo que está no poder representa é, idealmente, uma espécie de síntese de tendências em conflito que não durará a menos que angarie também alguma simpatia dos oponentes políticos, que, por sua vez, têm chance de assumir o poder dali a não muito tempo. Outra vez, os juízes não declaram a verdade universal de um sistema de valores divinamente ordenado, pois estão limitados pela jurisprudência, pelos juízos evidentemente falíveis dos advogados e, às vezes, pelos jurados, que têm diante de si. Sacerdotes e clérigos não podem ser exatamente levados a sério como declarantes da vontade de Deus e das condições indispensáveis da salvação, porque até mesmo a esfera espiritual é uma arena de fé, e a fé não deve ser identificada, em conteúdo ou forma, com as limitações de um credo particular, pois desenvolvemos muitos credos. Onde quer que se olhe na vida ocidental, abunda a competição, e isso não é, como Platão pensava e outras culturas com frequência presumem, uma intrusão lamentável das paixões num sistema ordeiro e racional; faz parte de nossa própria concepção da vida em si e do lugar da razão dentro dela.

Segue-se que a essência da vida moral, aliás, da vida social dos europeus, é a limitação. A vida europeia moderna é vivida num contexto de crítica e de contestação que claramente marca os limites do poder e relativiza a realidade dos valores segundo os quais uma pessoa viva. Com frequência, entendemos as pessoas nos termos de suas negações. Ao não serem heroicas, traiçoeiras, espirituosas, cuidadosas, etc., seus traços positivos podem aparecer. O termo de Hegel para esse traço da personalidade europeia – "negatividade autorrelacionada" – configura um jargão sublime, mas a ideia central é bastante simples. A vontade contém "um elemento de pura indeterminação", mas, "ao postular-se como algo determinado, o ego adentra em princípio a existência determinada". O momento em que estamos prestes a falar, ou a agir, pertence (na curiosa terminologia de Hegel) a um mundo universal em que qualquer coisa pode acontecer, mas, no momento em que efetivamente falamos ou agimos, dizemos ou fazemos isso, e não aquilo. "A vontade é a unidade desses dois momentos. Ela se reflete particularmente em si mesma e assim é levada de volta para a universalidade, isto é, ela é individualidade". Agir não pode ser nada além de nos particularizarmos, e é essa junção do universal e do particular que constitui o individualismo na interpretação de Hegel.[23]

Agostinho falou sobre a limitação e a realidade talvez de maneira mais simples: a pessoa, assim como o poeta, só pode criar ao abraçar a limitação – no caso do poeta, da forma; no caso da pessoa, da moralidade. Assim como a força da poesia depende da submissão a formas como rima ou ritmo, também a personalidade é o cultivo das limitações inevitáveis de cada ser humano. Reconhecer esse caráter limitado e falível que temos é entender que é somente na cooperação com os outros, no envolvimento com várias atividades distintas, que podemos cultivar com sucesso os projetos que tenhamos escolhido. A liberdade significa, em parte, que esses projetos terão sido escolhidos pelo indivíduo. Os moralistas às vezes falam de como é desejável que os indivíduos "realizem seu potencial", mas realizar potencial, estritamente falando, é uma atividade para as sementes de Aristóteles. As sementes só podem crescer e virar, por exemplo, carvalhos, mas os seres humanos estão sempre se deparando com encruzilhadas na estrada, e seguir uma é renunciar à outra. A fórmula da "potencialidade" elegantemente – aliás, político-moralmente – reduz a vida humana ao orgânico. Os indivíduos podem ter muitas "potencialidades", mas também sofrem com custos de oportunidade. Ao seguir uma linha de desenvolvimento, como devem, eles se tornam algo específico, limitado. Certa humildade prática torna-se nossa virtude-padrão quando reconhecemos nossas limitações.

Esse reconhecimento da realidade pessoal como limitação constitui uma condição do caminho em que as sociedades ocidentais

---

[23] *Hegel's Philosophy of Right*. Trad. T. M. Knox. Oxford, Clarendon Press, 1952, seções 6-7, p. 22-23.

transformaram a divisão de trabalho em dispositivo para criar instituições de imensa força e complexidade. A reclamação dos críticos político-morais é que somos competitivos e não cooperativos; a ganância é um vício que coloca cada um de nós contra os demais. Sem dúvida, temos nossos vícios, mas também criamos modos de cooperação além dos sonhos de outras culturas. Em muitas civilizações, cada pessoa tem uma identidade fixa como padre, mercador, soldado, estudioso, etc., mas os europeus podem desempenhar qualquer um desses papéis, e, em situações de desastre, com frequência desempenham. O gerente ajuda no chão da fábrica, e o mordomo pode governar seu reino ilhado, como governava o Admirável Crichton. Ernest Gellner comparou essa flexibilidade de papéis da vida ocidental à modularidade de móveis que podem ser arranjados e rearranjados.[24] Nos europeus, portanto, a limitação tem o caráter de *reculer pour mieux sauter*,[25] e a imagem clássica dessa mistura de limitação e empreendedorismo é, naturalmente, a história de Robinson Crusoé.

A fonte dessa flexibilidade de papéis em nossas civilizações é nosso reconhecimento de que podemos responder a qualquer coisa no mundo segundo emoções muito diferentes e, muitas vezes, contraditórias. A *ambivalência* caracteriza o fato de que, ao passarmos pela vida, nossas respostas a pessoas, situações e acontecimentos raras vezes são univalentes, ainda mais ao longo do tempo. Costumamos vivenciar, entre outros, a oscilação entre admiração e desprezo, entre deleite e tédio, entre gosto e repulsa, e qualquer outro conjunto de contraditórios que se queira mencionar. Sem dúvida, o amor é às vezes total, por algum tempo, mas o contato contínuo certamente provocará hesitações e respostas críticas. O ódio raramente não sofre com as circunstâncias; a morte de um inimigo pode ser um motivo para lamentar. Em qualquer momento determinado, podemos querer

---

[24] Ernest Gellner, *Conditions of Liberty: Civil Society and Its Rivals*. Londres, Hamish Hamilton, 1994, cap. 13, "Modular Man".

[25] "Recuar para pular melhor." (N.T.)

preservar para sempre os sentimentos que temos, mas chegará um momento em que olharemos para trás e nos perguntaremos no que é que estávamos pensando. Marcel Proust é o virtuoso, talvez se possa dizer o poeta, da ambivalência, ao reconhecer que ansiando por transformar momentos contingentes em absolutos, nos entregamos a uma ilusão. Nenhuma sensação do momento jamais pode ser preservada para sempre sem se alterar. Os europeus modernos são heraclietanos; eles vivem num mundo de fluxo, e assim o reconhecem. Essa é a base de um de nossos mais poderosos veículos de racionalidade: a experiência psicológica que chamamos de "dar-se conta", normalmente um dom do retrospecto, e que normalmente chega tarde demais para nos salvar, mas que é uma parte indispensável de nossos recursos deliberativos.

De modo significativo, a ambivalência é praticamente inescapável em nosso entendimento não apenas dos indivíduos, mas também de diferentes categorias de pessoas. Consideremos as relações entre homens e mulheres: elas são obviamente complementares e idealmente caracterizadas por amor, deleite e admiração mútuos. Às vezes, efetivamente são assim. Em certos estados de espírito, o outro sexo é essencial; em outros, simplesmente cansa tê-lo por perto. Os homens não apenas amam as mulheres, mas também as ridicularizam, acham-nas bobas e emotivas, preocupadas com firulas e, com frequência, apreensivamente imprevisíveis em suas respostas. Essas qualificações são plenamente retribuídas pelas mulheres, para quem os homens são brutos, insensíveis, emocionalmente analfabetos e, muitas vezes, um tanto entediantes com seu vício em esportes e em brinquedos como motocicletas. Claro que as variações individuais são imensas, mas os dois grupos de críticos têm razão. Homens e mulheres são terríveis. E o resultado é que, nessa área, assim como em todas as outras, a vida é a arte de surfar ou de navegar em nossas ambivalências.

Consideremos, outra vez, nossas respostas a outros grupos étnicos. Elas variam muito, indo de positivas a negativas. Podemos admirar os negros como autênticos e nobres, mas rejeitar os asiáticos como comerciais e gananciosos. Os judeus provocam fortes emoções em certas pessoas, e os britânicos têm duas alavancas, uma para a aprovação e outra para a desaprovação, para todas as nações mais proeminentes do continente europeu. Os continentais adotam a mesma visão ambivalente de nós. E muitos continentais têm uma mesma resposta geral aos ianques, que abrangem todos os variados habitantes da América do Norte. Uma fenomenologia de todas essas antipatias faz parte da tolice humana, e não é menos parte da comédia da vida. Ela oferece os materiais para um fluxo sem fim de piadas. Contudo, os países podem desabar, e coisas horríveis podem acontecer caso esses sentimentos se tornem entusiasmos e virem políticas públicas.

Na maior parte dos casos, essas respostas generalizadas são altamente provisórias, porque qualquer pessoa sofisticada reconhecerá que pessoas interessantes e admiráveis serão encontradas em todas essas categorias, com muitas pessoas que certamente preferiríamos evitar. Ao surfarmos ou navegarmos nessas ambivalências, nós, no Ocidente, em geral recorremos aos claros pronunciamentos da etiqueta, que ditam que devemos responder aos indivíduos segundo as qualidades que eles efetivamente exibem, e que, quando nossas respostas forem negativas, devemos escondê-las e ao menos tratar essas pessoas com decência, apenas evitando sua companhia quando possível.

Assim, as boas maneiras são uma parte importante das capacidades que desenvolvemos ao navegarmos nas ambivalências que vivenciamos, pois respondemos àqueles de quem não gostamos não de acordo com nossos sentimentos, mas sim conforme nosso senso de decoro. Esse compreendimento é o sentido em que um tipo de hipocrisia é necessário na vida ocidental e, sem dúvida, em toda vida humana.

Talvez pareça, a partir do raciocínio que apresento, que o politicamente correto, que exige que respeitemos igualmente pessoas de todas as origens, e que talvez até mesmo ache que todas as culturas têm o mesmo valor, seria meramente uma expressão de etiqueta.

Na verdade, trata-se de algo muito diferente, e aliás praticamente o oposto. A questão é que a etiqueta responde à ambivalência, mas o politicamente correto constitui um departamento de univalência na medida em que tenta suprimir por completo a possibilidade de conflito. Os seres humanos efetivamente respondem a outros grupos, generalizando experiências particulares, ao passo que o politicamente correto, como forma do político-moral, tenta impor uma única *pensabilidade* àqueles cuja conduta tenta controlar. Um princípio resolve todos os problemas: todos os povos são iguais e têm o mesmo valor. Claro que não são, e ninguém acredita nisso. Nos termos de coisas como demandas por bem-estar social, como a criminalidade, o espírito público e a capacidade intelectual, certas culturas estão muito à frente de outras. Novamente, para certos fins, homens e mulheres, segundo seus talentos individuais, são unidades intercambiáveis de produção ao realizar alguma tarefa. Para outras tarefas, certamente não é o caso.

Um problema importante dessa estranha tecnologia psicológica do politicamente correto é que aqueles que não conseguem lidar com a ambivalência também não conseguem lidar com o fato de que outras pessoas, porque fazem juízos diferentes, vivem outras vidas. O comunismo, por exemplo, era uma versão do político-moral que só poderia funcionar se o mundo inteiro compartilhasse suas admirações (para nem falar de seus defeitos), e ele desabou simplesmente porque todos sabiam, nas palavras imortais do Coriolano, de Shakespeare, que "há um mundo em outro lugar". Era uma percepção que trancava as populações numa retórica de "verdadeira comunidade" profundamente ambivalente, e se tratava de um conhecimento fatal que os governantes comunistas não podiam exatamente suprimir. Esse traço de todas as moralidades supostamente universais corresponde ao fato de que sociedades altamente despóticas, nas quais a conduta correta é prescrita de maneira estrita, só podem funcionar se seus desafortunados cidadãos acreditarem que não existe outro jeito de viver. Isso faz parte do motivo pelo qual as sociedades tradicionais são tão vulneráveis ao contato com o ocidente. O regime de um Estado brutamontes como a Coreia do Norte só pode sobreviver a longo prazo se puder impedir seu povo de conhecer o mundo exterior.

A etiqueta é uma capacidade, ao passo que o politicamente correto configura uma rotina, em alguns casos o efetivo resultado de um bizarro processo chamado de "treinamento da sensibilidade". Sem dúvida, a própria etiqueta pode tornar-se uma segunda natureza tão arraigada que chega a ser habitual, como dramatizou Max Beerbohm no conto "O Hipócrita Feliz". Nesse sentido, passa a parecer uma convicção de que só existe uma coisa certa a fazer. Porém, a etiqueta, assim como a vida moral, nunca deixa de ser uma forma de resposta convocada por situações imprevisíveis. E é essa capacidade que é ameaçada pelo político-moral, em sua exigência de que transcendamos o ambivalente e encontremos salvação num único princípio correto.

7. QUE TIPO DE COISA É O POLÍTICO-MORAL?

Por fim, demos um passo para trás, e consideraremos nesta seção que *tipo* de coisa é o político-moral. E, na seção seguinte, argumentarei que ele constitui uma grande crise no espírito da vida ocidental, até mesmo uma espécie de guerra civil.

Em um sentido, o político-moral é simplesmente uma doutrina a respeito da condição atual do mundo, somado a argumentos a respeito do que precisa ser feito para melhorá-lo. Ele tem uma visão grandiosa, a qual discutimos no começo do Capítulo 4, e busca banir a desigualdade da sociedade, além da ignorância, da pobreza e da guerra do mundo. Em um sentido, constitui a mais pura expressão da revolução democrática em nossas vidas, representando o repúdio definitivo das antigas hierarquias e formas de conflito. E ele é "democrático" no conhecido sentido elitista de acreditar que aquilo que o *demos* global quer, em última instância, e, aliás, "precisa" de querer, é o mesmo tipo de mundo de bem-estar social que criamos no ocidente. Em outras palavras, assim como em todos os projetos da democracia como perfeição, suas relações públicas são muito mais democráticas que sua prática efetiva.

O político-moral, porém, é mais que uma doutrina: é um *movimento*, isto é, um misto de argumento e de sensibilidade que "absorve as pessoas", promove entusiasmos e planos e propostas específicos, entra em conflitos com outros movimentos de pensamento, torna-se parte importante do entendimento próprio de indivíduos particulares, e determina, de maneiras quase inconscientes, suas visões do mundo. Ele pode se tornar um veículo de justiça e de dogmatismo e revelar às pessoas aspectos do mundo que elas não tinham considerado anteriormente.

Como movimento, seu impulso prático é converter os Estados modernos em associações empreendedoras, no sentido de Oakeshott.[26] Uma associação empreendedora é um Estado em que uma sociedade inteira é gerenciada de modo a atingir algum fim coletivo, como a vitória numa guerra. As associações empreendedoras são distinguidas por Oakeshott das associações civis, em que os associados são juridicamente livres para seguir seus próprios projetos. Nesses papéis, o político-moral compreende um aparato de justificação e condenação. Desde certos pontos de vista, ele poderia perfeitamente ser visto como um tipo de religião, com afiliações com o paganismo e o vegetarianismo, além de uma mirada particularmente sensível às vibrações da ideia de que o planeta é basicamente orgânico, uma espécie de criatura, chamada Gaia. Ele é particularmente atraente a certos tipos de clérigos com grandes ambições. A ideia de uma cruzada é mais próxima da essência da questão do que gostariam seus defensores, em geral secularistas. Suas ramificações ao estender ideias de justiça

---

[26] Michael Oakeshott, *On Human Conduct*. Oxford, Clarendon, 1975, Parte II, p. 108 ss.

para todos os âmbitos da vida ainda estão longe de ser plenamente exploradas: a justiça internacional e intergeracional é só o começo. Ele defenderá qualquer concepção de justiça capaz de prometer salvar uma humanidade dividida, assolada por conflitos e por ódios mútuos, transformando-a numa única comunidade harmoniosa. Mais impressionantes são suas simpatias e antipatias: simpatia com organizações internacionais, e antipatia com o individualismo moral, aliado a uma suspeita de que a objetividade e a racionalidade tendem a servir os interesses dos poderosos.

É em virtude desse caráter complexo que o político-moral representa tanto daquilo que pensamos, sentimos e valorizamos hoje. Ele pertence a nosso mundo maravilhosamente livre e informal em que nos relacionamos com os outros como iguais descomplicados. A vida ocidental, no começo do século XXI, ainda é notavelmente doce e agradável. Seria preciso relativizar essa proposição de várias maneiras, mas, em meio a uma abundância material imperturbada, no mais das vezes vivemos longas vidas e temos a liberdade de nos empenhar na maioria dos projetos que nos interessa. A maior parte de nós não tem medo da autoridade, por mais irritante que seja a regulamentação cada vez maior que às vezes precisamos suportar. É nossa própria despreocupação com os níveis crescentes de vigilância e de controle, e com o declínio da integridade, que revela o quanto achamos normal nosso entendimento de que nossa civilização é livre. A chegada do servilismo real será uma surpresa para nós.

Essa nossa despreocupação, por si só, baseia-se na ilusão de que as coisas agradáveis de que gozamos surgiram de um passado repressor e injusto, e periodicamente consideramos como podemos aumentar ainda mais nossa superioridade ética. Nosso mundo está vivo com alta e baixa cultura, e uma tecnologia incansável produz o tempo todo deliciosas novidades e engenhocas. Todas essas coisas contribuem para uma agradável sensação de movimento, de progresso. Aprendemos a formular nossa condição como o gozo de direitos. A maioria dos conflitos em nossa própria vida política cedeu à mediação, e a aversão político-moral à dor, à frustração e à punição facilitou a vida para a maioria das pessoas, incluindo, sem dúvida, aqueles inclinados à delinquência. Hoje nos parece a maior banalidade que nossos arranjos sociais nos apresentem coisas chamadas "problemas", e que aquilo que se deve fazer com problemas é resolvê-los. A maioria de nós raramente vivencia as cautelas céticas que inspiravam os conservadores de uma geração anterior, isto é, todos estamos envolvidos em algum aspecto da visão político-moral da condição humana.

Porém, são precisamente essa facilidade e essa informalidade nos modos que podem provocar um reconhecimento de que nosso contentamento é precário. Vivemos uns com os outros em grande parte usando os prenomes, o que nos parece revelar nossa falta de arrogância, nossa afabilidade automática. Porém, podemos estimar o elemento de ilusão nessa prática a partir do fato de que também referimos nossos governantes por seus prenomes – Maggie, Tony, Bill, Dubya, Gordon, Barack, Dave, etc. –, porém *eles* certamente não são nossos íntimos. Essa prática aparentemente democrática de jeito nenhum relativiza a realidade de que os governantes estão distantes de nós, de que sua proximidade é um fingimento e de que as considerações que eles têm em mente são muito diferentes das nossas. O contentamento daqueles que estão em situação melhor nas sociedades ocidentais tem um paralelo nos problemas de assimilação vivenciados por uma população de imigrantes que cresce rapidamente e por uma estabilidade moral decrescente dos menos abastados. Nossas vidas são cada vez mais gerenciadas pelos políticos e burocratas que, nos níveis internacional, nacional e local, estão todos ficando mais intrusivos. Em outras palavras, o aumento constante da taxa de regulamentações a que estamos submetidos mede a distância cada vez maior entre nossa cultura (que consiste em todas as coisas que estamos inclinados a fazer sem precisar pensar) e as regras abstratas que o poder e a autoridade nos impõem.

8. A VIDA MORAL COMO BUSCA DE IDEAIS

O político-moral é um projeto grandioso para criar um mundo melhor. Ele ergueu as vistas acima de questões de vício e de virtude, acima de questões de integridade pessoal e de outros elementos semelhantes da vida moral, e concentrou-se na condição da humanidade como um todo. Ele é uma forma de idealismo que afirma que a maioria dos males do mundo, como a guerra, os massacres e a intolerância, resulta de condições sociais ruins, como pobreza, ignorância e opressão. Trata-se de um projeto formulado como a provisão de direitos humanos básicos às milhões de pessoas do mundo que carecem desses direitos. É difícil, mas não impossível, negar que, caso esse projeto fosse bem-sucedido, viveríamos num mundo melhor. Como, de fato, se poderia negar que é desejável essa melhoria da vida humana, a menos que carecêssemos da decência elementar de ter simpatia pelos sofrimentos dos outros? Esse é o desafio moral que o idealismo político-moral nos apresenta.

O idealista político-moral claramente tem a posição moral mais forte nessa discussão. Preocupações humanas comuns a respeito de pagar as contas e de lidar com colegas difíceis, em comparação, parecem insignificantes. Alguns expoentes atuais desse grandioso projeto criticam as férias no exterior ou tomar uma garrafa a mais de vinho num jantar sofisticado, como se isso não passasse de egoísmo.[27] Toda uma nova concepção do que é moralmente sério e moralmente frívolo passou a existir. Essa concepção apresenta problemas para aqueles que apenas querem viver suas vidas segundo suas próprias opiniões. Como eles podem ser considerados éticos a menos que se lhes digam quais palavras podem ou não usar ao descrever seus concidadãos,[28] o

---

[27] Por exemplo, Peter Singer, *The Life You Can Save: Acting Now to End World Poverty*. Nova York, Random House, 2009.

[28] Um exemplo típico é a Comissão de Direitos Humanos da Irlanda do Norte aconselhando a equipe a trocar a frase "dia negro" por "dia triste". O termo,

modo como seus filhos devem ser educados, qual distribuição étnica de amigos devem ter e quais benevolências lhes são necessárias?

O objetivo que as autoridades buscam atingir ao regularem cada vez mais a maneira como pensamos e agimos é aumentar a felicidade da sociedade inteira; aliás, do mundo. O objetivo é fazer do nosso o melhor dos mundos possíveis, e, assim como o Dr. Pangloss, os idealistas são movidos pelas melhores intenções. Nesse mundo emergente, o único teste essencial de ser admirável é compartilhar suas atitudes benevolentes. E é nesse ponto que os problemas começam a surgir. Que tipo mais débil de desculpa moral consiste em afirmar "eu só queria fazer o bem" nos deve advertir para a fraqueza básica do projeto. "Eu só queria fazer o bem" é débil porque resvala na autolisonja, e isso é importante porque uma das principais corrupções da vida moral consiste na autossatisfação sem fundamento. A forma mais famosa dessa corrupção é celebrada numa longa tradição literária como hipocrisia, mas o idealista político-moral não costuma ser hipócrita. Ele é apenas alguém que está preparado para considerar que as boas intenções têm valor moral por si próprias. Nossa civilização há muito tempo é branda com as boas intenções, ainda que a maioria de nós perceba que o inferno está cheio delas. Muitos males do século XX (às vezes massacres em escala aterrorizante) foram perdoados por ativistas bem-intencionados porque acontecimentos terríveis podiam ser atribuídos a realidades intratáveis, e não às intenções dos perpetradores. As boas intenções por si sós podem ser melhores do que más intenções, mas aí acaba a parte boa.

---

como foi explicado, indicava uma "valorização hierárquica da cor da pele". Também a National Gallery, na Grã-Bretanha, preocupou-se com a possibilidade de que certas expressões fossem discriminatórias contra mulheres, insistindo para que a expressão "acordo de cavalheiros" fosse trocada por "acordo baseado na confiança". Também "braço direito" deveria tornar-se "segundo no comando". Esses casos foram reportados no *Daily Telegraph* em 25 ago. 2009, mas o fluxo infindo dessas versões de correção será bem conhecido da maioria das pessoas.

Minha preocupação não é com a eficácia da intenção grandiosa quanto a melhorar o mundo "lutando" pela paz e "vencendo a pobreza". Há uma vasta literatura, em grande parte cética, sobre a questão do valor de maciças ajudas financeiras a países do Terceiro Mundo. Entre conceito e criação, como diz o poeta, está a sombra, e a sombra nessa área em geral foi o desvio de fundos para usos ilícitos, normalmente benefícios privados corruptos. A escala dos problemas apresentados pelo idealismo político-moral é tal que nenhuma melhoria séria pode ser esperada a menos que os vastos recursos de ricos Estados ocidentais possam ser convocados. Os esforços benevolentes de ONG de caridade sem dúvida melhoram as vidas de muitos indivíduos, mas a condição de populações inteiras é pouco afetada. Às vezes, a causa da pobreza é a perversidade de governantes malévolos ou incompetentes, como no caso da Coreia do Norte ou do Zimbábue, sob o comando de Mugabe, e nada se pode fazer aqui, nem por aquilo que caprichosamente é chamado de "a comunidade internacional", a menos que esses estados assumam um papel policial ativo. Os países que tiveram mais sucesso em seguir o modelo ocidental de prosperidade não dependeram efetivamente de ajuda estrangeira, mas de culturas capazes de aproveitar as energias de suas populações. E isso sugere que devemos olhar mais de perto o princípio da nova benevolência.

Esse princípio básico diz que os males resultam de condições sociais. Está implicado que pouco ou nada pode ser esperado de respostas individuais a essas condições. Admite-se que as culturas variam, mas a pobreza sempre leva à violência, ao conflito e a outros males básicos registrados pela história. Nesse modelo, o sucesso educacional se torna uma questão apenas de quanto dinheiro foi investido; a longevidade, uma função da disponibilidade médica; a harmonia comunitária, um resultado de a tolerância ser inculcada por uma autoridade superior, etc. Outra implicação importante é que *nós* somos responsáveis pelas condições em que *eles* vivem. Em outras palavras, o mundo consiste de promotores ativos do bem e de vítimas passivas de condições ruins. O cerne da questão, assim, é a visão tecnológica de que a implementação de ideais compreende uma questão de uma população ativa agir sobre materiais fundamentalmente inertes.

O idealismo por sua própria natureza invoca um contraste básico entre a condição deplorável do mundo atual e as aspirações do idealista. Defender uma solução ideal para os problemas do mundo – um governo internacional que transcenda os interesses nacionais, o pacifismo, a ajuda generosa aos subnutridos de outros países, e daí por diante – é no mínimo mostrar que você liga para os outros e quer ajudá-los. Assim, aqui temos bases genuínas a partir das quais somos capazes de reconhecer o idealismo como um idioma possível da vida moral. Esse juízo encontraria apoio no fato de que os idealistas com frequência agem de maneira caridosa, alguns envolvendo-se em atividades como educar analfabetos no exterior ou fornecer água potável para países menos desenvolvidos. Certamente, trata-se de "fazer a coisa certa", uma das fórmulas com as quais reconhecemos o âmbito moral, e faz parte do motivo pelo qual os idealistas estão justificados em considerar-se decentes e benevolentes.

O problema, porém, é que o idealismo, em sua concepção do mundo (embora com frequência não em sua prática efetiva) vai de encontro ao nosso estilo de vida ocidental moderno. Sem dúvida, sob certos aspectos, todos acalentamos ideais e buscamos promovê-los, mas a vida concreta que levamos promove conflito e competição entre grupos, ideias, idealismos, moralidades, etc., tudo sustentado pela prática da civilidade. O ideal básico do político-moral é a harmonia. A competição, que está no coração da sociedade europeia, está, desde essa perspectiva, na margem do conflito e certamente produz, como uma de suas consequências, perdedores. Perder pode ser doloroso. O perigo que o idealismo apresenta para a modernidade ocidental está, portanto, em sua tendência a achar que, em cada área contestada da vida humana, algum ideal grandioso resolverá os problemas a que respondem os conflitos e as tensões do nosso mundo.

O fato é que a condição humana é inevitavelmente uma condição de grande variação nas vidas e nas fortunas dos indivíduos, e essas variações resultam em parte da virtude e do vício e em parte da sorte. Empreitadas econômicas podem levar à fortuna, mas às vezes terminam em falência. Se essa desigualdade é considerada um problema, uma solução é a direção central da economia, que pode, em princípio, eliminar o papel da sorte e oferecer benefícios iguais para todos. Trata-se de uma grande ideia, levando direto para a pobreza, para nem falar de despotismo e opressão. Ela pode funcionar numa sociedade de anjos, mas os homens não são anjos, como insistiam acertadamente os fundadores da comunidade norte-americana. Uma solução menos dramática para o problema da pobreza consiste em as autoridades tirarem dos ricos para dar aos pobres.

Outra vez, trata-se de uma grande ideia, só que ela com frequência desmoraliza os beneficiários e torna os ricos menos empreendedores. Além de certo ponto, a redistribuição diminui a prosperidade, para nem falar da vitalidade, de uma economia. Ou, continuando esse pensamento, talvez essa equalização não seja realmente possível. Devemos talvez nos contentar com uma sociedade aberta em que todos têm uma oportunidade igual de ascensão caso tenham o empreendedorismo necessário. Foi isso o que aconteceu no passado, em épocas em que os governos não interferiam muito no modo como funcionava a sociedade. No começo do século XXI, porém, a mobilidade social parecia estar declinando em muitos países. Em épocas pregressas, subir na vida era o resultado do empreendedorismo individual e de oportunidades abertas pelo nível contemporâneo de indústria e de tecnologia. Os governos não tinham nada a ver com isso. Agora, porém, os governos passaram a se interessar pela mobilidade social porque é considerada popular entre os eleitores. E, se a mobilidade diminui, o governo precisa fazer algo a respeito. O idealista quer abrir a mobilidade social a todos, e o jeito de fazer isso é mecanizá-la. Hoje, subir na vida depende em grande parte do acesso à educação superior. Os governos têm o poder de fazer as escolas e as universidades admitirem aqueles que o Estado quer incentivar. Aqui, a dificuldade é que a coceira dos governantes para interferir na independência das instituições muda o caráter dessas instituições. Sem as virtudes necessárias – no caso, capacidade intelectual –, os alunos impostos a instituições de excelência apenas reduzem-na à mediocridade. Não temos mais mobilidade social, mas uma caricatura dela expressa em cotas e cifras. Mas as intenções eram boas.

Assim, aqui temos uma sequência em que governantes mais ou menos benevolentes, exercendo a autoridade do Estado, tentam impor um sistema que fornece igualdade (ou "justiça social") em alguma medida. Trata-se de um sonho de idealista, de uma sociedade gerenciada, em que o objetivo da gestão consiste em salvar os indivíduos das dores do fracasso. Um ideal de equidade deve ser imposto a fim de remover as tensões entre sucesso e fracasso, entre os afortunados e os supostamente desafortunados. Esse tipo de mobilidade social, longe de expressar o dinamismo de uma sociedade moderna, é uma admissão de sua debilidade. Trata-se de uma distribuição de supostas "vantagens" na sociedade. Antigamente, subir na vida exigia coragem e empreendedorismo; no novo sistema, isso acontece quando os burocratas embaralham vidas.

Outra vez, muitas pessoas consideram que o conflito partidário das democracias liberais contemporâneas carece de sabedoria. Esses Estados herdam uma tradição que, no caso anglófono, surgiu historicamente da ideia de equilíbrio entre elementos da sociedade, como rei, nobres e plebeus. Essa prática absorveu nossas preferências democráticas mais recentes, como a tensão entre governo e oposição. Em nosso século, engenhosos especialistas sobre as eleições brincaram com a ideia de que o sucesso eleitoral consiste em recompor as questões de modo que um partido político possa oferecer os elementos mais populares do programa de cada um dos partidos dominantes. Isso é às vezes chamado de "triangulação", e compreende, sem dúvida, uma resposta àquele instinto popular de sentir que os melhores governos resultariam de uma coalizão de todos os talentos, e não da disputa sem fim entre partidos. Esse programa nos leva a renomear os partidos políticos "*centro*-direita" e "*centro*-esquerda" a fim de excluir uma coisa desagradável, mas indeterminada, chamada "extremismo". Nisso está o pressuposto de que um ordenamento correto de sensatez deve guiar nossa política a fim de promover "aquilo que o povo quer", princípio democrático que as elites com frequência querem relativizar mudando a fórmula para "aquilo que as pessoas deveriam querer", ou quereriam, em seus momentos racionais.

Há muito tempo transcendemos o velho impulso religioso de impor à sociedade a crença única a respeito das coisas divinas. Em vez disso, as crianças precisam aprender na escola as crenças básicas das principais religiões. Sem dúvida, é admirável que os cidadãos de uma democracia liberal tenham familiaridade com outras crenças e aprendam a respeitá-las, mas criar um currículo para crianças ao longo dessas linhas tem um efeito paradoxal. Uma aparente abertura transforma-se num fechamento real. As várias religiões passam a ser abrangidas pela rubrica maior de "fés", o que inevitavelmente distancia os alunos de levá-las inteiramente a sério. O ecletismo, em outras palavras, torna-se não apenas uma crença em si mesma, mas uma crença que ultrapassa todas, de modo que qualquer pessoa que efetivamente acredite no cristianismo, no islã, no sikhismo ou em qualquer outra religião em particular inevitavelmente fica parecendo beato ou fanático. A religião comparada, nesse nível, transforma-se no secularismo como única atitude correta e ideal. Isso vale particularmente para o cristianismo, que hoje é uma crença muito menos vital que outras religiões, mas continua sendo o fundamento constituinte da civilização ocidental. A democracia liberal surgiu na cultura cristã ocidental, e só nela. E surgiu em grande parte porque o cristianismo distinguia entre sagrado e secular e, portanto, entre privado e público, ou Deus e César, de um modo não permitido por nenhuma outra religião.

O verdadeiro caráter de nossa civilização é com frequência ocultado quando nosso modo de vida é intelectualizado nos termos do "valor" da tolerância e da abertura. O problema com "valores" é que se considera que são meras escolhas, mas nossa tolerância constitui algo diferente. Ela é parte da nossa identidade, porque aquilo que estamos efetivamente fazendo é participar de um jogo de um tipo muito mais sofisticado do que apenas expressar uma única virtude. Esse jogo é chamado de "civilidade" e configura a forma de vida que constitui nossa identidade moderna. Ele consiste na arte de ser capaz de conviver facilmente com outras pessoas que adotam uma ampla gama de crenças e de práticas. Respeitamos, em outras palavras, a independência alheia, e esperamos que elas respondam a nós da mesma maneira. Essa é a arte que permite que aceitemos todo tipo de tensão e de discórdia sem, normalmente, resvalar para o conflito aberto e destrutivo. É esse traço do ocidente que está no cerne de nosso enorme sucesso, e a verdade é que ele não depende de que compartilhemos quaisquer crenças particulares. Sem dúvida, existem muitas atitudes de tipo moral ou patriótico que devem ser compartilhadas muito amplamente para que nosso mundo civil não se fragmente. Certas outras práticas (como o ocultamento do rosto feminino na cultura islâmica) estão na margem exterior daquilo que, em nosso mundo livre e individualista, podemos tolerar.

A essência da civilidade, porém, é que, se respeitamos os direitos dos outros, não precisamos admirá-los, nem lidar com eles. Ao escolhermos amigos, funcionários ou qualquer outro tipo de associado, até recentemente fomos livres para fazer nossos próprios juízos. Muitos desses juízos certamente foram discriminatórios e injustos, mas esse problema era da "sociedade", e não do Estado. Estar do lado discriminado da discriminação, como estiveram os judeus às vezes em gerações pregressas, sem dúvida era doloroso, mas existem poucas dores sem algumas implicações positivas, e a vitalidade do sucesso judaico – no período anterior ao florescimento dos direitos humanos e do politicamente correto – é um dos vários exemplos que sugerem que as desvantagens têm muitos lados. Virtudes como resistência, humor e autocontrole são trazidas à tona. O outro aspecto desse tipo de situação é que, numa sociedade grande e vibrante, nenhuma discriminação é universal. Sempre há outros amigos possíveis, empregadores e associados. Como solução para essa condição, entendida como problema, os idealistas nos impuseram leis trabalhistas e uma legislação antidiscriminação (para nem falar do politicamente correto), dispositivos projetados para homogeneizar a população retirando qualquer significância que possa estar associada à distribuição desigual de virtudes.

Assim, temos aqui um esboço de como o mundo moral está se movendo, tornando-se necessárias as relativizações de sempre. Muitas versões das atitudes morais que herdamos permanecem pouco menos vibrantes do que antes, mas o idealismo político-moral me parece a direção corrente do nosso mundo moral. No século XX, o idealismo assumiu formas dramáticas e frequentemente horríveis ao transformar-se em projetos ideológicos para a transformação da sociedade. Com frequência, ele resultou em regimes totalitários. Em nosso século, o mesmo impulso de substituir as imprevisibilidades dos esforços morais com um conjunto gerenciado de resultados desejados assume formas muito menos dramáticas, mas seu escopo se expandiu de maneira notável até abranger a humanidade como um todo. O idealismo político-moral, assim, me parece o motivo mais influente da nossa civilização. Permitam-me concluir agora considerando primeiro os aspectos em que essa forma de idealismo exibe a mente servil e, segundo, o modo como esse idealismo trai o gênio de nossa civilização.

O aspecto servil da ordem emergente consiste numa disposição de tolerar o direcionamento de nossos pensamentos e de nossas ações por corpos exteriores. Esse declínio de nossa autonomia não resulta apenas da paixão de cada Estado de fazer uma associação empreendedora, mas também de nossa sujeição cada vez maior a corpos transnacionais como a União Europeia, e a organizações internacionais que tratam de tudo, de direitos a refugiados. As diretrizes e as regulamentações emanadas por esses corpos parasitam nosso respeito pelo Estado de direito, mas, na verdade, boa parte desse gerenciamento das nossas vidas não apenas não faz sentido, como também é ativamente tirânico. O aspecto do servilismo começa no fato de que essas coisas nos foram impostas, e aceitas, de maneira notável, como se a obediência a uma variedade de órgãos – que com frequência não precisam prestar contas a ninguém – é, em si, um triunfo moral sobre nosso egoísmo e sobre nosso partidarismo nacional. Declarações internacionais de direitos, que são a fonte de algo desse guiamento, surgem de compromissos entre partes que respondem elas próprias a condições contemporâneas, mas o resultado se pretende uma peça de sabedoria universal, além de tempo e lugar. Revisá-la não é fácil, se é que se pode revisá-la. É verdade, de fato, que muitas dessas declarações são apenas elementos codificadores da cultura dos Estados europeus em algum momento, observadas apenas irregularmente pelos Estados não europeus que as assinaram. Todavia, espera-se que nosso cumprimento seja exemplar: um exemplo para o resto.

    As consequências do poder federativo, como na União Europeia, não são um aprimoramento de declarações universais de direitos. As diretivas da UE se originam de órgãos amplamente intocados por pressões democráticas; trata-se, com frequências, de ideias inteligentes que têm apelo para aqueles que tentam melhorar o mundo impondo-lhe desejabilidades abstratas. Esses órgãos se pretendem formas de sabedoria que transcendem as nações, mas são em geral corruptos moral e financeiramente, produzindo, com frequência, resultados deploráveis. A política de pesca europeia, por exemplo, destruiu grande parte dos peixes das águas europeias, particularmente das britânicas. O efeito de transferências massivas de autoridade dos governos nacionais para órgãos internacionais consistiu em debilitar a classe política democrática dos Estados europeus. Durante boa parte do tempo, os políticos nacionais ocupam-se de tarefas pouco mais elaboradas do que adaptar diretrizes da UE a questões locais. Eles mal chegam a levar a si mesmos a sério, e são levados a sério cada vez menos pelas populações que teoricamente representam.

Em sua forma clássica, a vida moral era uma vida em que individualistas respondiam às demandas da vida nos termos de uma integridade coerente autoescolhida. Existem, é claro, muitos jeitos de fazer a coisa certa, e muitas virtudes que se pode exibir fazendo-a. Daí que o idioma individualista da vida moral à primeira vista (e aos olhos de povos de outras culturas) pareça tão vulneravelmente indeterminado e relativista que incentivaria a anarquia. Vimos que, na verdade, ele foi notavelmente resistente e estável. Longe da anarquia, os Estados ocidentais modernos foram na verdade notavelmente autodisciplinados, e é o caráter reflexivo dessa disciplina que faz dela um *auto*governo. Uma sociedade de pessoas autogovernadas revelou-se vastamente mais estável e ordeira (como se fosse guiada por uma mão invisível, para guiar a fórmula de Adam Smith) do que os reinos despóticos em que alguma crença correta era tornada obrigatória pelo poder. E, num mundo assim, as pessoas aceitavam as consequências de suas ações.

A essência da mente servil é a disposição de aceitar direcionamento externo em troca de ser aliviado do ônus de um conjunto de virtudes, como poupança, autocontrole, prudência, e, aliás, da própria civilidade. Um serviço nacional de saúde troca a poupança e a liberdade de gastar o próprio dinheiro pela garantia de que a assistência médica sempre estará disponível "sem custo". A aceitação dessa troca passa então a ser entendida como uma virtude em si mesma, a ser contrastada com aquelas pessoas egoístas dispostas a gastar sua própria riqueza em tratamentos melhores. A obediência, tanto aqui quanto em outras áreas, é erradamente identificada com o Estado de direito. Uma medida do declínio moral envolvido nesse avanço do servilismo é que gente corrupta, de empresários a legisladores, justifica sua gananciosa falta de integridade afirmando que não violou regra nenhuma. O uso casuístico da ideia de que a moralidade não é nada além de seguir regras passa a ser uma licença para o abuso em benefício próprio de cargos e responsabilidades.

Uma pista do servilismo de espírito na vida contemporânea pode ser encontrada no papel das abstrações. "Os pobres", por exemplo, estão presos à ideia de que são *essencialmente* pobres, porque essa é uma identidade que lhes dá benefícios. Antigamente, aqueles que dispunham de poucos recursos (especialmente os "pobres respeitáveis") viam-se de várias maneiras. Eram pobres, mas também eram uma parte da sociedade de cujo trabalho muita coisa dependia. Muitos viam-se, em termos religiosos, como almas imortais, e outros, como a espinha dorsal do país, superiores aos ricos, e como gente que merece o respeito dos próximos. Acima de tudo, eram respeitáveis. No discurso público moderno, eles aparecem dominantemente como pobres e vulneráveis, valorizando essa condição de vítima porque lhes traz benefícios.

A retórica da condição de vítima parasita as contradições. De um lado, os pobres precisam ser uma classe muito grande, para que consigam constituir o indiciamento de nossa sociedade e uma classe cuja condição os governos precisam aliviar. Contudo, a pobreza tem de ser identificada com aquilo que em termos jurídicos seria chamado de "um caso difícil", excepcional pela recusa, a uma seção da sociedade, daquilo que é devidamente gozado pelas "classes médias". Porém, os casos difíceis, como explicam os advogados, promovem leis ruins. Os advogados dizem isso porque modificar ali para que um caso limítrofe seja arraigado como princípio de justiça logo criará precedentes que gerarão uma série infinda de casos difíceis. A viabilidade da lei depende de sua capacidade de generalizar situações humanas, e é impossível que essa generalização ofereça uma justiça perfeita em todos os casos. Encontrar uma lei que abranja um caso difícil leva à multiplicação de casos difíceis. Analogamente, interpretar a pobreza como problema que cabe ao Estado resolver gera toda uma série de problemas similares, como dependência da seguridade social, fraude, disseminação de novas reivindicações de vulnerabilidade, etc. É por isso que tomar entendimentos filosóficos da liberdade e da justiça como se fossem guias para os legisladores configura uma perigosa indulgência nos Estados modernos.

    É perfeitamente provável que pareça absurdo diagnosticar servilismo por baixo da conduta exuberante das sociedades europeias modernas. Ao longo do século passado, fomos liberados de muitas das convenções restritivas herdadas do passado. Preferências sexuais que antigamente atraíam sanções legais não atraem mais; aliás, são matéria para celebrações de "orgulho". Casamentos infelizes não constrangem mais indivíduos a vidas de tristeza. Os funcionários têm muito mais segurança contra os caprichos dos empregadores. Certamente, não somos bajuladores com nossos governantes, com os quais na verdade temos uma pseudointimidade – em conversas casuais sobre política, nós nos referimos a eles por seus prenomes. Sob muitos aspectos, devemos ser os povos mais livres que jamais existiram, e parte da razão disso é que podemos nos libertar com a maior facilidade de tudo que seja inconveniente. É esse fato mesmo que revela um elemento central no modo como a vida ocidental tem mudado. Fomos liberados de escolhas que envolvem compromissos e entramos num mundo em que constrangimentos e frustrações podem ser postos de lado sem custo em resposta a algum impulso corrente. Sociologicamente, a vida familiar deu lugar a uma nova condição em que um número de pessoas muito maior que antes vive como *singleton*. A vida familiar é uma disciplina que exige autocontrole; a vida solitária em grande medida permite a indulgência irrestrita em impulsos. Aqui, como em outras áreas, a conveniência supera a responsabilidade.

    Meu argumento, claramente, é que o vocabulário moral que herdamos do passado hoje serve para ocultar as realidades da vida contemporânea, e não para revelá-las. Passamos de uma moralidade de respeitabilidade para uma moralidade de benevolência. A respeitabilidade dependia de muitas coisas, e o que era respeitável em alguns círculos não era de jeito nenhum admirado em outros. Havia um elemento de pluralismo nisso. A benevolência começa, e pode terminar, em pouco mais do que um vago senso de boas intenções quanto a classes abstratas de pessoas. Esse ponto com frequência foi afirmado declarando-se que o contexto social e moral da vida pregressa era processual, e que as desigualdades da sociedade eram em grande parte atribuíveis às virtudes dos indivíduos. A sorte sem dúvida desempenhava algum papel, mas em geral o sucesso resultava do mérito. Muitas regulamentações contemporâneas pretendem produzir resultados substanciais por meio de um decreto da autoridade, e não como resultado de respostas virtuosas aos desafios da vida. A justiça, em outras palavras, deu lugar à "justiça social", em que as respostas morais não valem nada porque todas as situações resultam de condições sociais (especificadas abstratamente). Outra vez, a liberdade nas sociedades europeias em séculos pregressos dependia dos juízos políticos e constitucionais dos governantes. Em certa medida, era receptiva a nossos juízos. Hoje, ela está formulada como conjunto de direitos, e entregue a advogados e juízes. Os juízes, porém, não podem julgar devidamente as consequências práticas das implicações que tiram de um sistema de direitos. Analogamente, nossa prática de civilidade foi entregue a agências governamentais cuja responsabilidade está a um grau de distância do Parlamento. Esses órgãos (os "quangos") podem, entre outras coisas, impor penalidades jurídicas por "discurso incorreto".

Como em todo desenvolvimento complexo, o quadro é misto. Guardamos muito da vitalidade e da liberdade de que gozamos por muito tempo, mas poucos deixam de notar a deriva constante para um sistema em que indivíduos controlados e homogeneizados recebem vantagens desde que se encaixem no lugar que a autoridade lhes sugere. As vantagens são perfeitamente reais, mas também é real a dependência que envolvem. E essa diminuição da vitalidade certamente mina há muito tempo a vida britânica. O mundo moral do passado que constitui meu ponto de referência teve seu apogeu, sob certos aspectos, no período anterior a 1914, e, como observaram muitos comentadores, a Primeira Guerra Mundial representou um evento transformador. Essa guerra, com suas perdas terríveis nas trincheiras, ficou como um mito da inutilidade, em que as baixas da nova guerra de trincheiras eram referidas com escárnio por meio da metáfora do "abate" dos açougueiros. Os soldados foram, assim, desumanizados. O resultado de mais longo prazo foi o enfraquecimento da moral britânica. O reconhecimento do declínio da destreza militar britânica era um dos temas discutidos pelo alto oficialato militar na Segunda Guerra Mundial. Em uma carta ao general Wavell, em 1940, *Sir* Alan Brooke observou: "Não temos de jeito nenhum a mesma dureza da última guerra. Houve luxo demais. Segurança Primeiro, etc. neste país. Nossa única ideia é cuidar de nossos confortos e evitar sermos feridos de qualquer maneira".[29] Churchill preocupava-se com a maneira como as tropas britânicas rendiam-se em grandes números em Tobruk e em Singapura. Os Aliados, durante a Segunda Guerra Mundial, foram obrigados a admitir que as tropas alemãs eram, unidade a unidade, significativamente mais eficientes que as tropas britânicas ou norte-americanas.[30] Isso significa, é claro, que proporcionalmente menos soldados alemães foram mortos ou feridos. Um espírito servil já estava claramente evidente na disposição de apaziguar o governo alemão durante a década de 1930. Que a segurança está em abandonar os próprios interesses é a ideia básica de apaziguamento, levantando questões difíceis de juízo porque, às vezes, as concessões são a opção racional e correta. Porém, para a mente servil, elas são sempre a coisa certa a fazer. Defender os próprios interesses tem custos, mas não são nada em comparação com os de renunciar à coragem.

---

[29] Citado em Andrew Roberts, *Masters and Commanders: The Military Geniuses Who Led the West to Victory in WWII*. Londres, Penguin, 2008, p. 41.

[30] Roberts, op. cit., p. 125, 149.

O crescimento da mente servil certamente enfraquece a civilização ocidental, além de provocar uma fraqueza perigosa no mundo do século XXI, que contém certas culturas poderosas e agressivas, muitas ressentidas de nossa dominância recente e ansiosas por se apropriar de nossa riqueza. Algumas afirmam que suas culturas são superiores a nossas tendências competitivas e frequentemente perdulárias. Outras dizem ter a verdade divina, e assim nos consignam ao mundo de pesadelo do mero erro. Esse dogmatismo costuma ser convincente para aqueles que se sentem desmoralizados pela sofisticação de nossa cultura argumentativa e competitiva. Esses fatos são parte do motivo pelo qual nossa autoconfiança está em maré baixa, e por que muitos europeus anseiam por apaziguar quaisquer ressentimentos de que os outros reclamam. Certos grupos, e ocasionalmente até mesmo certos governos, sentem remorso pelas ações de gerações anteriores que não estejam mais de acordo com os padrões morais atuais. Essa disposição atinge seu apogeu no forte senso de ódio de si civilizacional de parte de nossas elites. Aqui, temos um conjunto de sentimentos que levam a uma disposição de afundar os traços específicos das culturas europeias num internacionalismo de direitos humanos, um ideal abstrato projetado basicamente para ser exportado para os despotismos opressores e empobrecidos do mundo. Uma espécie de estranho imperialismo moral a respeito de nossas superioridades culturais impele muitas pessoas a apaziguar as demandas dos outros a fim de demonstrar o quanto somos razoáveis.

Nessa situação, a forma político-moral de idealismo nos ameaça tornar nosso mundo semelhante ao das civilizações cíclicas do passado. Nossa fraqueza essencial é a confusão moral. Atitudes servis solaparam nossa vitalidade individualista porque aprenderam a imitar outras virtudes, como racionalidade e compromisso. Sem um entendimento claro da vida moral, a benevolência parece exigir que aplaquemos as acusações que nos são feitas. Nossa própria abertura quanto aos escândalos que nos afligem – em matérias como tortura ou irregularidades financeiras – é usada para que críticos, cujos escândalos frequentemente muito maiores simplesmente estão ocultados, nos censurem. Muitos entre nós sentem mais remorso por nossas imperfeições do que orgulho pelos benefícios morais e tecnológicos que geramos para humanidade. O grandioso projeto político-moral tem ambições, é claro, tão grandes que jamais faremos o bastante como agentes da melhoria do mundo. O grande impulso do político-moral por uma moral imaculada que resulta de desculpas pelos vícios de ontem e da virtude exibida nas relações internacionais contemporâneas constitui uma aplicação equivocada de padrões morais individuais a relações políticas. Não existe gratidão nas relações internacionais, muito pouco respeito pela virtude. A integridade moral pessoal é uma coisa, as relações entre Estados e povos, outra, e nada de bom virá de confundir essas duas coisas.

Político-moralmente, temos um dever de benevolência para com um mundo de categorias abstratas, com os milhões que vivem vidas diminuídas em outras culturas. São pessoas caracterizadas apenas com os termos negativos da privação. Sabemos que elas sofrem, e isso basta. Porém, essas pessoas também têm projetos e propósitos próprios, e muitos desses projetos e propósitos são precisamente aquilo que condena a própria sociedade à pobreza. Em termos político-morais, essas políticas autodestrutivas são elas mesmas também atribuídas, nesse modelo incansavelmente determinista, às condições sociais que explicam tudo o mais. Mesmo a demografia fatal do aumento populacional do "bilhão de baixo", que inevitavelmente envolve o ocidente num compromisso cada vez maior, é posta de lado pelo foco na necessidade e no sofrimento. E a solução de todos os problemas é implementar um conjunto de ideais unitários: democracia, comida, direitos das mulheres, assistência médica, governo competente, etc. O objetivo é universalizar um mundo em certa medida semelhante ao nosso, e, quanto mais parecido com o nosso, melhor. Em outras palavras, o projeto de aprimorar a humanidade é simplesmente o programa europeu de bem-estar social e de justiça social em letras garrafais.

O objetivo, portanto, consiste em substituir as tensões pluralistas imprevisíveis da vida ocidental com um conjunto de condições sociais ideais cuja consequência seria a harmonia universal. Porém, a grande característica da nossa civilização indubitavelmente imperfeita é que ela é capaz de responder criativamente às variações em respostas humanas ao mundo. Em outras palavras, ela consegue acomodar as ambivalências da vida humana. Um mundo perfeito imaginado assim só pode ser um conjunto de arranjos que transcendeu essas ambivalências, transcendendo, assim, as causas de conflito. Aqui estamos no cerne do desafio do político-moral: para atingir a harmonia, é preciso suprimir a ambivalência humana, isto é, a variedade humana. Acomodar essa variedade humana é dar adeus ao sonho de harmonia e de justiça social. O sonho de perfeição faz com que nossa civilização se torne igual a todas as demais culturas, nas quais o único modo correto de viver teve sua ascensão – e queda. Esse sonho é abandonar tudo que sustenta nossa vitalidade.

Até mesmo para começar a tornar esse programa plausível, a sociedade precisa ser entendida em termos abstratos como a fonte de uma única escala fixa de "vantagens". A renda determina a essência. Porém, é impossível conceber uma sociedade em que muitos não podem carecer de alguma das coisas atualmente consideradas vantagens. A riqueza é geralmente considerada uma vantagem (mas não muita!), e a pobreza, uma desvantagem. Certamente, parece haver pouco a dizer em favor da indigência de baixo, mas é preciso subir muito na escala para ver que a pobreza em si provocará respostas humanas de muitos tipos complicados, que vão do espiritual ao técnico, de modo que essas respostas constituem modos de vida distintos dentro da sociedade, sentido no qual pode se tornar vantajosa. Outra vez, é comum que a educação seja uma vantagem, mas ela também pode impedir outros talentos. Na verdade, não há vantagem que não tenha desvantagens, como será mostrado por um pouco de reflexão sobre a economia do custo de oportunidade. Como diziam os gregos, não há nada grandioso que não envolva uma maldição. Segue-se que a liberdade que permite que a individualidade floresça nunca será sem custos, mas obviamente não é menos verdade que a tentativa de homogeneizar o mundo para que todos concordem quanto ao que é vantajoso e partilhe disso (caso isso fosse concebível) é uma situação com custos. Até mesmo a mais servil das populações europeias hesitará em arcar com eles.

A escala única da vantagem não representa um problema numa sociedade de classes como o mundo medieval, porque as "vantagens" não estão em questão. Um ordenamento supostamente correto da sociedade determina os papéis que as pessoas desempenham. Isso também não é problema numa sociedade de castas como aquela criada pelos hindus. Não é nem mesmo um grande problema numa sociedade genuinamente cristã, porque o foco cristão contrastava os pobres e os mansos com os ricos e bem-sucedidos, e as duas condições podiam ser entendidas como vantagens. É por isso que as ideologias da mobilização revolucionária precisavam ser hostis a todas as formas de religião. Escalas alternativas de valor confundiriam o ativista. A revolução tinha de ser um jogo de soma zero nos termos da questão isolada de quem goza das vantagens. A escala isolada de vantagens não foi anteriormente um grande problema nas sociedades anglófonas pluralistas, porque em grande medida as pessoas descobrem prazeres em qualquer estilo de vida que seus recursos, por menores que sejam, lhes permitem. Mesmo assim, a essência do idealismo é interpretar os seres humanos nos termos da demanda por mais vantagens, ou da necessidade de mais vantagens, do que muitos deles efetivamente gozam.

A solução desse problema é, então, a substituição das vantagens desiguais que resultam do individualismo por um único sistema de redistribuição. As vantagens são nacionalizadas, a linguagem e a conduta reguladas, variantes de prática são toleradas e aceitas (dando ilusões de liberdade) desde que se encaixem no sistema regulatório cada vez mais gerenciado, o qual agora emerge de uma variedade de autoridades, internacionais, nacionais e locais, como que para derrubar qualquer entendimento sério da responsabilidade. Em vez de um governo responsabilizável que gera um Estado de direito, temos a nova coisa chamada "governança".

Não é o caso de ter nenhuma dúvida quanto ao que acontecerá à medida que esse processo se desenvolver. Os Estados ocidentais modernos vêm evoluindo para sociedades estranhamente semelhantes às mais tradicionais das criações históricas. A justiça social gera para nós o único modo correto de viver, caracterizado por um só tipo de justiça, um só tipo de tolerância, um só tipo de harmonia e, efetivamente, por um tipo de sistema moral ditado desde cima. A moralidade se funde com a gestão.

Assim como qualquer sistema de vida social, ela tem seus custos, encontrados em uma prontidão servil para ajustar tanto o pensamento quanto a conduta ao único modo de vida correto. Porém, imagina-se que isso seja um esquema em que todas as vantagens foram distribuídas de maneira tão hábil que não resta incentivo para que grupo ou indivíduo nenhum sofra algum descontentamento. Tudo teria sido provido com a satisfação de suas necessidades, e o câncer da inveja enfim teria sido banido da vida humana. Os filósofos normativos discordam, é claro, a respeito de qual será essa estrutura de vantagens, mas a princípio ela existe, e, quando a atingirmos, teremos atingido não apenas uma sociedade vivida nos termos da única escala correta de valores, mas numa escala tão inteiramente racional que não deixa escopo para mudança ou modificação. Claro que essa perfeição não está disponível aos seres humanos, mas é a aspiração debaixo da qual atualmente nos contorcemos.

O único esquema correto de vida é racional e universal, mas nada pode escapar da marcha do tempo. Toda ordem que sustenta uma forma de sociedade está sujeita a modificações sutis, começando frequentemente com as próprias palavras que ela usa para descrever a si mesma. Mencionamos a notável passagem da República para o Principado na história de Roma, e podemos extrair da mesma história a maneira notável em que um regime militar agressivo foi num período relativamente curto tomado por uma religião de humildade e de distanciamento do mundo. Não há como prever as mudanças notáveis nos sentimentos humanos, e podemos ficar perfeitamente tentados a dizer que a moda determina tudo. Além disso, em todas as civilizações baseadas no único ordenamento correto das coisas, o ordenamento era uma resposta brilhante ou sortuda às circunstâncias, e a resposta levava à fortuna – por algum tempo. Todo modo de vida é uma fórmula, e as fórmulas se degradam. Como no caso da burocracia weberiana, não há como evitar a rotinização. A promessa da modernidade ocidental era que uma civilização vital e conflituosa conseguiria derrotar esses altos e baixos com sua capacidade de passar de um entusiasmo a outro sem suprimir outras tendências. A atração em si do idealismo, do único ordenamento correto da sociedade, nos equipara a todas as muitas civilizações que fracassaram no passado. Ela joga fora o dinamismo básico sobre o qual nosso mundo foi fundado.

A Europa moderna, em seu dinamismo e em suas práticas competitivas, nunca esteve, é claro, imune a esse processo de rotinização. Ela também teve dramas de ascensão e queda, mas eles normalmente caracterizam apenas uma parte dela. Eram nacionais ou dinásticos, sem se estender a toda a civilização. A vitalidade intelectual da Europa deu-lhe em certo medida uma capacidade de reviver a si própria. É essa vitalidade que o idealismo monístico do político moral está destruindo lentamente. Podemos imaginar que ele não promoverá a perfeição, mas mesmo assim ele é perigoso. Poucas coisas são mais destrutivas do que sonhos políticos de perfeição.

Índice analítico

A
abstração de direitos, 105
abundância
   de comunicação, 240
   material, 405
   política, 21
ação
   afirmativa, 122
   comunicativa, 45
aceitabilidade, 277, 370, 386
aceitação, 46, 139
administradores, 327
adoção por casais do mesmo sexo, 140
advogados, 151, 154, 239, 368, 418
agência moral, 29-31, 191, 202, 251, 387
Agostinho, Santo, 76, 187, 213-14, 356, 398
ajuda a países subdesenvolvidos, 73, 244, 361-62, 408-10
álcool, proibição do, 50
alienação, 125, 134, 150, 260, 379, 388
   cultural, 260
alma, cuidado com a, 174
altruísmo, 71, 77, 276, 300-01, 314, 373, 378, 386
ambiente seguro para mulheres, 120
ambivalência, 339, 401
   associação político-moral e, 371-82
   cultura *versus* ideais de transformação e, 381-94

   idealismo político-moral e, 407-27
   mapeamento da política e, 339-45
   movimento político-moral movimento, 403-406
   opressões e liberações e, 363-71
   perfeccionismo e, 345-63, 393-403
Amish, 88
anciens régimes, 352-58
Anscombe, G. E., 198
antidiscriminação, 112-41. *Ver também* discriminação
   discriminação como categoria e, 113-18
   minorias e, 118-25
   negações da, 138-41
   os pobres e, 112-13, 126, 138-40
   os vulneráveis e, 112, 138-39
   politicamente correto e, 116, 138-41
   relações hierárquicas e, 141-47
   sentimentalismo e, 132-37
   vocabulário da, 125-31
antinomianistas, 261
antissemitismo, 114, 119
apaziguamento, 291-93, 421
aristocracias, 47, 57
aristocratas, 81, 96, 106
Aristóteles, 25, 161, 167, 176, 297, 343
arrogância, 82-83, 85, 258, 372, 390, 393, 406
aspectos éticos das políticas públicas, 203-204

aspirações idealistas, 143
assédio sexual, 120
associações de, 404, 415
atitudes do bem-estar, 126
ativismo, 204, 242
　coletivo, 205
　judicial, 171, 251
ato perlocucionário, 201
atomização da sociedade, 325, 376, 387-88, 394
atos
　de fala, 201
　de ilocução, 201
Attlee, Clement, 46, 48
auctoritas, 369
Austen, Jane, 92
Austin, John, 201
Áustria, 168
autocontenção, 108 (continência), 241, 342 (autocontrole), 357, 366 (comedimento)
autocontrole, 211, 251, 306, 323, 342, 415, 417 419
autodisciplina, 250, 307, 381, 417
autoestima, 82, 129, 132-37, 223, 253, 289, 299
autoestima coletiva, 289. *Ver também* autoestima
autogovernadas, 417
autoindulgência, 133, 223 (autocomplacência)
autolisonja, 408
autonomia, 206
　moral, 182
autoridade
　condição de Estado e, 152-53
　desconfiança da, 369-70
　medo e, 135-37
　professores e, 369
　rejeição da, 267-68
autossatisfação, 254, 408

B

Bagehot, Walter, 47
Beccaria, Cesare, 295
Becket, Thomás, 390
Beerbohm, Max, 403
Belloc, Hilaire, 25-27
bem-estar social, 48, 94, 106, 379
benefícios, 66, 102, 297, 418. *Ver também* vantagens
　trabalhistas, 288
benevolência, 133, 143, 252, 282, 407-409, 419-20, 422-23. *Ver também* compaixão
benfeitores, 148, 326-27
bens posicionais, 127
Bentham, Jeremy, 295
Berlin, Isaiah, 229
Blair, Tony, 137
bom senso, 299, 348, 405-406
Bono, 301
bons modos
　a vida moral e, 164, 171, 179, 187, 191, 195, 227, 240
　ambivalência e, 400-403
　comportamento "socialmente aceitável" e, 386
　igualdade e, 380, 383
　informalidade de, 406
　no começo da vida moderna europeia, 79-85, 89, 308-309
　opressão e, 380
　politicamente correto e, 146, 277
　respeito e, 136
　singletons e, 378
Booker, Christopher, 90
Bosanquet, Bernard, 39n
brigas de trânsito, 307
budismo, 89-90
burguesia, 73, 86, 108n, 197, 210, 372
Burke, Edmund, 192, 264, 341-42, 356
buscadores de asilo, 122, 282-83. *Ver também* imigrantes; migração

C

Calvino, João, 161
Câmara dos Lordes, 353
capitalismo
   a vida moral e, 39-40
   como arma retórica comunista, 340
   como fonte de todos os males, 68-69
   como força causal, 49
   ganância e, 372
   individualismo e, 213, 214, 218-19, 231
   responsabilidade social e, 387-88
   servilismo e, 25
   teoria do, socialmente atomizante, 374, 376
caráter moral, 30
carências, satisfação de, 103, 256, 372
caridades,103-104, 276. *Ver também* Organizações Não Governamentais (ONG)
   internacionais, 275-76. *Ver também* Organizações Não Governamentais (ONG)
casais do mesmo sexo, adoção por, 140
casamento, 111, 206, 323-24, 385, 419
   patriarcal, 111
casos difíceis, 418
Castiglione, Baldassare, 196
castigos corporais, 91, 136-37, 189, 295-96
"causas raízes", 364
centrismo, 274
ceticismo, 57, 106-108, 142, 166-70, 197, 237-38, 330, 342
Chamberlain, Neville, 293
China, 55, 144-45, 346
Churchill, Winston, 421
ciência, baseada em evidências, 103, 216, 328-29, 354
civilidade, 410, 414, 417, 420
   definição, 41-42
codificação de sensibilidades, 138

coerência, 56, 211, 226-27, 241, 308
colar em provas, 322
Coleman, James, 279n
Collingwood, R. G., 197
comercialização da vida moderna, 238
Comissão para a Igualdade Racial, 140
"comoditização" dos direitos, 357-58
compaixão, 75, 133, 204-205, 274-75, 309, 325-26, 344, 395. *Ver também* benevolência
competência, 35, 131-32, 222, 242, 300, 322. *Ver também* incompetência
competição, 69, 77,103, 220, 298, 314, 396-97, 410
comportamento
   antissocial, 33, 351, 386, 389
   conflito *versus*, 199-201
   pró-social, 389
compulsões, 185, 195-96
comunicação, abundância de, 240
comunidades étnicas, integração de, 140
comunismo
   admiração ocidental do, 260
   ambivalência e, 402
   apaziguamento e, 291-93
   como religião, 335
   cristianismo e, 220
   discriminação e, 73
   inocência e, 202-203
   megalomania e, 107-108
   perfeccionismo e, 345
   queda da, 69-70
   reações do século XX ao, 156
   rejeição europeia da, 316-17
   retórica política e, 340-41
   unidade mundial e, 231
comunistas, 156, 259-60, 329
concessão, 59, 169, 269, 272, 293, 421-22
condição adulta, definição, 50
condições sociais e, 66-67

conduta
  correta, 75, 162, 193, 402
  costumeira, 192
  moral, 39n, 76, 180, 188, 199-202, 230, 319, 370
confiança, 136, 238-39, 329, 368-69, 380, 408n
confiar, 180
Confidence (James), 186-87
Confissões (Santo Agostinho), 214
conflito. *Ver também* guerra
  armado, 366-67, 395-96, 402
  classe, 86
  como traço da vida moderna, 96, 165-66, 236
  competição e, 410
  dos partidos políticos, 413
  equilíbrio e, 230-36
  estado de direito e, 68-69
  salvação coletiva e, 75
  soluções para, 269, 293, 303, 423
"conhecer o seu lugar", 85. *Ver também* servilismo
Conrad, Joseph, 186
Consciência, 161, 174-75, 194, 209
consequências impremeditadas, 109, 342
conservadores, 273, 341-45, 406
conservadorismo, 341-45, 353-54, 355-56
consumismo, 62, 372
controle de natalidade, 110
Convenção dos Direitos das Crianças, 367-68
Convenção Europeia sobre os Refugiados, 101, 285
cooperação, 75, 77, 215, 224, 269, 314, 380, 399
Copérnico, 215
Coreia do Norte, 403
corrupção
  autossatisfação como, 408
  da representação, 288-89, 290

dever e, 29
do individualismo, 250-52
em Estados despóticos, 195
em sociedades individualistas, 224-25
moral, 179, 182
na sociedade ocidental moderna, 45, 96, 238, 374
nas monarquias europeias, 355
nos esportes, 233-34, 238
servilismo e, 224-25, 243
crenças certas, 75, 417
crianças
  autoridade sobre, 109
  bestiais, 178-79, 369, 380n
  como vulneráveis, 112
  comportamento antissocial e, 351
  destruição da infância e, 251
  direitos das, 368
  disciplinas educacionais das, 178, 295-96
  discriminação contra, 122
  engenharia das atitudes e habilidades das, 309
  esportes competitivos e, 235, 253
  grupos de pares e, 370-71
  impulsividade e, 304-305, 308
  justiça e, 368
  legados a, 376-77
  libertação das, 178, 367-71, 385
  mulheres e, 120
  punição corporal e, 134-37, 295
  representação das, 51
  reprovação na escola e, 299
  selvagens, 178, 368, 380n
  sofisticação das, 325
  utilidade clássica das, 324
criar um mundo melhor. *Ver* transformação mundial
crime, 67, 239-40
criminosos
  punição dos, 57, 134, 185-86, 190

reabilitação dos, 51, 77, 134, 268, 295, 370
cristianismo
    ceticismo e, 330
    como crença ortodoxa, 331-33
    como fundamento da civilização ocidental, 354-357, 413
    desenvolvimento do, 103
    gratidão e, 149
    imigrantes e, 155
    individualismo e, 208-209, 213-14
    moralidade e, 193-94, 218-21
    pecado e, 336
    politicamente correto e, 118
    salvação e, 70, 72
    tolerância e, 165-66
    unidade mundial e, 231
Crito (Platão), 190
Culpa, 114-16, 173, 203, 258, 263, 292-93
cultura
    confuciana, 192
    das celebridades, 237
    de conveniência, 249
culturas, definição, 41-42
curva de Laffer, 94

D
Darwin, Charles, 218
decência, 51, 77, 134, 268, 295, 370
Declaração da ONU para os Direitos dos Povos Indígenas, 42
declarações de direitos, 97, 100, 300, 364-65, 416
decoro, 228, 290, 401
"de direita", 341-43
"de esquerda", 339-40
defeitos da civilização moderna, 253-64
deferência funcional, 87-88
deferências, 323. *Ver também* servilismo
deficientes, 66, 114, 123-25
deliberações morais, 34, 180

democracia
    a vida moral e a, 159, 164, 169, 171, 191
    como analisar, 43-49
    como pensamento positivo, 53
    como processo de mudança contínua, 39-43
    como processo e ideal, 62-69
    como salvação social coletiva, 69-77
    como único jeito correto de ordenar a vida civil, 394
    condições básicas da, 49-56
    deliberativa, 59
    direitos das mulheres e, 52
    direitos e, 97-105
    educativa, 33
    família, 33
    fenomenologia da, 45
    formas de instrumentalismo na, 89-96
    ilusões de, 56-62
    instrumentalismo na, 89-92
    justiça social e, 63-64
    o mundo da deferência *versus*, 79-89
    paradoxos da, 56-62
    política pública e, 271
    radicalismo e, 344
    visão geral, 21-23
democracias
    liberais, 161-64
    maduras, 86
democratização, 47
denunciador, 239
Descartes, René, 214
descontentamentos, democráticos, 147-57
desejo(s), 56, 96, 206, 210, 225-30, 241, 301-11
desigualdade, 59, 62, 112, 116, 125-27, 256-57, 274, 411
desonestidade, 239-40. *Ver também* corrupção

despossuídos, 125-27. *Ver também* pobreza
despotismo, 195, 233, 238-39
desvantagem, 65, 66, 113, 127, 262, 415, 424-25
  presumida, 127-28
determinismo, 67
dever
  a vida moral e, 28-32, 171, 175, 182-85, 194-97, 205, 222-25, 238-40, 243-45
  comissários da, 277
  como conceito moral chefe, 155
  corrupção e, 251
  de tolerância étnica, 139-140, 141
  dor do, 184
  identidade e, 91-92
dinheiro dos outros, 266n (aparece de outras pessoas), 298 (aparece de terceiros), 301
direito
  a férias, 98
  constitucional, 42
  de propriedade, 98, 104, 297
  de voto, 59
direito ao voto, 45-48, 51-52, 297-98
direitos, 99-100
  abstração do, 105
  alívio da pobreza como, 360-61
  como conceito moral que preside, 155
  conceito em expansão dos, 265
  das crianças, 368-69
  das mulheres, 108-11, 168-69, 391-92
  declarações internacionais de, 416
  empoderamento dos mais fracos e, 106
  fontes da legitimidade democrática e, 97-105
  gratidão e, 149-50
  irresponsabilidade dos, 357-58
  liberdade e, 102, 269-70,
  maioria, 52
  opressão e, 364-65

propriedade, 98, 104, 297
servilismo e, 102
trabalhistas, 98-99
Diretrizes, 248
disciplina, 135, 295-96, 306, 368-69. *Ver também* autodisciplina
discrição, pessoal, 329
discriminação. *Ver também* antidiscriminação
  como categoria, 113-18
  comunismo e, 73
  contra as mulheres, 118-22
  contra crianças, 122
  contra minorias, 118-25
  contra negros, 113, 134
  contra os deficientes, 123-25
  contra os homossexuais, 123
  contra os povos indígenas, 123
  correção política e, 414-15
  custos e problemas da, 129-31
  dor da, 414-15
  equalização democrática e, 111
  étnica, 122
discurso de ódio, 277
dissidência, 296
distância e autoridade, 152
distinção entre egoísmo e altruísmo, 70, 300-301, 378, 386
diversidade cultural. *Ver* diversidade
diversidade, 54, 75, 117-18
divórcio, 111
Donne, John, 265-66
dor(es)
  aversão moral à, 370
  da autoestima inadequada, 253
  da censura, 136
  da discriminação, 414-15
  da vida, 21, 297, 300, 322, 348
  de perder o emprego, 195
  do dever, 184-85
  do fracasso, 235, 412
  punição e, 270, 295-96, 370, 395

doutrina ocultista, 71
dúvida, 16-67

E
ecletismo, 413
educação
    a vida moral e, 171
    ataque sentimentalista à, 137-38
    como propaganda, 163
    disciplina e, 178-79, 296
    fornecida pelo Estado, 246-47
    igualitarismo e, 144
    moral, 181
    popularização da, 135
    salvação social e, 73-74
egoísmo, 205, 210, 227, 240, 250, 373, 407, 416
Eliot, T. S., 199
elite esclarecida, 71-72, 86
Elites, 72, 85, 155-56, 413, 422
Elitismo, 58, 107
elocuções, 201
Elyot, Thomas, 199
empresa(s), 65, 94, 180-81, 292, 375, 399, 412
equalização, 111, 257-58
equilíbrio e conflito, 230-36
equivalência moral, 292
erros de categoria, 222
eschaton, 335
escravos
    como agente moral, 183
    como seres racionais, 213
    europeus modernos como, 31
    liberação e, 108
    natural, 25, 242
    opressão e, 356, 364-65
    ordens é um pedidos e, 93
    primeiros nomes e, 308
    vida moral dos, 29
escravos naturais, 25 (aparece escravo por natureza), 242

esfera descricionária pessoal, 329
Espanha, 55
esperança, 68, 237, 295, 348
esportes
    corrupção nos, 233-34, 238
    institucionalização dos, 233
essência de escravo, 182
estado de direito
    autorregula e, 246
    estado moderno do, 91, 144, 164-65
    feudais e, 352
    governança e, 426
    hierarquias sociais e, 108-109
    individualismo e, 231-32
    individualistas e, 315
    internalizamos do, 195
    liberação e cooperação e, 269-70
    orgãos internacionais, 416-17
    respeito pelo, 154
    servilismo e, 417
"estado de natureza", 80
estados (classificação social e/ou profissional), 339-41
Estados de bem-estar social, 48, 106, 112, 304, 324, 309, 341-42
Estados islâmicos, 56, 361 (aparece mundo islâmico)
estar ocupado, 227
estruturas de incentivos, 67, 131
ética, 153-54, 176, 202, 272-73, 300-01, 311, 392-95
    de admiração, 176
Eutanásia, 204
evasão fiscal, 94
excluídos,112, 115-16, 125-27, 132, 138-39, 316, 326, 364-65. *Ver também* pobreza; vulneráveis

F
Fábula das Abelhas (Mandeville), 240-41
falácia da agregação, 299

falsa consciência, 74
famílias, 137, 223, 230, 270, 302, 329, 351, 370
　monoparentais, 351
fanatismo, 113
fascistas/fascismo, 73, 266, 329, 340, 340n, 343-44
fatalismo, 67
felicidade, 46, 126, 176, 191, 256, 298, 372, 381-82, 408
fêmeas. *Ver* mulheres
feminista movimento, 119, 324
feminista(s), 73, 109-111, 121, 285
fenomenologia da democracia, 45
filosofia grega, 212-13
Fitzgerald, F. Scott, 153
Fleurbaey, Marc, 360
flexibilidade de papéis, 399
florescimento humano, 81
Fonte, John, 151
Foot, Philippa, 160
formalidade
　no trato, 80-82
　situacional, 323
fortuna, 66-67
Foucault, Michel, 125
fracasso democrático, 55
fracos, 105-106, 147. *Ver também* vulneráveis
fraude, 238-39, 310, 419. *Ver também* corrupção
freios e contrapesos, 96
Freud, Sigmund, 186
fundamentalismo, 35, 171, 292-93, 354, 358, 364
　constitucional, 358

G
Gaia, 335, 404
Galileu, 215
ganância
　capitalismo e, 372-73
　como base da economia, 374n
　cultura de conveniência e, 250
　desaprovação moral da, 29
　independência como, 316
　limitação e, 399
　lucro e, 256, 281, 327, 366
Gandhi, Mohandas, 98
gay(s), 139. Ver também homossexualidade
　liberação, 324, 384-85
　orgulho, 123, 385
Geldof, Bob, 301
Gellner, Ernest, 224, 259, 399
Gênero discriminação de, 114
genocídio, 113
Gibbon, Edward, 352
global
　cidadania, 266
　governança, 151
　justiça, 274
globalização, 255, 257, 266
gnosticismo, 71, 332-35
Godwin, William, 233
governança, 151, 311, 393-94, 426
governantes, declínio do respeito pelos, 137
governo como fonte de benefícios, 246-47
gratidão, 108n, 148-49, 336-37, 363, 423
Green, T. H., 39n
grupos de pares, 370
guerra, 52, 151, 269, 358, 363. *Ver também* conflito
Guerra do Iraque de 2003, 275
Guerra dos Trinta Anos, 210

H
Habermas, Jürgen, 45
Hayek, F. A., 279
Hedonismo, 301
Hegel, G. W. F., 162, 178-79, 191, 397-98

Hemingway, Ernest, 266
heterogeneidade, 55
   cultural, 55
heteronomia, 206
hierarquia natural, 141-45
Himmelfarb, Gertrude, 313
Hindus, 41, 144-45, 192, 287, 425
hiper-individualismo, 162, 308
hipocrisia, 240
Hobbes, Thomas, 80, 165, 165n, 167, 178-79, 185, 226, 232, 241-42, 295, 311, 372, 390
Hobhouse, L. T., 39n
Homo Ludens (Huizinga), 235-36
homofobia, 73, 113, 190
homossexualidade, 75, 123, 138-39
Hong Kong, 362
Honra, 233
Huizinga, Jan, 235
Hume, David, 242
Humildade, 213, 236n, 293, 336, 349, 389-90, 398, 427
hybris, 68
hype (moda), 237

I
ideais, 116, 142-43, 290, 294, 365, 382-94, 407-27
idealismo, político-moral, 407-27
ideias, 296-99
identidade dos, 324
ideologia, 107, 262
ignorância, 358, 363
igualdade. *Ver também* justiça social
   absoluta, 127
   como *slogan* democrático, 64
   democratização da, 111
   ética e, 272
   independência e, 312
   justiça e, 395
   modos e, 380, 383
   opressão e, 257
   pessoal, 312
   religião de, 118
   representatividade e, 288
   sentimentalismo e, 135
   singletons e, 379-81
   social, 256
igualdade de recurso, 360. Ver também igualdade
igualitarismo
   democrático, 135-36, 141-42
   educação e, 143
   espiritual, 213
iluminismo, 40, 176, 215, 219, 295
   radical, 352
ilusão bolchevique, 350
ilusões da democracia, 56-62
imanência, 335
imigrantes, 112, 131, 155-56, 282-83. *Ver também* migração
   chineses, 122-23, 284
   hispânicos, 123
imitação da conduta, 146, 278. *Ver também* modelos de papel
imperativos hipotéticos, 195
impulsividade, 32-33, 227, 230, 301-11, 319-21
impulsos, 108, 206, 225-27, 241-45, 301-305, 380-81, 384-85, 419
Inaceitabilidade, 77, 277, 387, 393 (inaceitável)
inclusão, 51-52, 64, 112, 124-25, 140-41, 395
incompetência, 23, 94, 242, 281, 322. *Ver também* competência
independência
   em geral, 28-31, 169
   ganância e, 315
   institucional, 247, 250, 357, 412
   mental, 84, 174, 243, 245, 379, 388
   moral, 215
   na sociedade moderna, 312-16, 414
   servilismo e, 25, 236-37, 243, 245

Índia, 55, 255
individualidade, 26, 80, 194-95, 207, 212, 378, 393, 397, 425
individualismo, 225
    a vida moral e, 176-77, 186, 205-14, 221-30, 221-35, 312-14
    capital social e, 250
    como estrutura auto-ordenadora da sociedade, 308
    como fundação da civilização ocidental, 375
    corrupção do, 250-51
    economias e, 68
    elementos do, 221-30
    estado de direito e, 231-32
    Hegel a respeito do, 397
    liberdade e, 162, 228-29
    mundo moderno e, 205-14
    opressão e, 217-18
    os vulneráveis e, 225
    perfeccionismo e, 395
    salvação e, 74
    secularismo e, 69-70
indulgência, 108
indústria, como geradora de riqueza, 65
informalidade de trato, 84-5, 307, 406
injustiça, 119, 358
insatisfações democráticas, 147-157
institucionalização dos, 233
instrumentalismo, 89-96
integração de comunidades étnicas, 140
integridade, 155, 172, 175, 223, 322, 360, 405, 417-18
intemperança, 188
interessados, 281
interesse próprio, 70, 210 (indivíduos), 240, 313, 275, 372-73, 374 (puro interesse)
interesses políticos, 296-97
Internacionalismo, 285, 366, 422
internalização, 211
intimidade, 84-85, 307

investimento em empreendimentos supostamente benignos, 204-205
Irlanda do Norte, 55
Irresponsabilidade, 227, 308-309
    de direitos, 357-58
islã, 41 (aparece islâmica), 107, 231 (aparece projeto islamita), 332
Islamofobia, 132

J

James, Henry, 186
jeito de escravo, 25, 29 , 182. *Ver também* servilismo
Jihadismo, 20, 292
Joachim de Flora, 334
jogos econômicos, 103
judeus, 114, 118, 122, 128, 131, 288, 401
justiça. *Ver também* justiça social
    apaziguamento e, 291
    autoridade e, 152
    conveniência e, 31
    definição, 279
    direitos da criança e, 368
    esfera discricionária pessoal e, 329
    global, 274
    igualitária, 254
    injustiça e, 286
    legislação e, 418-19
    movimento político-moral e, 403-404
    na *common law,* 103
    necessidade e, 271
    ONG e, 366
    para as mulheres, 119, 383-84
    perfeição político-moral e, 395
    pragmatismo e, 251
    sentido cambiante de, 110
    sinais abstratos de, 143
justiça social, 63-64, 171

K

Kant, Immanuel, 52, 110, 195, 217

L

lacunas
  estatísticas, 65
  na lei, 93
lealdade
  à espécie, 265
  dos Estados nacionais, 366
  nacional, 367
legados para crianças, 376
legitimidade pressuposta de direitos, 97
Lei de Direitos Humanos de 1997, 99
"lei de ferro da oligarquia", 58
lei de proteção laboral, 300
Lei do *Habeas Corpus* de 1671, 102
Lei dos Pobres, 313
Leis de Reforma Britânicas, 39, 46, 48
leis, 92-93, 154, 244-45, 350, 396
lenda individualista, 215-21
letramento emocional, 119, 309
Leviatã (Hobbes), 165n, 167, 226
Líbano, 55
liberação
  conceito dos escravos de, 108
  das convenções sociais, 323
  das crianças, 178-79, 368-71, 385
  das escolas, 306
  das mulheres, 383-84, 391-92
  dos homossexuais, 188, 306, 324, 384-85, 419 (aparece preferências sexuais)
  em geral, 217, 269-70, 303-305, 325
  em sentido negativo, 90
  impulso e, 241
  individualismo e, 363-71
  liberdade e, 270, 367
  opressão e, 363-71
  sexual, 249-52, 357 (gay), 351 (convenção)
liberalismo, 39, 215-18, 220-21, 364
liberdade, 81, 99, 102, 104, 108, 171, 367
  como condição moral, 28-29
  da vida civil, 181
  de opinião, 218
  direitos e, 101, 270
  escravos e, 24-25
  importância da, 316
  individualismo e, 162, 228-30
  lacunas na lei e, 93
  liberação e, 269-70, 357
  na *common law,* 100-101
  nas democracias liberais, 161-62
  perfeccionismo e, 356
  União Europeia e, 245
"liberdade do muro", 184
licença, 270
licença-paternidade, 120
limitação, 397
Lincoln, Abraham, 49
linguagem
  impacto do sentimentalismo na, 134-35
  político-moral, 394-95
linhas diretas, 309-10
Liphardt, Arend, 288
lisonja, 30, 88, 148
Litígio, 239. *Ver também* advogados
livros sem fim de autoajuda, 91
Locke, John, 99-100, 215
lucro, 103, 256, 281, 327
Luís Napoleão, 108n
Luís XIV, 161
Lumpemproletariado, 108
Luxúria, 256

M

Magna Carta, 102, 232
Maine, Henry, 99
Maistre, Joseph de, 295
mal
  capitalismo como, 68-69
  como desvio do costume, 55
  da morte, 167, 185
  fontes do, 68-69, 134-35, 328, 406-409

individualidade como, 207
luxo como, 256
Nussbaum a respeito do, 390
perfeccionismo e, 263-65, 395
perfeição como ausência de, 257
mandamentos, 70, 92-3, 166, 193, 211, 278
Mandeville, Bernard, 240 (aparece Mandlebee), 374n
mapeamento da política, 339-45
Maquiavel, 66, 171, 183n, 194, 265, 271
Marx, Karl, 67, 68, 70, 104, 108, 219, 346
Marxismo, 39, 72, 86, 220, 333
medo
   arrogância e, 390
   autoridade e, 134-35
   aversão político-moral ao, 370
   como motivação econômica, 281
   de punição, 295
   despotismo e, 233
   respeito e, 136-37
menos afortunados, 126, 255, 376. *Ver também* pobreza
menos favorecidos, 125-28, 132-39. *Ver também* pobreza
menos privilegiados, 125-27. *Ver também* pobreza
mente servil. *Ver* servilismo
meritocracia, 82, 145
Michels, Robert, 58
mídia, seu lugar nas democracias modernas, 45
migração, 54, 140-41, 155, 317. *Ver também* imigrantes
Mill, John Stuart, 161
Milton, John, 184
Minoria
   com surdez congênita, 123
   surda, 123
minorias, 47, 53, 113, 116, 118-25, 128, 326. *Ver também* minorias específicas

étnicas, 122, 326
visivelmente distintas, 122
mistério e autoridade, 152-53
misticismo de numerologia, 334
"modelos-capuz", 146
modelos de papel, 146, 278, 318-19
modernização, 346
modos democráticos, 83
modularidade, 224
monarcas, 153
monarquias, 47, 52, 57, 217, 233, 352-56
monismo, 235, 395
Montaigne, 153, 165
Montesquieu, 45, 87, 233
morais, 159-71. *Ver também* moralidade; vida moral
moralidade, 65, 139, 193, 211, 290, 362, 398, 419, 420. *Ver também* vida moral
Morozov, Pavel, 160
morte, como um mal, 167, 185
movimento de direitos civis da década de 1960, 122
Muçulmanos, 192, 249, 283-85, 328
mudança
   civilização europeia e, 41
   climática, 168, 266, 278
   como liberação, 90-91
   democracia como, 39-43
   política, 47-49, 342-43
   resistência à, 41
Mugabe, Robert, 291
mulheres
   como agentes morais, 324
   como guardiãs da moralidade e do decoro, 290
   como *singleton*s, 326
   como unidades de trabalho, 382, 383
   como vítimas 118-21
   condição adulta e, 50-51
   deferência e, 92

direito ao voto e, 48
direitos das, 107-108, 170, 391-92
discriminação contra, 112, 127-28
em outros empregos que demandam agressividade e força, 85
liberação das, 382-83, 391
opressão e, 383
realizações e, 321
representação, ideia de, 285-87
tutela de pais e de maridos, 169
Multiculturalismo, 54, 118, 285-91
mundo
da deferência, 79-89, 92, 112, 307
moral, 32, 35, 90, 267, 386, 415, 421
mundo político-moral, 253-337
apaziguamento e, 291-93
aspectos do, 278-301
de desejo a impulso, 304-308
defeitos da civilização moderna e, 253-64
definição, 258
emergência do, 271-78
falácias do "social" e, 279-85
imagem da sociedade moderna, 311-27
os vulneráveis no, 315-20, 326-27, 345
politicamente correto e, 266, 277
problema da vara e da cenoura e, 293-301
recompensa e punição e, 293-301
reivindicações éticas do, 264-71
representatividade e, 285-91
teologia do, 327-37
Murder in the Cathedral (Eliot), 199

N
nazismo, 114
nazistas, 107, 142, 231, 293, 340-41
necessidades, satisfação das, 102-104, 112, 142, 256, 265, 314-15

necessitados, 61, 104. *Ver também* pobreza
negação do holocausto, 168
negatividade autorrelacionada, 397
negociação, 111, 134, 153, 189, 269, 282, 293, 296, 370
negros
discriminação contra, 113, 122
representação de, 128
neófila, 90
nexo monetário, 373-74, 378
Nietzsche, Friedrich, 108, 184, 187
noblesse oblige, 82
nomes
formalidade dos, 83-84
prenomes, 84, 307(aparece primeiro nome), 406, 419
próprios, 84, 307, 406, 419
Nussbaum, Martha, 389-90

O
"o povo", 49-56, 60
O'Rourke, P. J., 266, 266n, 269
Oakeshott, Michael, 199-200, 201, 203, 346, 404
Obediência, 227, 416
Obesidade, 351
OCDE, 366
Ódio de si europeu. Ver ódio de si ocidental
ódio de si ocidental, 259-64, 366-67, 422 (ódio de si civilizacional)
ódio de si. Ver ódio de si ocidental
ódio próprio civilizacional, 422. *Ver também* ódio de si ocidental
oligarquia, 52-53, 58
olímpicos, 151
onipotência governamental, 94
ONU, 275, 288, 366
Oposição leal, 232
opressão
boas maneiras e, 380

como ideal da democracia, 62-63
cultural, 123-24
desigualdade e, 256-58
direitos e, 364-65
economia e, 361
escravos e, 356, 364
igualdade e, 256
individualismo e, 218
liberação e, 363-71
mulheres e, 383
nos *anciens régimes*, 352-58
pobreza e, 361
pressupostos feministas e, 286
sentimentalismo e, 345
ordem
civil, 181
da vida, 181-82
social, 80-82
Organizações Não Governamentais (ONG), 276, 366
orgulho, 188

P
países subdesenvolvidos, ajuda a. *Ver* ajuda a países subdesenvolvidos
paixão racionalizada, 226
paradoxo
da democracia, 56-62
da sabedoria, 60-62
Paraíso Perdido (Milton), 184
Parcerias, 375
Pareto, Vilfredo, 58
Patten, Chris, 171
pecado , 173, 336-37
original, 68, 146, 186, 336
pedofilia, 90
pena capital, 134, 296
pensamento abstrato, 42
perfeccionismo
ambivalência e, 345-63, 394-403
gradual, 349-52
ignorância, pobreza, guerra e, 358-63

liberdade e, 356
mal e, 363-64, 396
ONG e, 366
pobreza e, 358-63
punição e, 232, 395
sistemático, 345-49
visão geral, 345-49
performativos, 201
pesquisa educacional., 299-300
pessoa com recurso, 135-36, 306
piedade, 118
plágio, 322
Platão, 46, 56, 106, 181, 212, 245, 343, 346. 397
Pobreza, 73, 243, 360-63, 407-409
alívio da, como direito, 362
como caso difícil, 418
globalização e, 266
obesidade e, 351
perfeccionismo e, 358-63
político-moral e, 271-72, 282
redefinição, 127-28
responsabilidade ocidental pela, 320
show para "deixar a pobreza no passado", 301
poder da minoria, 52
Pogge, Thomas, 358
Pol Pot, 291
política
abundância de, 21
antidiscriminação e, 112-13, 125-27, 138-41
assistência governamental aos, 61, 147, 244, 375
como beneficiários na sociedade político-moral, 327
condições sociais e, 66-67
consumo de recursos e, 357-58
dever em virtude dos, 359-60, 362-63, 376, 423
equalização e, 257-58
mapeamento da, 339-45

moralidade e, 159-72
Partido Trabalhista e, 46
pobres. *Ver também* pobreza; excluídos; vulneráveis
pública moralizada, 302
ser vítima e, 251, 341, 418
tomaram da moralidade por, 138-39
tributação redistributiva e, 94, 159-60
politicamente correto
a vida moral e, 145-46
ambivalência e, 401-402
antidiscriminação e, 116, 138-41
associação político-moral, 371-82
cristianismo e, 118
discriminação e, 414-15
idealismo político-moral, 407-26
impulsividade e, 308
juízo político-moral, 303
justiça social e, 171
movimento político-moral, 403-406
mundo político-moral, 264-65, 276-77
nas democracias liberais, 168-69
pessoa político-moral, 382-94
salvação coletiva e, 72
semântica político-moral, 393
sentimentalismo e, 132
servilismo e, 25-26
visão política, 341-42
políticas públicas
aspectos éticos das, 203-204
democracia e, 270-71
moralizada, 302
Poloneses, 131
popularização da disciplina, 135
pornografia, 249, 306
posição social, 80-83
posições de poder, 129
potencialidade, 398
potestas, 369
povos indígenas, 42, 123
pragmatismo, 251

preconceito, 73-74, 113, 363-64, 377-78, 387, 392
preferência sexual. *Ver também* homossexualidade
preferências, 129
prescrição, 192
presidiários, 124
prestígio categórico, 128-29
Primeira Guerra Mundial, 421
Primeira Guerra Mundial, 421
Primeira Lei de Reforma (1832), 39, 45-46
prisão arbitrária, 102
privação, 127, 423
relativa, 127
privilégios, 66. *Ver também* vantagens
professores
autoridade e, 369
como pessoa de recurso, 135-36
progressistas transnacionais, 151
propaganda, 72, 163, 340n, 383
propinas, 25, 135
Proust, Marcel, 400
Psicopatas, 185
"psique do *demos*", 95
punição e, 318
punição. *Ver também* punição corporal
capital, 134, 296
de criminosos, 57, 134, 185-86, 190-91
dor e, 268, 295, 370, 395 (dores)
e recompensa, 294-95
medo de, 237, 240
melhoria social e, 350
perdão e a reabilitação e, 77, 370
perfeccionismo e, 232 (perfeição), 395
rejeição da autoridade e, 267-68
responsabilidade pessoal e, 210-11
sentimentalismo e, 134
vulneráveis e, 319
punições e recompensa, 294-301
Putnam, Robert, 279n

Q

quangos (quasi-autonomous governamental organizations), 154, 420
queda do homem, 202-203

R

racionalismo, 220, 268, 332,
racismo, 73, 75, 114, 116, 132, 144, 290, 344 (racista)
  institucional, 116, 125
racistas radicais sentimentalistas, 344-45
radicalismo, 67, 343-45, 352-56
razão, 97, 165n, 213-14, 226, 241-42, 267-68
reabilitação, 51, 77, 134, 295, 370
realismo, 53, 58-59, 171, 197, 241, 269
realizações, 398, 402
reforços positivos, 185
reforma, 90
refugiados, 282-83
regra da maioria, 52
regras, 183-84, 208, 234, 418
  do jogo, codificação das, 103
reivindicações éticas do mundo político-moral, 264-71
relações
  hierárquicas, 136, 141-47
  industriais, 300
relativismo, 169, 188, 197, 259
  ético, 196-97
  moral, 188
Relatório Kinsey, 322
religião. *Ver também* religiões específicas
  da igualdade, 118
  e o mundo político-moral, 327-37
Renascimento, 207
representação
  étnica, 128-129, 285-88
  proporcional, 59
representatividade, 285-91
República (Platão), 46, 56, 107-108, 187, 346
República de Weimar, 50
República Romana, 86
Republicanismo, 217, 352-58
respeitabilidade, 29-30, 91, 109, 306, 313, 326 (respeito)
respeito, 79-86, 135-37, 154, 270, 290, 306-308, 368-69, 383-84
  por si, 121 (próprio), 177 (de si), 222-23, 253 (autorrespeito), 290 (próprio), 313
responsabilidade social corporativa, 63, 76
revolução democrática, 46
Riesman, David, 32
Rodésia do Sul, 291
romances e a vida moral, 179, 186-87
Rommel, Erwin, 311
Rotinização, 427
Rousseau, Jean Jacques, 70, 133, 153, 240, 259, 353, 356

S

sabedoria, superioridade da, 144
sacrifício de si, 91 (caridoso), 172-73
salário
  igual pelo mesmo trabalho, 130-31
  mínimo, 25
salvação, 69-77, 219
  pessoal, 70, 71
  social coletiva, 70-77
sátira, 63, 267, 349
satisfação de necessidades. *Ver* necessidades, satisfação de
Schumpeter, 58
Scoop (Waugh), 26
Secularismo, 149, 354, 413
Secularistas, 213, 216, 328-29
Segunda Guerra Mundial, 421
Self Help (Autoajuda), 313
semântica, político-moral, 393-94
sensibilidades, codificação de, 138
sentimentalismo, 132-38

sentimentos, afrontas aos, 132-37
ser vítima, 27, 115, 118-25, 127, 251, 326, 418-19
servilismo
   autoridade e, 370
   a vida moral e, 236-52
   chegada do, 405
   compulsões e, 196
   corrupção e, 224-25, 243-44
   deferência e, 85-89
   definição, 424-26, 29, 33
   direitos e, 102
   estado de direito e, 417
   idealismo político-moral e, 415-19
   independência e 26, 236, 243, 245
   liberdade e, 228
   monarquias e, 352-58
sexismo, 73, 75, 113, 132, 290
sexualidade, 188, 323
show para "deixar a pobreza no passado", 301
Singapura, 362
Singletons, 324, 378-81, 388, 419
sistema inglês de classes, 81
Smiles, Samuel, 313
Smith, Adam, 68, 217, 240, 324
Smith, Ian, 291
sobrenomes, 307
sociais, condições. *Ver* condições sociais
Social
   assistentes sociais, 23, 242, 292, 309, 327
   capital, 35, 76, 137, 250, 279, 386
   ciência, 259, 321, 348
   coesão, 289
   condições sociais, papel das, 65
   crítica, 163
   democracia e, 63-64
   fascismo, 340. *Ver também* fascistas/fascismo
   feminismo e, 286
   igualdade, 255
   inclusão. *Ver* inclusão
   justiça social. *Ver também* compaixão
   perfeição, 73-75
   politicamente correto e, 171
   posição, 79-83
   programas de bem-estar social e, 424
   representatividade e, 288
   responsabilidade, 153, 227-28, 250, 264, 274, 280, 318, 387
   responsabilidade, corporativa, 63, 76
   salvação, 69-77
   sistema moral, 426
   socialismo, 86, 215, 219-21, 340
   transformação, 349-52
   triunfo da, 142
   "social," falácias do, 279-85
sociedade
   burguesa, 39-40
   falácias do "social" e, 279-85
   imagem moderna da, 27-34, 311-27
   político-moral, 315-19, 326-27, 344
   responsabilidade pela, 264
   tradicional, 55
   vigilância, 32
sociedade burguesa, 39-40, 217-19. *Ver também* capitalismo
sociedades consociativistas, 288
Sócrates, 23, 161, 172, 182, 187, 193, 212, 235
"solução final", 356
Sowell, Tom, 122
status
   contrato, 99
   de funcionário, 99
   de mulheres, 120
Steuart, James, 314
Sub-responsabilidade, 318
sufrágio universal, 60. *Ver também* direito ao voto
superficialização, 371
superioridade

cultura, 41-42
da democracia, 159
da sabedoria, 52-53
de soluções de mercado, 341
etiqueta-padrão e, 380
ideológica, 107
intelectual, 347
moral, 189, 220
respeito por si e, 223
sexual, 121-22
tecnológica e organizacional, 260

T
Tchecoslováquia, 293
tecnologia, 49, 350, 380
telos democrático, 106, 112, 127, 135-37, 141-47, 276
tentação, 182
teologia da libertação, 220
teologia do mundo político-moral, 328-37
teoria da evolução, 216
terapia, 186, 268, 295, 370
Terceiro Setor, 366
terroristas, 141, 284-85
Thatcher, Margaret, 282
"The Happy Hypocrite" (Beerbohm), 403
The Lucifer Effect (Zimbardo), 389
The Servile State (Belloc), 25
Tocqueville, Alexis de, 45, 48, 110
Tolerância, 140, 165, 190
tolice humana, 347-49
"toma lá, dá cá ", 269. *Ver também* concessão
totalitarismo, 23, 95, 340, 340n, 348, 356, 374
totalitarismo brando, 95. *Ver também* totalitarismo
tráfico de escravos, 254, 259
transexuais, 123
Transformação

social, 349-52
mundial. *Ver* transformação mundial
transformação mundial, 69, 76, 147, 150, 268, 346, 378, 405-27
transvaloração de todos os valores, 105
Tratado de Versalhes, 293
Tratado de Vestfália, 210
tratamento
formalidade do, 83-84
informalidade do, 84, 307, 406, 419
treinamento da sensibilidade, 144, 308, 403
tributação redistributiva, 94
Trindade, 334
tripartistas, 334

U
Unanimidade, 96
União Europeia, 150, 245, 274, 285, 288, 366, 415-16
unidade mundial, 231
unidades de trabalho, 381-82, 385
unidades, 382
universalismo internacionalista, 275
usos. *Ver* bons modos
utopianismo, 257, 346

V
valor igual, 130
valores
absolutos, 176
ambivalência e, 394-96
crítica social e, 163
escolha dos próprios, 35, 173, 237, 414
femininos, 395
ocidentais, 98, 218
responsabilidade social e, 280
transvaloração dos, 105, 147, 376
visão popular dos, 173
vantagens, 66, 92, 126, 138, 412, 420, 425. *Ver também* benefícios

"verdadeiros crentes", 242
vergonha, 173
vida familiar, 33, 84, 169, 270, 286. 324, 385, 419
vida moral
  como conjunto de condições comportamentais, 39
  conflito, equilíbrio e, 230-35
  contexto da, 191-98
  definição, 24, 43, 172-90
  dever e, 27-30, 171-72, 175, 182-85, 195-96, 205, 223-25, 239, 243-45
  educação e, 181
  estrutura da, 198-205
  individualismo e, 176-77, 186, 205-14, 221-29
  lendas individualistas e, 215-21
  moral e política, 159-71
  politicamente correto e, 146
  romances e, 179, 186-87
  servilismo e, 236-52
  tecnologia e, 49
virtu, 66
virtude(s)
  compaixão e, 309
  condições essenciais das, 389
  erosão da, 325-26
  litania atual das, 91
  mente servil e, 417
  nas sociedades tradicionais, 55-56
  original, 336
  visão
  consumista da sociedade, 142
  política, 344
  producionista, da sociedade, 142
  vocabulário
  da antidiscriminação, 127-31
  político, 342
Voegelin, Eric, 331
Voltaire, 110, 217
voluntarismo, 68, 205, 208, 211. Ver também egoísmo

vontade do povo, 49
vontade individualista, 210-11
vontade popular, 142
vontade, individualista, 210-11
vulneráveis. *Ver também* excluídos; pobreza

W
Waugh, Evelyn, 26
Weber, Max, 175
Wilson, Harold, 282
Wollheim, Richard, 59
workhouse, 112

Z
Zimbábue, 292, 362
Zimbardo, Philip, 389

Você poderá interessar-se também por:

O LIBERALISMO
ANTIGO E MODERNO
JOSÉ GUILHERME MERQUIOR

José Guilherme Merquior faz uma pesquisa estimulante sobre a história e evolução da teoria liberal desde o século XVII até o tempo presente. Combina uma enorme riqueza de informações – surpreendentemente condensada – com penetrante apresentação dos temas centrais do liberalismo. Esta edição é enriquecida por vasta fortuna crítica e documentos do arquivo pessoal do autor.

facebook.com/erealizacoeseditora   twitter.com/erealizacoes   instagram.com/erealizacoes   youtube.com/editorae

issuu.com/editora_e   erealizacoes.com.br   atendimento@erealizacoes.com.br